# De officiis

# Vom pflichtgemäßen Handeln

# Liber primus

1 (1) Quamquam te, Marce fili, annum iam audientem Cratippum idque Athenis abundare oportet praeceptis institutisque philosophiae propter summam et doctoris auctoritatem et urbis, quorum alter te scientia augere potest, altera exemplis, tamen, ut ipse ad meam utilitatem semper cum Graecis Latina coniunxi neque id in philosophia solum, sed etiam in dicendi exercitatione feci, idem tibi censeo faciendum, ut par sis in utriusque orationis facultate. Quam quidem ad rem nos, ut videmur, magnum attulimus adiumentum hominibus nostris, ut non modo Graecarum litterarum rudes, sed etiam docti aliquantum se arbitrentur adeptos et ad discendum et ad iudicandum. (2) Quam ob rem disces tu quidem a principe huius aetatis philosophorum et disces quam diu voles; tam diu autem velle debebis, quoad te quantum proficias non paenitebit. Sed tamen nostra legens non multum a Peripateticis dissidentia, quoniam utrique Socratici et Platonici volumus esse, de rebus ipsis utere tuo iudicio – nihil enim impedio – orationem autem Latinam efficies profecto legendis nostris pleniorem. Nec vero hoc arroganter dictum existimari velim. Nam philosophandi scientiam concedens multis, quod est oratoris proprium, apte, distincte, ornate dicere, quoniam in eo studio aetatem consumpsi, si id mihi assumo, videor id meo iure quodam modo vindicare. (3) Quam ob rem magnopere te hortor, mi Cicero, ut non solum orationes meas, sed hos etiam de phi-

Marcus Tullius Cicero

# De officiis
# Vom pflichtgemäßen Handeln

Lateinisch / Deutsch

Übersetzt, kommentiert und herausgegeben
von Heinz Gunermann

Reclam

RECLAMS UNIVERSAL-BIBLIOTHEK Nr. 1889
1976 Philipp Reclam jun. Verlag GmbH,
Siemensstraße 32, 71254 Ditzingen
info@reclam.de
Durchgesehene und bibliographisch ergänzte Ausgabe 2019
Druck und Bindung: Elanders Waiblingen GmbH,
Anton-Schmidt-Straße 15, 71332 Waiblingen
Printed in Germany 2026
RECLAM, UNIVERSAL-BIBLIOTHEK und
RECLAMS UNIVERSAL-BIBLIOTHEK sind eingetragene Marken
der Philipp Reclam jun. GmbH & Co. KG, Stuttgart
ISBN 978-3-15-001889-7
reclam.de

# Erstes Buch

1 (1) Wenngleich du, mein Sohn Marcus,[1] schon ein Jahr[2] lang Hörer des Kratippos[3] – und das in Athen –, übergenug Vorschriften haben mußt und Unterweisungen der Philosophie[4] dank dem sehr hohen Ansehen[5] des Lehrers wie der Stadt, von denen der eine dich durch sein Wissen, die andere durch ihre Vorbilder fördern kann, so meine ich doch, du solltest – wie ich stets zu meinem Nutzen mit dem Griechischen das Lateinische[6] verbunden habe und das nicht nur in der Philosophie tat, sondern auch in der rhetorischen Übung[7] – dasselbe tun, damit du in beiden Gestalten der Rede[8] die gleiche Gewandtheit besäßest. Dazu haben wir, wie wir meinen, eine wirkungsvolle Hilfe[9] unseren Landsleuten gebracht, so daß nicht nur Leute ohne alle Kenntnis der griechischen Literatur, sondern auch Kenner meinen, ansehnlichen Gewinn für ihr Lernen und Urteil gezogen zu haben. (2) Aus diesem Grunde wirst du von dem ersten unter den heutigen Philosophen lernen, und zwar so lange, wie du willst; so lange aber wirst du wollen müssen, wie du mit deinen Fortschritten zufrieden bist. Wenn du aber unsere Schriften liest, die nicht weit von denen der Peripatetiker abweichen,[10] da wir ja beide Peripatetiker und Sokratiker[11] sein wollen, so bilde dir in bezug auf die Lerninhalte selbst dein eigenes Urteil – ich lege dir da ja nichts in den Weg –, die lateinische Rede aber wirst du sicherlich durch das Lesen unserer Schriften bereichern. Ich möchte diesen Hinweis aber nicht als eine anmaßende Äußerung kritisiert wissen. Denn die Fähigkeit zu philosophieren[12] gestehe ich vielen zu; was dem Redner eigen ist, harmonisch, klar gegliedert und reich geschmückt zu reden (auf das Bemühen darum habe ich ja meine Lebenszeit verwendet) – wenn ich dies für mich geltend mache, dann bilde ich mir ein, das mit gutem Recht gewissermaßen ›als Eigentum einzufordern‹. (3) Aus diesem Grunde ermahne ich dich sehr eindringlich, mein Cicero,[13] nicht nur meine

losophia libros, qui iam illis fere se aequarunt, studiose legas, – vis enim maior in illis dicendi, – sed hoc quoque colendum est aequabile et temperatum orationis genus. Et id quidem nemini video Graecorum adhuc contigisse, ut idem utroque in genere laboraret sequereturque et illud forense dicendi et hoc quietum disputandi genus, nisi forte Demetrius Phalereus in hoc numero haberi potest, disputator subtilis, orator parum vehemens, dulcis tamen, ut Theophrasti discipulum possis agnoscere. Nos autem quantum in utroque profecerimus, aliorum sit iudicium, utrumque certe secuti sumus. (4) Equidem et Platonem existimo si genus forense dicendi tractare voluisset, gravissime et copiosissime potuisse dicere et Demosthenem si illa, quae a Platone didicerat, tenuisset et pronuntiare voluisset, ornate splendideque facere potuisse; eodemque modo de Aristotele et Isocrate iudico, quorum uterque suo studio delectatus contempsit alterum.

2 Sed cum statuissem scribere ad te aliquid hoc tempore, multa posthac, ab eo ordiri maxime volui, quod et aetati tuae esset aptissimum et auctoritati meae. Nam cum multa sint in philosophia et gravia et utilia accurate copioseque a philosophis disputata, latissime patere videntur ea quae de officiis tradita ab illis et praecepta sunt. Nulla enim vitae pars neque publicis neque privatis neque forensibus neque domesticis in rebus, neque si tecum agas quid, neque

Reden,[14] sondern auch diese Bücher über die Philosophie, die jenen schon fast gleichgekommen sind,[15] eifrig zu lesen. Größere Lebendigkeit des Vortrages findet sich ja in jenen, aber man muß auch diese ausgewogene und ausgeglichene Art der Rede pflegen. Und dies jedenfalls ist, wie ich sehe, bisher keinem von den Griechen gelungen, daß er zugleich in beiden Gattungen[16] sich bemühte und sich sowohl mit jener Redeart vor der Öffentlichkeit als auch mit der ruhigen der Erörterung befaßte; es sei denn, es könnte Demetrios von Phaleron[17] hierher gezählt werden, ein Meister scharfsinniger Erörterung, als Redner zuwenig schwungvoll, aber doch gewinnend, so daß du ihn als Theophrast-Schüler erkennen kannst. Wie weit *wir* es aber in beiden Redegattungen gebracht haben, darüber sei das Urteil anderen anheimgestellt; jedenfalls haben wir uns mit beiden befaßt. (4) Allerdings meine ich, es hätte einerseits Platon[18], wenn er die Art der Rede vor der Öffentlichkeit hätte betreiben wollen, überaus eindrucksvoll und ausdrucksreich reden können, andererseits Demosthenes[19], wenn er an jenen Gedanken, die er bei Platon kennengelernt hatte, hätte festhalten und sie unter die Leute bringen wollen, dies mit rhetorischem Schmuck und Glanz leisten können. Ebenso urteile ich über Aristoteles und Isokrates[20], die beide über der Freude am eigenen Fach den anderen verachteten.

2 Da ich mich aber entschlossen hatte, dir in dem jetzigen Lebensabschnitt etwas Schriftliches zuzueignen, vieles später, wollte ich am liebsten mit einer Thematik beginnen, die sowohl für dein Alter als auch für mein Ansehen am angemessensten wäre. Denn wenngleich es in der Philosophie viele drängende und nützliche Probleme gibt, die gründlich und ausführlich von den Philosophen erörtert worden sind, so haben doch, wie mir scheint, die Lehren und Ermahnungen, die über das pflichtgemäße Handeln von jenen gegeben worden sind, die weiteste Geltung. Kein Bereich des Lebens nämlich – weder in politischen noch in privaten, weder in die Öffentlichkeit noch die eigene Familie betreffenden Fragen, weder wenn du, auf dich allein gestellt,

si cum altero contrahas, vacare officio potest in eoque et colendo sita vitae est honestas omnis et neglegendo turpitudo.

(5) Atque haec quidem quaestio communis est omnium philosophorum. Quis est enim, qui nullis officii praeceptis tradendis philosophum se audeat dicere? Sed sunt non nullae disciplinae, quae propositis bonorum et malorum finibus officium omne pervertant. Nam qui summum bonum sic instituit, ut nihil habeat cum virtute coniunctum, idque suis commodis, non honestate metitur, hic, si sibi ipse consentiat et non interdum naturae bonitate vincatur, neque amicitiam colere possit nec iustitiam nec liberalitatem; fortis vero dolorem summum malum iudicans aut temperans voluptatem summum bonum statuens esse certe nullo modo potest. Quae quamquam ita sint in promptu, ut res disputatione non egeat, tamen sunt a nobis alio loco disputata. (6) Hae disciplinae igitur si sibi consentaneae velint esse, de officio nihil queant dicere, neque ulla officii praecepta firma, stabilia, coniuncta naturae tradi possunt, nisi aut ab iis, qui solam, aut ab iis, qui maxime honestatem propter se dicant expetendam. Ita propria est ea praeceptio Stoicorum, Academicorum, Peripateticorum, quoniam Aristonis, Pyrrhonis, Erilli iam pridem explosa sententia est, qui tamen haberent ius suum disputandi de officio, si rerum aliquem dilectum reliquissent, ut ad officii inventionem aditus esset. Sequimur igitur hoc quidem tempore et hac in quaestione potissimum

etwas unternimmst noch mit einem anderen dich zusammentust – kann von Verpflichtung frei sein: es beruht in ihrer Beachtung alle Ehrenhaftigkeit der Lebensführung, in ihrer Nichtachtung alle Schande.

(5) Nun ist die Untersuchung dieses Fragenkomplexes gemeinsames Anliegen aller Philosophen. Denn wo fände sich einer, der, ohne irgendwelche Vorschriften für pflichtgemäßes Handeln zu geben, sich als Philosophen zu bezeichnen wagte? Aber es gibt einige Schulen, die durch ihre Ansetzung des Äußersten in gut und übel alles pflichtgemäße Handeln lahmlegen. Denn wer das höchste Gut so bestimmt, daß es keinerlei Verbindung zur sittlichen Vollkommenheit hat, und dieses nach seinen persönlichen Vorteilen, nicht nach der Ehrenhaftigkeit bemißt,[21] der kann wohl, wenn er mit sich selbst in Übereinstimmung bleiben und sich nicht manchmal von dem angeborenen Adel seiner Natur bestimmen lassen sollte, weder Freundschaft noch Gerechtigkeit noch Großzügigkeit pflegen; tapfer gar kann einer, der den Schmerz für das höchste Übel hält, maßvoll, wer das Vergnügen als das höchste Gut ansetzt, gewiß in keiner Hinsicht sein. Wenngleich dies so offenkundig ist, daß der Gegenstand einer Erörterung nicht bedarf, so ist es doch von uns an anderer Stelle erörtert worden. (6) Wenn diese Schulen also konsequent bleiben wollten, dann könnten sie wohl über das pflichtgemäße Handeln nichts aussagen, und es können irgendwelche festgegründeten, gesicherten und mit der Natur übereinstimmenden Vorschriften über die Pflicht nur entweder von denjenigen gegeben werden, die sagen, daß Ehrenhaftigkeit allein, oder von denen, die sagen, daß sie besonders um ihrer selbst willen erstrebenswert sei.[22] So ist diese Lehre eigen den Stoikern, Akademikern und Peripatetikern, da die Meinung eines Ariston, Pyrrhon und Erillus[23] ja schon längst durchgefallen[24] ist. Diese hätten freilich ihr Recht, das pflichtgemäße Handeln zu erörtern, wenn sie irgendeine Wahl der Gegenstände übriggelassen hätten,[25] so daß es zum Finden der Pflicht einen Zugang gäbe. Wir folgen also bei dieser Gelegenheit

Stoicos, non ut interpretes, sed, ut solemus, e fontibus eorum iudicio arbitrioque nostro quantum quoque modo videbitur, hauriemus.

(7) Placet igitur, quoniam omnis disputatio de officio futura est, ante definire, quid sit officium, quod a Panaetio praetermissum esse miror. Omnis enim, quae ratione suscipitur de aliqua re institutio, debet a definitione proficisci, ut intellegatur, quid sit id de quo disputetur.

3 Omnis de officio duplex est quaestio. Unum genus est, quod pertinet ad finem bonorum, alterum, quod positum est in praeceptis, quibus in omnes partes usus vitae conformari possit. Superioris generis huiusmodi sunt exempla, omniane officia perfecta sint, num quod officium aliud alio maius sit et quae sunt generis eiusdem. Quorum autem officiorum praecepta traduntur, ea quamquam pertinent ad finem bonorum, tamen minus id apparet, quia magis ad institutionem vitae communis spectare videntur; de quibus est nobis his libris explicandum.

(8) Atque etiam alia divisio est officii. Nam et medium quoddam officium dicitur et perfectum. Perfectum officium rectum, opinor, vocemus, quoniam Graeci κατόρθωμα, hoc autem commune officium ⟨καθῆκον⟩ vocant. Atque ea sic definiunt, ut rectum quod sit, id officium perfectum esse definiant; medium autem officium id esse dicunt, quod cur factum sit, ratio probabilis reddi possit. (9) Triplex igitur est, ut Panaetio videtur, consilii capiendi deliberatio.

und in dieser Frage hauptsächlich den Stoikern,[26] nicht als Übersetzer,[27] sondern wir werden, wie wir es gewohnt sind, aus ihnen als unseren Quellen nach unserem Urteil und nach Wahl soviel und, wie es zweckmäßig scheint, schöpfen.
(7) Es scheint also richtig, da die ganze Erörterung über das pflichtgemäße Handeln gehen soll, vorher zu bestimmen,[28] was pflichtgemäßes Handeln sei. Diesen Punkt hat Panaitios zu meinem Befremden übergangen.[29] Denn jede Unterweisung, die auf wissenschaftlicher Grundlage über irgendeinen Gegenstand entworfen wird, muß ausgehen von der Begriffsbestimmung, damit verstanden werde, was das sei, worüber die Erörterung geht.
3 Aufs ganze gesehen, ist die Untersuchung über das pflichtgemäße Handeln eine zweiseitige: die eine Seite ist die, welche sich auf das höchste Gut bezieht, die andere die, welche auf den Vorschriften beruht, nach denen in jeder Hinsicht das tägliche Leben gestaltet werden kann.[30] Für die erstere sind die Beispiele von der folgenden Art: ob jedes pflichtgemäße Handeln vollkommen ist, ob die eine Verpflichtung bindender ist als die andere und was es dergleichen Fragen mehr gibt. Diejenigen Anforderungen der Pflicht aber, für die Vorschriften vermittelt werden, beziehen sich zwar auf das höchste Gut, aber das fällt weniger auf, weil sie mehr auf eine Unterweisung für das Leben im allgemeinen gerichtet zu sein scheinen. Über diese müssen wir in den vorliegenden Büchern Klarheit schaffen.
(8) Ferner gibt es noch eine andere Einteilung[31] des pflichtgemäßen Handelns. Man spricht nämlich von einer sozusagen mittleren Pflicht und einer vollkommenen.[32] Das vollkommene Handeln wollen wir, meine ich, ›das Rechte‹ nennen, da die Griechen es ja κατόρθωμα, das hier zu behandelnde allgemeine ⟨καθῆκον⟩ nennen. Und sie bestimmen dies so, daß sie das, was ›Recht‹ ist, als ›vollkommenes‹ pflichtgemäßes Handeln bestimmen; die ›mittlere‹ Pflicht aber, sagen sie, sei diejenige, für deren Verwirklichung eine annehmbare Begründung gegeben werden könne. (9) Nun ist, wie es Panaitios scheint, die Überlegung

Nam aut honestumne factu sit an turpe dubitant id, quod in deliberationem cadit; in quo considerando saepe animi in contrarias sententias distrahuntur. Tum autem aut anquirunt aut consultant ad vitae commoditatem iucunditatemque, ad facultates rerum atque copias, ad opes, ad potentiam, quibus et se possint iuvare et suos, conducat id necne, de quo deliberant; quae deliberatio omnis in rationem utilitatis cadit. Tertium dubitandi genus est, cum pugnare videtur cum honesto id, quod videtur esse utile. Cum enim utilitas ad se rapere, honestas contra revocare ad se videtur, fit, ut distrahatur in deliberando animus afferatque ancipitem curam cogitandi. (10) Hac divisione, cum praeterire aliquid maximum vitium in dividendo sit, duo praetermissa sunt. Nec enim solum, utrum honestum an turpe sit, deliberari solet, sed etiam duobus propositis honestis utrum honestius, itemque duobus propositis utilibus utrum utilius. Ita quam ille triplicem putavit esse rationem in quinque partes distribui debere reperitur. Primum igitur est de honesto, sed dupliciter, tum pari ratione de utili, post de comparatione eorum disserendum.

4 (11) Principio generi animantium omni est a natura tributum, ut se, vitam corpusque tueatur, declinet ea, quae nocitura videantur, omniaque, quae sint ad vivendum necessaria anquirat et paret, ut pastum, ut latibula, ut alia generis eiusdem. Commune autem animantium omnium est coniunctionis appetitus procreandi causa et cura quaedam

bei einer Beschlußfassung dreifach.[33] Denn man ist entweder unschlüssig (a), ob ehrenhaft zu verwirklichen ist oder schändlich, was der Gegenstand der Erörterung geworden ist; bei dieser Betrachtung wird unser Verstand oft zwischen widersprüchlichen Meinungen hin- und hergerissen. Dann (b) untersucht oder berät man, ob zur Bequemlichkeit und Annehmlichkeit des Lebens, zur Verfügung über Besitz und zu Reichtum, zu Macht und Geltung, mit denen man sich und den Angehörigen helfen kann, der Gegenstand der Überlegung beiträgt oder nicht. Diese Überlegung geht insgesamt hinaus auf eine Berechnung des Nutzens. Die dritte (c) Art der Unschlüssigkeit[34] liegt vor, wenn das in scheinbarem Widerspruch mit dem Ehrenhaften steht, was nützlich zu sein scheint. Wenn nämlich die Nützlichkeit zu sich hin zu raffen, die Ehrenhaftigkeit entgegengesetzt zu sich her zu rufen scheint, dann tritt der Fall ein, daß beim Bedenken der Verstand in verschiedene Richtungen gerissen wird und unentschiedenen Gang des Gedankens verursacht. (10) Bei dieser Einteilung sind, obwohl etwas zu übergehen beim Einteilen der größte Fehler ist, zwei Punkte ausgelassen worden. Denn nicht nur, ob etwas ehrenhaft oder schändlich ist, pflegt man zu überlegen, sondern auch bei zwei zur Wahl gestellten[35] ehrenhaften Möglichkeiten, welche die ehrenhaftere ist, und ebenso bei zwei nützlichen, welche die nützlichere ist. So findet man, daß der Gedankengang, den jener für einen dreifachen hielt, in fünf Richtungen unterteilt werden muß. Zuerst muß man sich demnach auseinandersetzen über das Ehrenhafte, jedoch in zweifachem Sinne, dann im gleichen Verfahren über das Nützliche, danach über den Vergleich dieser Betrachtungen.

4 (11) Zunächst ist jeder Art von Lebewesen von der Natur gegeben, daß sie sich, ihr Leben und ihren Körper schützt, dem ausweicht, was schadenbringend scheint, und alles, was zum Leben notwendig ist, sucht und beschafft, wie Nahrung, Verstecke und anderes dergleichen mehr. Gemeinsamer Trieb aber aller Lebewesen ist das Streben nach Vereinigung zum Zwecke der Zeugung und eine gewisse

eorum, quae procreata sint. Sed inter hominem et beluam hoc maxime interest, quod haec tantum, quantum sensu movetur, ad id solum, quod adest quodque praesens est, se accommodat, paulum admodum sentiens praeteritum aut futurum. Homo autem, quod rationis est particeps, per quam consequentia cernit, causas rerum videt earumque praegressus et quasi antecessiones non ignorat, similitudines comparat rebusque praesentibus adiungit atque adnectit futuras, facile totius vitae cursum videt ad eamque degendam praeparat res necessarias. (12) Eademque natura vi rationis hominem conciliat homini et ad orationis et ad vitae societatem ingeneratque inprimis praecipuum quendam amorem in eos, qui procreati sunt, impellitque, ut hominum coetus et celebrationes et esse et a se obiri velit ob easque causas studeat parare ea, quae suppeditent ad cultum et ad victum, nec sibi soli, sed coniugi, liberis, ceterisque quos caros habeat tuerique debeat, quae cura exsuscitat etiam animos et maiores ad rem gerendam facit. (13) Inprimisque hominis est propria veri inquisitio atque investigatio. Itaque cum sumus necessariis negotiis curisque vacui, tum avemus aliquid videre, audire, addiscere cognitionemque rerum aut occultarum aut admirabilium ad beate vivendum necessariam ducimus. Ex quo intellegitur, quod verum, simplex sincerumque sit, id esse naturae hominis aptissimum. Huic veri videndi cupiditati adiuncta est appetitio quaedam principatus, ut nemini parere animus bene informatus a natura velit nisi [praecipienti] aut docenti

Sorge für diejenigen, die gezeugt worden sind. Aber zwischen Mensch und Tier besteht besonders der Unterschied, daß dieses nur, insoweit es von einer sinnlichen Wahrnehmung angesprochen wird, allein auf das, was vorliegt und gegenwärtig ist, sich einrichtet, indem es Vergangenheit und Zukunft nur ganz wenig wahrnimmt. Anders der Mensch: weil er der Vernunft teilhaftig ist,[36] durch die er die Folgen absieht, sieht er die Ursachen ein, und ihre Entwicklungsstufen und gleichsam vorausgehenden Gründe sind ihm wohlbekannt, er vergleicht ähnliche Erscheinungen und verbindet und verknüpft mit dem Gegenwärtigen das Zukünftige, sieht leicht den Verlauf des ganzen Lebens ein, und zu seiner Bemeisterung beschafft er die nötigen Voraussetzungen. (12) Diese Natur[37] bringt auch kraft der Vernunft den Menschen dem Mitmenschen nahe zur Gemeinschaft der Rede und der Lebensgestaltung, sie pflanzt ihm vor allem eine ganz außerordentliche Liebe zu denjenigen ein, die er gezeugt hat, und veranlaßt, daß er Zusammensein und Zusammenkünfte der Menschen stattfinden lassen und daran teilnehmen will und daß er aus diesen Gründen danach strebt, das zu beschaffen, was zur Verschönerung und Bemeisterung des Lebens beiträgt, nicht für sich allein, sondern für die Gattin, die Kinder und die übrigen, die er liebhat und beschützen muß. Das Sorgen dafür ruft auch den Geist wach und läßt ihn wachsen zur Tat. (13) Und besonders ist dem Menschen das Aufsuchen und Aufspüren der Wahrheit eigen. Deshalb sehnen wir uns, wenn wir von den notwendigen Geschäften und Sorgen frei sind, etwas zu sehen, zu hören, hinzuzulernen, und die Erkenntnis verborgener und bewunderungswürdiger Gegenstände[38] halten wir für notwendig zum glücklichen Leben. Daraus ersieht man, daß, was wahr, aufrichtig und unverfälscht ist, der Natur des Menschen am angemessensten sei.[39] Mit dieser Begierde, die Wahrheit zu erkennen, ist ein gewisses Streben nach der Führungsstellung[40] verbunden, so daß eine von der Natur gut angelegte Seele sich nur einem fügen will, der [unterweist oder] belehrt oder um des Nutzens willen in Über-

aut utilitatis causa iuste et legitime imperanti; ex quo magnitudo animi existit humanarumque rerum contemptio. (14) Nec vero illa parva vis naturae est rationisque, quod unum hoc animal sentit, quid sit ordo, [quid sit quod deceat, in factis dictisque] qui modus. Itaque eorum ipsorum, quae aspectu sentiuntur, nullum aliud animal pulchritudinem, venustatem, convenientiam partium sentit; quam similitudinem natura ratioque ab oculis ad animum transferens multo etiam magis pulchritudinem, constantiam, ordinem in consiliis factisque conservandam putat cavetque ne quid indecore effeminateve faciat, tum in omnibus et opinionibus et factis ne quid libidinose aut faciat aut cogitet. Quibus ex rebus conflatur et efficitur id, quod quaerimus, honestum, quod etiamsi nobilitatum non sit, tamen honestum sit, quodque vere dicimus, etiamsi a nullo laudetur, natura esse laudabile.

5 (15) Formam quidem ipsam, Marce fili, et tamquam faciem honesti vides, ›quae si oculis cerneretur, mirabiles amores, ut ait Plato, excitaret sapientiae‹. Sed omne, quod est honestum, id quattuor partium oritur ex aliqua. Aut enim in perspicientia veri sollertiaque versatur aut in hominum societate tuenda tribuendoque suum cuique et rerum contractarum fide aut in animi excelsi atque invicti magnitudine ac robore aut in omnium, quae fiunt quaeque dicuntur ordine et modo, in quo inest modestia et temperantia. Quae quattuor quamquam inter se colligata atque implicata sunt, tamen ex singulis certa officiorum genera nascuntur, velut in ea parte, quae prima descripta est, in qua sapientiam et prudentiam ponimus, inest indagatio at-

einstimmung mit Recht und Gesetz befiehlt. Daraus ergibt sich Seelengröße, d. h. Geringachtung der menschlichen Werte. (14) Es ist aber nicht unbedeutend jenes Wirken der vernunftbegabten Natur: allein dieses Lebewesen nimmt wahr, was Ordnung sei [was sich schickt – in Taten und Worten], was das rechte Maß. Demgemäß nimmt an eben den Gegenständen, die durch den Anblick wahrgenommen werden, kein anderes Lebewesen Schönheit und Lieblichkeit sowie Harmonie der Teile wahr.[41] In analoger Übertragung von der Wahrnehmung durch die Augen auf den Geist[42] glaubt die vernunftbegabte Natur, daß noch viel stärker Schönheit, Festigkeit und Ordnung in Planungen und Handlungen gewahrt werden müssen, und hütet sich davor, etwas unschicklich oder unmännlich auszuführen, dann in allen Meinungen und Handlungen unbeherrscht zu handeln bzw. zu denken. Daraus wird das Ehrenhafte, das wir suchen, gebildet und verwirklicht, das, mag es auch nicht gefeiert sein, doch ehrenhaft ist und das, wie wir zutreffend feststellen, mag es auch von niemandem anerkannt werden, von Natur aus anerkennenswert ist.

5 (15) Die wahre Gestalt, mein Sohn Marcus, und gleichsam das Antlitz des Ehrenhaften siehst du, »die, wenn sie mit Augen erkannt würde, bewunderungswürdige Liebe«, wie Plato sagt, »zur Weisheit wachriefe«.[43] – Aber alles, was ehrenhaft ist, geht aus einem der vier Teilbereiche hervor.[44] Denn entweder ist es zu Hause im Durchschauen und Verstehen der Wahrheit (a) oder im Beschützen der Gemeinschaft der Menschen, darin, einem jeden das Seine zuzuteilen, und in Verläßlichkeiten bei Verträgen (b) oder in Größe und Kraft eines hervorragenden und unbezwingbaren Geistes (c) oder in Ordnung und Maß aller Handlungen und Äußerungen, worin maßvolle Beschränkung und Ausgeglichenheit beruht (d). Wenngleich diese vier Bereiche miteinander verbunden und verknüpft sind,[45] so gehen doch aus jedem einzelnen bestimmte Arten von Verpflichtungen hervor. So gehört zu dem Teilbereich, der zuerst beschrieben worden ist und dem wir

que inventio veri, eiusque virtutis hoc munus est proprium. (16) Ut enim quisque maxime perspicit, quid in re quaque verissimum sit quique acutissime et celerrime potest et videre et explicare rationem, is prudentissimus et sapientissimus rite haberi solet. Quocirca huic quasi materia, quam tractet et in qua versetur, subiecta est veritas. (17) Reliquis autem tribus virtutibus necessitates propositae sunt ad eas res parandas tuendasque, quibus actio vitae continetur, ut et societas hominum coniunctioque servetur et animi excellentia magnitudoque cum in augendis opibus utilitatibusque et sibi et suis comparandis, tum multo magis in his ipsis despiciendis eluceat. Ordo autem et constantia et moderatio et ea, quae sunt his similia, versantur in eo genere ad quod est adhibenda actio quaedam, non solum mentis agitatio. Is enim rebus, quae tractantur in vita, modum quendam et ordinem adhibentes, honestatem et decus conservabimus.

6 (18) Ex quattuor autem locis, in quos honesti naturam vimque divisimus, primus ille, qui in veri cognitione consistit, maxime naturam attingit humanam. Omnes enim trahimur et ducimur ad cognitionis et scientiae cupiditatem, in qua excellere pulchrum putamus, labi autem, errare, nescire, decipi et malum et turpe dicimus. In hoc genere et naturali et honesto duo vitia vitanda sunt, unum, ne incognita pro cognitis habeamus hisque temere assentiamur, quod vitium effugere qui volet – omnes autem velle debent – adhibebit ad considerandas res et tempus et diligentiam. (19) Alterum est vitium, quod quidam nimis magnum studium multam-

Weisheit und sittliche Einsicht zuordnen, das Aufspüren und Auffinden der Wahrheit, und dieser Tugend ist diese Aufgabe eigen. (16) In dem Maße nämlich, wie einer am besten durchschaut, was im Einzelfall der Wahrheit am nächsten ist, d. h. wer sie am scharfsichtigsten und schnellsten sieht und dafür eine vernünftige Erklärung geben kann, der gilt zu Recht meist als der Einsichtigste und Weiseste.[46] Darum ist ihm gleichsam als Stoff, den er behandeln und in dem er tätig sein soll, die Wahrheit unterworfen. (17) Den übrigen drei Tugenden aber sind die Bedürfnisse hinsichtlich der Beschaffung und Erhaltung der Gegenstände als Aufgabe gestellt, in denen die praktische Bewältigung des Lebens beruht, daß die Gemeinschaft und Verbindung der Menschen gewahrt wird, die Erhabenheit und Größe des Geistes in der Mehrung der Mittel und der Beschaffung der Vorteile für sich und die Seinen, sodann noch viel mehr gerade in deren Geringachtung ans Licht tritt. Ordnung aber, Stetigkeit, Einhalten des rechten Maßes und das, was dem ähnlich ist, gehören in den Bereich, auf den ein praktisches Tätigsein, nicht nur gedankliche Tätigkeit zu verwenden ist. Denn wenn wir auf die Handlungen, die wir im Leben hervorbringen, ein gewisses Maß und Ordnung verwenden, dann werden wir Ehrenhaftigkeit und Schicklichkeit bewahren.

6 (18) Von den vier Gebieten aber, in die wir Wesen und Begriff des Ehrenhaften eingeteilt haben, betrifft jenes erste, das in der Erkenntnis der Wahrheit beruht, am meisten die Natur des Menschen. Alle nämlich fühlen wir uns gedrängt und geführt zur Begierde nach Erkenntnis und Wissen, in dem hervorzuragen wir für trefflich erachten; zu fehlen aber, zu irren, unwissend zu sein und uns zu täuschen als schlimm und schändlich bezeichnen. In diesem naturgemäßen und ehrenhaften Bereich sind zwei Fehler zu meiden, erstens der, daß wir Unerkanntes für Erkanntes[47] halten und dem leichtfertig zustimmen – wer diesem Fehler entgehen will (alle aber müssen das wollen), wird für das Überdenken der Gegenstände Zeit und Sorgfalt aufwenden. (19) Der andere Fehler[48] ist der, daß manche übertriebene

que operam in res obscuras atque difficiles conferunt easdemque non necessarias. Quibus vitiis declinatis quod in rebus honestis et cognitione dignis operae curaeque ponetur, id iure laudabitur, ut in astrologia C. Sulpicium audimus, in geometria Sex. Pompeium ipsi cognovimus, multos in dialecticis, plures in iure civili, quae omnes artes in veri investigatione versantur. Cuius studio a rebus gerendis abduci contra officium est; virtutis enim laus omnis in actione consistit. A qua tamen fit intermissio saepe multique dantur ad studia reditus; tum agitatio mentis, quae numquam adquiescit, potest nos in studiis cognitionis etiam sine opera nostra continere. Omnis autem cogitatio motusque animi aut in consiliis capiendis de rebus honestis et pertinentibus ad bene beateque vivendum aut in studiis scientiae cognitionisque versabitur. Ac de primo quidem officii fonte diximus.

7 (20) De tribus autem reliquis latissime patet ea ratio, qua societas hominum inter ipsos et vitae quasi communitas continetur; cuius partes duae: iustitia, in qua virtutis splendor est maximus, ex qua viri boni nominantur, et huic coniuncta beneficentia, quam eandem vel benignitatem vel liberalitatem appellari licet. Sed iustitiae primum munus est, ut ne cui quis noceat, nisi lacessitus iniuria, deinde ut communibus pro communibus utatur, privatis ut suis. (21) Sunt autem privata nulla natura, sed aut vetere occu-

Mühe und übertriebenen Einsatz auf dunkle und schwierige und noch dazu unnötige Fragen verwenden. Bei Vermeidung dieser Fehler werden der Einsatz und die Sorge, die auf ehrenvolle und der Erkenntnis würdige Gegenstände verwendet werden, mit Recht Anerkennung finden, wie wir in der Astronomie von C. Sulpicius[49] hören, in der Geometrie von Sex. Pompeius[50] selber erfahren haben, von vielen in der Dialektik[51], von mehr Leuten im Bürgerrecht, alles Fachkenntnisse, die sich mit dem Aufspüren der Wahrheit befassen. Durch das Streben nach ihr[52] sich vom tätigen Handeln abbringen zu lassen steht in Widerspruch zur Pflicht. Denn die rühmliche Aufgabe der Tugend beruht in Tätigkeit. In ihr kommt es freilich oft zu einer Unterbrechung, und viele Male bietet sich eine Rückkehr zu den Studien an. Dann kann uns das Tätigsein des Geistes, der nie zur Ruhe kommt, in dem Streben nach Erkenntnis – auch ohne unsere besondere Anstrengung – festhalten. Alles Denken aber, d. h. unsere geistige Beweglichkeit, wird sich mit dem Ergreifen von Plänen über ehrenvolle und auf ein gutes und glückliches Leben abzielende Gegenstände oder mit dem Streben nach Wissen und Erkenntnis befassen. Über die erste Quelle des pflichtgemäßen Handelns jedenfalls haben wir gesprochen.

7 (20) Von den übrigen drei vernunftgemäßen Verhaltensweisen ist die am weitesten wirksame die Lebenshaltung, durch die die Zusammengehörigkeit der Menschen untereinander und gleichsam ihre Lebensgemeinschaft bewahrt wird; sie hat zwei Unterteilungen: die Gerechtigkeit, in der der Glanz männlicher Tüchtigkeit am größten ist[53] und nach der die ›gut‹-gesinnten Männer[54] benannt werden, und, verbunden mit ihr, ›gütiges‹ Handeln, das man ebensogut entweder als ›Güte‹ oder als Freigebigkeit ansprechen darf. Die erste Aufgabe der Gerechtigkeit aber ist es, daß keiner dem anderen schadet, es sei denn, herausgefordert durch Unrecht, sodann, daß er Gemeingut als Gemeingut, Privates als das Seine behandelt. (21) Es gibt aber von Natur keinerlei Privateigentum[55], sondern entweder auf-

patione, ut qui quondam in vacua venerunt, aut victoria, ut qui bello potiti sunt, aut lege, pactione, condicione, sorte; ex quo fit, ut ager Arpinas Arpinatium dicatur, Tusculanus Tusculanorum; similisque est privatarum possessionum discriptio. Ex quo, quia suum cuiusque fit eorum, quae natura fuerant communia, quod cuique obtigit, id quisque teneat; e quo si quis ⟨quaevis⟩ sibi appetet, violabit ius humanae societatis. (22) Sed quoniam, ut praeclare scriptum est a Platone, non nobis solum nati sumus ortusque nostri partem patria vindicat, partem amici, atque, ut placet Stoicis, quae in terris gignantur, ad usum hominum omnia creari, homines autem hominum causa esse generatos, ut ipsi inter se aliis alii prodesse possent, in hoc naturam debemus ducem sequi, communes utilitates in medium adferre, mutatione officiorum, dando accipiendo, tum artibus, tum opera, tum facultatibus devincire hominum inter homines societatem. (23) Fundamentum autem est iustitiae fides, id est dictorum conventorumque constantia et veritas. Ex quo, quamquam hoc videbitur fortasse cuipiam durius, tamen audeamus imitari Stoicos, qui studiose exquirunt, unde verba sint ducta, credamusque, quia fiat, quod dictum est, appellatam fidem.

Sed iniustitiae genera duo sunt, unum eorum, qui inferunt, alterum eorum, qui ab is, quibus infertur, si possunt, non

grund weit zurückliegender Inbesitznahme – so bei denen, die einstmals in herrenloses Gut gekommen sind (a) –, oder aufgrund eines Sieges – wie bei Leuten, die im Krieg Macht erlangt haben (b) über etwas – oder durch Gesetz, Vertrag, Übereinkunft oder Los (c). Daher kommt es, daß das arpinatische Gebiet als das der Arpinaten, das tusculanische als das der Tusculaner benannt wird; und ähnlich steht es um die Verteilung privater Besitzungen. Daher, weil persönliches Eigentum eines jeden von ihnen das wird, was von Natur Gemeineigentum gewesen war, behalte ein jeder für sich, was ihm zugefallen ist. Wenn einer aber davon ⟨– sei es, was es will –⟩ erstrebt, dann wird er den Rechtsgrundsatz der menschlichen Gemeinschaft verletzen. (22) Da wir aber, wie zutreffend von Platon geschrieben worden ist,[56] nicht nur für uns selbst geboren sind, sondern einen Teil unseres Daseins die Vaterstadt beansprucht, einen Teil die Freunde, und – wie es Ansicht der Stoiker ist – was auf Erden hervorgebracht wird, insgesamt zum Nutzen der Menschen geschaffen wird,[57] die Menschen aber um ihrer Mitmenschen willen gezeugt sind, damit sie, einer dem andern, von sich aus sich gegenseitig nützen können, so müssen wir darin der Natur als Führerin folgen, den gemeinsamen Nutzen in den Mittelpunkt stellen, durch Gegenseitigkeit der Leistungen – durch Geben und Nehmen –, durch Fachkenntnisse, Opferbereitschaft und Mittel das Band zwischenmenschlicher Zusammengehörigkeit festigen. (23) Die Grundforderung der Gerechtigkeit aber ist die ›Verläßlichkeit‹[58], d. h. Stehen zu Zusagen wie Übereinkünften und Wahrhaftigkeit. Daher, wenngleich das einem vielleicht zu gezwungen erscheint, wollen wir doch wagen, es den Stoikern gleichzutun,[59] die unermüdlich erkunden, woher Wörter sich ableiten, und glauben, weil man nicht ungeschehen ›läßt‹, was zugesichert wurde, sei die Bezeichnung ›Verläßlichkeit‹ gewählt worden.

Von der Ungerechtigkeit aber gibt es zwei Arten:[60] einmal bei den Leuten, die Unrecht antun, zum anderen bei denjenigen, die von solchen, denen es angetan wird, wenngleich

propulsant iniuriam. Nam qui iniuste impetum in quempiam facit aut ira aut aliqua perturbatione incitatus, is quasi manus afferre videtur socio; qui autem non defendit nec obsistit, si potest, iniuriae, tam est in vitio, quam si parentes aut amicos aut patriam deserat. (24) Atque illae quidem iniuriae, quae nocendi causa de industria inferuntur, saepe a metu proficiscuntur, cum is, qui nocere alteri cogitat, timet, ne, nisi id fecerit, ipse aliquo afficiatur incommodo. Maximam autem partem ad iniuriam faciendam aggrediuntur, ut adipiscantur ea, quae concupiverunt; in quo vitio latissime patet avaritia. 8 (25) Expetuntur autem divitiae cum ad usus vitae necessarios, tum ad perfruendas voluptates. In quibus autem maior est animus, in is pecuniae cupiditas spectat ad opes et ad gratificandi facultatem, ut nuper M. Crassus negabat ullam satis magnam pecuniam esse ei, qui in re publica princeps vellet esse, cuius fructibus exercitum alere non posset. Delectant etiam magnifici apparatus vitaeque cultus cum elegantia et copia, quibus rebus effectum est, ut infinita pecuniae cupiditas esset. Nec vero rei familiaris amplificatio nemini nocens vituperanda est, sed fugienda semper iniuria est.

(26) Maxime autem adducuntur plerique, ut eos iustitiae capiat oblivio, cum in imperiorum, honorum, gloriae cupiditatem inciderunt. Quod enim est apud Ennium ›nulla sancta societas nec fides regni est‹, id latius patet. Nam quidquid eiusmodi est, in quo non possint plures excellere,

sie könnten, das Unrecht nicht fernhalten. Denn wer ungerechterweise einen Angriff auf jemanden unternimmt – aus Zorn oder irgendeiner Erregung heraus –, der scheint gleichsam die Hand zu erheben gegen seinen Nächsten; wer aber dem Unrecht nicht wehrt und ihm nicht entgegentritt, wenngleich er könnte, steht ebenso in Schuld, wie wenn er Eltern, Freunden oder gar der Vaterstadt die Treue versagte. (24) Jene Ungerechtigkeiten freilich, die mit dem Ziel zu schaden absichtlich angetan werden, haben ihren Ursprung oft in der Angst, wenn derjenige, der den Mitmenschen zu schaden beabsichtigt, fürchtet, er würde, wenn er nicht damit zuvorkommt, seinerseits von irgendeinem Nachteil getroffen. Meistenteils aber wenden sie sich ungerechtem Handeln zu, um zu erreichen, was sie zum Ziel ihrer Wünsche erhoben haben. Bei diesem Schuldigwerden hat den weitesten Einfluß die Habsucht. 8 (25) Erstrebt aber wird Reichtum einerseits für die notwendigen Lebensbedürfnisse, andererseits zum Genuß der Lebensfreuden; bei Leuten aber, die eine höhere Gesinnung haben, hat die Besitzgier ihren Blick gerichtet auf Mittel und die Möglichkeit, sich gefällig zu erweisen. So erklärte unlängst M. Crassus[61], es habe einer nicht genügend Geld, der im Gemeinwesen der erste sein wolle, aber mit seinen Zinsen nicht ein Heer unterhalten könne. Freude bereiten auch prachtvoller Aufwand und Verschönerung des Lebens mit Geschmack und Reichtum. Dadurch ist verursacht worden, daß die Besitzgier keine Grenzen kannte. Nun ist freilich die Vermehrung des Familiengutes, soweit sie niemandem schadet, nicht zu tadeln, zu meiden aber ist stets das Unrecht.

(26) Am meisten aber lassen sehr viele Leute sich dahin bringen, daß Außerachtlassen der Gerechtigkeit sie bestimmt, wenn sie dem Streben nach militärischen Kommandos, nach Ehrenstellen und Ruhm verfallen sind. Denn was bei Ennius[62] steht, »nicht unverletzliche Gemeinschaft noch Treue hat die Königsherrschaft«, dies Wort hat weitere Geltung. Denn in allem, was von der Art ist, daß in ihm sich nicht mehrere auszeichnen können, kommt es meist zu

in eo fit plerumque tanta contentio, ut difficillimum sit servare sanctam societatem. Declaravit id modo temeritas C. Caesaris, qui omnia iura divina et humana pervertit propter eum, quem sibi ipse opinionis errore finxerat principatum. Est autem in hoc genere molestum, quod in maximis animis splendidissimisque ingeniis plerumque existunt honoris, imperii, potentiae, gloriae cupiditates. Quo magis cavendum est, ne quid in eo genere peccetur. (27) Sed in omni iniustitia permultum interest, utrum perturbatione aliqua animi, quae plerumque brevis est et ad tempus, an consulto et cogitata fiat iniuria. Leviora enim sunt ea, quae repentino aliquo motu accidunt, quam ea, quae meditata et praeparata inferuntur. Ac de inferenda quidem iniuria satis dictum est.

9 (28) Praetermittendae autem defensionis deserendique officii plures solent esse causae. Nam aut inimicitias aut laborem aut sumptus suscipere nolunt aut etiam neglegentia, pigritia, inertia aut suis studiis quibusdam occupationibusve sic impediuntur, ut eos, quos tutari debeant, desertos esse patiantur. Itaque videndum est, ne non satis sit id, quod apud Platonem est in philosophos dictum, quod in veri investigatione versentur quodque ea, quae plerique vehementer expetant, de quibus inter se digladiari soleant, contemnant et pro nihilo putent, propterea iustos esse. [Nam alterum iustitiae genus assequuntur, in inferenda ne cui noceant iniuria, in alterum incidunt, discendi enim studio impediti, quos tueri debent, deserunt.] Itaque eos ne ad

einem so unerbittlichen Streit, daß es überaus schwierig ist, die Gemeinschaft unverletzt zu bewahren. An den Tag gelegt hat das eben erst die Verwegenheit eines C. Caesar[63], der alle göttlichen und menschlichen Rechte mit Füßen getreten hat wegen seines persönlichen Wahnbildes vom Prinzipat. Es ist aber in diesem Zusammenhang bedrückend, daß bei äußerster Seelengröße und glänzendster Begabung meistens Streben nach einer Ehren-, Kommando-, Machtstellung und Ruhm hervortritt. Um so mehr muß man sich in acht nehmen, in diesem Zusammenhang irgendeinen Fehler zu begehen. (27) Aber bei Ungerechtigkeit ist im allgemeinen der Unterschied sehr groß, ob in irgendeiner Erregung,[64] die meist kurz und auf den Augenblick beschränkt ist, oder vorausgeplant und vorsätzlich ein Unrecht getan wird. Leichter nämlich wiegen die Verfehlungen, die in irgendeiner plötzlichen Aufregung unterlaufen, als diejenigen, die mit Bedacht und Absicht angetan werden. Über das Unrechttun jedenfalls ist genügend gesprochen.

9 (28) Dafür aber, die Gegenwehr zu unterlassen und die Verpflichtung außer acht zu lassen, pflegt es mehr Gründe zu geben. Denn entweder wollen sie Feindschaft, Mühsal oder Kosten nicht auf sich nehmen, oder sie werden durch Nachlässigkeit, Trägheit und Untüchtigkeit oder durch ihre persönlichen Neigungen oder Lieblingsbeschäftigungen so gehindert, daß sie diejenigen, die zu schützen sie schuldig sind, wissentlich im Stich lassen. Deshalb ist darauf zu sehen, ob nicht etwa das hinreicht, was bei Platon in bezug auf die Philosophen gesagt ist, sie seien deshalb gerecht, weil sie sich mit der Erforschung der Wahrheit befaßten und weil sie das, was die meisten mit Eifer erstrebten und worüber sie miteinander die Klingen zu kreuzen[65] pflegten, verschmähten und für nichts erachteten. [Denn die eine Art der Gerechtigkeit erreichen sie, daß sie niemandem schaden durch Zufügen von Unrecht; sie verfallen aber in die andere; denn durch das Streben nach Erkennen gehindert, lassen sie die im Stich, die zu schützen sie schuldig wären.] Deshalb werden sie sich nach seiner Meinung

rem publicam quidem accessuros putat nisi coactos. Aequius autem erat id voluntate fieri; nam hoc ipsum ita iustum est, quod recte fit, si est voluntarium. (29) Sunt etiam, qui aut studio rei familiaris tuendae aut odio quodam hominum suum se negotium agere dicant nec facere cuiquam videantur iniuriam. Qui altero genere iniustitiae vacant, in alterum incurrunt; deserunt enim vitae societatem, quia nihil conferunt in eam studii, nihil operae, nihil facultatum.

(30) Quando igitur duobus generibus iniustitiae propositis adiunximus causas utriusque generis easque res ante constituimus, quibus iustitia contineretur, facile quod cuiusque temporis officium sit poterimus, nisi nosmet ipsos valde amabimus, iudicare. Est enim difficilis cura rerum alienarum, quamquam Terentianus ille Chremes ›humani nihil a se alienum putat‹; sed tamen, quia magis ea percipimus atque sentimus, quae nobis ipsis aut prospera aut adversa eveniunt, quam illa, quae ceteris, quae quasi longo intervallo interiecto videmus, aliter de illis ac de nobis iudicamus. Quocirca bene praecipiunt, qui vetant quicquam agere, quod dubites aequum sit an iniquum. Aequitas enim lucet ipsa per se, dubitatio cogitationem significat iniuriae.

10 (31) Sed incidunt saepe tempora, cum ea, quae maxime videntur digna esse iusto homine, eoque quem virum bonum dicimus, commutantur fiuntque contraria, ut reddere depositum [etiamne furioso?], facere promissum quaeque pertinent ad veritatem et ad fidem, ea migrare interdum et

nicht einmal der Politik zuwenden, außer aufgrund eines Zwangs.[66] Mehr nach dem Sinn des Rechts aber wäre es, daß dies aus freiem Willen[67] geschehe. Denn eben das, was zu Recht geschieht, ist gerecht nur für den Fall, daß es freiwillig ist. (29) Auch gibt es Leute, die entweder in dem Streben, über ihrem Familiengut zu wachen, oder aus einer gewissen Menschenfeindlichkeit sagen, sie seien auf ihre eigenen Interessen bedacht, und die niemandem ein Unrecht zu tun scheinen. Diese halten sich fern von der einen Art der Ungerechtigkeit, verfallen aber in die andere. Denn sie treten heraus aus der Lebensgemeinschaft, da sie für sie nichts beitragen aus ihrer Tätigkeit, ihrer Arbeit und ihren Mitteln.

(30) Nachdem wir also zwei Arten der Ungerechtigkeit vor Augen gestellt haben, die Gründe für die beiden Arten anschließend behandelt und vorher die Voraussetzungen festgestellt haben, auf denen die Gerechtigkeit beruht, werden wir leicht beurteilen können, welches die Anforderung der Pflicht in der jeweiligen Situation ist, wenn wir nicht in großer Eigenliebe[68] befangen sind. Denn schwierig ist die Sorge für fremde Anliegen, wenngleich jener Chremes des Terenz[69] »nichts Menschliches sich fremd erachtet«; aber doch, weil wir mehr das erfassen und empfinden, was uns selbst an Günstigem und Widrigem, als jenes, was den übrigen begegnet, was wir gleichsam aus weiter Entfernung sehen, so urteilen wir anders über jene als über uns. Darum machen diejenigen den richtigen Vorschlag, die verbieten etwas zu tun, über dessen Rechtlichkeit oder Unrechtlichkeit man unentschieden ist. Gerechter Sinn hat ja von sich aus seinen eigenen Glanz, Unentschiedenheit verrät das Sinnen auf Unrecht.

10 (31)[70] Aber es treten oft Umstände auf, wo Anforderungen, die eines gerechten Mannes und eines solchen am meisten würdig scheinen, den wir als gutgesinnt bezeichnen, sich verändern und ins Gegenteil umschlagen; wie ein hinterlegtes Gut zurückzuerstatten [etwa auch einem Rasenden?], ein Versprechen in die Tat umzusetzen und darüber,

non servare fit iustum. Referri enim decet ad ea, quae posui principio fundamenta iustitiae, primum ut ne cui noceatur, deinde ut communi utilitati serviatur. [Ea cum tempore commutantur, commutatur officium et non semper est idem.] (32) Potest enim accidere promissum aliquod et conventum, ut id effici sit inutile vel ei, cui promissum sit, vel ei, qui promiserit. Nam si, ut in fabulis est, Neptunus, quod Theseo promiserat, non fecisset, Theseus Hippolyto filio non esset orbatus. Ex tribus enim optatis, ut scribitur, hoc erat tertium, quod de Hippolyti interitu iratus optavit; quo impetrato in maximos luctus incidit. Nec promissa igitur servanda sunt ea, quae sint is, quibus promiseris, inutilia, nec si plus tibi ea noceant, quam illi prosint cui promiseris, contra officium est, maius anteponi minori, ut si constitueris, cuipiam te advocatum in rem praesentem esse venturum atque interim graviter aegrotare filius coeperit, non sit contra officium non facere, quod dixeris, magisque ille, cui promissum sit, ab officio discedat, si se destitutum queratur. Iam illis promissis standum non esse quis non videt, quae coactus quis metu, quae deceptus dolo promiserit? Quae quidem pleraque iure praetorio liberantur, nonnulla legibus. (33) Existunt etiam saepe iniuriae calumnia quadam

was zu Wahrhaftigkeit und Treue gehört, sich manchmal hinwegzusetzen und es nicht einzuhalten erweist sich als gerecht. Denn das Schickliche gebietet, es auf das zu beziehen, was ich zuerst als Grundforderungen der Gerechtigkeit festgelegt habe, erstens die Absicht, daß niemand geschädigt wird, sodann, daß dem Gemeinnutzen gedient werde. [Wenn diese Anforderungen durch einen äußeren Umstand sich ändern, dann ändert sich das Pflichtverhältnis und ist nicht immer dasselbe.] (32) Denn es kann vorkommen, daß es gegen den Nutzen ist, ein Versprechen oder ein Übereinkommen zu verwirklichen, entweder für denjenigen, dem das Versprechen gegeben worden ist, oder für den, der es gegeben hat. Denn wenn, wie es in den Mythen heißt, Poseidon nicht getan hätte, was er dem Theseus versprochen hatte, dann wäre Theseus nicht seines Sohnes Hippolytos beraubt worden. Von den drei Wünschen nämlich, wie geschrieben steht, war dieser der dritte, den er im Zorn über das Ende des Hippolytos geäußert hat. Als er seine Erfüllung erlangt hatte, verfiel er in Stimmungen tiefster Trauer. Es sind also solche Versprechungen nicht zu beachten, die für diejenigen, denen du sie gegeben hast, unnütz sind; und es ist, wenn dir das mehr schadet, als es für jenen förderlich ist, dem du es gegeben hast, nicht in Widerspruch zur Verpflichtung, daß das Wichtigere dem Unwichtigeren vorgezogen wird. Ein Beispiel: wenn du dich darauf festgelegt hast, als Rechtsbeistand zur Stelle zu sein,[71] unterdessen aber dein Sohn schwer erkrankte, dann ist es nicht wider die Verpflichtung, nicht durchzuführen, was du zugesagt hast, vielmehr begibt sich derjenige, dem ein Versprechen gegeben worden ist, in Widerspruch zur Verpflichtung, wenn er sich beklagt, man habe ihn sitzenlassen. Ferner: wer sieht nicht ein, daß man zu jenen Versprechen nicht stehen muß, die einer unter dem Zwang der Furcht, die er als Opfer arglistiger Täuschung gegeben hat? Diese werden größtenteils durch das Recht des Praetors, einige durch Gesetze aufgehoben. (33) Es kommen auch oft Ungerechtigkeiten vor durch eine Rechts-

et nimis callida, sed malitiosa iuris interpretatione. Ex quo illud ›summum ius summa iniuria‹ factum est iam tritum sermone proverbium. Quo in genere etiam in re publica multa peccantur, ut ille, qui, cum triginta dierum essent cum hoste indutiae factae, noctu populabatur agros, quod dierum essent pactae, non noctium indutiae. Ne noster quidem probandus, si verum est Q. Fabium Labeonem seu quem alium – nihil enim habeo praeter auditum – arbitrum Nolanis et Neapolitanis de finibus a senatu datum, cum ad locum venisset, cum utrisque separatim locutum, ne cupide quid agerent, ne adpetenter, atque ut regredi quam progredi mallent. Id cum utrique fecissent, aliquantum agri in medio relictum est. Itaque illorum finis sic, ut ipsi dixerant, terminavit; in medio relictum quod erat, populo Romano adiudicavit. Decipere hoc quidem est, non iudicare. Quocirca in omni est re fugienda talis sollertia.

11 (34) Sunt autem quaedam officia etiam adversus eos servanda, a quibus iniuriam acceperis. Est enim ulciscendi et puniendi modus – atque haud scio an satis sit eum, qui lacessierit iniuriae suae paenitere – ut et ipse ne quid tale posthac et ceteri sint ad iniuriam tardiores. Atque in re publica maxime conservanda sunt iura belli. Nam cum sint duo genera decertandi, unum per disceptationem, alterum per vim, cumque illud proprium sit hominis, hoc beluarum, confugiendum est ad posterius, si uti non licet superiore. (35) Quare suscipienda quidem bella sunt ob eam causam, ut sine iniuria in pace vivatur, parta autem victoria conser-

verdrehung, d. h. durch allzu spitzfindige, aber böswillige Auslegung des Rechtes. Daraus ist jenes schon abgegriffene Sprichwort »höchstes Recht ist höchste Ungerechtigkeit«[72] entstanden. In diesem Zusammenhang werden auch im politischen Leben viele Fehler begangen: ein Beispiel dafür gibt jener[73] ab, der, nachdem mit dem Feind ein Waffenstillstand auf dreißig Tage abgeschlossen worden war, des Nachts die Felder verwüstete, weil der Waffenstillstand auf Tage, nicht auf Nächte abgeschlossen worden sei. Auch mit unserem Landsmann darf man nicht einverstanden sein, wenn es wahr ist, daß Quintus Fabius Labeo[74] oder sonst irgendeiner – denn ich weiß es nur vom Hörensagen – den Einwohnern von Nola und Neapel als Schiedsrichter über Grenzstreitigkeiten vom Senat bestellt, als er an Ort und Stelle gekommen sei, mit beiden getrennt gesprochen habe, sie sollten nichts gierig, nichts habsüchtig betreiben, vielmehr lieber einen Schritt zurück als vorwärts gehen.[75] Als dies beide getan hatten, blieb ein ordentliches Stück Land in der Mitte frei. Deshalb begrenzte er ihre Gebiete so, wie sie es selbst angegeben hatten. Was in der Mitte frei geblieben war, sprach er dem römischen Volke zu. Das heißt freilich Betrug, nicht Recht üben. Darum ist in jeder Hinsicht solche Gerissenheit zu vermeiden.

11 (34) Es sind aber einige Verpflichtungen auch gegen diejenigen zu beachten, von denen du Unrecht erlitten hast. Denn es gibt ein Maß im Rächen und Bestrafen. Und es genügt vielleicht, daß derjenige, der herausfordernd gehandelt hat, sein Unrecht bereut, so daß er selbst nichts Derartiges künftighin verübt und die übrigen weniger rasch mit Unrecht bei der Hand sind. In der Politik ist besonders das Kriegsrecht zu beachten. Denn da es zwei Arten der Entscheidung gibt, die eine durch Rechtsabsprache, die andere durch Gewaltanwendung, und da jene dem Menschen, diese den Tieren eigen ist, so ist zu letzterer Zuflucht zu nehmen, wenn erstere anzuwenden nicht möglich ist. (35) Daher darf man Kriege zwar auf sich nehmen zu dem Zweck, daß man ohne Unrecht im Frieden lebt,[76] nach Er-

vandi ii, qui non crudeles in bello, non inmanes fuerunt, ut maiores nostri Tusculanos, Aequos, Volscos, Sabinos, Hernicos in civitatem etiam acceperunt, at Karthaginem et Numantiam funditus sustulerunt; nollem Corinthum, sed credo aliquid secutos, oportunitatem loci maxime, ne posset aliquando ad bellum faciendum locus ipse adhortari. Mea quidem sententia paci, quae nihil habitura sit insidiarum, semper est consulendum. In quo si mihi esset obtemperatum, si non optimam, at aliquam rem publicam, quae nunc nulla est, haberemus. Et cum iis, quos vi deviceris consulendum est, tum ii, qui armis positis ad imperatorum fidem confugient, quamvis murum aries percusserit, recipiendi. In quo tantopere apud nostros iustitia culta est, ut ii, qui civitates aut nationes devictas bello in fidem recepissent, earum patroni essent more maiorum. (36) Ac belli quidem aequitas sanctissime fetiali populi Romani iure perscripta est. Ex quo intellegi potest nullum bellum esse iustum, nisi quod aut rebus repetitis geratur aut denuntiatum ante sit et indictum. [Popilius imperator tenebat provinciam, in cuius exercitu Catonis filius tiro militabat. Cum autem Popilio videretur unam dimittere legionem, Catonis quoque filium, qui in eadem legione militabat, dimisit. Sed cum amore pugnandi in exercitu remansisset, Cato ad Popilium scripsit, ut, si eum patitur in exercitu remanere, secundo eum obliget militiae sacramento, quia priore amisso iure cum hostibus pugnare non poterat. Adeo summa erat observatio

ringung des Sieges aber sind diejenigen zu begnadigen, die im Kriege nicht grausam und nicht unmenschlich waren. So haben unsere Vorfahren die Bewohner von Tusculum, die Aequer, die Volsker, Sabiner und Herniker sogar in das Bürgerrecht aufgenommen, dagegen Karthago und Numantia von Grund auf zerstört; leider Korinth,[77] aber ich glaube, sie ließen sich von irgendeiner Rücksicht leiten, besonders von der Gunst der Lage, damit nicht einmal der Ort selbst zum Kriegführen Anlaß geben könne. Nach meiner Ansicht jedenfalls ist immer für einen Frieden, der keinerlei Tücken hat, zu sorgen. Hätte man in diesem Punkte auf mich gehört, dann hätten wir, wo nicht das beste, so doch ein leidliches Gemeinwesen, das jetzt überhaupt nicht existiert. Und man muß für die, die man mit Gewalt besiegt hat,[78] sorgen, besonders aber diejenigen aufnehmen, die nach Niederlegung der Waffen beim Schutzversprechen des Feldherrn Zuflucht gesucht hatten, mag auch der Sturmbock die Mauern erschüttert haben.[79] In diesem Punkte wurde bei unseren Landsleuten die Gerechtigkeit so sehr in Ehren gehalten, daß diejenigen, die im Kriege besiegte Bürgerschaften oder Völker in ihren Schutz aufgenommen hatten, deren Schutzherren[80] waren nach dem Brauch der Vorfahren. (36) Der Rechtsgrundsatz im Krieg jedenfalls ist aufs unverletzlichste im Fetialrecht[81] des römischen Volkes schriftlich festgelegt. Daraus kann man ersehen, daß nur der Krieg gerecht ist, der für Schadenersatz geführt wird oder nach Androhung und Erklärung. [Der Feldherr Popilius[82] hatte eine Provinz inne, in deren Heer der Sohn Catos als Rekrut diente. Als es aber Popilius richtig schien, eine Legion zu entlassen, da entließ er auch den Sohn Catos, der in ebendieser Legion diente. Da er aber aus Kampfeseifer im Heer verblieben war, schrieb Cato an Popilius, er solle, wenn er sein Verbleiben im Heer dulde, ihn durch einen zweiten Fahneneid verpflichten, weil er nach Auflösung der früheren Rechtsbindung bei Eröffnung eines Krieges nicht gegen den Feind kämpfen könne. So sehr verstand man sich auf unbedingte Rechtsbeachtung bei Beginn eines

in bello movendo.] (37) Marci quidem Catonis senis est epistula ad Marcum filium, in qua scribit se audisse eum missum factum esse a consule cum in Macedonia bello Persico miles esset. Monet igitur ut caveat, ne proelium ineat; negat enim ius esse, qui miles non sit cum hoste pugnare.

12 Equidem etiam illud animadverto, quod, qui proprio nomine perduellis esset, is hostis vocaretur, lenitate verbi rei tristitiam mitigatam. Hostis enim apud maiores nostros is dicebatur, quem nunc peregrinum dicimus. Indicant duodecim tabulae: AUT STATUS DIES CUM HOSTE, itemque ADVERSUS HOSTEM AETERNA AUCTORITAS. Quid ad hanc mansuetudinem addi potest, eum, quicum bellum geras, tam molli nomine appellare? Quamquam id nomen durius effecit iam vetustas; a peregrino enim recessit et proprie in eo, qui arma contra ferret, remansit. (38) Cum vero de imperio decertatur belloque quaeritur gloria, causas omnino subesse tamen oportet easdem, quas dixi paulo ante iustas causas esse bellorum. Sed ea bella, quibus imperii proposita gloria est, minus acerbe gerenda sunt. Ut enim, cum civiliter contendimus, ⟨contendimus⟩ aliter si est inimicus, aliter si competitor – cum altero certamen honoris et dignitatis est, cum altero capitis et famae –, sic cum Celtiberis, cum Cimbris bellum ut cum inimicis gerebatur, uter esset, non uter imperaret, cum Latinis, Sabinis, Samnitibus, Poenis, Pyrrho de imperio dimicabatur. [Poeni foedifragi, crudelis Hannibal,

Krieges.] (37) Es ist ein Brief des alten Cato an seinen Sohn Marcus erhalten, in dem er schreibt, er habe gehört, daß er vom Konsul entlassen worden sei, als er in Makedonien im Krieg gegen Perseus[83] Soldat war. Er legt ihm also nahe, ja nicht in den Kampf zu ziehen. Er sagt nämlich, es sei nicht recht, daß einer, der nicht Soldat sei, gegen den Feind kämpfe.

12 Ich jedenfalls stelle auch dies fest: wenn man einen, der nach seinem eigentlichen Namen ein Hochverräter ist, als Staatsfeind bezeichnet, so ist die Bitternis des Tatbestands gemildert worden durch die Abschwächung der Bezeichnung. Als Feind[84] nämlich wurde bei unseren Vorfahren derjenige bezeichnet, den wir heutzutage einen Ausländer nennen. Dies beweist das Zwölftafelgesetz: »Oder der mit einem ›Feind‹ festgesetzte Tag« und ebenso: »Gegen den ›Feind‹ dauernde Verfügungsgewalt«.[85] Was kann zu dieser Abmilderung noch hinzugefügt werden, einen, mit dem du Krieg führst, mit einer so rücksichtsvollen Bezeichnung anzusprechen? Indessen hat diese Bezeichnung ihr Alter schon härter gemacht. Denn vom Ausländer hat sie sich entfernt und ist in eigentlicher Bedeutung bei dem, der die Waffen gegen einen führt, verblieben. (38) Wenn gar über die Herrschaft entschieden und im Krieg Ruhm gesucht wird, so müssen doch unbedingt dieselben Anlässe zugrunde liegen, die, wie kurz vorher gesagt, gerechte Kriegsanlässe sind. Die Kriege aber, bei denen der Ruhm des Reiches zum Ziele gesetzt ist, sind weniger erbittert zu führen. Wie wir nämlich gegen einen Mitbürger anders uns anlegen, wenn er ein persönlicher Feind als wenn er ein Mitbewerber ist – mit dem einen geht der Streit um die Ehre und Würde, mit dem anderen um Leben und Ruf –, so wurde gegen die Keltiberer, gegen die Kimbern[86] der Krieg wie gegen Todfeinde geführt darum, wer existiere, nicht wer herrsche, gegen die Latiner, Sabiner, Samniter, Punier und Pyrrhos[87] wurde um die Herrschaft gefochten. [Die Punier sind vertragsbrüchig, grausam ist Hannibal, die übrigen sind gerechter.] Von

reliqui iustiores.] Pyrrhi quidem de captivis reddendis illa praeclara:

> Nec mi aurum posco nec mi pretium dederitis,
> Nec cauponantes bellum sed belligerantes,
> Ferro, non auro, vitam cernamus utrique.
> Vosne velit an me regnare era, quidve ferat Fors,
> Virtute experiamur. Et hoc simul accipe dictum:
> Quorum virtutei belli Fortuna pepercit
> Eorundem libertati me parcere certum est.
> Dono ducite doque volentibus cum magnis dis.

Regalis sane et digna Aeacidarum genere sententia.
13 (39) Atque etiam si quid singuli temporibus adducti hosti promiserunt, est in eo ipso fides conservanda, ut primo Punico bello Regulus captus a Poenis, cum de captivis commutandis Romam missus esset iurassetque se rediturum, primum, ut venit, captivos reddendos in senatu non censuit, deinde, cum retineretur a propinquis et ab amicis, ad supplicium redire maluit quam fidem hosti datam fallere. [(40) Secundo autem Punico bello post Cannensem pugnam quos decem Hannibal Romam misit astrictos iure iurando se redituros esse nisi de redimendis is, qui capti erant, impetrassent, eos omnes censores, quoad quisque eorum vixit,

Pyrrhos jedenfalls stammen über die Rückgabe der Gefangenen jene trefflichen Worte:

Gold nicht erstrebt' ich für mich und Belohnung nicht sollt ihr mir geben,
Nicht wie die Schacherer im Krieg, sondern tapfer im Kampf uns bewähren.
Lasset uns beide mit Eisen, mit Gold nicht das Leben entscheiden.
Welchen zum Herrscher erhebt, was schickt das waltende Schicksal,
Laßt uns mutig erproben! Vernimm weiter dies, was ich sage!
Welcher Soldaten Mut des Krieges Geschicke verschonten,
Ebenderselben Freiheit zu schonen bin fest ich entschlossen.
Führt zum Geschenke sie heim! Ich gewähr's mit den Göttern, den großen.

Ein fürwahr königliches und des Geschlechtes der Äakiden[88] würdiges Wort!

13 (39) Und auch falls Einzelpersonen unter dem Druck der Umstände einem Feind irgendein Versprechen gegeben haben, ist gerade in diesem Punkt das Treuwort zu halten. So hat im Ersten Punischen Krieg Regulus[89] – er war von den Puniern gefangengenommen worden –, als er wegen des Gefangenenaustausches nach Rom geschickt worden war und geschworen hatte, zurückzukehren, zunächst sich nach seiner Ankunft gegen die Rückgabe der Gefangenen im Senat geäußert, sodann wollte er lieber, wenngleich er zurückgehalten wurde von Verwandten und Freunden, zur Hinrichtung zurückkehren als das dem Feinde gegebene Wort enttäuschen. [(40) Im Zweiten Punischen Krieg aber haben nach der Schlacht bei Cannae die Zensoren die zehn Leute, die Hannibal nach Rom schickte unter eidlicher Verpflichtung zurückzukehren, falls sie bezüglich des Rückkaufs der Gefangenen nichts erreichten, weil sie einen Mein-

quod peierassent in aerariis reliquerunt, nec minus illum, qui iure iurando fraude culpam invenerat. Cum enim permissu Hannibalis exisset e castris, rediit paulo post, quod se oblitum nescio quid diceret; deinde egressus e castris iure iurando se solutum putabat, et erat verbis, re non erat. Semper autem in fide quid senseris, non quid dixeris, cogitandum est.]

[Maximum autem exemplum est iustitiae in hostem a maioribus nostris constitutum, cum a Pyrrho perfuga senatui est pollicitus se venenum regi daturum et eum necaturum. Senatus et C. Fabricius eum Pyrrho dedit. Ita ne hostis quidem et potentis et bellum ultro inferentis interitum cum scelere adprobavit.] Ac de bellicis quidem officiis satis dictum est.

(41) Meminerimus autem etiam adversus infimos iustitiam esse servandam. Est autem infima condicio et fortuna servorum, quibus non male praecipiunt, qui ita iubent uti, ut mercennariis, operam exigendam, iusta praebenda. Cum autem duobus modis, id est aut vi aut fraude, fiat iniuria, fraus quasi vulpeculae, vis leonis videtur; utrumque homine alienissimum, sed fraus odio digna maiore. Totius autem iniustitiae nulla capitalior quam eorum, qui tum, cum maxime fallunt, id agunt, ut viri boni esse videantur. De iustitia satis dictum.

14 (42) Deinceps, ut erat propositum, de beneficentia ac de liberalitate dicatur, qua quidem nihil est naturae hominis

eid geleistet hatten, auf Lebenszeit in der untersten Vermögensklasse belassen und desgleichen jenen, der bei seinem Eid durch Trug Schuld auf sich geladen hatte. Nachdem er nämlich mit Erlaubnis Hannibals das Lager verlassen hatte, kehrte er bald darauf zurück, angeblich, weil er irgend etwas vergessen hatte. Alsdann verließ er das Lager und glaubte, vom Eid entbunden zu sein, und das war er dem Worte, nicht der Sache nach. Immer aber ist bei einem Ehrenwort nicht, was du sagst, sondern was du denkst, zu erwägen.]

[Ein besonders schlagendes Beispiel aber von Gerechtigkeit gegen einen Feind ist von unseren Vorfahren aufgestellt worden, als ein Überläufer von Pyrrhos dem Senat versprach, dem König Gift zu geben und ihn zu töten. Der Senat und C. Fabricius lieferten ihn dem Pyrrhos aus. So willigte er nicht einmal ein in den mit Verbrechen verbundenen Untergang eines mächtigen und von sich aus angreifenden Landesfeindes.] Über die Pflichten im Kriege jedenfalls ist genügend gesprochen.

(41) Erinnern wir uns aber daran, daß auch gegen Niedriggestellte Gerechtigkeit zu wahren ist. Die niedrigste Stellung und Bestimmung aber ist die der Sklaven. Nicht schlecht ist die Vorschrift derjenigen, die befehlen, sich ihrer so zu bedienen wie der Tagelöhner: ihre Leistung sei zu fordern, der gerechte Lohn zu gewähren. Wenn aber auf zweierlei Weise, d.h. entweder durch Gewalt oder durch Betrug Ungerechtigkeit geübt wird, scheint Betrug gleichsam einem Fuchs, Gewalt einem Löwen zuzukommen. Beides ist den Menschen grundfremd, aber Betrug verdient entschiedenere Ablehnung. Von aller Ungerechtigkeit aber verdient keine mehr den Tod als die derjenigen, die dann, wenn sie am meisten betrügen, darauf hinwirken, daß sie als gutgesinnte Männer erscheinen.[90] Über die Gerechtigkeit ist genügend gesprochen.

14 (42) Sodann soll, wie in Aussicht gestellt war, über Wohltätigkeit und Großzügigkeit gesprochen werden. Nichts ist mehr als sie der Natur des Menschen angemessen,

accommodatius, sed habet multas cautiones. Videndum est enim, primum ne obsit benignitas et iis ipsis, quibus benigne videbitur fieri, et ceteris, deinde ne maior benignitas sit, quam facultates, tum ut pro dignitate cuique tribuatur; id enim est iustitiae fundamentum, ad quam haec referenda sunt omnia. Nam et qui gratificantur cuipiam, quod obsit illi, cui prodesse velle videantur, non benefici neque liberales, sed perniciosi assentatores iudicandi sunt, et qui aliis nocent, ut in alios liberales sint, in eadem sunt iniustitia, ut si in suam rem aliena convertant. (43) Sunt autem multi et quidem cupidi splendoris et gloriae, qui eripiunt aliis, quod aliis largiantur, iique arbitrantur se beneficos in suos amicos visum iri, si locupletent eos quacumque ratione. Id autem tantum abest ab officio, ut nihil magis [officio] possit esse contrarium. Videndum est igitur, ut ea liberalitate utamur, quae prosit amicis, noceat nemini. Quare L. Sullae, C. Caesaris pecuniarum translatio a iustis dominis ad alienos non debet liberalis videri; nihil est enim liberale, quod non idem iustum.

(44) Alter locus erat cautionis, ne benignitas maior esset quam facultates, quod qui benigniores volunt esse, quam res patitur, primum in eo peccant, quod iniuriosi sunt in proximos; quas enim copias his et suppeditari aequius est et relinqui, eas transferunt ad alienos. Inest autem in tali liberalitate cupiditas plerumque rapiendi et auferendi per iniuriam, ut ad largiendum suppetant copiae. Videre etiam licet plerosque non tam natura liberales quam quadam gloria

aber sie erfordert viele Rücksichten. Denn es ist darauf zu sehen, daß erstens Güte weder gerade denen schadet, denen man Güte zu erweisen scheint, noch den übrigen, dann, daß die Güte nicht größer sei als die Möglichkeiten, ferner, daß sie einem jeden nach dem Maß seines Verdienstes zugeteilt werde. Denn das ist die Grundforderung der Gerechtigkeit, nach der all dies auszurichten ist. Denn diejenigen, die jemandem zu Gefallen tun, was jenem schadet, dem sie offenbar nützen wollen, sind nicht als wohltätig und großzügig, sondern als unheilbringende Schmeichler zu beurteilen, und diejenigen, die den einen schaden, um gegen die anderen großzügig zu sein, sind ebenso im Unrecht, wie wenn sie fremdes Gut zu ihrem eigenen Profit mißbrauchen. (43) Es gibt viele Leute, und zwar auf ihren Glanz und ihren Ruhm bedachte, die an den einen Raub begehen, um ihn an andere zu verschenken, und es bilden sich diese ein, als Wohltäter an ihren Freunden zu erscheinen, wenn sie diese in jeder erdenklichen Weise bereichern. Diese Einstellung aber ist so weit vom pflichtgemäßen Handeln entfernt, daß ihr nichts mehr entgegengesetzt zu sein scheint. Es ist also darauf zu achten, daß wir eine Großzügigkeit walten lassen, die den Freunden nützt, doch niemandem schadet. Deshalb darf des L. Sulla, des C. Caesar[91] Übertragung von Geldmitteln von den rechtmäßigen Eigentümern auf besitzfremde Personen nicht als großzügig erscheinen. Denn es ist nichts großzügig, was nicht zugleich gerecht ist.

(44) Die andere Seite der Rücksichtnahme ist die, daß die Güte nicht größer sei als die finanziellen Möglichkeiten, weil diejenigen, die gütiger sein wollen, als ihr Vermögen es zuläßt, zunächst darin fehlen, daß sie ungerecht sind gegen ihre nächsten Angehörigen. Denn Hilfsquellen, die diesen zur Verfügung zu stellen und zu vererben gerechter wäre, übertragen sie auf Fremde. Es liegt aber in solcher Freigebigkeit meistens eine Lust vor, durch Unrecht zu rauben und zu entwenden, damit zum Verschenken Hilfsmittel zur Verfügung stehen. Auch kann man sehen, daß die meisten nicht so sehr von Natur freigebig sind, als vielmehr gewis-

ductos, ut benefici videantur facere multa, quae proficisci ab ostentatione magis quam a voluntate videantur. Talis autem simulatio vanitati est coniunctior quam aut liberalitati aut honestati.

(45) Tertium est propositum, ut in beneficentia dilectus esset dignitatis; in quo et mores eius erunt spectandi, in quem beneficium conferetur, et animus erga nos et communitas ac societas vitae et ad nostras utilitates officia ante collata; quae ut concurrant omnia, optabile est; si minus, plures causae maioresque ponderis plus habebunt.

15 (46) Quoniam autem vivitur non cum perfectis hominibus planeque sapientibus, sed cum iis, in quibus praeclare agitur, si sunt simulacra virtutis, etiam hoc intellegendum puto, neminem omnino esse neglegendum, in quo aliqua significatio virtutis appareat, colendum autem esse ita quemque maxime, ut quisque maxime virtutibus his lenioribus erit ornatus, modestia, temperantia, hac ipsa, de qua multa iam dicta sunt, iustitia. Nam fortis animus et magnus in homine non perfecto nec sapiente ferventior plerumque est, illae virtutes bonum virum videntur potius attingere. Atque haec in moribus.

(47) De benevolentia autem, quam quisque habeat erga nos, primum illud est in officio, ut ei plurimum tribuamus, a quo plurimum diligamur, sed benivolentiam non adulescentulorum more ardore quodam amoris, sed stabilitate potius et constantia iudicemus. Sin erunt merita, ut non ineunda, sed referenda sit gratia, maior quaedam cura adhibenda est; nullum enim officium referenda gratia magis necessa-

sermaßen von Ruhmsucht geleitet, damit sie als Wohltäter vieles zu tun scheinen, was mehr von Zurschaustellung als von Herzen kommend erscheint. Solches Vortäuschen aber ist mehr der Unaufrichtigkeit als der Freigebigkeit oder Ehrenhaftigkeit verwandt.

(45) Als dritte Vorsichtsmaßregel ist auferlegt, daß bei der Wohltätigkeit eine Auswahl nach Würde erfolge. Dabei wird auf den Charakter desjenigen zu sehen sein, dem eine Wohltat erwiesen wird, seine Gesinnung gegen uns, sein Gemeinschaftsgefühl und die unseren Vorteilen früher erbrachten Leistungen. Daß alle diese Punkte zusammenkommen, ist wünschenswert; wo nicht, so werden die zahlreicheren und größeren Ursachen das größere Gewicht haben.

15 (46) Da man aber nicht mit vollkommenen und ganz und gar weisen Menschen lebt, sondern mit solchen, bei denen es glänzend abgeht, wenn sie Abbilder[92] der Vollkommenheit sind, so glaube ich, man müsse auch dies verstehen, es dürfe niemand völlig übersehen werden, bei dem irgendein Hinweis auf Vollkommenheit sichtbar wird; es sei aber einer um so mehr zu achten, je mehr er mit diesen ruhigeren Tugenden ausgestattet ist, der Mäßigung, der Selbstbeherrschung und besonders der Gerechtigkeit, über die schon viel gesagt worden ist. Denn tapfere und hohe Gesinnung[93] ist bei einem nicht vollkommenen und nicht weisen Manne meistens zu aufbrausend,[94] jene Tugenden aber scheinen einen gutgesinnten Mann mehr anzugehen. Doch dies gehört zu den Charaktereigenschaften.

(47) Um vom Wohlwollen zu reden, das man gegen uns hat, so gehört es zunächst zum pflichtgemäßen Handeln, daß wir demjenigen am meisten zukommen lassen, von dem wir am meisten geschätzt werden, aber das Wohlwollen wollen wir nicht nach der Unart junger Leute gewissermaßen nach dem Feuer der Liebe, sondern lieber nach Beharrlichkeit und Standhaftigkeit beurteilen. Wenn aber Verdienste vorliegen, so daß Gunst nicht zu gewinnen, sondern abzugelten ist, dann muß man wohl größere Bedachtsamkeit walten lassen. Denn keine Verpflichtung ist dringlicher als die,

rium est. (48) Quodsi ea, quae utenda acceperis, maiore mensura, si modo possis, iubet reddere Hesiodus, quidnam beneficio provocati facere debemus? An imitari agros fertiles, qui multo plus efferunt, quam acceperunt? Etenim si in eos, quos speramus nobis profuturos, non dubitamus officia conferre, quales in eos esse debemus, qui iam profuerunt? Nam cum duo genera liberalitatis sint, unum dandi beneficii, alterum reddendi, demus necne in nostra potestate est, non reddere viro bono non licet, modo id facere possit sine iniuria. (49) Acceptorum autem beneficiorum sunt dilectus habendi, nec dubium, quin maximo cuique plurimum debeatur. In quo tamen inprimis, quo quisque animo, studio, benivolentia fecerit, ponderandum est. Multi enim faciunt multa temeritate quadam sine iudicio, vel morbo in omnes vel repentino quodam quasi vento impetu animi incitati; quae beneficia aeque magna non sunt habenda atque ea, quae iudicio, considerate constanterque delata sunt. Sed in collocando beneficio et in referenda gratia, si cetera paria sunt, hoc maxime officii est, ut quisque maxime opis indigeat, ita ei potissimum opitulari; quod contra fit a plerisque; a quo enim plurimum sperant, etiamsi ille iis non eget, tamen ei potissimum inserviunt.

16 (50) Optime autem societas hominum coniunctioque servabitur, si, ut quisque erit coniunctissimus, ita in eum beni-

Gunst zu vergelten. (48) Wenn also Hesiod[95] befiehlt, das, was du zur Nutznießung erhalten hast, sofern du nur kannst, in reichlicherem Maße zurückzuerstatten – was müssen wir dann auf eine Wohltat hin tun? Nicht etwa es fruchtbaren Feldern gleichtun, die viel mehr bringen, als sie erhalten haben? Denn wenn wir ohne Bedenken Leuten, die, wie wir hoffen, uns förderlich sind, Gefälligkeiten erweisen – wie müssen wir dann erst gegen diejenigen sein, die uns schon förderlich gewesen sind? Denn wenn es zwei Arten der Freigebigkeit gibt, die eine, eine Wohltat zu erweisen, die andere, sie zu vergelten, so liegt die Entscheidung, sie zu erweisen oder nicht, in unserer Verfügung, sie aber nicht zu vergelten steht einem rechten Manne nicht frei, wofern er das nur ohne Unrecht tun kann. (49) Über empfangene Wohltaten muß man eine Auswahl zu treffen[96] wissen, und es ist nicht zweifelhaft, daß gerade für die größte am meisten geschuldet wird. Dabei ist aber besonders abzuwägen, aus welcher Gesinnung, Bestrebung und welchem Wohlwollen einer gehandelt hat. Denn viele tun vieles gewissermaßen aus urteilsloser Unüberlegtheit, entweder durch ihre krankhafte Abneigung gegen alle oder durch einen akuten Anfall einer Gemütsaufwallung, gleichsam wie durch einen plötzlichen Windstoß getrieben. Solche Wohltaten dürfen nicht gleich groß erachtet werden wie diejenigen, die aufgrund eines Urteils wohlüberlegt und bedächtig geleistet worden sind. Aber beim ›Anlegen‹ einer Wohltat und beim Abgelten einer Gunsterweisung gehört, wenn die übrigen Gesichtspunkte gleichwertig sind, besonders dies zum pflichtgemäßen Handeln, einem jeweils um so lieber Hilfe zu bringen, je mehr er der Hilfe bedarf. Gerade entgegengesetzt aber wird von den meisten gehandelt. Von wem sie sich nämlich am meisten erhoffen, dem sind sie, auch wenn jener dessen gar nicht bedarf, am liebsten zu Diensten.

16 (50) Am besten aber wird die Gesellschaft und Zusammengehörigkeit der Menschen gewahrt werden, wenn auf einen um so mehr Güte verwendet wird, je enger er einem

gnitatis plurimum conferetur. Sed quae naturae principia sint communitatis et societatis humanae, repetendum videtur altius. Est enim primum quod cernitur in universi generis humani societate. Eius autem vinculum est ratio et oratio, quae docendo, discendo, communicando, disceptando, iudicando conciliat inter se homines coniungitque naturali quadam societate, neque ulla re longius absumus a natura ferarum, in quibus inesse fortitudinem saepe dicimus, ut in equis, in leonibus, iustitiam, aequitatem, bonitatem non dicimus; sunt enim rationis et orationis expertes. (51) Ac latissime quidem patens hominibus inter ipsos, omnibus inter omnes societas haec est. In qua omnium rerum, quas ad communem hominum usum natura genuit, est servanda communitas, [ut quaeque discripta sunt legibus et iure civili, haec ita teneantur, ut sit constitutum legibus ipsis, cetera sic observentur,] ut in Graecorum proverbio est, amicorum esse communia omnia. Omnium autem communia hominum videntur ea, quae sunt generis eius, quod ab Ennio positum in una re transferri in permultas potest:

Homo qui erranti comiter monstrat viam,
Quasi lumen de suo lumine accendat facit.
Nihilo minus ipsi lucet, cum illi accenderit.

Una ex re satis praecipit, ut quidquid sine detrimento commodari possit, id tribuatur vel ignoto. (52) Ex quo sunt illa communia: non prohibere aqua profluente, pati ab igne

verbunden ist. Aber in der Frage, was die natürlichen Anlagen[97] für die menschliche Gemeinschaft und Gesellschaft sind, ist, wie es scheint, weiter auszuholen. Die erste ist ja die, die sichtbar ist in der Gesellschaft der gesamten Menschheit. Ihr Band aber ist das Denk- und Redevermögen, das durch Lehren und Lernen, durch das Gespräch miteinander und gegeneinander[98] und durch Urteilen die Menschen untereinander versöhnt und verbindet durch einen ganz natürlichen Gesellschaftsgeist, und durch keine Fähigkeit sind wir von der Natur der Tiere weiter entfernt, die, wie wir oft sagen, Tapferkeit besitzen – wie Pferde und Löwen –, nicht aber Gerechtigkeit, Edelmut und Anstand. Denn sie haben nicht teil an Denk- und Redevermögen.[99] (51) Und es ist dies die am weitesten ausgreifende Gesellschaft der Menschen untereinander: die aller mit allen. In ihr ist die gemeinschaftliche Verfügung über alle Erzeugnisse, die die Natur zu gemeinschaftlicher Nutznießung durch die Menschen hervorgebracht hat, zu wahren [daher die Güter, die durch Gesetze und bürgerliches Recht verteilt sind, in solchem Besitzverhältnis verbleiben, wie es durch die Gesetze selbst festgelegt ist, alle anderen Besitzverhältnisse so beachtet werden], wie es in einem Sprichwort der Griechen heißt: Es sei Freunden alles gemeinsam.[100] Allen Menschen aber scheint das gemeinsam zu sein, was von der Art ist, die, von Ennius auf einen Einzelfall beschränkt, auf sehr viele übertragen werden kann.

> Ein Mann, der Irrenden gar freundlich, zeigt den Weg,
> der zündet gleichsam sich ein Licht vom eigenen Lichte an.
> Dies leuchtet ihm, wenngleich er's jenen hat entfacht.[101]

Aufgrund eines Einzelbeispiels fordert er nachdrücklich auf, daß alles, was ohne Schaden gewährt werden kann, sogar einem Unbekannten geleistet werden soll. (52) Daher stammen jene allgemeingültigen Grundsätze: niemandem fließendes Wasser vorzuenthalten, Feuer vom Feuer holen zu las-

ignem capere, si qui velit, consilium fidele deliberanti dare, quae sunt iis utilia, qui accipiunt, danti non molesta. Quare et his utendum est et semper aliquid ad communem utilitatem afferendum. Sed quoniam copiae parvae singulorum sunt, eorum autem, qui his egeant, infinita est multitudo, vulgaris liberalitas referenda est ad illum Ennii finem ›nihilominus ipsi lucet‹, ut facultas sit, qua in nostros simus liberales.

17 (53) Gradus autem plures sunt societatis hominum. Ut enim ab illa infinita discedatur, propior est eiusdem gentis, nationis, linguae, qua maxime homines coniunguntur. Interius etiam est eiusdem esse civitatis; multa enim sunt civibus inter se communia, forum, fana, porticus, viae, leges, iura, iudicia, suffragia, consuetudines praeterea et familiaritates multisque cum multis res rationesque contractae. Artior vero colligatio est societatis propinquorum; ab illa enim inmensa societate humani generis in exiguum angustumque concluditur. (54) Nam cum sit hoc natura commune animantium, ut habeant libidinem procreandi, prima societas in ipso coniugio est, proxima in liberis, deinde una domus, communia omnia; id autem est principium urbis et quasi seminarium rei publicae. Sequuntur fratrum coniunctiones, post consobrinorum sobrinorumque, qui cum una domo iam capi non possint, in alias domos tamquam in colonias exeunt. Sequuntur conubia et affinitates ex quibus etiam plures propinqui; quae propagatio et suboles origo est rerum

sen, wenn einer will, den Unschlüssigen selbstlosen Rat zu erteilen – Gefälligkeiten, die für diejenigen nützlich sind, die sie empfangen, für den Geber nicht beschwerlich. Deshalb muß man diese Grundsätze zur Geltung bringen und immer etwas zum gemeinschaftlichen Nutzen beitragen. Aber da die Hilfsquellen einzelner gering sind, die Menge derer aber, die ihrer bedürfen, unbegrenzt ist, so ist die gewöhnliche Freigebigkeit zu beziehen auf jenes Ziel des Ennius, »das leuchtet trotzdem ihm«, damit noch ein Vermögen da sei, gegenüber unseren Angehörigen freigebig zu sein.

17 (53) Es gibt aber mehrere Stufen der menschlichen Gesellschaft.[102] Um nämlich von jener unbegrenzten Abstand zu nehmen, so ist näher die desselben Volkes, Stammes und der Sprache, durch die die Menschen am meisten miteinander verbunden werden. Eine noch engere Bindung ist es, derselben Bürgerschaft anzugehören. Denn vieles ist den Bürgern untereinander gemeinsam: der Marktplatz, Heiligtümer, Säulenhallen, Straßen, Gesetze, Rechte, Gerichte, Abstimmungen, außerdem Bekanntschaften und Freundschaften sowie Geschäfts- und Handelsbeziehungen vieler mit vielen. Noch enger ist die Verbindung der Gemeinschaft der Verwandten. Von jener unermeßlichen Gesellschaft der Menschheit aus schließt sie sich zusammen zu einem kleinen und enggezogenen Kreis. (54) Denn da von Natur aus dies den Lebewesen gemeinsam ist, daß sie den Zeugungstrieb haben, so beruht die erste Gesellschaftsbildung in der Ehe selbst, die nächste in den Kindern, sodann kommt die Gemeinschaft eines Hauses und die Gemeinschaftlichkeit allen Besitzes. Dies aber ist der Ursprung der Stadtgemeinde und gleichsam die Pflanzstätte des Gemeinwesens. Es folgen die Verbindungen der Geschwister, sodann die der Geschwisterkinder, der mütterlicher und väterlicher Seite, die, da sie ein Haus nicht mehr beherbergen kann, in andere Häuser gleichsam wie in Tochterstädte auswandern. Es folgen die Verbindungen durch Ehe und Verschwägerung, aus denen noch weitere Verwandtschaftsglie-

publicarum. Sanguinis autem coniunctio et benivolentia devincit homines ⟨et⟩ caritate. (55) Magnum est enim eadem habere monumenta maiorum, eisdem uti sacris, sepulchra habere communia. [Sed omnium societatum nulla praestantior est, nulla firmior, quam cum viri boni moribus similes sunt familiaritate coniuncti; illud enim honestum, quod saepe dicimus, etiam si in alio cernimus, tamen nos movet atque illi in quo id inesse videtur amicos facit. (56) Et quamquam omnis virtus nos ad se allicit facitque, ut eos diligamus, in quibus ipsa inesse videatur, tamen iustitia et liberalitas id maxime efficit.] Nihil autem est amabilius nec copulatius, quam morum similitudo bonorum; in quibus enim eadem studia sunt, eaedem voluntates, in iis fit, ut aeque quisque altero delectetur ac se ipso, efficiturque id, quod Pythagoras vult in amicitia, ut ›unus fiat ex pluribus‹. Magna etiam illa communitas est, quae conficitur ex beneficiis ultro et citro datis acceptis, quae et mutua et grata dum sunt, inter quos ea sunt firma devinciuntur societate. (57) Sed cum omnia ratione animoque lustraris, omnium societatum nulla est gravior, nulla carior quam ea, quae cum re publica est uni cuique nostrum. Cari sunt parentes, cari liberi, propinqui, familiares, sed omnes omnium caritates patria una complexa est, pro qua quis bonus dubitet mortem oppetere, si ei sit profuturus? Quo est detestabilior istorum immanitas, qui lacerarunt omni scelere patriam et in ea funditus delenda occupati et sunt et fuerunt. (58) Sed

der erwachsen. Diese Fortpflanzung und Nachkommenschaft ist die Keimzelle der Gemeinwesen, Blutsverbindung aber vereint die Menschen durch Wohlwollen und Liebe. (55) Denn bedeutsam ist es, dieselben Denkmäler der Vorfahren zu haben, dieselben Heiligtümer zu benützen und gemeinschaftliche Grabmäler zu haben. [Aber von allen gesellschaftlichen Bindungen ist keine vorzüglicher, keine fester, als wenn gutgesinnte Männer, ähnlich in ihrer Lebensart, in Vertrautheit verbunden sind. Denn wenn wir jene Ehrenhaftigkeit, von der wir oft sprechen, auch bei einem anderen sehen, so beeindruckt sie uns doch und befreundet uns mit jenem, der sie zu besitzen scheint, (56) und wenngleich jede Vollkommenheit uns anzieht und bewirkt, daß wir die lieben, die sie zu besitzen scheinen, so erwirkt dies doch die Gerechtigkeit und die Freigebigkeit am meisten.] Nichts aber ist liebenswürdiger und gewinnender als die Ähnlichkeit in rechter Lebensart. Denn bei Leuten, die dieselben Ziele,[103] dieselben Absichten haben, bei denen tritt der Fall ein, daß ein jeder am anderen dieselbe Freude hat wie an sich selber, und es ergibt sich das, was Pythagoras in der Freundschaft will, daß »einer aus mehreren wird«. Bedeutsam ist auch jene Gemeinschaft, die sich bildet aus dem gegenseitigen Geben und Empfangen von Wohltaten. Solange diese wechselseitig und erwünscht sind, werden diejenigen, unter denen sie vorkommen, in enger Gemeinschaft verbunden. (57) Aber wenn du alles mit Vernunft und Überlegung betrachtest, dann ist von allen Gesellschaftsbindungen[104] keine wichtiger, keine teurer als diejenige, die ein jeder von uns mit dem Gemeinwesen hat. Geliebt sind die Eltern, geliebt auch die Kinder, Verwandten und Vertrauten, aber alle Liebesbande zu allen umschlingt die eine Vaterstadt. Und welcher gutgesinnte Mann wollte zögern, in den Tod zu gehen, wenn er ihr damit nützen wird? Um so verdammenswürdiger ist die Verkommenheit der Kreaturen, die durch jedes erdenkliche Verbrechen der Vaterstadt Wunden geschlagen haben und am Werke sind und waren, sie bis in die Grundlagen hinein zu zerstören. (58) Aber wenn

si contentio quaedam et comparatio fiat, quibus plurimum tribuendum sit officii, principes sint patria et parentes, quorum beneficiis maximis obligati sumus, proximi liberi totaque domus, quae spectat in nos solos neque aliud ullum potest habere perfugium, deinceps bene convenientes propinqui, quibuscum communis etiam fortuna plerumque est. Quamobrem necessaria praesidia vitae debentur his maxime quos ante dixi, vita autem victusque communis, consilia, sermones, cohortationes, consolationes, interdum etiam obiurgationes in amicitiis vigent maxime, estque ea iucundissima amicitia, quam similitudo morum coniugavit.

18 (59) Sed in his omnibus officiis tribuendis videndum erit, quid cuique maxime necesse sit et quid quisque vel sine nobis aut possit consequi aut non possit. Ita non idem erunt necessitudinum gradus qui temporum, suntque officia, quae aliis magis quam aliis debeantur, ut vicinum citius adiuveris in fructibus percipiendis quam aut fratrem aut familiarem, at, si lis in iudicio sit, propinquum potius et amicum quam vicinum defenderis. Haec igitur et talia circumspicienda sunt in omni officio [et consuetudo exercitatioque capienda] ut boni ratiocinatores officiorum esse possimus et addendo deducendoque videre, quae reliqui summa fiat, ex quo quantum cuique debeatur intellegas. (60) Sed ut nec medici nec imperatores nec oratores, quamvis artis praecepta perceperint, quicquam magna laude dignum sine usu et exercitatione consequi possunt, sic officii conservandi praecepta traduntur illa quidem, ut facimus ipsi, sed rei magni-

es gewissermaßen zu Wettstreit und Vergleich kommen sollte, welchen Leuten gegenüber das meiste an Verpflichtung abzuleisten ist, so sind vorrangig Vaterstadt und Eltern, durch deren sehr große Wohltaten wir verpflichtet sind; die nächsten die Kinder und die ganze Familie, die auf uns allein schaut und sonst keine Zuflucht haben kann; dann in gutem Einvernehmen mit uns stehende Verwandte, mit denen man meistens auch das Schicksal gemeinsam hat. Aus diesem Grunde schuldet man die Hilfsmittel fürs Leben am meisten denen, die ich vorher genannt habe; gemeinsame Lebensführung und Lebensgestaltung, Ratschläge und Aussprache, Ermutigungen und Tröstung, bisweilen auch Zurechtweisungen, haben in Freundschaften eine besondere Bedeutung, und es ist die Freundschaft die angenehmste, die Ähnlichkeit des Charakters geknüpft hat.

18 (59) Aber beim Ableisten aller dieser Verpflichtungen wird darauf zu sehen sein, was für jeden am meisten notwendig ist und was er auch ohne uns zu erreichen oder nicht zu erreichen vermag. So werden die Abstufungen zwischenmenschlicher Beziehungen nicht dieselben sein wie die der Zeitumstände. Und es gibt Leistungen, die den einen mehr geschuldet werden als den anderen. So wirst du wohl deinem Nachbarn rascher beim Einernten der Feldfrüchte helfen als einem Bruder oder Freund; dagegen wirst du, wenn ein Prozeß vor der Entscheidung steht, lieber deinen Verwandten und Freund als deinen Nachbarn verteidigen. Diese und dergleichen Rücksichten sind bei jeder Verpflichtung zu nehmen [ferner Gewohnheit und Übung zu gewinnen], damit wir gute Berechner[105] der Verpflichtungen sein und durch Hinzufügen und Abziehen absehen können, wie die Restsumme ausfällt, damit du daraus Einsicht gewinnen kannst, wieviel man einem jeden schuldet. (60) Aber wie weder Ärzte noch Feldherrn noch Redner – mögen sie auch die Vorschriften ihres Faches verstanden haben – irgendein hohen Ruhmes würdiges Ziel erreichen können ohne Erfahrung und Übung, so werden zwar jene Vorschriften zur Beachtung der Pflicht gelehrt, wie wir das selbst tun, aber

tudo usum quoque exercitationemque desiderat. Atque ab iis rebus, quae sunt in iure societatis humanae, quemadmodum ducatur honestum, ex quo aptum est officium, satis fere diximus.

(61) Intellegendum autem est, cum proposita sint genera quattuor, e quibus honestas officiumque manaret, splendidissimum videri, quod animo magno elatoque humanasque res despiciente factum sit. Itaque in probris maxime in promptu est, si quid tale dici potest:

> Vos enim iuvenes animum geritis muliebrem, illa virgo viri

et si quid eiusmodi:

> Salmacida spolia sine sudore et sanguine.

Contraque in laudibus, quae magno animo et fortiter excellenterque gesta sunt, ea nescio quomodo quasi pleniore ore laudamus. Hinc rhetorum campus de Marathone, Salamine, Plataeis, Thermopylis, Leuctris, ⟨hinc no⟩ster Cocles, hinc Decii, hinc Cn. et P. Scipiones, hinc M. Marcellus, innumerabiles alii, maximeque ipse populus Romanus animi magnitudine excellit. Declaratur autem studium bellicae gloriae, quod statuas quoque videmus ornatu fere militari.

19 (62) Sed ea animi elatio, quae cernitur in periculis et laboribus, si iustitia vacat pugnatque non pro salute communi, sed pro suis commodis, in vitio est; non modo enim id virtutis non est, sed est potius immanitatis omnem humanitatem repellentis. Itaque probe definitur a Stoicis fortitudo, cum eam virtutem esse dicunt propugnantem pro

die Bedeutsamkeit der Sache erfordert auch Erfahrung und Übung. Und wie aus Grundsätzen, die im Recht der menschlichen Gemeinschaft beruhen, das Ehrenvolle hergeleitet wird, von dem das pflichtgemäße Handeln abhängt, haben wir wohl ausführlich genug gesagt.

(61) Es ist aber einzusehen, daß, wenn vier Bewährungsmöglichkeiten aufgestellt sind, aus denen Ehrenhaftigkeit und pflichtgemäßes Handeln hervorgehen, als die glanzvollste diejenige erscheint, die aus hoher, erhabener und auf Menschliches herabblickender Haltung[106] verwirklicht wurde. Deshalb ist bei Schmähungen am schnellsten ein Wort zur Hand, wenn etwas Derartiges gesagt werden kann:

> Ihr jungen Männer habt die Art von Weibern ja, jenes Mädchen wie ein Mann;[107]

und wenn etwas derselben Art vorliegt:

> Salmakidenbeute ohne Schweiß und Blut.[108]

Ganz anders bei den Lobreden: Taten, die aus hoher Gesinnung tapfer und ausgezeichnet ausgeführt wurden, rühmen wir irgendwie gleichsam in vollerem Tone. Daher kommt das Übungsfeld der Redelehrer über Marathon, Salamis, Plataiai, die Thermopylen und Leuktra;[109] ⟨daher un⟩ser Cocles, daher die Decier, daher Cn. und P. Scipio, daher M. Marcellus[110] und unzählige andere, und besonders das römische Volk selbst zeichnet sich durch Seelengröße aus. Es tritt das Streben nach Kriegsruhm dadurch zutage, daß wir auch Standbilder in der Regel in militärischer Ausstattung sehen.

19 (62) Aber wenn die Erhebung der Seele, die sich in Gefahren und Mühen zeigt, ohne Rücksicht auf Gerechtigkeit ist und nicht für das allgemeine Wohl kämpft, sondern für persönliche Vorteile, so zählt sie als Charakterfehler. Denn dieses Verhalten ist nicht nur kein Erweis der Tugend, sondern vielmehr einer alle Menschlichkeit von sich weisenden Brutalität. Deshalb wird die Tapferkeit von den Stoikern richtig bestimmt,[111] wenn sie sagen, sie sei die für die

aequitate. Quocirca nemo, qui fortitudinis gloriam consecutus est insidiis et malitia, laudem est adeptus: nihil honestum esse potest, quod iustitia vacat. (63) Praeclarum igitur illud Platonis: ›Non‹, inquit, ›solum scientia, quae est remota ab iustitia, calliditas potius quam sapientia est appellanda, verum etiam animus paratus ad periculum, si sua cupiditate, non utilitate communi impellitur, audaciae potius nomen habeat quam fortitudinis.‹ Itaque viros fortes et magnanimos eosdem bonos et simplices, veritatis amicos minimeque fallaces esse volumus; quae sunt ex media laude iustitiae. (64) Sed illud odiosum est, quod in hac elatione et magnitudine animi facillime pertinacia et nimia cupiditas principatus innascitur. Ut enim apud Platonem est, omnem morem Lacedaemoniorum inflammatum esse cupiditate vincendi, sic, ut quisque animi magnitudine maxime excellet, ita maxime vult princeps omnium vel potius solus esse. Difficile autem est, cum praestare omnibus concupieris, servare aequitatem, quae est iustitiae maxime propria. Ex quo fit ut neque disceptatione vinci se nec ullo publico ac legitimo iure patiantur, existuntque in re publica plerumque largitores et factiosi, ut opes quam maximas consequantur et sint vi potius superiores quam iustitia pares. Sed quo difficilius, hoc praeclarius; nullum enim est tempus, quod iustitia vacare debeat. (65) Fortes igitur et magnanimi sunt habendi non qui faciunt, sed qui propulsant iniuriam. Vera autem

Gerechtigkeit kämpfende Tugend. Darum hat niemand, der den Ruhm der Tapferkeit erlangt hat durch Hinterhältigkeit und Arglist, Anerkennung erreicht. Nichts kann ehrenhaft sein, was ohne Rücksicht auf Gerechtigkeit ist. (63) Treffend ist also Platons Wort: »Es ist nicht nur ein Wissen, das getrennt ist von Gerechtigkeit, eher als Verschlagenheit denn als Weisheit zu bezeichnen, sondern es sollte auch Entschlossenheit in gefahrvoller Lage, wenn sie sich von Egoismus, nicht vom Nutzen der Gemeinschaft leiten läßt, eher die Bezeichnung Verwegenheit als Tapferkeit haben.«[112] Deshalb wollen wir, daß tapfere und hochgesinnte Männer zugleich gutgesinnt und aufrichtig seien, Freunde der Wahrhaftigkeit und dem Trug abhold –, Anforderungen, die recht eigentlich dem Verdienst der Gerechtigkeit entstammen. (64) Aber es ist ärgerlich, daß dieser Erhebung und Größe der Seele sehr leicht Verbissenheit und übersteigertes Streben nach der Führungsstellung[113] angeboren ist. Wie nämlich bei Platon[114] steht, daß der Nationalcharakter der Lakedaimonier ganz und gar von leidenschaftlichem Siegeswillen bestimmt sei, so will ein jeder, je mehr er sich durch Seelengröße auszeichnet, desto mehr Führender vor allen oder gar alleiniger Herr sein. Es ist aber schwierig, wenn du dir alle zu übertreffen zum leidenschaftlich erstrebten Ziel gemacht hast, den Gleichheitsgrundsatz zu berücksichtigen, der der Gerechtigkeit am meisten eigen ist. Daher kommt es, daß sie sich weder von einer Entscheidung noch von irgendeinem durch die Verfassung des Gemeinwesens gesicherten Recht zur Selbstbeschränkung bringen lassen, vielmehr treten sie im Gemeinwesen sehr oft als Gönner und Cliquenführer hervor, um möglichst großen Einfluß zu gewinnen und lieber durch Gewalt überlegen als durch Gerechtigkeit gleichgestellt zu sein. Aber diese Aufgabe verspricht um so größeren Glanz, je schwieriger sie ist: es gibt ja keine Situation, die ohne Rücksicht auf Gerechtigkeit sein dürfte. (65) Als tapfer und großmütig haben also nicht diejenigen zu gelten, die Unrecht tun, sondern die, die es abwehren. Wahre und weise

et sapiens animi magnitudo honestum illud, quod maxime natura sequitur, in factis positum, non in gloria iudicat principemque se esse mavult quam videri. Etenim qui ex errore imperitae multitudinis pendet, hic in magnis viris non est habendus. Facillime autem ad res iniustas impellitur, ut quisque altissimo animo est, gloriae cupiditate; qui locus est sane lubricus, quod vix invenitur, qui laboribus susceptis periculisque aditis non quasi mercedem rerum gestarum desideret gloriam.

20 (66) Omnino fortis animus et magnus duabus rebus maxime cernitur, quarum una in rerum externarum despicientia ponitur, cum persuasum sit nihil hominem nisi quod honestum decorumque sit aut admirari aut optare aut expetere oportere, nullique neque homini neque perturbationi animi nec fortunae succumbere. Altera est res, ut cum ita sis affectus animo, ut supra dixi, res geras magnas illas quidem et maxime utiles, sed ut vehementer arduas plenasque laborum et periculorum cum vitae, tum multarum rerum, quae ad vitam pertinent. (67) Harum rerum duarum splendor omnis, amplitudo, addo etiam utilitatem, in posteriore est, causa autem et ratio efficiens magnos viros in priore. In eo est enim illud, quod excellentes animos et humana contemnentes facit. Id autem ipsum cernitur in duobus, si et solum id, quod honestum sit, bonum iudices et àb omni animi perturbatione liber sis. Nam et ea, quae eximia plerisque et praeclara videntur, parva ducere eaque ratione stabili firmaque contemnere fortis animi magnique ducendum est, et ea, quae videntur acerba, quae multa et varia in hominum vita fortunaque versantur, ita ferre, ut

Seelengröße urteilt, es liege jene Ehrenhaftigkeit, der die unbewußte Natur am meisten folgt, in Taten, nicht im Ruhm[115], sie will lieber führend sein als scheinen.[116] Denn wer von der Laune der unverständigen Menge abhängt, der ist nicht unter die großen Männer zu zählen. Leichter aber läßt ein jeder sich zu ungerechten Handlungen treiben, von je erhabenerer Gesinnung er ist, durch sein Streben nach Ruhm. Das ist allerdings ein heikler Punkt, weil sich kaum einer findet, der nicht durch Ertragen von Strapazen und Bestehen von Gefahren gleichsam als Lohn für seine Leistungen Ruhm erstrebte.

20 (66) Überhaupt ist eine tapfere und hohe Gesinnung besonders an zwei Eigenschaften[117] zu erkennen, deren eine in der Verachtung äußerer Werte liegt, wenn man überzeugt ist, daß ein Mensch nur, was ehrenvoll und schicklich ist, bewundern, wünschen oder erstreben und er weder einem Mitmenschen, einer Leidenschaft oder einem Schicksalsschlag unterliegen dürfe. Die andere Eigenschaft ist die, daß du, da du in deiner Gesinnung so ausgerichtet bist, wie ich oben gesagt habe, zwar jene bedeutsamen und sehr nützlichen, aber überaus schwierigen und an Mühen und Gefahren für das Leben, besonders aber für viele Bedürfnisse, die für das Leben wichtig sind, reichen Taten ausführst. (67) Dieser beiden Eigenschaften ganzer Glanz, Größe und – ich füge das hinzu – auch ihr Nutzen liegt in der letzteren, Ursache aber und bedeutende Männer schaffender Grund in der erstgenannten. Denn es liegt darin jene Haltung, die überragende und menschliches Schicksal verachtende Gesinnung bildet. Gerade sie aber wird an zwei Merkmalen sichtbar, wenn du nur das, was ehrenhaft ist, als gut beurteilst und von jeder Verwirrung des Geistes frei bist.[118] Denn sowohl das, was den meisten hervorragend und ausgezeichnet zu sein scheint, für gering zu halten und es aus gleichbleibendem und festem Grundsatz zu verachten ist als Erweis tapferer und hoher Gesinnung anzusehen, und das, was bitter scheint, was vielfach und in mannigfacher Erscheinung im Schicksal eines Menschenlebens vor-

nihil a statu naturae discedas, nihil a dignitate sapientis, robusti animi est magnaeque constantiae. (68) Non est autem consentaneum, qui metu non frangatur, eum frangi cupiditate, nec qui invictum se a labore praestiterit, vinci a voluptate. Quam ob rem et haec vitanda et pecuniae fugienda cupiditas; nihil enim est tam angusti animi tamque parvi quam amare divitias, nihil honestius magnificentiusque quam pecuniam contemnere, si non habeas, si habeas, ad beneficentiam liberalitatemque conferre. Cavenda etiam est gloriae cupiditas, ut supra dixi; eripit enim libertatem, pro qua magnanimis viris omnis debet esse contentio. Nec vero imperia expetenda ac potius aut non accipienda interdum aut deponenda non numquam. (69) Vacandum autem omni est animi perturbatione, cum cupiditate et metu, tum etiam aegritudine et voluptate [animi et iracundia], ut tranquillitas animi et securitas adsit, quae affert cum constantiam tum etiam dignitatem.

Multi autem et sunt et fuerunt, qui eam, quam dico, tranquillitatem expetentes a negotiis publicis se removerint ad otiumque perfugerint, in his et nobilissimi philosophi longeque principes et quidam homines severi et graves, nec populi nec principum mores ferre potuerunt vixeruntque non nulli in agris delectati re sua familiari. (70) His idem propositum fuit quod regibus, ut ne qua re egerent, ne cui parerent, libertate uterentur, cuius proprium est sic vivere, ut velis.

21 Quare cum hoc commune sit potentiae cupidorum cum

kommt, so zu ertragen, daß du dich keineswegs vom Zustand der Natur entfernst, keineswegs von der Würde des Weisen, das ist Beweis einer kraftvollen Gesinnung und hohen Beständigkeit. (68) Es paßt aber nicht zusammen, daß, wer sich der Furcht nicht beugt, der Begierde beugt, und, wer sich als von Mühsal unüberwindbar erwiesen hat, sich vom Vergnügen überwinden läßt. Deshalb muß man sich davor hüten und Geldgier[119] vermeiden. Denn nichts verrät so engstirnige und kleinliche Gesinnung, wie Reichtum zu lieben, nichts ist ehrenvoller und großartiger, als Geld zu verachten, falls du es nicht hast; falls du es hast, es auf Wohltätigkeit und freies Schenken zu verwenden. In acht nehme man sich auch vor Ruhmbegierde, wie ich oben gesagt habe; denn sie nimmt die Freiheit, für die hochherzige Männer alle Anstrengung aufwenden müssen. Auch sind Kommandostellen nicht zu erstreben und lieber bisweilen nicht anzunehmen oder manchmal niederzulegen. (69) Freizuhalten aber hat man sich von jeder Leidenschaft, sowohl von Begierde und Furcht als auch von Bekümmernis und Vergnügen[120] [und Jähzorn], damit Ruhe und Heiterkeit nahe seien, die innere Festigkeit[121] und besonders Ehrgefühl erbringt.

Viele aber gibt es und hat es gegeben, die aus dem Verlangen nach Seelenruhe, wie ich sie nenne, sich von politischer Tätigkeit zurückgezogen und in Freiheit von dieser Tätigkeit Zuflucht gesucht haben, unter ihnen hochangesehene und bei weitem die ersten Philosophen, ferner manche pflichtbewußte und charakterfeste Leute.[122] Sie konnten des Volkes und der Fürsten Launen nicht mehr ertragen, und es verbrachten einige ihr Leben auf ihren Landgütern, in Anspruch genommen von der Annehmlichkeit ihres Familiengutes. (70) Sie hatten sich dasselbe Ziel gesteckt wie ›Gewaltherrscher‹,[123] daß nichts ›sich ihrer Gewalt entzöge‹, daß sie sich niemandem unterordneten und ihre Unabhängigkeit genössen, deren Merkmal es ist, so zu leben, wie man will.

21 Daher, weil dies den Machtmenschen mit den fern von

his, quos dixi, otiosis, alteri se adipisci id posse arbitrantur, si opes magnas habeant, alteri, si contenti sint et suo et parvo. In quo neutrorum omnino contemnenda sententia est, sed et facilior et tutior et minus aliis gravis aut molesta vita est otiosorum, fructuosior autem hominum generi et ad claritatem amplitudinemque aptior eorum, qui se ad rem publicam et ad magnas res gerendas accomodaverunt. (71) Quapropter et iis forsitan concedendum sit rem publicam non capessentibus, qui excellenti ingenio doctrinae sese dediderunt, et iis, qui aut valitudinis imbecillitate aut aliqua graviore causa impediti a re publica recesserunt, cum eius administrandae potestatem aliis laudemque concederent. Quibus autem talis nulla sit causa, si despicere se dicant ea, quae plerique mirentur, imperia et magistratus, iis non modo non laudi, verum etiam vitio dandum puto. Quorum iudicium in eo, quod gloriam contemnant et pro nihilo putent, difficile factu est non probare, sed videntur labores et molestias, tum offensionum et repulsarum quasi quandam ignominiam timere et infamiam. Sunt enim qui in rebus contrariis parum sibi constent, voluptatem severissime contemnant, in dolore sint molliores, gloriam neglegant, frangantur infamia atque ea quidem non satis constanter. (72) Sed iis, qui habent a natura adiumenta rerum gerendarum, abiecta omni cunctatione adipiscendi magistratus et gerenda res publica

politischer Tätigkeit Lebenden, wie ich sie genannt habe, gemeinsam ist, so glauben die einen, dieses Ziel erreichen zu können, wenn sie große Mittel hätten, die anderen, wenn sie sich in ihre eigenen bescheidenen Verhältnisse schickten. In diesem Punkte ist die Überzeugung beider zwar nicht gering zu achten, aber unbeschwerter und sicherer, weniger belastend für andere und beschwerlich ist das Leben der Nichtpolitiker, gewinnbringender aber für die Menschheit und zu Glanz und Hoheit geeigneter ist das derjenigen, die sich eingerichtet haben auf eine politische Laufbahn und die Verwirklichung großer Taten. (71) Deshalb ist vielleicht Nachsicht zu üben gegen die an der Politik nicht interessierten Leute, die sich mit hervorragender Begabung der Wissenschaft verschrieben haben, und gegen diejenigen, die entweder infolge der Schwächlichkeit ihrer Gesundheit oder aus einem schwerer wiegenden Hinderungsgrund sich von der Tätigkeit im Gemeinwesen abgewandt haben, wobei sie Macht und Verdienst, es zu führen, anderen überlassen haben. Den Leuten aber, die keinen derartigen Hinderungsgrund vorzuweisen haben, ist nach meiner Meinung, wenn sie sagen, sie achteten gering, was die meisten bewundern, nämlich militärische und zivile Posten, dies nicht etwa als verdienstvolle, sondern sogar als verantwortungslose Haltung auszulegen. Ihr Urteil muß man in dem Punkte, daß sie Ruhm verachten und für nichtig einschätzen, wohl oder übel gutheißen, aber sie scheinen Mühen und Beschwerlichkeiten, sodann gar ›Schmach und Schande‹ – ich darf so sagen – als Folge demütigender Rückschläge zu fürchten.[124] Denn es gibt Leute, die bei Widerständen zuwenig Stehvermögen zeigen, das Vergnügen aber überaus charakterfest verschmähen, im Schmerz zu weich sind, sich aus Ruhm nichts machen, an Schande zerbrechen, und das infolge ungenügenden Stehvermögens. (72) Aber diejenigen, die von Natur die Eigenschaften haben zum Handeln, müssen ohne jegliches Bedenken Ämter zu erreichen suchen und das Gemeinwesen führen.[125] Denn sonst kann eine Bürgerschaft nicht gelenkt und Seelengröße nicht ans Licht gerückt wer-

est; nec enim aliter aut regi civitas aut declarari animi magnitudo potest. Capessentibus autem rem publicam nihil minus quam philosophis, haud scio an magis etiam, et magnificentia et despicientia adhibenda sit rerum humanarum, quam saepe dico, et tranquillitas animi atque securitas, si quidem nec anxii futuri sunt et cum gravitate constantiaque victuri. (73) Quae faciliora sunt philosophis, quo minus multa patent in eorum vita, quae fortuna feriat, et quo minus multis rebus egent, et quia si quid adversi eveniat, tam graviter cadere non possunt. Quocirca non sine causa maiores motus animorum concitantur [maioraque studia efficiendi] rem publicam gerentibus quam quietis. Quo magis iis et magnitudo est animi adhibenda et vacuitas ab angoribus. Ad rem gerendam autem qui accedit, caveat, ne id modo consideret, quam illa res honesta sit, sed etiam ut habeat efficiendi facultatem; in quo ipso considerandum est, ne aut temere desperet propter ignaviam aut nimis confidat propter cupiditatem. In omnibus autem negotiis priusquam adgrediare, adhibenda est praeparatio diligens.

22 (74) Sed cum plerique arbitrentur res bellicas maiores esse quam urbanas, minuenda est haec opinio. Multi enim bella saepe quaesiverunt propter gloriae cupiditatem, atque id in magnis animis ingeniisque plerumque contingit, eoque magis, si sunt ad rem militarem apti et cupidi bellorum gerendorum; vere autem si volumus iudicare, multae res extiterunt urbanae maiores clarioresque quam bellicae. (75) Quamvis enim Themistocles iure laudetur et sit eius nomen quam Solonis inlustrius citeturque Salamis clarissimae testis victoriae, quae anteponatur consilio Solonis ei, quo primum constituit Areopagitas, non minus praeclarum

den. Angehende Politiker aber nicht weniger als die Philosophen,[126] vielleicht sogar noch mehr, haben Großmut und Geringachtung menschlicher Schicksale, von der ich oft spreche, zu zeigen sowie Seelenruhe und Heiterkeit, wenn sie wirklich nicht ängstlich sein und mit Charakterfestigkeit und Stetigkeit leben wollen. (73) Dies fällt Philosophen um so leichter, je weniger ihr Leben Blößen bietet, die das Schicksal treffen könnte, je geringer ihre Bedürfnisse sind – und weil sie, wenn Widriges vorkommt, nicht so schwer zu Fall kommen können. Darum werden nicht ohne Grund[127] größere Aufregungen [und größeres Streben zu handeln] verursacht bei den Führern der Gemeinwesen als bei ruhig Lebenden; um so mehr müssen sie Seelengröße und Freisein von Ängsten zeigen. Wer aber zur Tat schreitet, der sehe darauf, nicht nur dies zu bedenken, wie ehrenhaft jene Tat ist, sondern auch, daß er das Durchsetzungsvermögen hat.[128] Gerade dabei ist zu bedenken, daß man nicht kopflos verzweifle aus Energielosigkeit oder aus Ehrgeiz zu großes Selbstvertrauen habe. Bei allen Vorhaben aber ist, bevor du sie in Angriff nimmst, umsichtige Vorbereitung zu treffen.

22 (74)[129] Aber wenn die meisten glauben, daß die Taten des Krieges größer seien als solche des Friedens, so ist diese Vorstellung einzuschränken. Denn viele haben oft Kriege gesucht aus dem Streben nach Ruhm, und es trifft sich dieses Verhalten bei Leuten von hoher Gesinnung und Begabung sehr häufig, und zwar um so mehr, wenn sie zum Soldatendienst geeignet und für die Kriegführung begeistert sind. Wenn wir aber wahrheitsgemäß urteilen wollen, so haben sich viele Taten des Friedens als größer erwiesen und glanzvoller als solche des Krieges. (75) Denn mag auch Themistokles[130] mit Recht gerühmt werden, sein Name glanzvoller sein als der Solons und Salamis angeführt werden als Zeugnis eines überaus ruhmvollen Sieges, der höher angesetzt werden mag als der Entschluß Solons[131], nach dem er zum ersten Male die Areopagiten eingesetzt hat, so ist diese Leistung doch als nicht weniger rühmenswert zu be-

hoc quam illud iudicandum est. Illud enim semel profuit, hoc semper proderit civitati; hoc consilio leges Atheniensium, hoc maiorum instituta servantur. Et Themistocles quidem nihil dixerit, in quo ipse Areopagum adiuverit, at ille vere ⟨a⟩ se adiutum Themistoclem; est enim bellum gestum consilio senatus eius, qui a Solone erat constitutus. (76) Licet eadem de Pausania Lysandroque dicere, quorum rebus gestis quamquam imperium Lacedaemoniis dilatatum putatur, tamen ne minima quidem ex parte Lycurgi legibus et disciplinae conferendi sunt; quin etiam ob has ipsas causas et parentiores habuerunt exercitus et fortiores. Mihi quidem neque pueris nobis M. Scaurus C. Mario neque, cum versaremur in re publica, Q. Catulus Cn. Pompeio cedere videbatur; parvi enim sunt foris arma, nisi est consilium domi. Nec plus Africanus, singularis et vir et imperator, in exscindenda Numantia rei publicae profuit quam eodem tempore P. Nasica privatus, cum Ti. Gracchum interemit; quamquam haec quidem res non solum ex domestica est ratione – attingit etiam bellicam, quoniam vi manuque confecta est – sed tamen id ipsum est gestum consilio urbano sine exercitu. (77) Illud autem optimum est, in quod invadi solere ab improbis et invidis audio:

Cedant arma togae concedat laurea laudi.

Ut enim alios omittam, nobis rem publicam gubernantibus nonne togae arma cesserunt? Neque enim periculum in re

urteilen als jene. Jene nämlich hat der Bürgerschaft ein einziges Mal genützt, diese wird ihr immer nützen. Durch diesen Beschluß werden die Gesetze der Athener, durch ihn die Einrichtungen der Vorfahren bewahrt. Und es könnte zwar Themistokles nichts geltend machen, worin er selber den Areopag unterstützt hätte, jener aber sehr wohl, es sei Themistokles von ihm unterstützt worden.[132] Denn es wurde der Krieg geführt nach dem Beschluß des Rates, der von Solon eingesetzt worden war. (76) Man darf dasselbe über Pausanias und Lysandros sagen; denn durch ihre Leistungen ist zwar, wie man meint, den Lakedaimoniern die Herrschaft erweitert worden, aber man darf sie doch nicht einmal zum geringsten mit der Verfassung und Lebensordnung des Lykurgos vergleichen.[133] Ja, gerade aus diesen Gründen hatten sie gefügigere und schlagkräftigere Heere. Mir jedenfalls schien weder in meiner Kindheit M. Scaurus dem C. Marius noch, als wir in der Politik tätig waren, Q. Catulus dem Cn. Pompeius[134] nachzustehen. Denn im Felde haben die Waffen geringen Wert, wenn nicht kluge Entscheidung in der Heimat herrscht. Und es hat Africanus, ein einzigartiger Mann und Feldherr, bei der Vernichtung von Numantia dem Gemeinwesen nicht mehr genützt als zur selben Zeit P. Nasica als Privatmann, indem er Ti. Gracchus beseitigte.[135] Was freilich diese Tat angeht, so unterliegt sie nicht nur der Gesetzmäßigkeit des Friedens – sie ist auch gültig für die des Krieges, da sie ja durch einen Gewaltakt ausgeführt worden ist –, aber dies ist eben doch geschehen aufgrund einer innenpolitischen Entscheidung ohne ein Heer. (77) Schön ist das bekannte Wort, das, wie ich höre, gehässige und gemeine Kreaturen mit Vorliebe zum Ziel ihrer Angriffe machen:

> Weichen mögen die Waffen der Toga, dem Lobe der Lorbeer.[136]

Denn um andere zu übergehen: – als wir das Gemeinwesen lenkten, sind da nicht der Toga die Waffen gewichen? Es hat ja nie eine bedrohlichere Gefahr im Gemeinwesen ge-

publica fuit gravius umquam nec maius otium. Ita consiliis diligentiaque nostra celeriter de manibus audacissimorum civium delapsa arma ipsa ceciderunt. Quae res igitur gesta umquam in bello tanta? qui triumphus conferendus?

(78) Licet enim mihi, M. fili, apud te gloriari, ad quem et hereditas huius gloriae et factorum imitatio pertinet. Mihi quidem certe vir abundans bellicis laudibus, Cn. Pompeius, multis audientibus, hoc tribuit, ut diceret frustra se triumphum tertium deportaturum fuisse, nisi meo in rem publicam beneficio ubi triumpharet esset habiturus. Sunt igitur domesticae fortitudines non inferiores militaribus; in quibus plus etiam quam in his operae studiique ponendum est.

23 (79) Omnino illud honestum, quod ex animo excelso magnificoque quaerimus, animi efficitur, non corporis viribus. Exercendum tamen corpus et ita afficiendum est, ut oboedire consilio rationique possit in exsequendis negotiis et in labore tolerando. Honestum autem id, quod exquirimus, totum est positum in animi cura et cogitatione; in quo non minorem utilitatem afferunt, qui togati rei publicae praesunt, quam qui bellum gerunt. Itaque eorum consilio saepe aut non suscepta aut confecta bella sunt, non numquam etiam illata, ut M. Catonis bellum tertium Punicum, in quo etiam mortui valuit auctoritas. (80) Qua re expetenda quidem magis est decernendi ratio quam decertandi fortitudo, sed cavendum, ne id bellandi magis fuga quam utilitatis ratione faciamus. Bellum autem ita suscipiatur, ut nihil aliud nisi pax quaesita videatur. Fortis vero animi et constantis est non perturbari in rebus asperis nec tumultuantem

geben und tieferen Frieden im Innern. So sind durch unsere Beschlüsse und Umsicht rasch den Händen verwegenster Mitbürger die Waffen von selber entglitten und entfallen. Was für eine Tat von solcher Bedeutung wurde also je im Kriege ausgeführt? Welcher Triumph war vergleichbar?[137]

(78) Ich darf ja, mein Sohn Marcus, bei dir mich rühmen, dem das Erbe dieses Ruhmes und die Nachahmung der Taten zukommt. Mir jedenfalls hat ein Mann, reich an Ruhmestaten im Kriege, Cn. Pompeius, vor vielen Zuhörern die Ehre erwiesen, daß er sagte, er hätte vergeblich den dritten Triumph davongetragen, wenn er nicht durch mein Verdienst die Aussicht gehabt hätte, seinen Triumph zu feiern.[138] Es sind also tapfere Taten des Friedens nicht geringer als solche des Krieges. Für jene ist sogar mehr Einsatz und Eifer zu verwenden als für diese.

23 (79) Überhaupt wird jenes Ehrenhafte, das wir auf erhabene und hohe Gesinnung zurückführen, durch die Kraft des Geistes, nicht des Körpers verwirklicht. Dennoch ist der Körper zu üben und in solchen Stand zu setzen, daß er auf Einsicht und Vernunft hören kann bei der Ausführung von Tätigkeiten und dem Ertragen von Mühe. Die Ehrenhaftigkeit aber, die wir suchen, beruht ganz im Sorgen und Sinnen des Geistes. In dieser Hinsicht steuern diejenigen nicht geringeren Nutzen bei, die in der Toga das Gemeinwesen leiten, als solche, die Krieg führen. Deshalb wurden durch den klugen Entschluß dieser Leute oft Kriege entweder nicht unternommen oder beendet, manchmal auch begonnen, wie durch den M. Catos[139] der Dritte Punische Krieg, bei dem sogar des Toten Ansehen wirkte. (80) Daher gilt es, zwar mehr Vernunft bei einer Entschließung als Entschlossenheit bei einer Entscheidung zu erstreben, aber doch sich davor zu hüten, daß wir dies mehr zur Vermeidung eines Krieges als in Berechnung des Nutzens tun. Einen Krieg aber nehme man nur in der Absicht auf sich, daß der Friede offenbar erstrebt werde. Eine entschlossene und standhafte Haltung gar verrät es, sich in hoffnungsloser Lage nicht verwirren und sich nicht in Bestürzung, wie man

de gradu deici, ut dicitur, sed praesenti animo uti et consilio nec a ratione discedere. (81) Quamquam hoc animi, illud etiam ingenii magni est, praecipere cogitatione futura et aliquanto ante constituere, quid accidere possit in utramque partem et quid agendum sit, cum quid evenerit, nec committere, ut aliquando dicendum sit: ›non putaram‹. Haec sunt opera magni animi et excelsi et prudentia consilioque fidentis; temere autem in acie versari et manu cum hoste confligere immane quiddam et beluarum simile est; sed cum tempus necessitasque postulat, decertandum manu est et mors servituti turpitudinique anteponenda.

24 (82) [De evertendis autem diripiendisque urbibus valde considerandum est, ne quid temere, ne quid crudeliter. Idque est viri magni rebus agitatis punire sontes, multitudinem conservare, in omni fortuna recta atque honesta retinere.] Ut enim sunt, quemadmodum supra dixi, qui urbanis rebus bellicas anteponant, sic reperias multos, quibus periculosa et calida consilia quietis et cogitatis splendidiora et maiora videantur. (83) Numquam omnino periculi fuga committendum est, ut inbelles timidique videamur, sed fugiendum illud etiam, ne offeramus nos periculis sine causa, quo esse nihil potest stultius. Quapropter in adeundis periculis consuetudo imitanda medicorum est, qui leviter aegrotantes leniter curant, gravioribus autem morbis periculosas curationes et ancipites adhibere coguntur. Quare in tranquillo tempestatem adversam optare dementis est, subvenire

sagt, aus dem Sattel heben zu lassen,[140] sondern Geistesgegenwart und kluge Überlegung zu bewahren und nicht von der Vernunft abzuweichen. (81) Jedoch verrät dies hohe Gesinnung, jenes sogar hohen Verstand, in Gedanken die Zukunft vorwegzunehmen[141] und ziemlich lange vorher festzustellen, was in diesem oder jenem Sinne vorfallen könnte und was zu tun sei, wenn etwas vorgekommen ist, und es nicht zuzulassen, daß man einmal sagen muß: »Damit hätte ich nicht gerechnet.« Das sind die Leistungen einer hohen und überragenden Gesinnung, die auf kluge Voraussicht und Überlegung vertraut. Verwegen aber in vorderster Reihe sich zu schlagen und mit dem Feinde im Nahkampf zusammenzustoßen, das ist etwas Unmenschliches und Tierisches. Wenn aber Umstände und Notwendigkeit es erfordern, ist die Entscheidung im Nahkampf zu suchen und Tod der Knechtschaft und Schande vorzuziehen.

24 (82) [Was Zerstörung und Plünderung von Städten angeht, so ist eingehend zu überlegen, damit nichts verwegen, nichts grausam geschehe. Und es verrät den großen Mann, wenn alles drunter und drüber geht, die Schuldigen zu strafen, die Menge zu schonen, bei jedem Rang das Rechte und Ehrenhafte zu wahren.] Denn wie es Leute gibt – so habe ich oben gesagt –, die politischer Tätigkeit in der Stadt solche des Krieges vorziehen, so dürftest du viele finden, denen gefährliche und übereilte Pläne glänzender und bedeutender erscheinen als friedfertige und wohlbedachte. (83) Überhaupt darf man es beim Meiden der Gefahr nie dahin kommen lassen, daß wir unkriegerisch und ängstlich erscheinen, aber zu meiden ist auch, daß wir uns grundlos in Gefahren stürzen;[142] denn das ist das Dümmste, was es geben kann. Deshalb ist beim Bestehen von Gefahren das übliche Verfahren der Ärzte nachzuahmen, die Leichterkrankte durch ein leichtes Mittel heilen, bei schwereren Krankheiten gefährliche und riskante Heilmethoden anzuwenden gezwungen sind. Daher ist es ein Zeichen von Verrücktheit, bei heiterer See ein Unwetter zu wünschen, einem

autem tempestati quavis ratione sapientis, eoque magis, si plus adipiscare re explicata boni quam addubitata mali. Periculosae autem rerum actiones partim is sunt, qui eas suscipiunt, partim rei publicae. (84) Itemque alii de vita, alii de gloria et benivolentia civium in discrimen vocantur. Promptiores igitur debemus esse ad nostra pericula quam ad communia dimicareque paratius de honore et gloria quam de ceteris commodis. Inventi autem multi sunt, qui non modo pecuniam, sed etiam vitam profundere pro patria parati essent, idem gloriae iacturam ne minimam quidem facere vellent, ne re publica quidem postulante, ut Callicratidas, qui, cum Lacedaemoniorum dux fuisset Peloponnesiaco bello multaque fecisset egregie, vertit ad extremum omnia, cum consilio non paruit eorum, qui classem ab Arginusis removendam nec cum Atheniensibus dimicandum putabant. Quibus ille respondit Lacedaemonios classe illa amissa aliam parare posse, se fugere sine suo dedecore non posse. Atque haec quidem Lacedaemoniis plaga mediocris, illa pestifera, qua, cum Cleombrotus invidiam timens temere cum Epaminonda conflixisset, Lacedaemoniorum opes corruerunt. Quanto Q. Maximus melius, de quo Ennius:

Unus homo nobis cunctando restituit rem.
Non enim rumores ponebat ante salutem.
Ergo postque magisque viri nunc gloria claret.

Sturm aber entgegenzutreten in jeder Hinsicht Weisheit, und zwar um so mehr, wenn du durch Klärung des Falles größeren Vorteil erlangst als durch Unentschlossenheit Nachteil. Gefährlich aber ist die Ausführung von Taten teils für diejenigen, die diese auf sich nehmen, teils für das Gemeinwesen. (84) Ebenso werden die einen um ihr Leben, andere um Ruhm und Wohlwollen von seiten ihrer Mitbürger vor die Wahl gestellt. Wir müssen also eher bereit sein, unsere Interessen als die der Allgemeinheit zu gefährden und bereitwilliger kämpfen um Ehre und Ruhm als um andere Vorteile. Viele aber haben sich gefunden, die nicht nur Geld, sondern auch ihr Leben für das Vaterland zu opfern bereit waren, aber doch nicht einmal das geringste Opfer in bezug auf den Ruhm erbringen wollten, nicht einmal dann, wenn das Gemeinwesen es forderte. So riß Kallikratidas,[143] als er im Peloponnesischen Krieg Stratege der Lakedaimonier gewesen war und viele Unternehmungen glanzvoll durchgeführt hatte, schließlich alles ins Verderben, indem er den Rat derjenigen in den Wind schlug, die glaubten, die Flotte müsse von den Arginusen abgezogen und es dürfe mit den Athenern nicht gekämpft werden. Ihnen antwortete jener, die Lakedaimonier könnten nach Verlust jener Flotte eine andere aufbauen, er könne nicht ohne Schande für sich selber die Flucht ergreifen. Nun war jener Schlag für die Lakedaimonier nicht entscheidend, vernichtend aber jener, durch den, als Kleombrotos[144] aus Angst vor Anfeindung unüberlegt mit Epameinondas zusammengestoßen war, die Macht der Lakedaimonier zusammenbrach. Um wieviel besser handelte da Q. Maximus, über den Ennius sagt:

> Ein Mann hat uns durch sein Zögern den Staat neu errichtet;[145]
> denn er stellte leere Gerüchte nicht höher als die Rettung.
> Drum steigt jetzo der Glanz seines Ruhmes mit der Zeit immer höher.

Quod genus peccandi vitandum est etiam in rebus urbanis. Sunt enim qui quod sentiunt, etsi optimum sit, tamen invidiae metu non audent dicere.

25 (85) Omnino qui rei publicae praefuturi sunt duo Platonis praecepta teneant: unum, ut utilitatem civium sic tueantur, ut, quaecumque agunt, ad eam referant obliti commodorum suorum, alterum, ut totum corpus rei publicae curent, ne, dum partem aliquam tuentur, reliquas deserant. Ut enim tutela, sic procuratio rei publicae ad eorum utilitatem, qui commissi sunt, non ad eorum, quibus commissa est, gerenda est. Qui autem parti civium consulunt, partem neglegunt, rem perniciosissimam in civitatem inducunt, seditionem atque discordiam; ex quo evenit, ut alii populares, alii studiosi optimi cuiusque videantur, pauci universorum. (86) Hinc apud Athenienses magnae discordiae, in nostra re publica non solum seditiones, sed etiam pestifera bella civilia; quae gravis et fortis civis et in re publica dignus principatu fugiet atque oderit tradetque se totum rei publicae neque opes aut potentiam consectabitur totamque eam sic tuebitur, ut omnibus consulat. Nec vero criminibus falsis in odium aut invidiam quemquam vocabit omninoque ita iustitiae honestatique adhaerescet, ut, dum ea conservet, quamvis graviter offendat mortemque oppetat potius, quam deserat illa, quae dixi. (87) Miserrima omnino est ambitio honorumque contentio, de qua praeclare apud eundem est Platonem ›simili-

Eine derartige Fehlentscheidung ist auch in der Innenpolitik zu meiden. Denn es gibt Leute, die das, was sie denken, auch wenn es sehr gut ist, doch aus Angst vor Anfeindung nicht zu sagen wagen.

25 (85) Überhaupt sollen diejenigen, die an der Spitze des Gemeinwesens stehen wollen, zwei Vorschriften Platons[146] einhalten: die eine, daß sie den Nutzen der Mitbürger so im Auge behalten, daß sie alles, was sie tun, auf ihn beziehen – ohne Rücksicht auf persönliche Interessen, die andere die, daß sie für den ganzen Organismus des Gemeinwesens sorgen, damit sie nicht, während sie irgendeinen Teil im Auge behalten, die übrigen außer acht lassen. Denn wie die Vormundschaft, so ist auch die Fürsorge[147] für das Gemeinwesen zum Nutzen derjenigen zu führen, die anvertraut worden sind, nicht zu dem derjenigen, denen es anvertraut worden ist. Wer aber für den einen Teil der Bürger sorgt, den anderen vernachlässigt, der bringt das größte Verderben in die Bürgerschaft: Aufruhr und Zwietracht. Daher kommt es, daß die einen Vertreter der Volkspartei, die anderen Anhänger der Besten zu sein scheinen, nur wenige aber der Gesamtheit.[148]

(86) Von daher leiteten sich bei den Athenern große Gegensätze, in unserem Gemeinwesen nicht nur Fälle von Aufruhr, sondern auch verderbenbringende Bürgerkriege. Das wird ein charakterfester, entschlossener und der führenden Stellung im Gemeinwesen würdiger Mann meiden und ablehnen und sich ganz dem Gemeinwesen zur Verfügung stellen, nicht aber nach Reichtum und Macht jagen, sondern es als Ganzes beschützen, so daß er für alle sorgt. Niemand wird er durch falsche Beschuldigungen in Unbeliebtheit und Verruf bringen und überhaupt so der Gerechtigkeit und Ehrenhaftigkeit anhängen, daß er, nur um diese zu wahren, lieber auch den größten Anstoß erregt und den Tod sich auferlegt, als jene Forderungen, von denen ich rede, außer acht zu lassen. (87) Das größte Unglück ist in jeder Hinsicht der Ehrgeiz und der Wettstreit um Ämter, über die treffend ebenfalls bei Platon[149] steht:

ter facere eos, qui inter se contenderent, uter potius rem publicam administraret, ut si nautae certarent, quis eorum potissimum gubernaret‹. Idemque praecipit, ›ut eos adversarios existimemus, qui arma contra ferant, non eos, qui suo iudicio tueri rem publicam velint‹, qualis fuit inter P. Africanum et Q. Metellum sine acerbitate dissensio.

(88) Nec vero audiendi qui graviter inimicis irascendum putabunt idque magnanimi et fortis viri esse censebunt; nihil enim laudabilius, nihil magno et praeclaro viro dignius placabilitate atque clementia. In liberis vero populis et in iuris aequabilitate exercenda etiam est facilitas et altitudo animi quae dicitur, ne si irascamur aut intempestive accedentibus aut impudenter rogantibus in morositatem inutilem et odiosam incidamus. Et tamen ita probanda est mansuetudo atque clementia, ut adhibeatur rei publicae causa severitas, sine qua administrari civitas non potest. Omnis autem et animadversio et castigatio contumelia vacare debet neque ad eius, qui punitur aliquem aut verbis castigat, sed ad rei publicae utilitatem referri. (89) Cavendum est etiam ne maior poena quam culpa sit et ne isdem de causis alii plectantur, alii ne appellentur quidem. Prohibenda autem maxime est ira puniendo; numquam enim iratus qui accedet ad poenam mediocritatem illam tenebit, quae est inter nimium et parum, quae placet Peripateticis et recte placet, modo ne laudarent iracundiam et dicerent utiliter a natura datam. Illa vero omnibus in rebus repudianda est optan-

»Ähnlich handelten diejenigen, die untereinander stritten, wer eher das Staatswesen verwalten solle, wie wenn Seeleute darum stritten, wer von ihnen am besten das Steuer führte.« Auch schreibt er vor, »daß wir die für Gegner erachteten, die Waffen gegen uns erhöben, nicht diejenigen, die durch ihr Urteil das Gemeinwesen schützen wollten«. Solcherart war der Meinungsgegensatz zwischen P. Africanus und Q. Metellus ohne Schärfe.

(88) Gar nicht darf man hören auf die, die glauben, man müsse den Feinden ernstlich zürnen,[150] und meinen, das sei Aufgabe eines großmütigen und entschlossenen Mannes. Denn nichts ist lobenswerter, nichts eines großen und hervorragenden Mannes würdiger als Versöhnlichkeit und Verständigungsbereitschaft.[151] In freien Völkern gar und bei Rechtsgleichheit ist Umgänglichkeit zu üben und Überlegenheit der Gesinnung, wie man sie nennt, damit wir nicht, wenn wir zürnen, entweder bei unzeitigen Ansuchen oder unverschämten Bitten in unnütze und ärgerniserregende Verdrießlichkeit verfallen. Und doch ist Freundlichkeit und Verständigungsbereitschaft zwar gutzuheißen, aber um des Gemeinwesens willen muß man doch Strenge walten lassen, ohne die eine Bürgerschaft nicht verwaltet werden kann. Jede Zurechtweisung und Züchtigung muß aber frei sein von Ehrenkränkung und gemessen werden nicht am Nutzen desjenigen, der jemanden straft und zur Ordnung ruft, sondern an dem des Gemeinwesens. (89) Auch muß man sich davor in acht nehmen, daß die Strafe größer sei als die Schuld und daß aus denselben Gründen die einen zur Verantwortung gezogen, die anderen nicht einmal zur Rede gestellt werden. Fernzuhalten ist aber ganz besonders der Zorn beim Strafen, denn niemals wird derjenige, der im Zorn zur Bestrafung schreitet, jenes Mittelmaß[152] einhalten, das zwischen zuviel und zuwenig liegt, das die Peripatetiker gutheißen, und mit Recht, wenn sie nur nicht den Jähzorn lobten und sagten, er sei zum Nutzen von der Natur gegeben worden. Jener ist wahrlich in jedem Falle zurückzuweisen, und es ist zu wünschen, daß diejenigen, die das

dumque, ut ii, qui praesunt rei publicae, legum similes sint, quae ad puniendum non iracundia, sed aequitate ducuntur.

26 (90) Atque etiam in rebus prosperis et ad voluntatem nostram fluentibus superbiam magnopere, fastidium arrogantiamque fugiamus. Nam ut adversas res, sic secundas inmoderate ferre levitatis est praeclaraque est aequabilitas in omni vita et idem semper vultus eademque frons, ut de Socrate idemque de C. Laelio accepimus. Philippum quidem Macedonum regem rebus gestis et gloria superatum a filio, facilitate et humanitate video superiorem fuisse. Itaque alter semper magnus, alter saepe turpissimus, ut recte praecipere videantur, qui monent, ut, quanto superiores simus, tanto nos geramus summissius. Panaetius quidem Africanum auditorem et familiarem suum solitum ait dicere, ›ut equos propter crebras contentiones proeliorum ferocitate exultantes domitoribus tradere soleant, ut is facilioribus possint uti, sic homines secundis rebus ecfrenatos sibique praefidentes tamquam in gyrum rationis et doctrinae duci oportere, ut perspicerent rerum humanarum imbecillitatem varietatemque fortunae‹. (91) Atque etiam in secundissimis rebus maxime est utendum consilio amicorum isque maior etiam quam ante tribuenda auctoritas. Isdemque temporibus cavendum est ne assentatoribus patefaciamus aures neve adulari nos sinamus, in quo falli facile est. Tales enim nos esse putamus, ut iure laudemur; ex quo nascuntur innumerabilia peccata, cum homines inflati opinionibus turpiter irridentur et in maximis versantur erroribus. Sed haec qui-

Gemeinwesen leiten, den Gesetzen ähnlich[153] sind, die beim Strafen sich nicht von Zorn, sondern von Gerechtigkeitssinn leiten lassen.

26 (90) Aber auch unter günstigen und nach unserem Willen sich gestaltenden Umständen wollen wir Überheblichkeit, Stolz und Hochmut unbedingt meiden. Denn es ist ebenso ein Beweis von Haltlosigkeit, im Ertragen von Unglück wie von Glück maßlos zu sein. Und etwas Treffliches ist das Übereinstimmen[154] in allen Lebenslagen und immer dasselbe Gesicht und dieselbe Stirn, wie wir von Sokrates[155] und auch von C. Laelius[156] erfahren haben. Daß König Philipp von Makedonien jedenfalls durch Taten und Ruhm von seinem Sohn übertroffen wurde, an Umgänglichkeit und Menschlichkeit[157] ihm überlegen war, sehe ich. Deshalb war der eine immer groß, der andere oft überaus schändlich, so daß die die richtigen Vorschriften zu geben scheinen, die mahnen, daß wir, je überlegener wir sind, uns um so bescheidener[158] benehmen sollen. Panaitios jedenfalls berichtet,[159] sein Hörer und Freund Africanus habe immer gesagt: »Wie sie Pferde, die wegen häufigen Einsatzes bei Gefechten ungestüm sich aufbäumen, Bändigern zu übergeben pflegen, um sie, zahmer geworden, verwenden zu können,[160] so müßten durch die Gunst der Umstände zügellos gewordene Leute voll übersteigerten Selbstvertrauens gleichsam an der ›Longe‹ der Vernunft und Gelehrsamkeit geführt werden, damit sie zur Einsicht kämen über die Zerbrechlichkeit menschlichen Daseins und die Launenhaftigkeit des Glückes.« (91) Auch unter sehr günstigen Umständen gilt es besonders, sich den Rat der Freunde zunutze zu machen, und es ist ihnen sogar noch größeres Ansehen als vorher zuzuerkennen. Zu denselben Zeiten müssen wir uns in acht nehmen, Heuchlern das Ohr zu leihen und uns schmeicheln zu lassen, wobei man leicht einer Täuschung anheimfallen kann. Denn für so ausgezeichnete Leute halten wir uns, daß wir mit Recht gelobt werden. Daraus entstehen zahllose Verfehlungen, wenn vom Dünkel aufgeblähte Leute schmählich verlacht werden und in größten Irrtümern

dem hactenus. (92) Illud autem sic est iudicandum, maximas geri res et maximi animi ab iis, qui res publicas regant, quod earum administratio latissime pateat ad plurimosque pertineat; esse autem magni animi et fuisse multos etiam in vita otiosa, qui aut investigarent aut conarentur magna quaedam seseque suarum rerum finibus continerent aut interiecti inter philosophos et eos, qui rem publicam administrarent, delectarentur re sua familiari, non eam quidem omni ratione exaggerantes neque excludentes ab eius usu suos potiusque et amicis impertientes et rei publicae, si quando usus esset. Quae primum bene parta sit nullo neque turpi quaestu neque odioso, deinde augeatur ratione, diligentia, parsimonia tum quam plurimis, modo dignis se utilem praebebat nec libidini potius luxuriaeque quam liberalitati et beneficentiae pareat. Haec praescripta servantem licet magnifice, graviter animoseque vivere atque etiam simpliciter, fideliter, vere hominum amice.

27 (93) Sequitur ut de una reliqua parte honestatis dicendum sit, in qua verecundia et quasi quidam ornatus vitae, temperantia et modestia omnisque sedatio perturbationum animi et rerum modus cernitur. Hoc loco continetur id, quod dici Latine decorum potest, Graece enim πρέπον dicitur [decorum]. (94) Huius vis ea est, ut ab honesto non queat separari; nam et quod decet honestum est et quod honestum est decet. Qualis autem differentia sit honesti et

stecken.[161] Doch so weit darüber. (92) Die oben erwähnte Frage ist dahingehend zu beurteilen,[162] daß die größten und die von erhabenster Seelengröße zeugenden Leistungen von denen vollbracht werden, die die Gemeinwesen lenken, weil deren Verwaltungstätigkeit überaus weittragende Bedeutung hat und sehr vielen zugute kommt; daß es aber viele Leute von Seelengröße gibt und gegeben hat – auch in einem Leben der Zurückgezogenheit –, die entweder ganz Bedeutendes erforschten oder unternahmen und sich in die Grenzen ihrer Verhältnisse beschieden oder, gestellt zwischen Philosophen und die, die das Gemeinwesen verwalteten, ihre Freude fanden an ihrem Familiengut, ohne es freilich mit jedem Mittel aufzuhäufen oder von seiner Nutzung ihre Angehörigen auszuschließen, sondern indem sie lieber ihren Freunden Anteil gewährten und dem Gemeinwesen, wenn es einmal erforderlich war. Dieses möge zunächst mit Anstand beschafft sein, weder durch schändlichen noch durch abscheuerregenden Erwerb, sodann werde es vermehrt durch Planmäßigkeit, Umsicht und Sparsamkeit, dann erweise es sich möglichst vielen – soweit sie das verdienen – nützlich und stehe nicht der Leidenschaft und Verschwendungssucht mehr zu Gebote als der Freigebigkeit und Wohltätigkeit. Wenn man sich an diese Vorschriften hält, dann hat man das Recht, weltmännisch, würdevoll und selbstbewußt, aber auch aufrichtig, pflichtbewußt und als wahrer Menschenfreund aufzutreten.

27 (93) Im folgenden ist über den einzig verbliebenen Teil der Ehrenhaftigkeit zu sprechen,[163] in dem das Anstandsgefühl und gleichsam eine Art Schönheitssinn[164] in der Lebensgestaltung, Sichbescheiden, Mäßigung und überhaupt die völlige Beherrschung der Leidenschaften und rechtes Maß sichtbar werden. In diesem Bereich wird erfaßt, was auf deutsch das ›Schickliche‹ genannt werden kann, auf griechisch nämlich wird es πρέπον genannt.[165] (94) Seine Bedeutung liegt darin, daß es von Ehrenhaftigkeit nicht abtrennbar ist.[166] Denn was schicklich ist, ist ehrenhaft, und was ehrenhaft ist, ist schicklich. Welcherart aber der Unter-

decori, facilius intellegi quam explanari potest. Quicquid est enim, quod deceat, id tum apparet, cum antegressa est honestas. Itaque non solum in hac parte honestatis, de qua hoc loco disserendum est, sed etiam in tribus superioribus quid deceat apparet. Nam et ratione uti atque oratione prudenter et agere quod agas considerate omnique in re quid sit veri videre et tueri decet, contraque falli, errare, labi, decipi tam dedecet quam delirare et mente esse captum; et iusta omnia decora sunt, iniusta contra, ut turpia, sic indecora. Similis est ratio fortitudinis; quod enim viriliter animoque magno fit, id dignum viro et decorum videtur, quod contra, id ut turpe sic indecorum. (95) Quare pertinet quidem ad omnem honestatem hoc, quod dico, decorum, et ita pertinet, ut non recondita quadam ratione cernatur, sed sit in promptu. Est enim quiddam, idque intellegitur in omni virtute, quod deceat; quod cogitatione magis a virtute potest quam re separari. Ut venustas et pulchritudo corporis secerni non potest a valitudine, sic hoc, de quo loquimur, decorum totum illud quidem est cum virtute confusum, sed mente et cogitatione distinguitur. (96) Est autem eius descriptio duplex; nam et generale quoddam decorum intellegimus, quod in omni honestate versatur, et aliud huic subiectum, quod pertinet ad singulas partes honestatis. Atque illud superius sic fere definiri solet, decorum id esse, quod consentaneum sit hominis excellentiae in eo, in quo natura

schied zwischen dem Ehrenhaften und Schicklichen ist, läßt sich leichter im Gedanken als in einer Begriffsbestimmung fassen. Denn was auch immer es sei, was sich schickt, das tritt dann zutage, wenn Ehrenhaftigkeit voraufgegangen ist. Deshalb tritt nicht nur in dem Teil der Ehrenhaftigkeit, der an dieser Stelle zu erörtern ist, sondern auch in den drei vorhergehenden, was sich schickt, zutage. Denn Vernunft und Rede klug zu gebrauchen, was du tust, wohlüberlegt zu tun, und in jeder Sache, was wahr ist, einzusehen und im Auge zu behalten – das ist schicklich; dagegen sich täuschen zu lassen, zu irren, zu straucheln, und sich hinters Licht führen zu lassen – das ist unschicklich, wie aus der Bahn zu geraten und von Sinnen zu sein. Und alles Gerechte ist schicklich, dagegen das Ungerechte so schändlich wie unschicklich. Ähnlich steht es um die Tapferkeit: Was nämlich mit männlicher Entschlossenheit und hoher Gesinnung zuwege gebracht wird, das scheint eines Mannes würdig und ist schicklich, was entgegengesetzt ist, das ebenso schändlich wie unschicklich. (95) Daher jedenfalls hat für die Ehrenhaftigkeit insgesamt das Schickliche, von dem ich rede, Bedeutung, und zwar hat es so Bedeutung, daß es nicht durch reine Abstraktion erkennbar wird, sondern greifbar zutage tritt. Denn es gibt etwas Bestimmtes – und dies wird in jeder Tugend erkannt: das, was sich schickt. Es läßt sich dies mehr in Gedanken von der Tugend abtrennen als in der Wirklichkeit. Wie Anmut und Schönheit des Körpers[167] sich nicht sondern lassen von Gesundheit, so ist dieses Schickliche, von dem wir sprechen, zwar ganz verschmolzen mit der Tugend, aber durch den denkenden Verstand wird es geschieden.[168] (96) Es ist aber seine Beschreibung eine zweifache. Denn wir nehmen ein Schickliches im allgemeinen Sinne an, das sich in jeder Ehrenhaftigkeit findet, und ein anderes diesem untergeordnetes, das sich bezieht auf die einzelnen Teile der Ehrenhaftigkeit.[169] Jenes Ehrenhafte pflegt etwa so bestimmt zu werden: Schicklich sei das, was in Übereinstimmung zur erhabenen Stellung des Menschen[170] stehe, und zwar darin, wodurch seine Natur sich

eius a reliquis animantibus differat. Quae autem pars subiecta generi est, eam sic definiunt, ut id decorum velint esse, quod ita naturae consentaneum sit, ut in eo moderatio et temperantia appareat cum specie quadam liberali.

28 (97) Haec ita intellegi possumus existimare ex eo decoro, quod poetae sequuntur, de quo alio loco plura dici solent. Sed [ut] tum servare illud poetas, quod deceat, dicimus, cum id quod quaque persona dignum est, et fit et dicitur, ut si Aeacus aut Minos diceret ›oderint dum metuant‹ aut ›natis sepulchro ipse est parens‹ indecorum videretur, quod eos fuisse iustos accepimus; at Atreo dicente plausus excitantur, est enim digna persona oratio. Sed poetae quid quemque deceat, ex persona iudicabunt, nobis autem personam imposuit ipsa natura magna cum excellentia praestantiaque animantium reliquarum; (98) quocirca poetae in magna varietate personarum etiam vitiosis quid conveniat et quid deceat videbunt, nobis autem cum a natura constantiae, moderationis, temperantiae, verecundiae partes datae sint cumque eadem natura doceat non neglegere, quemadmodum nos adversus homines geramus, efficitur ut et illud, quod ad omnem honestatem pertinet, decorum quam late fusum sit appareat et hoc, quod spectatur in uno quoque genere virtutis. Ut enim pulchritudo corporis apta compositione membrorum movet oculos et delectat hoc ipso, quod inter se omnes partes cum quodam lepore consentiunt, sic hoc decorum, quod elucet in vita, movet adprobationem eorum, quibuscum vivitur, ordine et constantia et moderatione dictorum omnium atque factorum. (99) Adhibenda est igitur quaedam reverentia adversus homines et optimi

von den übrigen Lebewesen unterscheidet. Den Teil aber, der dem Allgemeinen untergeordnet ist, bestimmen sie so, daß nach ihrer Auffassung das schicklich sei, was so mit der Natur übereinstimmend ist, daß in ihm Mäßigung und Selbstbeherrschung sich zeigen in Verbindung mit der eines freien Mannes würdigen Erscheinung.

28 (97) Daß dies so verstanden wird, das können wir ermessen aus dem Schicklichen, das die Dichter befolgen und worüber in einem anderen Zusammenhang mehr gesagt zu werden pflegt.[171] Doch jenes Schickliche bewahren die Dichter gemeinhin dann, wenn gehandelt und gesprochen wird, wie es der jeweiligen Rolle entspricht. Daher erschiene es, wenn Aiakos und Minos[172] sagten: »Mögen sie mich hassen, wenn sie nur fürchten«[173] oder: »Den Söhnen ist der Vater selbst das Grab«[174] als unschicklich, weil sie, wie wir von ihnen erfuhren, gerecht gewesen sind. Wenn dagegen Atreus es sagt, dann werden Beifallsstürme hervorgerufen; denn es ist der Wortlaut der Rolle entsprechend.[175] Aber die Dichter werden, was sich für einen jeden schickt, nach der Rolle beurteilen,[176] uns aber hat die Natur selbst die Rolle auferlegt mit großer Auszeichnung[177] und Erhabenheit vor allen anderen Lebewesen. (98) Darum werden die Dichter bei der großen Verschiedenheit der Rollen auch bei Lasterhaften sehen, was sich gehört und schickt. Da uns aber von Natur die Rolle der Charakterfestigkeit, Mäßigung, Beherrschtheit und der Zurückhaltung[178] auferlegt ist, und da diese Natur auch lehrt, nicht als gleichgültig anzusehen,[179] wie wir uns gegenüber unseren Mitmenschen zu benehmen haben, so ist folgerichtig klar, wie weit jenes Schickliche, das die Ehrenhaftigkeit im allgemeinen betrifft, verbreitet ist, und dieses, das sichtbar ist in jedem Einzelbereich der Tugend. Wie nämlich die Schönheit des Körpers durch die passende Zueinanderordnung der Glieder das Auge anspricht und schon dadurch erfreut, daß alle Teile in einer gewissen Anmut zusammenstimmen, so ruft dieses Schickliche, das im Benehmen zutage tritt, die Zustimmung derjenigen hervor, mit denen man lebt, durch die Ordnung, Beständigkeit und Einhaltung des Maßes in allen Äußerungen und Taten.[180] (99) Es ist

cuiusque et reliquorum. Nam neglegere quid de se quisque sentiat, non solum arrogantis est sed etiam omnino dissoluti. Est autem quod differat in hominum ratione habenda inter iustitiam et verecundiam. Iustitiae partes sunt non violare homines, verecundiae non offendere, in quo maxime vis perspicitur decori. His igitur expositis quale sit id, quod decere dicimus, intellectum puto.

(100) Officium autem, quod ab eo ducitur, hanc primum habet viam, quae deducit ad convenientiam conservationemque naturae; quam si sequemur ducem, nunquam aberrabimus sequemurque et id, quod acutum et perspicax natura est, et id, quod ad hominum consociationem accommodatum, et id, quod vehemens atque forte. Sed maxima vis decori in hac inest parte, de qua disputamus; neque enim solum corporis, qui ad naturam apti sunt, sed multo etiam magis animi motus probandi, qui item ad naturam accommodati sunt. (101) Duplex est enim vis animorum atque natura: una pars in appetitu posita est, quae est ὁρμή Graece, quae hominem huc et illuc rapit, altera in ratione, quae docet et explanat, quid faciendum fugiendumque sit. [Ita fit, ut ratio praesit, appetitus obtemperet.

29 Omnis autem actio vacare debet temeritate et neglegentia nec vero agere quicquam, cuius non possit causam probabilem reddere; haec est enim fere descriptio officii.] (102) Efficiendum autem est, ut appetitus rationi oboediant eamque neque praecurrant nec propter pigritiam aut igna-

also unseren Mitmenschen gegenüber eine gewisse Rücksicht zu zeigen – besonders gegen die Besten, aber auch gegen die übrigen. Denn als gleichgültig anzusehen, was ein jeder über einen denkt, verrät nicht nur einen selbstherrlichen, sondern auch einen ganz und gar bedenkenlosen Menschen. Es besteht aber ein Unterschied bei Rücksichtnahme auf Mitmenschen zwischen Gerechtigkeit und Taktgefühl. Das Gebot der Gerechtigkeit ist es, Mitmenschen nicht zu verletzen, des Taktgefühls, nicht Ärgernis zu erregen. Darin besonders erkennt man die Bedeutung des Schicklichen. Aufgrund dieser Darlegung ist meiner Meinung nach die Einsicht gewonnen, welcherart das ist, was, wie wir sagten, schicklich ist.[181]

(100) Das pflichtgemäße Handeln aber, das sich davon ableitet, weist zunächst den Weg, der zur Übereinstimmung mit der Natur und ihrer Berücksichtigung führt. Wenn wir ihrer Führung folgen,[182] dann werden wir nie in die Irre gehen, vielmehr der Tugend folgen, die scharfsinnig und einsichtsvoll von Natur ist, der ferner, die auf die Vereinigung der Menschen ausgerichtet ist, und der, die tatkräftig und tapfer ist. Die wichtigste Bedeutung des Schicklichen liegt aber in dem Teilbereich, über den wir sprechen. Denn es sind nicht nur die Bewegungen des Körpers, die zur Natur passend sind, sondern noch viel mehr die der Seele gutzuheißen, die ebenfalls nach der Natur hin ausgerichtet sind.[183] (101) Denn zwei Seiten hat das Vermögen und die Natur der Seele.[184] Die eine Seite liegt in der Begierde, die auf griechisch ὁρμή heißt und die den Menschen bald hier-, bald dorthin rafft, die andere Seite in der Vernunft, die lehrt und erklärt, was zu tun und zu meiden ist. [Daraus ergibt sich, daß die Vernunft leitet, die Begierde gehorcht.[185]

29 Jegliches Handeln aber muß frei sein von Unüberlegtheit und Nachlässigkeit und darf nicht verwirklichen, wofür es nicht einen überzeugenden Grund angeben kann. Das etwa ist die Umschreibung des pflichtgemäßen Handelns.] (102) Zu erreichen aber ist, daß die Begierden der Vernunft gehorchen und ihr nicht zuvorkommen, sie nicht aus Träg-

viam deserant sintque tranquilli atque omni animi perturbatione careant; ex quo elucebit omnis constantia omnisque moderatio. Nam qui appetitus longius evagantur et tamquam exultantes sive cupiendo sive fugiendo non satis a ratione retinentur, ii sine dubio finem et modum transeunt. Relinquunt enim et abiciunt oboedientiam nec rationi parent, cui sunt subiecti lege naturae; a quibus non modo animi perturbantur, sed etiam corpora. Licet ora ipsa cernere iratorum aut eorum, qui aut libidine aliqua aut metu commoti sunt aut voluptate nimia gestiunt; quorum omnium vultus, voces, motus statusque mutantur. (103) Ex quibus illud intellegitur, ut ad officii formam revertamur, appetitus omnes contrahendos sedandosque esse excitandamque animadversionem et diligentiam, ut ne quid temere ac fortuito, inconsiderate neglegenterque agamus. Neque enim ita generati a natura sumus, ut ad ludum et iocum facti esse videamur, ad severitatem potius et ad quaedam studia graviora atque maiora. Ludo autem et ioco uti illo quidem licet, sed sicut somno et quietibus ceteris tum, cum gravibus seriisque rebus satis fecerimus. Ipsumque genus iocandi non profusum nec immodestum, sed ingenuum et facetum esse debet. Ut enim pueris non omnem ludendi licentiam damus, sed eam, quae ab honestatis actionibus non sit aliena, sic in ipso ioco aliquod probi ingenii lumen eluceat. (104) Duplex omnino est iocandi genus, unum in-

heit oder Untüchtigkeit im Stiche lassen, sich ruhig verhalten und von jeder geistigen Verwirrung frei sind. Infolgedessen wird Beständigkeit und Mäßigung in vollem Umfang zutage treten. Denn die Begierden, die allzuweit ausschweifen und, gleichsam über die Stränge schlagend – sei es im Wünschen oder Meiden –, nicht von der Vernunft in Schranken gehalten werden,[186] die übersteigen ohne Zweifel Grenze und Maß. Denn sie setzen sich über den Gehorsam hinweg und weisen ihn von sich, sie fügen sich nicht der Vernunft, der sie untergeordnet sind durch das Gesetz der Natur. Von ihnen wird nicht nur der Geist, sondern auch der Körper in Unruhe versetzt. Man braucht nur in die Gesichter der Zornigen oder derjenigen zu schauen, die entweder durch irgendeine Leidenschaft oder durch Furcht besessen sind oder sich zügellos gebärden in schrankenloser Vergnügungssucht. All dieser Leute Gesichtsausdruck, Worte, Bewegungen und Haltung ändern sich. (103) Daraus ergibt sich jener Grundsatz – damit wir zum Entwurf des pflichtgemäßen Handelns zurückkehren –, daß alle Begierden einzudämmen und zu beschwichtigen,[187] Aufmerksamkeit und Umsicht wachzurufen sind, damit wir ja nichts unbedachtsam und aufs Geratewohl, unüberlegt und nachlässig ausführen. Denn nicht mit der Bestimmung sind wir von der Natur in die Welt gesetzt worden, daß wir zu Spielerei und Scherz[188] geschaffen zu sein scheinen, vielmehr zu Lebensernst und bestimmten bedeutsameren und größeren Aufgaben. Zwar darf man jenes Spiel und jenen Scherz genießen, aber wie Schlaf und sonstige Entspannung erst dann, wenn wir bedeutsamen und ernsten Aufgaben Genüge getan haben. Und die Art selbst des Scherzens darf nicht ausgelassen und maßlos sein, sondern vornehm und witzig. Wie wir nämlich Knaben nicht jede Freiheit zum Spielen geben, sondern nur eine solche, die Handlungen der Ehrenhaftigkeit nicht fremd ist, so sollte im Scherz selbst irgendein Licht einer rechtschaffenen Gesinnung aufleuchten. (104) Es gibt im allgemeinen zwei Arten des Scherzens, die eine eines freien Mannes unwürdig, herausfordernd, wider-

liberale, petulans, flagitiosum, obscenum, alterum elegans, urbanum, ingeniosum, facetum, quo genere non modo Plautus noster et Atticorum antiqua comoedia, sed etiam philosophorum Socraticorum libri referti sunt, multaque multorum facete dicta, ut ea, quae a sene Catone collecta sunt, quae vocantur ἀποφθέγματα. Facilis igitur est distinctio ingenui et inliberalis ioci. Alter est, si tempore fit, ut si remisso animo, ⟨vel severissimo⟩ homine dignus, alter ne libero quidem, si rerum turpitudo adhibetur aut verborum obscenitas. Ludendi etiam est quidam modus retinendus, ut ne nimis omnia profundamus elatique voluptate in aliquam turpitudinem delabamur. Suppeditant autem et campus noster et studia venandi honesta exempla ludendi. 30 (105) Sed pertinet ad omnem officii quaestionem semper in promptu habere, quantum natura hominis pecudibus reliquisque beluis antecedat; illae nihil sentiunt nisi voluptatem ad eamque feruntur omni impetu, hominis autem mens discendo alitur et cogitando, semper aliquid aut anquirit aut agit videndique et audiendi delectatione ducitur. Quin etiam, si quis est paulo ad voluptates propensior, modo ne sit ex pecudum genere, sunt enim quidam homines non re sed nomine, sed si quis est paulo erectior, quamvis voluptate capiatur, occultat et dissimulat appetitum voluptatis propter verecundiam.

(106) Ex quo intellegitur corporis voluptatem non satis esse dignam hominis praestantia eamque contemni et reici oportere, sin sit quispiam, qui aliquid tribuat voluptati, diligenter ei tenendum esse eius fruendae modum. Itaque victus cultusque corporis ad valitudinem referatur et ad vires,

lich und schmierig, die andere fein, vornehm, geistreich und witzig; an dieser Art sind reich nicht nur unser Plautus und die alte Komödie der Attiker,[189] sondern auch die Bücher der sokratischen Philosophen,[190] und es gibt viele witzige Äußerungen vieler wie diejenigen, die vom alten Cato gesammelt worden sind und ἀποφθέγματα[191] genannt werden. Leicht ist also die Unterscheidung zwischen anständigem und gemeinem Scherz. Der eine ist, wenn er zur rechten Zeit gemacht wird, z. B. in gelöster Stimmung, ⟨sogar⟩ des ⟨ernstesten⟩ Mannes würdig, der andere nicht einmal eines Freien, wenn Schändlichkeit der Gegenstände mitspielt oder Schmierigkeit der Worte. Auch im Spiel muß ein gewisses Maß eingehalten werden, daß wir nicht schrankenlos alles preisgeben und, hingerissen von Vergnügungssucht, in irgendeine Schande verfallen. Es bieten aber unser Marsfeld und die Jagdlust ehrenhafte Vorbilder des Spieles. 30 (105) Aber es gehört zu jeder Untersuchung des pflichtgemäßen Handelns, immer vor Augen zu haben, wie sehr die Natur des Menschen das Vieh und die übrigen Tiere übertrifft; jene empfinden nichts als Vergnügen, und auf dieses stürzen sie sich mit aller Kraft, der Geist des Menschen aber wächst durchs Lernen und Denken, er erforscht immer irgend etwas, handelt oder läßt sich durch die Freude am Sehen und Hören leiten.[192] Ja sogar, wenn einer etwas mehr neigt zum Vergnügen, wenn er nur nicht nach der Art der Tiere ist – denn es sind manche nicht in Wahrheit Menschen, sondern nur dem Namen nach –, wenn er vielmehr auf einer etwas höheren Stufe steht, mag er sich hinreißen lassen von Vergnügungen, dann versteckt und verbirgt er seine Sucht nach Vergnügen aus Anstand. (106) Daraus ersieht man, daß körperliches Vergnügen der erhabenen Stellung des Menschen nicht genug würdig ist und verschmäht und zurückgewiesen werden muß; wenn es aber einen gibt, der dem Vergnügen einigen Wert beilegt, so muß der sorgsam ein Maß des Genießens einhalten. Es sollen also Unterhalt und Pflege des Körpers auf Gesundheit und Kraft, nicht auf das Vergnügen bezogen werden; ferner:

non ad voluptatem. Atque etiam, si considerare volemus, quae sit in natura ⟨nostra⟩ excellentia et dignitas, intellegemus, quam sit turpe diffluere luxuria et delicate ac molliter vivere, quamque honestum parce, continenter, severe, sobrie.

(107) Intellegendum etiam est duabus quasi nos a natura indutos esse personis; quarum una communis est ex eo, quod omnes participes sumus rationis praestantiaeque eius, qua antecellimus bestiis, a qua omne honestum decorumque trahitur et ex qua ratio inveniendi officii exquiritur, altera autem, quae proprie singulis est tributa. Ut enim in corporibus magnae dissimilitudines sunt, alios videmus velocitate ad cursum, alios viribus ad luctandum valere, itemque in formis aliis dignitatem inesse, aliis venustatem, sic in animis existunt maiores etiam varietates. (108) Erat in L. Crasso, in L. Philippo multus lepos, maior etiam magisque de industria in C. Caesare, L. filio; at isdem temporibus in M. Scauro et in M. Druso adulescente singularis severitas, in C. Laelio multa hilaritas, in eius familiari Scipione ambitio maior, vita tristior. De Graecis autem dulcem et facetum festivique sermonis atque in omni oratione simulatorem, quem εἴρωνα Graeci nominarunt, Socratem accepimus, contra Pythagoram et Periclem summam auctoritatem consecutos sine ulla hilaritate. Callidum Hannibalem ex Poenorum, ex nostris ducibus Q. Maximum accepimus, facile celare, tacere, dissimulare, insidiari, praeripere hostium consilia. In quo genere Graeci Themistoclem et Pheraeum Iasonem ceteris anteponunt, in primisque versutum et callidum factum

wenn wir bedenken wollen, eine wie überlegene Stellung und Würde in ⟨unserem⟩ Wesen liegt, dann werden wir einsehen, wie schändlich es ist, in Genußsucht sich treiben zu lassen und verzärtelt und weichlich, und wie ehrenhaft andererseits, sparsam, enthaltsam, streng und nüchtern zu leben.

(107) Auch muß man einsehen, daß wir von der Natur gleichsam mit zwei Rollen ausgestattet sind: die eine davon ist eine gemeinsame daher, weil wir alle teilhaftig sind der Vernunft und des Vorzugs, durch den wir uns auszeichnen vor den Tieren, von der alles Ehrenhafte und Schickliche hergeleitet und von der aus der Weg zur Auffindung des pflichtgemäßen Handelns gesucht wird; die andere aber eine, die in besonderem Sinne den einzelnen zugeteilt ist. Wie es nämlich bei den Körpern sehr große Unterschiede gibt – die einen, so sehen wir, sind durch Schnelligkeit im Laufen, die anderen durch ihre Kraft zum Ringen gut, und ebenso haben andere in ihrer Erscheinung Würde, wieder andere Schönheit –, so zeichnen sich im Geist noch größere Verschiedenheiten ab. (108) Es hatten L. Crassus und L. Philippus viel Charme, noch gewinnenderen und mehr gewollten C. Caesar, der Sohn des L.; aber zur selben Zeit hatten M. Scaurus und der junge M. Drusus einzigartige Strenge, C. Laelius viel Heiterkeit, sein Freund Scipio größeren Ehrgeiz, ein bedrückteres Leben.[193] Unter den Griechen war Sokrates gewinnend, witzig, von launigem Gesprächston und in jedem Dialog ein Meister der Verstellung, den die Griechen εἴρων nannten, wie wir erfahren haben; dagegen hätten Pythagoras und Perikles höchstes Ansehen ohne einen Anflug von Heiterkeit erlangt.[194] Schlau war Hannibal unter den Heerführern der Punier, unter den unsrigen Q. Maximus,[195] so haben wir erfahren, geschickt hätten sie geheimgehalten, geschwiegen, getäuscht, Nachstellungen bereitet und vorweg die Pläne der Feinde durchkreuzt. Auf diesem Feld stellen die Griechen Themistokles und Iason von Pherai vor die anderen und besonders das durchtriebene und verschlagene Handeln Solons,

Solonis, qui, quo et tutior eius vita esset et plus aliquanto rei publicae prodesset, furere se simulavit. (109) Sunt his alii multum dispares, simplices et aperti, qui nihil ex occulto, nihil de insidiis agendum putant, veritatis cultores, fraudis inimici, itemque alii, qui quidvis perpetiantur, cuivis deserviant, dum quod velint consequantur, ut Sullam et M. Crassum videbamus. Quo in genere versutissimum et patientissimum Lacedaemonium Lysandrum accepimus – contraque Callicratidan, qui praefectus classis proximus post Lysandrum fuit – itemque in sermonibus callidissimum quemque quamvis praepotens sit, efficere, ut unus de multis esse videatur, quod in Catulo, et in patre et in filio, idemque in Q. Mucio Mancia vidimus. Audivi ex maioribus natu, hoc idem fuisse in P. Scipione Nasica, contraque patrem eius, illum qui Ti. Gracchi conatus perditos vindicavit, nullam comitatem habuisse sermonis. [ne Xenocratem quidem severissimum philosophorum] ob eamque rem ipsam magnum et clarum fuisse. Innumerabiles aliae dissimilitudines sunt naturae morumque, minime tamen vituperandorum.

31 (110) Admodum autem tenenda sunt sua cuique, non vitiosa, sed tamen propria, quo facilius decorum illud, quod quaerimus, retineatur. Sic enim est faciendum, ut contra universam naturam nihil contendamus, ea tamen conservata propriam nostram sequamur, ut etiamsi sint alia graviora atque meliora, tamen nos studia nostra nostrae naturae regula metiamur; neque enim attinet naturae repugnare nec quicquam sequi, quod assequi non queas. Ex quo magis emergit quale sit decorum illud, ideo quia nihil decet invita

der, damit dadurch sein Leben sicherer sei und er wesentlich mehr dem Gemeinwesen nützen könnte, verrückt zu sein vortäuschte.[196] (109) Andere sind diesen sehr ungleich, schlichte und offenherzige Leute, die meinen, man dürfe nichts in versteckter, nichts in hinterhältiger Weise tun, Verehrer der Wahrheit, Feinde des Betrugs, desgleichen andere, die jedwedes Leid auf sich nehmen, jedem sich unterwerfen, nur um ihr Ziel zu erreichen, wie wir es von Sulla und M. Crassus erlebt haben.[197] Unter Leuten dieses Schlages war, wie wir vernommen haben, der überaus verschlagene und zähe Lakedaimonier Lysandros; ganz anders Kallikratidas, der als Flottenkommandant Lysandros unmittelbar folgte.[198] Desgleichen erreiche bei Gesprächen gerade ein gerissener Mensch, mag seine Macht auch noch so überlegen sein, daß er einer von vielen zu sein scheint, was wir bei Catulus, bei Vater und Sohn, und ebenso bei Q. Mucius Mancia erlebt haben. Gehört habe ich auch von Älteren, eben diese Eigenschaften hätten P. Scipio Nasica ausgezeichnet, dagegen habe sein Vater, jener, der das verbrecherische Beginnen des Ti. Gracchus bestraft hat, keinerlei Herzlichkeit im Gespräch besessen [nicht einmal Xenokrates, der ernsteste unter den Philosophen], und aus ebendiesem Grunde sei er groß und berühmt gewesen.[199] Unzählige andere Unterschiede der Anlage und des Charakters, jedoch durchaus nicht tadelnswerter, gibt es.

31 (110) Vor allem aber muß ein jeder an seinen Eigenschaften festhalten, zwar nicht an den fehlerhaften, aber doch an den charakteristischen, damit um so leichter jenes Schickliche, das wir untersuchen, eingehalten wird. So nämlich ist zu handeln, daß wir gegen die allgemeine Natur[200] nicht ankämpfen, aber doch bei ihrer Berücksichtigung unserer eigenen folgen, so daß wir, wenn auch anderes bedeutender und besser ist, doch unsere Zielsetzungen an unserer Natur als Richtlinie messen. Denn es ist nicht sinnvoll, der Natur zu widerstreiten und ein Ziel zu verfolgen, das du nicht erreichen kannst. Von daher tritt deutlicher zutage, welcher Art jenes Schickliche sei, deswegen, weil nichts

Minerva, ut aiunt, id est adversante et repugnante natura. (111) Omnino si quicquam est decorum, nihil est profecto magis quam aequabilitas universae vitae, tum singularum actionum, quam conservare non possis, si aliorum naturam imitans omittas tuam. Ut enim sermone eo debemus uti, qui notus est nobis, ne ut quidam Graeca verba inculcantes iure optimo rideamur, sic in actiones omnemque vitam nullam discrepantiam conferre debemus. (112) Atque haec differentia naturarum tantam habet vim, ut non numquam mortem sibi ipse consciscere alius debeat, alius in eadem causa non debeat. Num enim alia in causa M. Cato fuit, alia ceteri, qui se in Africa Caesari tradiderunt? Atqui ceteris forsitan vitio datum esset, si se interemissent, propterea quod lenior eorum vita et mores fuerant faciliores; Catoni cum incredibilem tribuisset natura gravitatem, eamque ipse perpetua constantia roboravisset semperque in proposito susceptoque consilio permansisset, moriendum potius quam tyranni vultus aspiciendus fuit. (113) Quam multa passus est Ulixes in illo errore diuturno, cum et mulieribus, si Circe et Calypso mulieres appellandae sunt, inserviret et in omni sermone omnibus affabilem [et iocundum] esse se vellet. Domi vero etiam contumelias servorum ancillarumque pertulit, ut ad id aliquando, quod cupiebat, veniret. At Aiax, quo animo traditur, milies oppetere mortem quam illa perpeti maluisset. Quae contemplantes expendere oportebit, quid quisque habeat sui, eaque moderari nec velle experiri, quam se aliena deceant; id enim maxime quemque

schicklich ist ›gegen den Willen der Minerva‹, wie man sagt, d. h. gegen den Widerstand und Widerstreit der Natur. (111) Überhaupt, wenn etwas schicklich ist, dann ist es sicherlich nichts mehr als Ausgeglichenheit in der gesamten Lebensführung, ferner in den einzelnen Handlungen. Diese kannst du nicht bewahren, wenn du über der Nachahmung der Natur anderer deine eigene außer acht läßt. Wie wir uns nämlich der Ausdrucksweise bedienen müssen, die uns geläufig ist, damit wir nicht, wie manche Leute, die griechische Wörter einpfropfen, mit vollem Recht verlacht werden, so dürfen wir in unsere Handlungen und in unsere ganze Lebensgestaltung keinen Widerspruch bringen. (112) Und überhaupt hat dieser Unterschied der Naturen eine so weitreichende Bedeutung, daß manchmal der eine den Freitod wählen muß, der andere aber trotz derselben Lage nicht.[201] Denn war etwa ein Cato in einer anderen Lage, in einer anderen die übrigen, die sich in Africa Caesar ergeben haben? Und doch wäre es den anderen vielleicht als Fehler ausgelegt worden, wenn sie Selbstmord begangen hätten, weil ihre Lebensauffassung anpassungsfähiger und ihr Charakter umgänglicher gewesen war. Da die Natur dem Cato unglaubliche Festigkeit gegeben hat, er diese selbst durch stete Beharrlichkeit gestärkt hatte und er immer bei seinem Ziel und der vorgefaßten Absicht geblieben war, so mußte er lieber sterben, als dem Tyrannen ins Gesicht blikken. (113) Wie vieles hat Odysseus auf jener langen Irrfahrt erduldet, als er Frauen – wenn Kirke und Kalypso als Frauen zu bezeichnen sind – frönte und bei jedem Gespräch für jedermann leutselig [und liebenswürdig] sein wollte. In der Heimat gar ertrug er sogar Beschimpfungen von Sklaven und Mägden, um endlich zu dem ersehnten Ziel zu gelangen. Dagegen hätte Aias bei dem Charakter, den ihm die Überlieferung beilegt, tausendmal lieber den Tod gesucht als jene Mühe durchlitten.[202] Über der Betrachtung dessen wird abzuwägen sein, was eines jeden Eigenart sei; weiter, diese zu beherrschen und nicht versuchen zu wollen, wie die Art anderer sich für einen schickt. Denn das schickt

decet, quod est cuiusque maxime ⟨suum⟩. (114) Suum quisque igitur noscat ingenium acremque se et bonorum et vitiorum suorum iudicem praebeat, ne scaenici plus quam nos videantur habere prudentiae. Illi enim non optumas, sed sibi accommodatissimas fabulas eligunt; qui voce freti sunt, Epigonos Medumque, qui gestu Melanippam, Clytaemnestram, semper Rupilius, quem ego memini, Antiopam, non saepe Aesopus Aiacem. Ergo histrio hoc videbit in scena, non videbit sapiens vir in vita? Ad quas igitur res aptissimi erimus, in iis potissimum elaborabimus. Sin aliquando necessitas nos ad ea detruserit, quae nostri ingenii non erunt, omnis adhibenda erit cura, meditatio, diligentia, ut ea, si non decore, at quam minime indecore facere possimus, nec tam est enitendum, ut bona, quae nobis data non sint, sequamur, quam ut vitia fugiamus.

32 (115) Ac duabus iis personis, quas supra dixi, tertia adiungitur, quam casus aliqui aut tempus imponit, quarta etiam, quam nobismet ipsi iudicio nostro accommodamus. Nam regna, imperia, nobilitatem, honores, divitias, opes eaque, quae sunt his contraria, in casu sita temporibus gubernantur; ipsi autem gerere quam personam velimus, a nostra voluntate proficiscitur. Itaque se alii ad philosophiam, alii ad ius civile, alii ad eloquentiam applicant, ipsarumque virtutum in alia alius mavult excellere. (116) Quorum vero patres aut maiores aliqua gloria praestiterunt, ii student plerumque eodem in genere laudis excellere, ut Q. Mucius P. f. in iure civili, Pauli filius Africanus in re militari. Quidam autem ad eas laudes quas a patribus acce-

sich für einen jeden am meisten, was ihm am meisten eigen ist. (114) Es erkenne also ein jeder seine eigene Begabung und erweise sich als scharfsinniger Beurteiler seiner guten und schlechten Seiten, damit nicht Schauspieler größere Klugheit zu haben scheinen als wir. Jene nämlich wählen nicht die besten, sondern die für sie geeignetsten Dramen aus. Diejenigen, die auf ihre Stimme setzen, die Epigonoi und den Meder, die auf ihre Gestik vertrauen, Melanippa, Klytaimnestra, Rupilius, den ich vor Augen habe, immer Antiopa, Aisopos nicht oft den Aias.[203] Wird also das ein Schauspieler auf der Bühne einsehen, ein Weiser im Leben nicht? Wozu wir also am geeignetsten sind,[204] darin werden wir uns am liebsten durch Leistung hervortun. Wenn uns aber wirklich einmal eine Notlage dazu zwingt, was unserer Begabung nicht entspricht, dann wird man alle Sorge, Bedachtsamkeit und Umsicht aufzuwenden haben, daß wir das, wo nicht schicklich, so doch möglichst wenig unschicklich tun können, und man muß sich nicht so sehr anstrengen, daß wir gute Eigenschaften, die uns nicht gegeben sind, zu erwerben suchen, als vielmehr, daß wir Fehler meiden.

32 (115) Und zu den zwei Rollen, die ich oben[205] besprochen habe, fügt sich eine dritte, die irgendein Zufall oder ein Zeitumstand auferlegt, ferner eine vierte, die wir uns selbst aufgrund unseres persönlichen Urteils zumessen. Die Stellung von Königen und Feldherrn, Adel, Ehrenstellen, Reichtum und Machtmittel, und was dem entgegengesetzt ist, werden – dem Zufall anheimgestellt – von den Umständen bestimmt. Welche Rolle wir aber selbst spielen wollen, das hängt von unserem Wollen ab. Deshalb wenden sich die einen der Philosophie, andere dem Bürgerrecht, andere der Beredsamkeit zu,[206] und jeder will sich lieber gerade in einer anderen Tüchtigkeit auszeichnen. (116) Diejenigen aber, deren Väter oder Vorfahren sich durch irgendeinen rühmlichen Beruf hervorgetan haben, bemühen sich meistens, im selben Ruhmesfeld hervorzuragen wie Q. Mucius, des Publius Sohn, im Bürgerrecht, des Paulus Sohn Africanus auf militärischem Feld.[207] Manche aber fügen zu den rühmlichen

perunt, addunt aliquam suam, ut hic idem Africanus eloquentia cumulavit bellicam gloriam, quod idem fecit Timotheus, Cononis f., qui cum belli laude non inferior fuisset quam pater, ad eam laudem doctrinae et ingenii gloriam adiecit. Fit autem interdum, ut nonnulli omissa imitatione maiorum suum quoddam institutum consequantur, maximeque in eo plerumque elaborant ii, qui magna sibi proponunt obscuris orti maioribus.

(117) Haec igitur omnia, cum quaerimus quid deceat, complecti animo et cogitatione debemus; in primis autem constituendum est, quos nos et quales esse velimus et in quo genere vitae, quae deliberatio est omnium difficillima. Ineunte enim adulescentia, cum est maxima inbecillitas consilii, tum id sibi quisque genus aetatis degendae constituit, quod maxime adamavit. Itaque ante implicatur aliquo certo genere cursuque vivendi, quam potuit, quod optimum esset, iudicare. (118) Nam quod Herculem Prodicus dicit, ut est apud Xenophontem, cum primum pubesceret, quod tempus a natura ad deligendum, quam quisque viam vivendi sit ingressurus, datum est, exisse in solitudinem atque ibi sedentem diu secum multumque dubitasse, cum duas cerneret vias, unam Voluptatis, alteram Virtutis, utram ingredi melius esset, hoc Herculi, Iovis satu edito, potuit fortasse contingere, nobis non item, qui imitamur quos cuique visum est atque ad eorum studia institutaque impellimur. Plerumque autem parentium praeceptis imbuti ad eorum consuetudinem moremque deducimur; alii multitudinis iudicio feruntur, quaeque maiori parti pulcherrima videntur, ea maxime exoptant; nonnulli tamen sive felicitate quadam sive boni-

Leistungen, die sie von den Vätern ererbt haben, irgendeine eigene hinzu, wie ebendieser Africanus durch Beredsamkeit seinen Kriegsruhm erhöht hat. Dies hat auch Timotheos, des Konon Sohn, getan.[208] Obwohl dieser seinem Vater im Kriegsruhm nicht nachstand, fügte er diesem Ruhm die Anerkennung für Bildung und Begabung hinzu. Es kommt aber bisweilen vor, daß manche die Nachahmung ihrer Vorfahren aufgeben und ein eigenes Ziel verfolgen. Darin tun sich am meisten diejenigen hervor, die sich, von den Vorfahren aus den niedrigen Ständen stammend, Großes vorgenommen haben.

(117) All dies also müssen wir, wenn wir untersuchen, was schicklich ist, in Geist und Gedanken erfassen. Besonders aber müssen wir festlegen, welche und wie geartete Leute und in welcher Art der Lebensgestaltung wir sein wollen, eine Erwägung, die die schwierigste von allen ist. In beginnender Jugend[209] nämlich, wenn die Kraft der Einsicht noch am geringsten ist, da entscheidet sich ein jeder für eine Art zu leben, für die er sich am meisten begeistert hat. Und so verschreibt er sich einer bestimmten Lebensart, d. h. einer Lebensbahn, noch bevor er beurteilen konnte, welche die beste sei. (118) Denn wenn nach der Erzählung des Prodikos – so steht es bei Xenophon[210] – Herakles, sobald er in die Jugendjahre kam, eine Zeit, die von der Natur gegeben ist zu wählen, welchen Lebensweg ein jeder beschreiten will, hinausging in die Einsamkeit, dasaß, und als er zwei Wege sah, den einen des Genusses, den anderen der Tugend, lange bei sich hin und her erwog, welchen Weg zu beschreiten besser sei – so konnte das vielleicht einem Herakles, ›dem Sproß des Zeus‹, begegnen, nicht aber uns, die wir jeweils die nachahmen, die nachzuahmen uns gut scheint, und uns nach deren Zielen und Streben treiben lassen. Meistens aber lassen wir uns, erfüllt von den Vorschriften der Eltern, nach ihrer Gewohnheit und Sitte lenken. Andere lassen sich dahintragen vom Urteil der Menge, und was der Mehrheit am schönsten scheint, das wünschen sie am meisten. Manche jedoch verfolgten aufgrund einer glücklichen und

tate naturae sine parentium disciplina rectam vitae secuti sunt viam.

33 (119) Illud autem maxime rarum genus est eorum, qui aut excellenti ingenii magnitudine aut praeclara eruditione atque doctrina aut utraque re ornati spatium etiam deliberandi habuerunt, quem potissimum vitae cursum sequi vellent; in qua deliberatione ad suam cuiusque naturam consilium est omne revocandum. Nam cum in omnibus quae aguntur, ex eo, quomodo quisque natus est, ut supra dictum est, quid deceat, exquirimus, tum in tota vita constituenda multo est eius rei cura maior adhibenda, ut constare in perpetuitate vitae possimus nobismet ipsis nec in ullo officio claudicare. (120) Ad hanc autem rationem quoniam maximam vim natura habet, fortuna proximam, utriusque omnino habenda ratio est in deligendo genere vitae, sed naturae magis; multo enim et firmior est et constantior, ut fortuna non numquam tamquam ipsa mortalis cum immortali natura pugnare videatur. Qui igitur ad naturae suae non vitiosae genus consilium vivendi omne contulerit, is constantiam teneat, id enim maxime decet, nisi forte se intellexerit errasse in deligendo genere vitae. Quod si acciderit, potest autem accidere, facienda morum institutorumque mutatio est. Eam mutationem si tempora adiuvabunt, facilius commodiusque faciemus; sin minus, sensim erit pedetemptimque facienda, ut amicitias, quae minus delectent et minus probentur, magis decere censent sapientes sensim diluere quam repente praecidere. Commutato autem genere vitae omni ratione curandum est ut id bono consilio fecisse

wertvollen Anlage ihrer Natur ohne Unterweisung durch die Eltern den rechten Lebensweg.[211]

33 (119) Überaus selten ist jener Schlag von Leuten, die, entweder durch überlegene Geistesgröße oder mit glänzender Bildung und Gelehrsamkeit oder mit beiden Gaben ausgestattet, auch Zeit zum Abwägen darüber hatten, welcher Lebensbahn sie am liebsten folgen möchten.[212] Bei dieser Erwägung muß ein jeder seine Entscheidung ausschließlich nach seiner Natur ausrichten. Denn wenn wir in allem Handeln danach, wie ein jeder von Natur veranlagt ist – wie wir oben erklärt haben –, erforschen, was schicklich ist, dann ist bei der Wahl des ganzen Lebensstils viel größere Sorgfalt darauf zu verwenden, daß wir im Verlaufe des Lebens zum eigenen Grundsatz stehen können und in keiner Verpflichtung schwanken. (120) Da aber bei der Entscheidung über diesen Schritt der naturgegebene Charakter den größten Einfluß ausübt, glücksbedingte Umstände den nächstgroßen, so ist zwar bei der Wahl der Lebensart auf beide Rücksicht zu nehmen, aber doch noch mehr auf die Natur. Denn sie ist viel fester und beständiger, so daß bisweilen das Glück, selbst gleichsam sterblich, gegen die unsterbliche Natur zu kämpfen scheint. Wer also auf die Eigenart seiner nicht fehlerhaften Natur[213] den ganzen Lebensplan ausrichtet, der möge seine innere Stetigkeit bewahren – denn das ist am meisten schicklich, es sei denn, er hätte die Einsicht gewonnen, er habe bei der Wahl seines Lebensstils geirrt. Wenn dies aber vorkommt – und das ist möglich –, dann ist eine Änderung des Charakters und der Grundsätze herbeizuführen. Wenn die Zeitumstände diese Änderung begünstigen, dann werden wir sie leichter und ungehinderter durchführen; wenn nicht, dann ist sie unmerklich und Schritt für Schritt herbeizuführen, wie es ja nach Meinung der Weisen schicklicher ist, Freundschaften, die zu wenig Freude bringen und zu wenig Billigung finden, allmählich aufzulösen als plötzlich abzubrechen.[214] Bei einer Änderung des Lebensstils aber ist in jeder Hinsicht dafür zu sorgen, daß wir dies aufgrund gewissenhafter

videamur. (121) Sed quoniam paulo ante dictum est imitandos esse maiores, primum illud exceptum sit ne vitia sint imitanda, deinde si natura non feret, [ut quaedam imitari possint] – ut superioris filius Africani, qui hunc Paulo natum adoptavit, propter infirmitatem valetudinis non tam potuit patris similis esse, quam ille fuerat sui –, si igitur non poterit sive causas defensitare sive populum contionibus tenere sive bella gerere, illa tamen praestare debebit, quae erunt in ipsius potestate, iustitiam, fidem, liberalitatem, modestiam, temperantiam, quo minus ab eo id, quod desit, requiratur. Optima autem hereditas a patribus traditur liberis omnique patrimonio praestantior gloria virtutis rerumque gestarum, cui dedecori esse nefas et vitium iudicandum est. 34 (122) Et quoniam officia non eadem disparibus aetatibus tribuuntur aliaque sunt iuvenum, alia seniorum, aliquid etiam de hac distinctione dicendum est. Est igitur adulescentis maiores natu vereri exque iis deligere optimos et probatissimos, quorum consilio atque auctoritate nitatur; ineuntis enim aetatis inscitia senum constituenda et regenda prudentia est. Maxime autem haec aetas a libidinibus arcenda est exercendaque in labore patientiaque et animi et corporis, ut eorum et in bellicis et in civilibus officiis vigeat industria. Atque etiam cum relaxare animos et dare se iucunditati volent, caveant intemperantiam, meminerint verecundiae, quod erit facilius, si ⟨ne⟩ in eiusmodi quidem

Überlegung getan zu haben scheinen. (121) Da aber kurz vorher gesagt worden ist,[215] es seien die Vorfahren nachzuahmen, so sei zunächst dies ausgenommen, daß Fehler nachzuahmen seien, dann, wenn die Natur das nicht zuläßt, [daß sie manches nachahmen können] – wie der Sohn des älteren Africanus,[216] der diesen Sprößling des Paulus an Kindes Statt angenommen hat, wegen der Schwächlichkeit seiner Gesundheit nicht so seinem Vater ähnlich sein konnte wie jener dem seinen –, wenn er also auch nicht fähig sein wird, entweder Verteidigungsprozesse durchzufechten oder das Volk durch seine Reden in Bann zu halten oder Kriege zu führen, so wird er doch beitragen müssen, was in seiner Fähigkeit liegt: Gerechtigkeit, Verläßlichkeit, Freigebigkeit, Mäßigung, Selbstbeherrschung,[217] damit von ihm nicht so sehr das, was ihm fehlt, erwartet wird. Als beste Erbschaft aber und vorzüglicher als jedes Familiengut wird von den Vätern den Kindern der Ruhm aus Vollkommenheit und Leistungen hinterlassen,[218] dem zur Schande zu gereichen als Unrecht und Versagen zu beurteilen ist. 34 (122) Und da ja nicht dieselben Verpflichtungen den verschiedenen Lebensaltern auferlegt werden und andere die der jungen, andere die der älteren Menschen sind, so ist etwas auch über diese Unterscheidung zu sagen. Es ist also Aufgabe eines jungen Menschen, vor den älteren Ehrfurcht zu haben und aus deren Reihen die Besten und Bewährtesten auszuwählen, um sich auf ihre Einsicht und ihr Ansehen zu stützen. Der Unwissenheit des jugendlichen Alters ist durch der alten Menschen Lebenserfahrung Halt und Richtung zu geben. Am meisten aber hat dieser Lebensabschnitt Abwendung von Begierden und in zähem geistigem und körperlichem Ringen Abhärtung nötig, damit ihre Einsatzfreudigkeit bei den Erfordernissen des Krieges und des Friedens zur Geltung komme. Ja sogar dann, wenn sie sich entspannen und für eine unbeschwerte Stunde freimachen wollen, mögen sie sich vor Unbeherrschtheit in acht nehmen, an Zurückhaltung denken, eine Forderung, die leichter erfüllbar sein wird, wenn auch dabei die Älteren recht gerne

rebus maiores natu nolint interesse. (123) Senibus autem labores corporis minuendi, exercitationes animi etiam augendae videntur, danda vero opera, ut et amicos et iuventutem et maxime rem publicam consilio et prudentia quam plurimum adiuvent. Nihil autem magis cavendum est senectuti quam ne languori se desidiaeque dedat; luxuria vero cum omni aetati turpis, tum senectuti foedissima est. Sin autem etiam libidinum intemperantia accessit, duplex malum est, quod et ipsa senectus dedecus concipit et facit adulescentium impudentiorem intemperantiam.

(124) Ac ne illud quidem alienum est, de magistratuum, de privatorum, de civium, de peregrinorum officiis dicere. Est igitur proprium munus magistratus intellegere se gerere personam civitatis debereque eius dignitatem et decus sustinere, servare leges, iura discribere, ea fidei suae commissa meminisse. Privatum autem oportet aequo et pari cum civibus iure vivere neque summissum et abiectum neque se ecferentem, tum in re publica ea velle, quae tranquilla et honesta sint; talem enim solemus et sentire bonum civem et dicere. (125) Peregrini autem atque incolae officium est nihil praeter suum negotium agere, nihil de alio anquirere minimeque esse in aliena re publica curiosum. – Ita fere officia reperientur, cum quaeretur quid deceat et quid aptum sit personis, temporibus, aetatibus. Nihil est autem quod tam deceat, quam in omni re gerenda consilioque capiendo servare constantiam.

teilnehmen sollten. (123) Alte Menschen aber sollten, so scheint es, körperliche Strapazen herabsetzen, geistige Anstrengungen sogar erhöhen, sich ferner Mühe geben, Freunde, die Jugend und am meisten das Gemeinwesen durch ihre Einsicht und praktische Lebenserfahrung möglichst weitgehend zu unterstützen. Vor nichts aber muß sich das Alter mehr in acht nehmen, als sich untätigem Herumsitzen zu überlassen. Verschwendungssucht gar – eine Schande für jedes Lebensalter – ist gerade am Alter besonders abstoßend. Wenn aber noch Unbeherrschtheit in den Begierden hinzutritt, dann ist der Schaden doppelt: einerseits nimmt das Alter selber Unschicklichkeit auf sich, andererseits macht es die Unbeherrschtheit der Jugendlichen schamloser.[219]

(124) Und es ist auch das nicht fehl am Platze, über die Verpflichtungen der Beamten, der Privatpersonen, der Bürger und der Fremden zu sprechen. Es ist die eigentliche Aufgabe des Beamten einzusehen, daß er in der Rolle der Bürgerschaft handelt,[220] ihre Würde und ihr Ansehen aufrechterhalten, Gesetze wahren, Rechte bestimmen und daran denken muß, daß sie seiner Verläßlichkeit anvertraut sind. Für einen Privatmann aber ist es in der Ordnung, nach gleichem und unterschiedslosem Recht mit den Bürgern weder kriecherisch und unterwürfig noch herablassend zu verkehren, ferner in der Politik das zu wollen, was im Sinne der inneren Ordnung, d. h. ehrenvoll ist. Einen solchen nämlich pflegen wir als gutgesinnten Mann zu betrachten und zu bezeichnen. (125) Ein Fremder aber und ein Einwohner ohne Bürgerrecht hat die Verpflichtung, außerhalb seiner Aufgabe nichts zu betreiben, nichts über einen anderen auszuforschen[221] und sich auf keinen Fall in ein fremdes Gemeinwesen einzumischen. – So etwa werden die pflichtentsprechenden Handlungen in Erfahrung gebracht werden, wenn man sucht, was schicklich und was passend ist für Personen, Umstände und Lebensalter. Nichts aber ist so schicklich, wie bei jeder Handlung und Planung Stetigkeit zu wahren.[222]

35 (126) Sed quoniam decorum illud in omnibus factis, dictis, in corporis denique motu et statu cernitur idque positum est in tribus rebus, formositate, ordine, ornatu ad actionem apto, difficilibus ad eloquendum, sed satis erit intellegi, in his autem tribus continetur cura etiam illa, ut probemur iis, quibuscum apud quosque vivamus, his quoque de rebus pauca dicantur. Principio corporis nostri magnam natura ipsa videatur habuisse rationem, quae formam nostram reliquamque figuram, in qua esset species honesta, eam posuit in promptu, quae partes autem corporis ad naturae necessitatem datae aspectum essent deformem habiturae atque turpem eas contexit atque abdidit. (127) Hanc naturae tam diligentem fabricam imitata est hominum verecundia. Quae enim natura occultavit, eadem omnes, qui sana mente sunt, removent ab oculis ipsique necessitati dant operam ut quam occultissime pareant; quarumque partium corporis usus sunt necessarii, eas neque partes neque earum usus suis nominibus appellant, quodque facere non turpe est, modo occulte, id dicere obscenum est. Itaque nec actio rerum illarum aperta petulantia vacat nec orationis obscenitas. (128) Nec vero audiendi sunt Cynici aut si qui fuerunt Stoici paene Cynici qui reprehendunt et irrident, quod ea, quae re turpia non sint, verbis flagitiosa ducamus, illa autem, quae turpia sunt, nominibus appellemus suis. Latrocinari, fraudare, adulterare re turpe est, sed dicitur non obscene; liberis dare operam re honestum est, nomine obscenum; pluraque in eam sententiam ab eisdem contra vere-

35 (126) Aber da das Schickliche ja bei allen Handlungen, Äußerungen, endlich in der Bewegung und Haltung des Körpers sichtbar wird und auf drei Voraussetzungen beruht, auf Schönheit, Sinn für Ordnung und einem dem Handeln angemessenen Auftreten – sie sind schwer zu benennen, aber es genügt, wenn sie verstanden werden –, auf diesen drei Voraussetzungen aber die Sorge darum beruht, daß wir Anerkennung finden von seiten derjenigen, mit denen wir unser Leben teilen und bei denen wir leben, so sollen auch darüber wenige Bemerkungen gemacht werden.[223] Zunächst scheint schon die Natur viel Sorge auf unseren Körper verwendet zu haben. Denn sie hat unser Gesicht und die übrige Erscheinung, soweit sie ehrenvolles Aussehen hat, sichtbar vor Augen gestellt, die Körperteile aber, die, zur natürlichen Notdurft gegeben, ein unschönes Aussehen haben sollten, verdeckte und verbarg sie.[224] (127) Dieses so sorgsame Walten[225] der Natur hat der Anstand der Menschen nachgeahmt.[226] Was nämlich die Natur verborgen hat, das halten auch alle, die recht bei Verstand sind, den Augen fern, und sie bemühen sich, dem Bedürfnis möglichst heimlich zu genügen. Und die Körperteile, deren Funktionen notwendig sind, nennen sie ebensowenig wie die Funktionen beim eigentlichen Namen, und was zu tun nicht schändlich ist, wenn es nur im Verborgenen geschieht, das zu nennen ist anzüglich. Deshalb ist weder das offene Ausüben jener Handlungen frei von Zügellosigkeit noch die Anzüglichkeit der Rede. (128) Gleich gar nicht darf man auf die Kyniker hören[227] oder – falls es solche Leute gegeben hat – beinahe kynische Stoiker,[228] die bekritteln und bespötteln, daß wir das, was der Sache nach nicht schändlich ist, in Worten für verwerflich erachten, das aber, was der Sache nach nicht schändlich ist, offen beim Namen nennen. Räuberei, Betrug und Ehebruch zu betreiben ist der Sache nach schändlich, aber es ist nicht anzüglich, sie zu benennen. Kinder zu zeugen ist in Wahrheit ehrenvoll, dies beim Namen zu nennen anzüglich. Noch mehr wird von denselben Leuten in diesem Sinne bei ihren Erörterungen gegen den Anstand ins Feld geführt.

cundiam disputantur. Nos autem naturam sequamur et ab omni, quod abhorret ab oculorum auriumque approbatione fugiamus; status, incessus, sessio, accubitio, vultus, oculi, manuum motus teneat illud decorum. (129) Quibus in rebus duo maxime sunt fugienda, ne quid effeminatum aut molle et ne quid durum aut rusticum sit. Nec vero histrionibus oratoribusque concedendum est, ut is haec apta sint, nobis dissoluta. Scaenicorum quidem mos tantam habet vetere disciplina verecundiam, ut in scaenam sine subligaculo prodeat nemo; verentur enim, ne, si quo casu evenerit, ut corporis partes quaedam aperiantur, aspiciantur non decore. Nostro quidem more cum parentibus puberes filii, cum soceris generi non lavantur. Retinenda igitur est huius generis verecundia, praesertim natura ipsa magistra et duce.

36 (130) Cum autem pulchritudinis duo genera sint, quorum in altero venustas sit, in altero dignitas, venustatem muliebrem ducere debemus, dignitatem virilem. Ergo et a forma removeatur omnis viro non dignus ornatus, et huic simile vitium in gestu motuque caveatur. Nam et palaestrici motus sunt saepe odiosiores et histrionum nonnulli gestus ineptiis non vacant, et in utroque genere quae sunt recta et simplicia laudantur. Formae autem dignitas coloris bonitate tuenda est, color exercitationibus corporis. Adhibenda praeterea munditia est non odiosa neque exquisita nimis, tantum quae fugiat agrestem et inhumanam neglegentiam. Eadem ratio est habenda vestitus, in quo, sicut in plerisque rebus, medio-

Wir aber wollen der Natur folgen und alles, was weit entfernt ist von der Anerkennung durch Auge und Ohr, meiden.[229] Haltung, Einhergehen, Sitzen, Liegen, Mienenspiel, die Augen und die Bewegung der Hände mögen jenes Schickliche einhalten. (129) Dabei sind zwei Fehler besonders zu meiden: nichts soll sich weibisch oder unmännlich und nichts ungeschliffen und grobschlächtig ausnehmen. Man darf es doch nicht Schauspielern und Rednern[230] überlassen, daß das diesbezügliche Verhalten bei ihnen angemessen, bei uns taktlos sei. Die Bühnenleute jedenfalls haben aufgrund ihres überkommenen Berufsethos solchen Anstand, daß keiner auf die Bühne tritt ohne Untergewand. Denn sie fürchten, wenn es zufällig geschehen sollte, daß gewisse Körperteile entblößt werden, einen nicht schicklichen Anblick zu bieten. Nach unserer Gepflogenheit jedenfalls baden die heranwachsenden Söhne nicht mit den Eltern, mit den Schwiegereltern nicht die Schwiegersöhne. Man muß also in diesem Bereich auf Anstand halten, zumal die Natur selbst Lehrmeisterin und Führerin ist.

36 (130) Da es aber zwei Arten der Schönheit gibt, deren einer die Lieblichkeit, der anderen die Würde zugehört,[231] so müssen wir die Lieblichkeit der Frau, die Würde dem Manne für zukommend erachten. Es soll also von der äußeren Erscheinung jede eines Mannes unwürdige Aufmachung ferngehalten werden, und man nehme sich vor einem dementsprechenden Fehlverhalten in Gebärde und Bewegung in acht. Denn einstudierte Bewegungen[232] sind oft recht geckenhaft und einige Gebärden der Schauspieler nicht frei von Affektiertheit. In beiden Fällen findet, was einfach und natürlich ist, Anerkennung. Die Würde der äußeren Erscheinung nämlich muß durch das Gesunde der Farbe[233] gewahrt werden, die Farbe aber durch körperliche Abhärtung. Man sollte ferner auf Gepflegtheit Wert legen, freilich auf eine nicht gecken- und allzu stutzerhafte, vielmehr auf eine, die rüpelhaftes und von schlechter Erziehung zeugendes Sichgehenlassen meidet. Ebenso sollte man seine Aufmerksamkeit richten auf Kleidung, bei der – wie

critas optima est. (131) Cavendum autem est, ne aut tarditatibus utamur ⟨in⟩ ingressu mollioribus, ut pomparum ferculis similes esse videamur, aut in festinationibus suscipiamus nimias celeritates, quae cum fiunt, anhelitus moventur, vultus mutantur, ora torquentur; ex quibus magna significatio fit non adesse constantiam. Sed multo etiam magis elaborandum est, ne animi motus a natura recedant, quod assequemur, si cavebimus ne in perturbationes atque exanimationes incidamus et si attentos animos ad decoris conservationem tenebimus. Motus autem animorum duplices sunt; (132) alteri cogitationis, alteri appetitus. Cogitatio in vero exquirendo maxime versatur, appetitus impellit ad agendum. Curandum est igitur, ut cogitatione ad res quam optimas utamur, appetitum rationi oboedientem praebeamus.

37 Et quoniam magna vis orationis est eaque duplex, altera contentionis, altera sermonis, contentio disceptationibus tribuatur iudiciorum, contionum, senatus, sermo in circulis, disputationibus, congressionibus familiarium versetur, sequatur etiam convivia. Contentionis praecepta rhetorum sunt, nulla sermonis, quamquam haud scio an possint haec quoque esse. Sed discentium studiis inveniuntur magistri, huic autem qui studeant sunt nulli, rhetorum turba referta omnia; quamquam quoniam verborum sententiarumque praecepta sunt, eadem ad sermonem pertinebunt. (133) Sed

in den meisten Äußerlichkeiten – die rechte Mitte das Beste ist. (131) Andererseits müssen wir uns hüten, entweder beim Gehen in allzu lässiger Langsamkeit uns zu bewegen, so daß wir Traggestellen[234] bei Aufzügen zu ähneln scheinen, oder bei Zeitgedränge auf übertriebenes Hasten uns einzulassen. Geschieht das, so tritt Atemlosigkeit ein, der Ausdruck des Gesichts wechselt, seine Züge verzerren sich. Daraus ergibt sich als untrügliches Zeichen, daß innere Stetigkeit fehlt. Aber noch viel mehr ist darauf Mühe zu verwenden, daß die Seelenbewegungen nicht in Widerspruch zur Natur treten. Das werden wir erreichen, wenn wir unsere Aufmerksamkeit auf die Wahrung des Schicklichen richten, wenn wir uns davor hüten, uns in seelische Erschütterungen und Entmutigungen zu verlieren und wenn wir unsere Aufmerksamkeit auf die Wahrung des Schicklichen richten. Die Bewegungen der Seele aber sind zwiefach: (132) die einen sind die des Denkens, die anderen die des Begehrens. Das Denkvermögen ist besonders im Ermitteln der Wahrheit tätig, das Begehren drängt aufs Handeln. Es ist also dafür zu sorgen, daß wir unser Denken auf möglichst gute Gegenstände richten, das Begehren als der Vernunft fügsam erweisen.

37 Und da ja die Bedeutung der Rede[235] groß ist und ihre Funktion eine zwiefache – die eine die der öffentlichen Rede, die andere die des Gespräches –, so soll die Öffentlichkeitsrede den Auseinandersetzungen der Gerichte, Volksversammlungen und des Senats[236] zugesprochen werden, das Gespräch in engem Kreis, bei Erörterungen und Zusammenkünften vertrauter Freunde stattfinden, sich auch an geselliges Zusammensein wenden. Für die Öffentlichkeitsrede gibt es Vorschriften der Redelehrer, nicht für das Gespräch, wenngleich es diese vielleicht auch dafür geben könnte. Aber für die Lernfächer der Studierenden finden sich Lehrer, Leute aber, die sich mit diesem Lernziel befassen, gibt es nicht; es ist nur alles erfüllt vom Treiben der Redelehrer. Indessen, da es ja für Worte und Gedanken Unterweisungen gibt, werden diese auch für das Gespräch gelten. (133) Aber

cum orationis indicem vocem habeamus, in voce autem duo sequamur, ut clara sit, ut suavis, utrumque omnino a natura petundum est, verum alterum exercitatio augebit, alterum imitatio presse loquentium et leniter. Nihil fuit in Catulis, ut eos exquisito iudicio putares uti litterarum, quamquam erant litterati; sed et alii; hi autem optime uti lingua Latina putabantur. Sonus erat dulcis, litterae neque expressae, neque oppressae, ne aut obscurum esset aut putidum, sine contentione vox nec languens nec canora. Uberior oratio L. Crassi nec minus faceta, sed bene loquendi de Catulis opinio non minor. Sale vero et facetiis Caesar, Catuli patris frater, vicit omnes, ut in illo ipso forensi genere dicendi contentiones aliorum sermone vinceret. In omnibus igitur his elaborandum est, si in omni re quid deceat exquirimus. (134) Sit ergo hic sermo, in quo Socratici maxime excellunt, lenis minimeque pertinax, insit in eo lepos. Nec vero, tamquam in possessionem suam venerit, excludat alios, sed cum reliquis in rebus tum in sermone communi vicissitudinem non iniquam putet. Ac videat in primis, quibus de rebus loquatur, si seriis, severitatem adhibeat, si iocosis, leporem. In primisque provideat, ne sermo vitium aliquod indicet inesse in moribus; quod maxime tum solet evenire, cum studiose de absentibus detrahendi causa aut per ridiculum aut severe, maledice contumelioseque dicitur. (135) Habentur autem plerumque sermones aut de domesticis negotiis

weil wir als Organ der Rede die Stimme haben, bei der Stimme aber zwei Ziele verfolgen – daß sie deutlich und angenehm[237] sei –, so ist zwar beides von der Naturanlage zu fordern, aber es wird das eine Übung erhöhen, das andere die Nachahmung[238] von Leuten, die gutartikuliert und ruhig sprechen. Nichts hatten die Catuli[239] an sich, daß man hätte glauben sollen, sie hätten ein feinsinniges Urteil über Sprache, wenngleich sie sprachlich gebildet waren. Aber das waren ja auch andere. Diese aber, so glaubte man, beherrschten die lateinische Sprache am besten. Ihre Aussprache war gewinnend, die Laute nicht zu sehr noch zu wenig artikuliert, damit der Klang nicht undeutlich noch affektiert sei, die Stimme – ohne Anstrengung – weder kraftlos noch singend. Reicher war die Rede des L. Crassus[240] und nicht weniger elegant, aber über die gute Aussprache der Catuli hatte man keine geringere Meinung. An Witz und Humor erst übertraf Caesar, der Bruder von Catulus' Vater, alle, so daß er sogar in jenem forensischen Redestil die öffentlichen Reden anderer durch seinen Gesprächston übertraf.[241] Bei alledem aber muß man sich abmühen, wenn wir in allem erforschen wollen, was schicklich sei. (134) Es sei also diese Gesprächsführung, bei der die Sokratiker[242] sich am meisten auszeichnen, gelassen und nicht rechthaberisch, und sie besitze Charme. Auch schließe sie nicht andere aus, als ob sie in ihren Besitz eindrängen, sondern sie halte Abwechslung in allen übrigen Dingen, besonders aber im gewöhnlichen Gespräch, für nicht unangemessen. Und in erster Linie sehe sie darauf, über welche Themen sie spricht; wenn über ernste, so schlage sie Strenge an, wenn über scherzhafte, dann Charme. Besonders sehe sie sich vor, daß nicht unser Gespräch verrate, es liege in unserem Charakter ein Fehler. Das pflegt besonders dann vorzukommen, wenn in voller Absicht, um einen herunterzureißen – im Scherz oder im Ernst –, schmähsüchtig oder ehrabschneiderisch über Abwesende gesprochen wird. (135) Es werden aber meist Gespräche geführt entweder über persönliche Anliegen oder über Politik, über künstle-

aut de re publica aut de artium studiis atque doctrina. Danda igitur opera est, ut etiamsi aberrare ad alia coeperit, ad haec revocetur oratio, sed utcumque aderunt; neque enim isdem de rebus nec omni tempore nec similiter delectamur. Animadvertendum est etiam, quatenus sermo delectationem habeat, et ut incipiendi ratio fuerit, ita sit desinendi modus.

38 (136) Sed quomodo in omni vita rectissime praecipitur, ut perturbationes fugiamus, id est motus animi nimios rationi non obtemperantes, sic eiusmodi motibus sermo debet vacare, ne aut ira existat aut cupiditas aliqua aut pigritia aut ignavia aut tale aliquid appareat, maximeque curandum est, ut eos, quibuscum sermonem conferemus, et vereri et diligere videamur. Obiurgationes etiam nonnumquam incidunt necessariae, in quibus utendum est fortasse et vocis contentione maiore et verborum gravitate acriore, id agendum etiam, ut ea facere videamur irati. Sed ut ad urendum et secandum, sic ad hoc genus castigandi raro invitique veniemus, nec unquam nisi necessario, si nulla reperietur alia medicina, sed tamen ira procul absit, cum qua nihil recte fieri, nihil considerate potest. (137) Magna⟨m⟩ autem parte⟨m⟩ clementi castigatione licet uti, gravitate tamen adiuncta, ut et severitas adhibeatur et contumelia repellatur, atque etiam illud ipsum, quod acerbitatis habet obiurgatio, significandum est ipsius id causa, qui obiurgetur, esse susceptum. Rectum est autem etiam in illis contentionibus, quae cum inimicissimis fiunt, etiam si nobis indigna audiamus, tamen gravitatem retinere, iracundiam pellere; quae enim cum ali-

rische Interessen oder über Wissenschaft. Man muß sich also darum bemühen, daß die Rede, auch wenn sie auf andere Gegenstände abzuirren beginnt, auf dieses Thema zurückgebracht werde, aber so, wie sich dies anbietet. Denn wir haben nicht zu jeder Zeit und nicht in ähnlicher Weise an denselben Gegenständen Freude. Auch muß man darauf achten, bis zu welchem Punkte die Rede Freude bringt und daß es, wie es einen Anlaß zum Beginnen gab, so ein Maß zum Aufhören gebe.

38 (136) Aber wie ganz zu Recht vorgeschrieben wird, daß wir im ganzen Leben Leidenschaften meiden,[243] d. h. allzu übersteigerte Erregungen der Seele, die sich der Vernunft nicht unterordnen, so muß das Gespräch von derartigen Erregungen frei sein, damit nicht Zorn[244] auftrete oder irgendein Begehren, Trägheit oder Interesselosigkeit oder irgendein derartiges Laster sich verrate, und ganz besonders muß man dafür sorgen, daß wir diejenigen, mit denen wir ein Gespräch anknüpfen, zu achten und zu schätzen scheinen. Auch Zurechtweisungen ergeben sich manchmal als notwendig, bei denen vielleicht größere Anstrengungen der Stimme und unerbittlichere Strenge der Worte anzuwenden, auch dahin zu wirken ist, daß wir so offenkundig im Zorn handeln. Aber wie zum Brennen und Schneiden, so werden wir zu einer derartigen Zurechtweisung selten und widerwillig schreiten und nie anders als notgedrungen, wenn sich kein anderes Heilmittel findet. Aber es sei doch Zorn fern, mit dem nichts richtig, nichts bedachtsam ausgeführt werden kann. (137) In den meisten Fällen kann man eine zurückhaltende Zurechtweisung anwenden, aber doch in Verbindung mit Ernst, so daß ein strenger Ton angeschlagen, aber ein beleidigender ferngehalten werde, und man muß eben das deutlich werden lassen, daß man gerade die Schärfe, die die Schelte hat, um dessentwillen, den man ausschilt, angeschlagen hat. Es ist aber richtig, auch in jenen Zusammenstößen, die mit Todfeinden vorkommen, auch wenn man sich Entwürdigendes anhören muß, doch an der Würde festzuhalten,[245] Jähzorn abzuweisen. Was man näm-

qua perturbatione fiunt, ea nec constanter fieri possunt neque is, qui adsunt, probari. Deforme etiam est de se ipsum praedicare, falsa praesertim, et cum inrisione audientium imitari militem gloriosum.

39 (138) Et quoniam omnia persequimur, volumus quidem certe, dicendum est etiam, qualem hominis honorati et principis domum placeat esse, cuius finis est usus, ad quem accommodanda est aedificandi descriptio et tamen adhibenda commoditatis dignitatisque diligentia. Cn. Octavio, qui primus ex illa familia consul factus est, honori fuisse accepimus, quod praeclaram aedificasset in Palatio et plenam dignitatis domum, quae cum vulgo viseretur, suffragata domino, novo homini, ad consulatum putabatur. Hanc Scaurus demolitus accessionem adiunxit aedibus. Itaque ille in suam domum consulatum primus attulit, hic, summi et clarissimi viri filius, in domum multiplicatam non repulsam solum rettulit, sed ignominiam etiam et calamitatem. (139) Ornanda enim est dignitas domo, non ex domo tota quaerenda, nec domo dominus, sed domino domus honestanda est, et, ut in ceteris habenda ratio non sua solum, sed etiam aliorum, sic in domo clari hominis, in quam et hospites multi recipiendi et admittenda hominum cuiusque modi multitudo, adhibenda cura est laxitatis. Aliter ampla domus dedecori saepe domino est, si est in ea solitudo, et maxime, si aliquando alio domino solita est frequentari. Odiosum est enim, cum a praetereuntibus dicitur:

lich in irgendeiner Erregung tut, das kann man nicht in einer Haltung der Stetigkeit tun, und es kann nicht die Billigung der Anwesenden finden. Auch ist es taktlos,[246] sich zu brüsten (zumal über unwahre Dinge), unter dem Gelächter der Zuhörer es dem »prahlerischen Soldaten«[247] gleichzutun.

39 (138) Und da wir ja allen Fragen nachgehen, das jedenfalls wollen, so gilt es auch zu sagen, wie nach unserer Meinung das Haus einer geachteten und führenden Persönlichkeit sein soll. Seine Bestimmung ist der praktische Nutzen, auf den der Bauplan anzulegen ist, und es ist auch sorgsam Rücksicht zu nehmen auf Bequemlichkeit und Würde. Dem Cn. Octavius, der als erster aus jener Familie Konsul wurde, gereichte es, wie wir vernommen haben, zur Ehre, daß er auf dem Palatin ein herrliches und würdevolles Haus hatte erbauen lassen. Als dieses von der Menge besichtigt wurde, empfahl es, wie man glaubt, bei der Abstimmung seinen Herrn, einen Emporkömmling, für das Konsulat. Dieses ließ Scaurus einreißen und zum Haus einen Anbau erstellen. Und so brachte jener als erster in seine Familie das Konsulat, dieser, eines überaus bedeutenden und berühmten Mannes Sohn, in sein erweitertes Haus nicht nur eine Zurückweisung, sondern Schädigung des Namens und Unheil.[248]

(139) Denn es ist die Würde durch das Haus zu schmücken, nicht diese ganz aus dem Haus zu gewinnen, und es darf nicht durch sein Haus der Hausherr, sondern es muß durch seinen Herrn das Haus geehrt werden, und wie man in den übrigen Belangen nicht nur seiner, sondern auch der anderen Rechnung tragen muß, so ist im Hause eines berühmten Mannes, in dem viele Gäste empfangen und in das eine Menge von Leuten jeglichen Schlages eingelassen werden soll, Sorge zu tragen für Geräumigkeit. Andernfalls gereicht ein weitläufiges Haus seinem Herrn oft zur Unehre, wenn in ihm Verlassenheit herrscht, und besonders, wenn es einst bei einem anderen Herrn oft besucht zu werden pflegte. Denn es ist ärgerniserregend, wenn von den Vorübergehenden gesagt wird:

›O domus antiqua et quam dispari
Dominare domino‹

quod quidem his temporibus in multis licet dicere. (140) Cavendum autem est, praesertim si ipse aedifices, ne extra modum sumptu et magnificentia prodeas, quo in genere multum mali etiam in exemplo est. Studiose enim plerique praesertim in hanc partem facta principum imitantur, ut L. Luculli, summi viri, virtutem quis? at quam multi villarum magnificentiam imitati! Quarum quidem certe est adhibendus modus ad mediocritatemque revocandus. Eademque mediocritas ad omnem usum cultumque vitae transferenda est. Sed haec hactenus.

(141) In omni autem actione suscipienda tria sunt tenenda, primum ut appetitus rationi pareat, quo nihil est ad officia conservanda accommodatius, deinde ut animadvertatur, quanta illa res sit, quam efficere velimus, ut neve maior neve minor cura et opera suscipiatur, quam causa postulet. Tertium est, ut caveamus, ut ea, quae pertinent ad liberalem speciem et dignitatem, moderata sint. Modus autem est optimus decus ipsum tenere, de quo ante diximus, nec progredi longius. Horum tamen trium praestantissimum est appetitum obtemperare rationi.

40 (142) Deinceps de ordine rerum et de opportunitate temporum dicendum est. Haec autem scientia continentur ea, quam Graeci εὐταξίαν nominant, non hanc, quam interpretamur modestiam, quo in verbo modus inest, sed illa est εὐταξία, in qua intellegitur ordinis conservatio. Itaque, ut

Altehrwürdiges Haus,
Ach, wie minder ist dein Herr![249]

Das freilich kann man heutzutage bei vielen sagen. (140) Indessen muß man sich, zumal, wenn man selber baut, davor in acht nehmen, in Aufwand und Großartigkeit über das Maß hinauszugehen. In diesem Zusammenhang liegt ein gut Teil des Übels auch in dem Vorbild. Eifrig ahmen ja sehr viele, zumal in dieser Hinsicht, die Handlungen führender Persönlichkeiten nach, wie die des Lucullus,[250] eines sehr bedeutenden Mannes. Wer aber seine Tapferkeit? Aber wie viele ahmten die Großartigkeit seiner Landhäuser nach! Bei diesen jedenfalls ist gewiß ein Maß anzulegen und es auf die rechte Mitte zurückzuführen. Dieses Mittelmaß ist im allgemeinen auch auf die Erfordernisse und die Verschönerung des Lebens zu übertragen. Doch so weit darüber.
(141) Bei jedem Unternehmen aber ist an drei Grundsätzen festzuhalten: erstens, daß das Begehren sich der Vernunft füge[251] – keine Einstellung ist ja geeigneter für die Wahrung der Pflichten –, sodann, daß wir uns darüber klarwerden, welche Bedeutung jenes Vorhaben hat, das wir verwirklichen wollen, damit man weder größere noch geringere Sorgfalt und Mühe auf sich nehme, als die Sache es erfordert; der dritte Punkt ist, daß wir darauf achten, daß das, was die äußere Erscheinung und Würde eines freien Mannes ausmacht, das rechte Maß einhält. Das beste Maß aber ist es, eben die Schicklichkeit einzuhalten, über die wir vorhin gesprochen haben, und nicht darüber hinauszugehen. Indessen ist der wichtigste dieser drei Grundsätze, daß das Begehren der Vernunft gehorche.
40 (142) Sodann muß man über die Ordnung der Dinge und die Gunst der Zeitverhältnisse sprechen. Diese aber werden erfaßt von dem Wissen, das die Griechen εὐταξία[252] nennen, nicht dasjenige, das wir als ›Mäßigung‹ wiedergeben, ein Wort, in dem ›Maß‹ steckt, sondern es ist jene εὐταξία, unter der Bewahrung der Ordnung verstanden wird. Deshalb wird sie – wenngleich wir ebendiese als

eandem nos modestiam appellemus, sic definitur a Stoicis, ut modestia sit scientia rerum earum, quae agentur aut dicentur, loco suo collocandarum. [Ita videtur eadem vis ordinis et collocationis fore; nam et ordinem sic definiunt, compositionem rerum aptis et accommodatis locis.] Locum autem actionis opportunitatem temporis esse dicunt; tempus autem actionis opportunum Graece εὐκαιρία, Latine appellatur occasio. Sic fit, ut modestia haec, quam ita interpretamur, ut dixi, scientia sit opportunitatis idoneorum ad agendum temporum. (143) Sed potest eadem esse prudentiae definitio, de qua principio diximus; hoc autem loco de moderatione et temperantia et harum similibus virtutibus quaerimus. Itaque quae erant prudentiae propria suo loco dicta sunt; quae autem harum virtutum, de quibus iam diu loquimur, quae pertinent ad verecundiam et ad eorum approbationem, quibuscum vivimus, nunc dicenda sunt.

(144) Talis est igitur ordo actionum adhibendus, ut, quemadmodum in oratione constanti, sic in vita omnia sint apta inter se et convenientia; turpe enim valdeque vitiosum in re severa convivio digna aut delicatum aliquem inferre sermonem. Bene Pericles, cum haberet collegam in praetura Sophoclem poetam iique de communi officio convenissent et casu formosus puer praeteriret dixissetque Sophocles ›o puerum pulchrum, Pericle!‹ ›At enim praetorem, Sophocle, decet non solum manus sed etiam oculos abstinentes habere.‹ Atqui hoc idem Sophocles si in athletarum probatione

›Mäßigung‹ bezeichnen –, von den Stoikern so bestimmt, daß die ›Mäßigung‹ das Vermögen ist, die Dinge, deren Ausführung und Besprechung bevorstehen, auf ihren eigentlichen Zeitraum ›festzulegen‹.[253] [So scheint sie zugleich die Bedeutung der Ordnung und der ›Festlegung‹ zu haben. Denn auch die Ordnung bestimmen sie so: die Anordnung der Dinge an die für sie geeigneten und genehmen Zeitpunkte.] Unter dem Zeitpunkt zum Handeln aber verstehen sie die Gunst der Zeit. Die günstigste Zeit des Handelns aber wird auf griechisch εὐκαιρία,[254] auf deutsch ›Gelegenheit‹ genannt. So kommt es, daß die ›Mäßigung‹, die wir so wiedergeben, wie ich sagte, Wissen um die Gunst der geeigneten Zeitverhältnisse zum Handeln ist. (143) Aber es kann dies auch die Bestimmung der ›Klugheit‹[255] sein, über die wir anfangs gesprochen haben; an dieser Stelle aber untersuchen wir Maßhalten und Selbstbeherrschung und diesen ähnliche Tugenden. Deshalb ist das, was der ›Klugheit‹ eigen ist, an zutreffender Stelle gesagt worden. Was aber den Tugenden eigen ist, über die wir schon lange sprechen und die sich beziehen auf Anstand und die Billigung durch Leute, mit denen wir zusammenleben, darüber ist jetzt zu sprechen.

(144) Eine solche Ordnung der Handlungen muß man also einhalten, daß, wie in einer ausgewogenen Rede, so in der Lebensführung alles zueinander passend und in ausgewogenem Verhältnis sei. Denn schändlich ist es und ein gar arger Mißgriff, bei einem ernsten Sachverhalt zu einem Gelage passende Worte oder einen frivolen Ton einzuführen. Richtig bemerkte Perikles, als er in seinem Strategenamt als Kollegen den Dichter Sophokles hatte[256] und sie wegen einer gemeinsamen Verpflichtung zusammengekommen waren, während zufällig ein hübscher Junge vorbeikam und Sophokles sagte »ein schöner Junge, Perikles«: »Aber es schickt sich doch, Sophokles, für einen Strategen, sich nicht nur mit seinen Händen, sondern auch mit den Augen zurückzuhalten.« Allerdings hätte ebendiese Äußerung, wenn Sophokles sie bei der Musterung der Athleten gemacht

dixisset, iusta reprehensione caruisset. Tanta vis est et loci et temporis. Ut si qui, cum causam sit acturus, in itinere aut in ambulatione secum ipse meditetur, aut si quid aliud attentius cogitet, non reprehendatur, at hoc idem si in convivio faciat, inhumanus videatur inscitia temporis.

(145) Sed ea, quae multum ab humanitate discrepant, ut si qui in foro cantet aut si qua est alia magna perversitas, facile apparet nec magnopere admonitionem et praecepta desiderat; quae autem parva videntur esse delicta neque a multis intellegi possunt, ab is est diligentius declinandum. [Ut in fidibus aut tibiis, quamvis paulum discrepent, tamen id a sciente animadverti solet, sic videndum est in vita ne forte quid discrepet, vel multo etiam magis, quo maior et melior actionum quam sonorum concentus est.] 41 (146) Itaque ut in fidibus musicorum aures vel minima sentiunt, sic nos, si acres ac diligentes iudices esse volumus animadversoresque vitiorum, magna saepe intellegemus ex parvis. Ex oculorum obtutu, superciliorum aut remissione aut contractione, ex maestitia, ex hilaritate, ex risu, ex locutione, ex reticentia, ex contentione vocis, ex summissione, ex ceteris similibus facile iudicabimus, quid eorum apte fiat, quid ab officio naturaque discrepet. Quo in genere non est incommodum, quale quidque eorum sit, ex aliis iudicare, ut si quid non deceat illos, vitemus ipsi. Fit enim nescio quomodo

hätte, keinen rechten Anlaß zu Tadel gegeben. So entscheidend ist die Bedeutung von Zeitpunkt und Zeitumstand. Ein Beispiel: Wenn einer, der eben einen Prozeß führt, unterwegs oder im Auf- und Abgehen in seine Gedanken versunken ist oder wenn er über sonst etwas allzusehr seinen Überlegungen nachhängt, dann dürfte der kaum Tadel finden. Wenn er jedoch ebendies bei einem Gelage tut, dann dürfte er als ein Unmensch erscheinen wegen seiner Unkenntnis dessen, was die Umstände erfordern.
(145) Aber die Verhaltensweisen, die in grobem Mißverhältnis zu menschenwürdiger Haltung stehen, so etwa, wenn einer auf dem Forum tanzt oder ein anderes erhebliches Fehlverhalten vorliegt – das zeigt sich leicht und bedarf nicht sehr der Ermahnung und der Vorschriften. Einem Fehlverhalten aber, das geringfügig erscheint und nicht von vielen eingesehen werden kann, muß man mit größerer Sorgfalt aus dem Wege gehen. [Wie bei Saiten- oder Flötenspiel – mögen sie einen noch so geringen Mißklang bilden – dies doch vom Fachmann bemerkt zu werden pflegt, so muß man im Leben darauf sehen, daß nicht etwa irgendein Mißverhältnis entsteht, ja noch um so mehr, je größer und besser das Zusammenstimmen der Handlungen als der Töne ist.] 41 (146) Deshalb, wie bei Saiteninstrumenten das Gehör der Musiker selbst die geringsten Fehler wahrnimmt, so werden wir, wenn wir scharfsinnige und umsichtige Richter und Kritiker der Charakterfehler sein werden,[257] oft Großes aus Geringem erkennen. Aus dem Blick der Augen, dem Entspannen oder Anspannen der Brauen, aus Betrübnis und Heiterkeit, aus Lachen, aus Sprechen und Verschwiegenheit, aus Anheben und Senken der Stimme und anderen ähnlichen Verhaltensweisen werden wir leicht beurteilen, was dabei passend geschieht, was in Widerspruch zu rechtem Handeln und zur Natur steht. Bei dieser Betrachtungsweise ist es nicht unzweckmäßig, aufgrund anderer Gegenstände zu erschließen, wie geartet ein jeder Einzelfall ist, damit wir, wenn sich etwas nicht schickt für jene, es selber meiden. Denn es geschieht sonderbarerweise, daß wir bei

ut magis in aliis cernamus, quam in nobismet ipsis, si quid delinquitur. Itaque facillume corriguntur in discendo, quorum vitia imitantur emendandi causa magistri.
(147) Nec vero alienum est ad ea deligenda, quae dubitationem afferunt, adhibere doctos homines vel etiam usu peritos et, quid iis de quoque officii genere placeat, exquirere. [Maior enim pars eo fere deferri solet, quo a natura ipsa deducitur.] In quibus videndum est, non modo quid quisque loquatur, sed etiam quid quisque sentiat atque etiam de qua causa quisque sentiat. Ut enim pictores et ii qui signa fabricantur et vero etiam poetae suum quisque opus a vulgo considerari vult, ut si quid reprehensum sit a pluribus, id corrigatur, iique et secum et aliis quid in eo peccatum sit exquirunt, sic aliorum iudicio permulta nobis et facienda et non facienda et mutanda et corrigenda sunt. (148) Quae vero more agentur institutisque civilibus, de his nihil est praecipiendum; illa enim ipsa praecepta sunt, nec quemquam hoc errore duci oportet, ut siquid Socrates aut Aristippus contra morem consuetudinemque civilem fecerint locutive sint, idem sibi arbitretur licere; magnis illi et divinis bonis hanc licentiam assequebantur. Cynicorum vero ratio tota est eicienda; est enim inimica verecundiae, sine qua nihil rectum esse potest, nihil honestum. (149) Eos autem, quorum vita perspecta in rebus honestis atque magnis est, bene de re publica sentientes ac bene meritos aut merentes sicut aliquo honore aut imperio affectos observare et colere debemus, tribuere etiam multum senectuti, cedere iis, qui magistratum habebunt,

anderen mehr sehen als bei uns, wenn irgendein Fehltritt begangen wird. Deshalb werden die am leichtesten beim Lernen verbessert, deren Fehler die Lehrer nachahmen, um sie auszuräumen.

(147) Durchaus nicht abwegig ist es, zur Entscheidung über Fälle, die Zweifel hervorrufen, theoretisch oder auch praktisch beschlagene Leute heranzuholen und zu befragen, was ihnen über die jeweilige Art der Verpflichtung richtig erscheint. [Der Großteil nämlich pflegt sich in der Regel dorthin treiben zu lassen, wohin er von der Natur von selbst geführt wird.] Bei diesen muß man darauf sehen, nicht nur, was ein jeder spricht, sondern auch, was er denkt und warum er so denkt. Denn wie Maler und diejenigen, die Standbilder schaffen, aber auch von den Dichtern ein jeder sein Werk vom einfachen Volk betrachten lassen will,[258] damit, wenn etwas von der Mehrzahl getadelt wird, dies Verbesserung erfahre und diese bei sich und anderen erfragen, was dabei für Fehler gemacht worden sind, so müssen wir nach dem Urteil der anderen sehr viel tun und unterlassen, ändern und verbessern. (148) Was aber nach Sitte und Einrichtungen der Bürgerschaft unternommen wird, darüber braucht man keine Vorschriften zu geben; denn diese sind an sich schon Vorschriften, und niemand sollte sich von dem Irrtum leiten lassen, daß er glaubt, wenn Sokrates oder Aristippos etwas gegen die Sitte und Gepflogenheit der Bürgerschaft getan oder gesprochen haben, auch er dazu berechtigt sei. Durch große, ja göttliche Vorzüge haben jene dieses Vorrecht erlangt. Der Kyniker Überlegung gar ist ganz zu verwerfen. Denn sie ist der Zurückhaltung feindlich, ohne die nichts recht sein kann, nichts ehrenvoll.[259] (149) Diejenigen aber, deren Leben bewährt ist in ehrenhaften und bedeutsamen Handlungen, die recht über das Gemeinwesen denken, sich darum verdient gemacht haben und noch verdient machen, müssen wir wie durch ein Ehrenamt oder durch Kommandogewalt ausgezeichnete Leute achten und verehren, viel auch dem Alter zugute halten und uns denen unterordnen, die ein

habere dilectum civis et peregrini in ipsoque peregrino privatimne an publice venerit. Ad summam, ne agam de singulis, communem totius generis hominum conciliationem et consociationem colere, tueri, servare debemus.

42 (150) Iam de artificiis et quaestibus, qui liberales habendi, qui sordidi sint, haec fere accepimus. Primum improbantur ii quaestus, qui in odia hominum incurrunt, ut portitorum, ut feneratorum. Inliberales autem et sordidi quaestus mercennariorum omnium, quorum operae, non quorum artes emuntur; est enim in illis ipsa merces auctoramentum servitutis. Sordidi etiam putandi, qui mercantur a mercatoribus, quod statim vendant; nihil enim proficiant, nisi admodum mentiantur; nec vero est quicquam turpius vanitate. Opificesque omnes in sordida arte versantur; nec enim quicquam ingenuum habere potest officina. Minimeque artes eae probandae, quae ministrae sunt voluptatum ›cetarii, lanii, coqui, fartores, piscatores‹, ut ait Terentius. Adde huc, si placet, unguentarios, saltatores, totumque ludum talarium. (151) Quibus autem artibus aut prudentia maior inest aut non mediocris utilitas quaeritur ut medicina, ut architectura, ut doctrina rerum honestarum, eae sunt iis, quorum ordini conveniunt, honestae. Mercatura autem, si tenuis est, sordida putanda est; sin magna et copiosa, multa undique apportans multisque sine vanitate inpertiens, non

Amt innehaben, eine Unterscheidung kennen zwischen einem Mitbürger und Nichtbürger, und selbst beim Nichtbürger, ob er in persönlichem Anliegen oder Staatsauftrag gekommen ist. Kurzum, damit ich mich nicht in Einzelheiten verliere, wir sind verpflichtet, die unterschiedslose Vereinigung und Verbindung der ganzen Menschheit zu berücksichtigen, zu wahren und zu achten.

42 (150) Was ferner die handwerklichen Berufe und Erwerbszweige angeht, welche als eines Freien würdig, welche für schmutzig zu gelten haben, so haben wir etwa folgendes mitgeteilt bekommen.[260] Zunächst werden die Erwerbszweige mißbilligt, die sich der Ablehnung der Menschen aussetzen, wie die der Zöllner, der Geldverleiher. Eines Freien unwürdig und schmutzig sind die Erwerbsformen aller Tagelöhner, deren Arbeitsleistung, nicht handwerkliche Geschicklichkeiten erkauft werden. Denn es ist bei ihnen gerade der Lohn ein Handgeld für ihren Sklavendienst. Für schmutzig muß man auch diejenigen halten, die von den Großhändlern Waren erhandeln, um sie sogleich weiter zu verkaufen. Denn sie dürften nichts voranbringen, ohne gründlich zu lügen. Es gibt aber nichts Schändlicheres als Unwahrhaftigkeit. Alle Handwerker[261] befassen sich mit einer schmutzigen Tätigkeit, denn eine Werkstätte kann nichts Edles an sich haben. Am wenigsten kann man die Fertigkeiten gutheißen, die Dienerinnen von Genüssen sind: »Fischhändler, Metzger, Köche, Geflügelhändler und Fischer«, wie Terenz[262] sagt. Füge, wenn es gefällt, hier hinzu: Salbenhändler, Tänzer und die ganze Zunft der Schausänger. (151) Diejenigen Fertigkeiten aber, bei denen entweder größere Klugheit beteiligt ist oder durch die ein nicht mittelmäßiger Nutzen gesucht wird wie bei der Medizin, bei der Architektur und dem Unterricht in ehrenvollen Gegenständen, sind für die, deren Stand sie zukommen, ehrenvoll. Wenn der Handel im kleinen Rahmen erfolgt, so muß man das für schmutzig erachten; wenn dagegen im großen und umfangreichen Geschäft, indem er vieles von überallher beibringt und es vielen ohne Betrug zur Verfügung stellt,

est admodum vituperanda; atque etiam si satiata quaestu vel contenta potius, ut saepe ex alto in portum, ex ipso se portu in agros possessionesque contulit, videtur iure optimo posse laudari. Omnium autem rerum, ex quibus aliquid adquiritur, nihil est agri cultura melius, nihil uberius, nihil dulcius, nihil homine, nihil libero dignius. De qua quoniam in Catone Maiore satis multa diximus, illinc assumes quae ad hunc locum pertinebunt.

43 (152) Sed ab iis partibus, quae sunt honestatis, quem ad modum officia ducerentur, satis expositum videtur. Eorum autem ipsorum, quae honesta sunt, potest incidere saepe contentio et comparatio, de duobus honestis utrum honestius, qui locus a Panaetio est praetermissus. Nam cum omnis honestas manet a partibus quattuor, quarum una sit cognitionis, altera communitatis, tertia magnanimitatis, quarta moderationis, haec in deligendo officio saepe inter se comparentur necesse est. (153) Placet igitur aptiora esse naturae ea officia, quae ex communitate, quam ea, quae ex cognitione ducantur, idque hoc argumento confirmari potest, quod, si contigerit ea vita sapienti, ut omnium rerum affluentibus copiis quamvis omnia, quae cognitione digna sint, summo otio secum ipse consideret et contempletur, tamen si solitudo tanta sit, ut hominem videre non possit, excedat e vita. Princepsque omnium virtutum illa sapientia, quam σοφίαν Graeci vocant, prudentiam enim, quam Graeci φρόνησιν dicunt, aliam quandam intellegimus, quae

dann darf man ihn durchaus nicht tadeln, und auch wenn er, ›gesättigt‹ mit Gewinn oder vielmehr zufriedengestellt, sich wie oft von hoher See in den Hafen, direkt vom Hafen auf seine Landbesitzungen begeben hat, scheint er mit vollem Recht gelobt werden zu können. Von allen den Erwerbszweigen aber, aus denen irgendein Gewinn gezogen wird, ist nichts besser als Ackerbau, nichts einträglicher, nichts angenehmer, nichts eines Menschen, nichts eines Freien würdiger. Da wir hierüber im Cato maior genügend gesprochen haben, wirst du dort entnehmen, was zu diesem Gebiet gehört.[263]

43 (152) Aber wie von den Bereichen, die zur Ehrenhaftigkeit gehören, die pflichtgemäßen Handlungen abgeleitet werden, das scheint genügend dargelegt zu sein. Unter den Gegenständen freilich, die ehrenhaft sind, kann oft Widersprüchlichkeit und Widerstreit aufkommen darüber, welcher von zwei Gegenständen der ehrenhaftere sei – ein Gebiet, das von Panaitios übergangen worden ist.[264] Denn wenn die Ehrenhaftigkeit als Ganzes sich von vier Teilgebieten herleitet, von denen das eine dem Erkenntnisstreben, das andere dem Gemeinschaftssinn, das dritte der Großmut und das vierte der Mäßigung zugehört, so müssen diese bei der Entscheidung über eine Verpflichtung oft gegeneinander gestellt werden. (153) Es scheint also richtig, daß diejenigen Verpflichtungen der Natur enger verbunden sind, die sich aus der Gemeinschaft, als die, die sich aus der theoretischen Erkenntnis ableiten, und das kann durch den folgenden Beweis bestärkt werden:[265] Mag einem Weisen auch ein solches Leben zugefallen sein,[266] daß er bei Überfluß an allem Erdenklichen alles, was der Erkenntnis würdig ist, in größter Ruhe bei sich überlegen und betrachten könnte, so schiede er doch wohl, wenn die Einsamkeit so groß wäre, daß er keinen Menschen sehen könnte, aus dem Leben. Und die vorrangige unter allen Tugenden ist jene Weisheit, die die Griechen σοφία[267] nennen. Denn als Klugheit, die die Griechen φρόνησις[268] nennen, verstehen wir eine ganz andere, die das Wissen um die zu erstrebenden

est rerum expetendarum fugiendarumque scientia; illa autem sapientia, quam principem dixi, rerum est divinarum et humanarum scientia, in qua continetur deorum et hominum communitas et societas inter ipsos; ea si maxima est, ut est, certe necesse est, quod a communitate ducatur officium, id esse maximum. Etenim cognitio contemplatioque [naturae] manca quodam modo atque inchoata sit, si nulla actio rerum consequatur. Ea autem actio in hominum commodis tuendis maxime cernitur; pertinet igitur ad societatem generis humani; ergo haec cognitioni anteponenda est.

(154) Atque id optimus quisque reapse ostendit et iudicat. Quis enim est tam cupidus in perspicienda cognoscendaque rerum natura, ut, si ei tractanti contemplantique res cognitione dignissimas subito sit allatum periculum discrimenque patriae, cui subvenire opitularique possit, non illa omnia relinquat atque abiciat, etiamsi dinumerare se stellas aut metiri mundi magnitudinem posse arbitretur? Atque hoc idem in parentis, in amici re aut periculo fecerit. (155) Quibus rebus intellegitur, studiis officiisque scientiae praeponenda esse officia iustitiae, quae pertinent ad hominum utilitatem, qua nihil homini esse debet antiquius.

44 Atque illi ipsi, quorum studia vitaque omnis in rerum cognitione versata est, tamen ab augendis hominum utilitatibus et commodis non recesserunt. Nam et erudierunt multos, quo meliores cives utilioresque rebus suis publicis essent, ut Thebanum Epaminondam Lysis Pythagoreus, Syracosium Dionem Plato multique multos, nosque ipsi, quicquid ad

und zu meidenden Dinge ist. Jene Weisheit aber, die ich als die vorrangige Tugend bezeichnet habe, ist das Wissen um göttliche und menschliche Dinge, worin die Gemeinschaft und Gesellschaft der Götter und Menschen[269] untereinander besteht. Wenn diese die wichtigste ist, wie es der Fall ist, dann muß sicherlich die Pflicht, die sich aus der Gemeinschaft herleitet, die wichtigste sein. Denn Erkennen und Betrachten [der Natur] sind gewissermaßen bruchstückhaft und unvollständig, wenn keine Verwirklichung durch Taten folgt. Diese Verwirklichung aber wird in der Wahrung der Interessen der Mitmenschen am meisten sichtbar. Sie ist also wichtig für die Gesellschaft der Menschheit. Also ist diese höher als Erkenntnis einzustufen.

(154) Und dies zeigen in der Tat gerade die Besten und urteilen danach. Denn wer ist so leidenschaftlich dabei, die Naturordnung zu durchschauen und zu erkennen, daß er, wenn ihm über seinem Bemühen und Betrachten der der Erkenntnis würdigsten Gegenstände plötzlich die Bedrängnis und Gefahr des Vaterlandes gemeldet wird, dem er zum Beistand kommen und Hilfe bringen könnte, nicht all das aufgäbe und darauf verzichtete, auch wenn er glaubte, die Sterne zählen oder die Unermeßlichkeit des Himmels ergründen zu können? Und ebenso handelte er auch bei einem Vorteil oder einer Gefahr für seinen Vater, für einen Freund.

(155) Aus diesen Gründen läßt sich einsehen, daß höher als das Ringen um Wissen und seine Verpflichtungen die Pflichten der Gerechtigkeit einzustufen sind, die sich auf den Nutzen der Menschen beziehen, das Wertvollste, was es für einen Menschen geben darf.

44 Und gerade jene, deren geistiges Ringen ihr ganzes Leben hindurch um die Erkenntnis der Weltordnung kreiste, haben sich doch nicht der Förderung der Vorteile und Interessen ihrer Mitmenschen versagt. Denn sie bildeten viele aus, damit sie um so bessere und nützlichere Bürger für ihr Gemeinwesen seien, wie der Pythagoreer Lysis den Thebaner Epameinondas, Platon den Syrakusaner Dion und viele andere, und wir selbst haben uns – mag der Bei-

rem publicam attulimus, si modo aliquid attulimus, a doctoribus atque doctrina instructi ad eam et ornati accessimus. (156) Neque solum vivi atque praesentes studiosos discendi erudiunt atque docent, sed hoc idem etiam post mortem monumentis litterarum assequuntur. Nec enim locus ullus est praetermissus ab iis, qui ad leges, qui ad mores, qui ad disciplinam rei publicae pertineret, ut otium suum ad nostrum negotium contulisse videantur. Ita illi ipsi doctrinae studiis et sapientiae dediti ad hominum utilitatem suam intelligentiam prudentiamque potissimum conferunt; ob eamque etiam causam eloqui copiose, modo prudenter, melius est quam vel acutissime sine eloquentia cogitare, quod cogitatio in se ipsa vertitur, eloquentia complectitur eos, quibuscum communitate iuncti sumus. (157) Atque ut apium examina non fingendorum favorum causa congregantur, sed cum congregabilia natura sint, fingunt favos, sic homines, ac multo etiam magis, natura congregati adhibent agendi cogitandique sollertiam. Itaque, nisi ea virtus, quae constat ex hominibus tuendis, id est ex societate generis humani, attingat cognitionem rerum, solivaga cognitio et ieiuna videatur [itemque magnitudo animi remota communitate coniunctioneque humana feritas sit quaedam et immanitas.] Ita fit, ut vincat cognitionis studium consociatio hominum atque communitas. (158) Nec verum est quod dicitur a quibusdam propter necessitatem vitae, quod ea, quae natura

trag, den wir für das Gemeinwesen erbracht haben, sein, wie er will, wenn wir nur einen erbracht haben –, von Gelehrten und mit Gelehrsamkeit ausgestattet und gerüstet, dieser Aufgabe zugewendet. (156) Und nicht nur in ihrem Leben und durch ihre Gegenwart bilden sie für Gelehrsamkeit empfängliche Leute und belehren sie, sondern sie erreichen ebendieses Ziel auch nach ihrem Tode durch ihr literarisches Vermächtnis. Denn es ist von ihnen keine Frage übergangen worden, soweit sie sich auf die Verfassung, soweit sie sich auf Ethik oder den Aufbau des Gemeinwesens beziehen könnte, so daß sie ihre theoretische Tätigkeit zu unserem praktischen Handeln beigetragen zu haben scheinen. So tragen gerade jene Leute in aufopferndem Ringen um Bildung und Weisheit zum Segen ihrer Mitbürger ihre geistige Leistung und praktische Klugheit am liebsten bei. Auch deshalb ist es besser, ausführlich mit Worten darzustellen – nur dies vorausgesetzt: ›mit Klugheit‹ –, als auch noch so scharfsinnig ohne rednerische Darstellungskraft zu denken, weil das Denken sich auf seinen eigenen Gegenstand beschränkt, die Redegabe aber sich an diejenigen wendet, mit denen wir in der Gemeinschaft verbunden sind.[270] (157) Und wie die Schwärme der Bienen[271] nicht, um Waben zu bilden, sich zusammengesellen, sondern weil sie von Natur gesellig sind, Waben bilden, so bringen die Menschen, sogar noch vielmehr, da sie von der Natur zusammengesellt sind, ihre Begabung zum Denken und Handeln zur Entfaltung. Wenn daher die Tüchtigkeit, die im Beschützen der Mitmenschen beruht, d.h. in der Gemeinschaft der Menschen, nicht in Zusammenhang stünde mit dem Erkenntnisdrang, dann erschiene wohl die Erkenntnis als auf sich selbst bezogen und ergebnislos [und ebenso wäre die Seelengröße ohne soziales Verantwortungsbewußtsein für die Gemeinschaft der Menschen geradezu unmenschliche Rücksichtslosigkeit]. So kommt es, daß der Gemeinschaftssinn in der Gesellschaft der Menschen höhersteht als Streben nach Erkenntnis. (158) Auch ist nicht wahr, was von einigen behauptet wird, daß aufgrund der Lebensbedürfnisse[272] – weil

desideraret, consequi sine aliis atque efficere non possemus, idcirco initam esse cum hominibus communitatem et societatem; quodsi omnia nobis, quae ad victum cultumque pertinent, quasi virgula divina, ut aiunt, suppeditarentur, tum optimo quisque ingenio negotiis omnibus omissis totum se in cognitione et scientia collocaret. Non est ita. Nam et solitudinem fugeret et socium studii quaereret, tum docere, tum discere vellet, tum audire, tum dicere. Ergo omne officium, quod ad coniunctionem hominum et ad societatem tuendam valet, anteponendum est illi officio, quod cognitione et scientia continetur.

45 (159) Illud forsitan quaerendum sit, num haec communitas, quae maxime est apta naturae, ea sit etiam moderationi modestiaeque semper anteponenda. Non placet; sunt enim quaedam partim ita foeda, partim ita flagitiosa, ut ea ne conservandae quidem patriae causa sapiens facturus sit. Ea Posidonius collegit permulta, sed ita taetra quaedam, ita obscena, ut dictu quoque videantur turpia. Haec igitur non suscipiet rei publicae causa, ne res publica quidem pro se suscipi volet. Sed haec commodius se res habet, quod non potest accidere tempus, ut intersit rei publicae quicquam illorum facere sapientem. (160) Quare hoc quidem effectum sit, in officiis deligendis [hoc] genus officiorum excellere, quod teneatur hominum societate. [Etenim cognitionem prudentiamque sequetur considerata actio; ita fit, ut agere considerate pluris sit quam cogitare prudenter.] Atque haec quidem hactenus. Patefactus enim locus est ipse, ut non dif-

wir das, was die Natur erstrebt, nicht ohne andere erreichen und verwirklichen können –, daß nur darum mit den Menschen Gemeinschaftlichkeit und Gesellschaft gebildet worden ist. Wenn also alles, was zu Unterhalt und Verschönerung des Lebens beiträgt, gleichsam, wie man sagt, ›mit der Wünschelrute‹[273] herbeigeschafft würde, dann gäben gerade die besten Begabungen ihre Geschäfte auf und richteten sich ganz auf wissenschaftliche Erkenntnis ein. Dem ist aber nicht so. Denn sie würden die Selbstbezogenheit meiden und einen Gefährten ihres Strebens suchen, sodann wollten sie bald lehren, bald lernen, bald zuhören, bald anreden. Also ist jede pflichtgemäße Betätigung, die zum Schutz für soziale Verbindung in der Gemeinschaft der Menschen beiträgt, vor jenem pflichtgemäßen Handeln, das in wissenschaftlicher Erkenntnis beruht, einzustufen.

45 (159) Jene Frage muß man vielleicht stellen,[274] ob dieses Gemeinschaftsgefühl, das der Natur am meisten gemäß ist – ob dies auch immer einzustufen ist vor dem Sinn für Maß und Mäßigung. Ich denke, nein. Denn es sind einige Handlungen teils so abschreckend, teils so schandbar, daß der Weise diese nicht einmal zur Rettung des Vaterlandes vollbringen wird. Sehr viele von ihnen hat Poseidonios zusammengestellt, aber manche so abstoßende, so widerwärtige, daß sie auch nur zu nennen schändlich erscheint. Diese also wird der Weise um des Gemeinwesens willen nicht auf sich nehmen; nicht einmal das Gemeinwesen wird wollen, daß das in seinem Interesse geschieht. Aber diese Frage ist nicht so schwierig, weil die Situation gar nicht eintreten kann,[275] daß es für das Gemeinwesen darauf ankommt, daß der Weise eine jener Handlungen ausführt. (160) Deshalb stehe dies jedenfalls als Ergebnis fest: bei der Auswahl von Pflichten hat eine Art von Pflichten den Vorrang, die mit der menschlichen Gemeinschaft befaßt ist.[276] [Denn dem Erkennen und der Weisheit wird wohlerwogenes Handeln folgen; so ergibt sich, daß wohlerwogenes Handeln mehr Wert hat, als weise zu denken.] Doch so weit darüber.

Der Hauptpunkt selbst ist ja freigelegt, so daß es nicht

ficile sit in exquirendo officio quid cuique sit praeponendum videre. In ipsa autem communitate sunt gradus officiorum, ex quibus quid cuique praestet intellegi possit, ut prima diis immortalibus, secunda patriae, tertia parentibus, deinceps gradatim reliquis debeantur.

(161) Quibus ex rebus breviter disputatis intellegi potest non solum id homines solere dubitare, honestumne an turpe sit, sed etiam duobus propositis honestis utrum honestius sit. Hic locus a Panaetio est, ut supra dixi, praetermissus. Sed iam ad reliqua pergamus.

schwierig ist, bei der Untersuchung der Pflichten zu sehen, was jeweils vor dem anderen den Vorzug verdient. Gerade in der Gemeinschaft gibt es Abstufungen unter den pflichtgemäßen Leistungen, aus denen, was jeweils das Bessere ist, eingesehen werden kann, so daß die erstrangigen den unsterblichen Göttern, die zweiten dem Vaterland, die dritten den Eltern, die folgenden in Abstufungen den übrigen geschuldet werden.

(161) Aus einer kurzen Erörterung dieser Gegenstände läßt sich einsehen, daß die Menschen nicht nur daran zu zweifeln pflegen, ob etwas ehrenhaft oder schändlich ist, sondern auch bei zwei zur Wahl gestellten ehrenhaften Handlungen, welche ehrenhafter ist. Dieses Gebiet ist, wie oben erklärt, von Panaitios übergangen worden. Doch wollen wir nunmehr zu den übrigen Fragen weitereilen.

# Liber secundus

1 (1) Quemadmodum officia ducerentur ab honestate, Marce fili, atque ab omni genere virtutis, satis explicatum arbitror libro superiore. Sequitur ut haec officiorum genera persequar, quae pertinent ad vitae cultum et ad earum rerum, quibus utuntur homines, [commoditates, ad] facultatem, ad opes, ad copias; in quo tum quaeri dixi, quid utile, quid inutile, tum ex utilibus quid utilius aut quid maxime utile. De quibus dicere adgrediar, si pauca prius de instituto ac de iudicio meo dixero. (2) Quamquam enim libri nostri complures non modo ad legendi, sed etiam ad scribendi studium excitaverunt, tamen interdum vereor ne quibusdam bonis viris philosophiae nomen sit invisum mirenturque in ea tantum me operae et temporis ponere. Ego autem quam diu res publica per eos gerebatur, quibus se ipsa commiserat, omnes meas curas cogitationesque in eam conferebam. Cum autem dominatu unius omnia tenerentur neque esset usquam consilio aut auctoritati locus, socios denique tuendae rei publicae summos viros amisissem, nec me angoribus dedidi, quibus essem confectus, nisi iis restitissem, nec rursum indignis homine docto voluptatibus. (3) Atque utinam res publica stetisset quo coeperat statu nec in homines non tam commutandarum quam evertendarum rerum cupidos incidisset! Primum enim, ut stante re publica facere solebamus, in agendo plus quam in scribendo

# Zweites Buch

1 (1) Auf welche Weise sich die Verpflichtungen von der Ehrenhaftigkeit herleiten, mein Sohn Marcus, und von jeder Art der Vollkommenheit, das, so meine ich, ist im vorhergehenden Buch erschöpfend erörtert worden. Im folgenden will ich die Arten von Pflichten behandeln, die zur Ausgestaltung des Lebens beitragen, d. h. die Art der Beschaffung der Gegenstände, die die Menschen sich zunutze machen: Macht und Reichtum. Dabei wird, wie ich gesagt habe, zuerst untersucht, was nützlich, was unnütz ist, sodann, was von den nützlichen Gegenständen nützlicher oder am nützlichsten ist. Darüber zu sprechen will ich mir vornehmen, wenn ich wenige Bemerkungen über meine Einstellung und mein Urteil vorausgeschickt habe. (2) Wenngleich nämlich unsere Bücher[1] bei recht vielen Leuten nicht nur Freude am Lesen, sondern auch an der Schriftstellerei erweckt haben, so fürchte ich doch manchmal, es sei einigen gutgesinnten Leuten das Wort Philosophie verhaßt[2] und sie wunderten sich, daß ich auf sie soviel Mühe und Zeit anlegte. Ich aber verwendete auf das Gemeinwesen, solange es durch die geführt wurde, denen es sich aus eigener Entscheidung anvertraut hatte, all mein Sinnen und Sorgen.[3] Als aber alle Lebensbereiche durch den Gewaltanspruch eines einzelnen[4] beherrscht wurden und nirgends für Klugheit und Ansehen Platz war, ich zudem die bedeutendsten Männer, Mitstreiter für den Schutz des Gemeinwesens,[5] verloren hatte, da gab ich mich nicht der Resignation[6] hin, die mich zermürbt hätte, wenn ich mich ihr nicht entgegengestemmt hätte, noch andererseits eines gebildeten Mannes unwürdigen Vergnügungen. (3) Wäre doch das Gemeinwesen in seinem ehemaligen Zustand bestehengeblieben,[7] nicht aber in die Hände von Leuten gefallen, die nicht so sehr auf Veränderung als vielmehr auf Umsturz versessen waren![8] Zunächst nämlich würden wir, wie wir es zu halten pflegten, solange das Gemeinwesen bestand, mehr Mühe

operae poneremus, deinde ipsis scriptis non ea, quae nunc, sed actiones nostras mandaremus, ut saepe fecimus. Cum autem res publica, in qua omnis mea cura, cogitatio, opera poni solebat, nulla esset omnino, illae scilicet litterae conticuerunt forenses et senatoriae. (4) Nihil agere autem cum animus non posset, in his studiis ab initio versatus aetatis existimavi honestissime molestias posse deponi, si me ad philosophiam retulissem. Cui cum multum adulescens discendi causa temporis tribuissem posteaquam honoribus inservire coepi meque totum rei publicae tradidi, tantum erat philosophiae loci, quantum superfuerat amicorum et rei publicae tempori. Id autem omne consumebatur in legendo, scribendi otium non erat. 2 (5) Maximis igitur in malis hoc tamen boni assecuti videmur, ut ea litteris mandaremus, quae nec erant satis nota nostris et erant cognitione dignissima. Quid enim est, per deos, optabilius sapientia, quid praestantius, quid homini melius, quid homine dignius? Hanc igitur qui expetunt, philosophi nominantur, nec quicquam aliud est philosophia, si interpretari velis, praeter studium sapientiae. Sapientia autem est, ut a veteribus philosophis definitum est, rerum divinarum et humanarum causarumque, quibus eae res continentur, scientia, cuius studium qui vituperat haud sane intellego quidnam sit quod laudandum putet. (6) Nam sive oblectatio quaeritur animi requiesque curarum, quae conferri cum eorum studiis potest, qui semper aliquid anquirunt, quod spectet et valeat ad bene beateque vivendum? sive ratio constantiae virtutisque

auf öffentliche Rede als auf literarische Tätigkeit verwenden, sodann vertrauten wir ebendiesen Aufzeichnungen nicht das, was wir jetzt schreiben, sondern unsere Reden an, wie wir das oft gehalten haben. Da aber das Gemeinwesen, auf das all mein Sinnen, Sorgen und Mühen sich zu richten pflegte, durchaus nicht mehr existierte, ist natürlich mein Wort auf dem Forum und im Senat verstummt.[9] (4) Weil aber mein Geist nicht untätig bleiben konnte, so glaubte ich, von Anbeginn der Jugend an vertraut mit diesen Studien,[10] am ehrenhaftesten diese Verbitterung loszuwerden, wenn ich mich wieder der Philosophie zuwandte.[11] Während ich als junger Mann auf sie, um zu lernen, viel Zeit verwendet hatte, war, nachdem ich mich der Ämterlaufbahn zu verschreiben begonnen und mich ganz dem Gemeinwesen gewidmet hatte, für Philosophie noch soviel Raum, wie der Zeitaufwand für die Freunde und das Gemeinwesen übrigließ. Diese freie Zeit aber wurde insgesamt verwendet aufs Lesen, zum Schreiben blieb keine Muße. 2 (5) In dem tiefsten Unheil scheinen wir also des Guten doch so viel erreicht zu haben,[12] daß wir das schriftlich niederlegten, was unseren Landsleuten nicht genügend bekannt und des Kennenlernens überaus wert war. Denn was ist – bei den Göttern! – wünschenswerter als Weisheit,[13] was hervorragender, was für den Menschen besser, was seiner würdiger. Leute, die nach ihr streben, werden Philosophen genannt, und es ist die Philosophie nichts anderes, wenn du es übersetzen wolltest, als ›Streben nach Weisheit‹. Die Weisheit aber ist, wie von alten Philosophen bestimmt worden ist, das »Wissen um Göttliches und Menschliches und deren Ursachen, von denen diese abhängen«[14]. Wer das Streben nach ihr tadelt, von dem verstehe ich nicht recht, was er eigentlich noch für lobenswert hält. (6) Denn ob geistiges Ergötzen[15] gesucht wird oder Entspannung von Sorgen – wie kann dies verglichen werden mit dem Ringen derer, die immer irgend etwas suchen, das hingewendet ist und beiträgt zu einem guten und glücklichen Leben? Oder ob das Denken sich richtet auf Charakterfestigkeit und Vollkom-

ducitur, aut haec ars est aut nulla omnino, per quam eas assequamur. Nullam dicere maximarum rerum artem esse, cum minimarum sine arte nulla sit, hominum est parum considerate loquentium atque in maximis rebus errantium. Si autem est aliqua disciplina virtutis, ubi ea quaeretur, cum ab hoc discendi genere discesseris? Sed haec cum ad philosophiam cohortamur, accuratius disputari solent, quod alio quodam libro fecimus. Hoc autem tempore tantum nobis declarandum fuit, cur orbati rei publicae muneribus ad hoc nos studium potissimum contulissemus.

(7) Occurritur autem nobis, et quidem a doctis et eruditis quaerentibus, satisne constanter facere videamur, qui, cum percipi nihil posse dicamus, tamen et aliis de rebus disserere soleamus et hoc ipso tempore praecepta officii persequamur. Quibus vellem satis cognita esset nostra sententia. Non enim sumus ii, quorum vagetur animus errore nec habeat umquam quid sequatur. Quae enim esset ista mens vel quae vita potius, non modo disputandi, sed etiam vivendi ratione sublata? Nos autem, ut ceteri alia certa, alia incerta esse dicunt, sic ab his dissentientes alia probabilia, contra alia dicimus.

(8) Quid est igitur, quod me impediat ea, quae probabilia mihi videantur, sequi, quae contra, improbare atque adfirmandi arrogantiam vitantem fugere temeritatem, quae a

menheit, so ist entweder dies, wodurch wir sie erreichen, ein methodisches Vorgehen, oder es gibt ein solches überhaupt nicht. Zu behaupten, es gebe für die höchsten Lehrgegenstände kein methodisches Vorgehen, während es von den unbedeutendsten keinen geben soll ohne eigene Methode, das paßt zu Leuten, die reichlich unüberlegt daherreden und bei den grundlegendsten Fragen im Irrtum sind. Wenn es aber irgendeine wissenschaftliche Anleitung zur Vollkommenheit gibt, wo wird diese sich ermitteln lassen, wenn du von dieser Art des Lernens dich entfernst? Aber es pflegen diese Gedanken, wenn wir zur Philosophie aufrufen, gründlicher besprochen zu werden, was wir in einem anderen Buch getan haben.[16] In der gegenwärtigen Lage aber galt es nur den Grund dafür zu erklären, warum wir, ausgeschlossen von den Diensten für das Gemeinwesen, uns dem Bemühen darum am liebsten zugewandt haben.

(7) Man tritt uns aber entgegen, und zwar von seiten gebildeter und kultivierter Leute, mit der Frage, ob wir uns einbildeten, genügend konsequent zu handeln: denn obwohl wir behaupteten, es könne nichts wahrgenommen werden,[17] pflegten wir doch andere Themen zu erörtern, und gerade in diesem Augenblick gingen wir den Vorschriften des pflichtgemäßen Handelns nach. Ich wollte, ihnen wäre unsere Meinung genügend bekannt. Wir sind ja keine Leute, deren Geist irrend umherschweift[18] und nie eine Richtschnur kennt, der er folgen könnte. Denn was wäre das für eine geistige Haltung oder vielmehr für eine Lebenseinstellung, wenn nicht nur die Methode der Erörterung, sondern auch die der Lebensgestaltung beseitigt wäre. Wie die übrigen sagen, es sei das eine bestimmt, das andere unbestimmt, so sagen *wir*, anderer Meinung als diese, es sei das eine wahrscheinlich, das andere dagegen nicht.[19]

(8) Was gäbe es also, was mich hinderte, dem zu folgen, was mir wahrscheinlich scheint, was dagegen nicht, als unwahrscheinlich abzulehnen und, die Selbstsicherheit fester Behauptung meidend, der Unbedachtsamkeit[20] aus dem Wege zu gehen, die von der Weisheit am weitesten entfernt

sapientia dissidet plurimum? Contra autem omnia disputantur a nostris, quod hoc ipsum probabile elucere non posset, nisi ex utraque parte causarum esset facta contentio.
Sed haec explanata sunt in Academicis nostris satis, ut arbitror, diligenter. Tibi autem, mi Cicero, quamquam in antiquissima nobilissimaque philosophia Cratippo auctore versaris iis simillimo, qui ista praeclara pepererunt, tamen haec nostra, finituma vestris, ignota esse nolui. Sed iam ad instituta pergamus.
3 (9) Quinque igitur rationibus propositis officii persequendi, quarum duae ad decus honestatemque pertinerent, duae ad commoda vitae, copias, opes, facultates, quinta ad eligendi iudicium, si quando ea, quae dixi, pugnare inter se viderentur, honestatis pars confecta est, quam quidem tibi cupio esse notissimam. Hoc autem de quo nunc agimus, id ipsum est, quod utile appellatur. In quo verbo lapsa consuetudo deflexit de via sensimque eo deducta est, ut honestatem ab utilitate secernens constitueret esse honestum aliquid, quod utile non esset, et utile, quod non honestum, qua nulla pernicies maior hominum vitae potuit afferri.
(10) Summa quidem auctoritate philosophi severe sane atque honeste haec tria genera confusa cogitatione distinguunt [quicquid enim iustum sit, id etiam utile esse censent, itemque quod honestum, idem iustum, ex quo efficitur, ut, quicquid honestum sit, idem sit utile.] Quod qui parum perspiciunt, ii saepe versutos homines et callidos admirantes, ma-

ist? Dagegen werden von unseren Leuten alle Fragen erörtert, weil ebendiese Wahrscheinlichkeit nicht ans Licht treten könnte, wenn nicht von beiden Seiten ein Wettbewerb der Argumente durchgefochten würde.
Aber es sind diese Themen in unseren *Academica*, wie ich meine, genügend gründlich erörtert worden. Dir aber, mein Cicero, sollten – wenngleich du in der ältesten und berühmtesten Philosophenschule unter des Kratippos Anleitung studierst, eines Mannes, sehr ähnlich denen, die diese ausgezeichneten Gedanken ersonnen haben – doch nach meinem Wunsch diese unsere den euren nahestehenden Gedanken[21] nicht unbekannt sein. Aber fahren wir in dem begonnenen Vorhaben fort.
3 (9) Nach Darlegung also der fünf Gedankengänge zur Ermittlung des pflichtgemäßen Handelns, von denen zwei die Schicklichkeit und Ehrenhaftigkeit angehen, zwei die Annehmlichkeiten des Lebens – Reichtum, Mittel und Besitz –, der fünfte aber den Maßstab der Entscheidung, wenn einmal die Gegenstände, die ich genannt habe, einander zu widerstreiten scheinen, ist der Teil über die Ehrenhaftigkeit abgehandelt, der dir nach meinem Wunsch am besten bekannt sein sollte. Der Gegenstand, den wir jetzt behandeln, ist genau das, was als das Nützliche bezeichnet wird. Bei diesem Wort ging der Sprachgebrauch in die Irre, bog vom rechten Wege ab und wurde unmerklich dahin geführt, daß er Ehrenhaftigkeit vom Nutzen trennte und feststellte, das Ehrenhafte sei etwas, das nicht nützlich, und das Nützliche etwas, das nicht ehrenhaft sei – die verderblichste Fehleinschätzung, die in das Menschenleben gebracht werden konnte. (10) Philosophen nun von hohem Ansehen halten in ganz strenger Logik und ehrenhafter Haltung diese drei in der Sache unlösbar verbundenen Gesichtspunkte in Gedanken auseinander[: alles nämlich, was gerecht sei, das, so meinen sie, sei auch nützlich, und ebenso sei, was ehrenhaft sei, zugleich gerecht, woraus gefolgert wird, daß alles, was ehrenhaft ist, zugleich nützlich ist.] Leute, die diesen Zusammenhang zuwenig durchschauen, beurteilen, oft voll Be-

litiam sapientiam iudicant. Quorum error eripiendus est opinioque omnis ad eam spem traducenda, ut honestis consiliis iustisque factis, non fraude et malitia se intellegant ea, quae velint, consequi posse. (11) Quae ergo ad vitam hominum tuendam pertinent, partim sunt inanima, ut aurum, argentum, ut ea, quae gignuntur e terra, ut alia generis eiusdem, partim animalia, quae habent suos impetus et rerum appetitus. Eorum autem rationis expertia sunt, alia ratione utentia. Expertes rationis equi, boves, reliquae pecudes, [apes], quarum opere efficitur aliquid ad usum hominum atque vitam. Ratione autem utentium duo genera ponunt, deorum unum, alterum hominum. Deos placatos pietas efficiet et sanctitas; proxime autem et secundum deos homines hominibus maxime utiles esse possunt. (12) Earumque item rerum, quae noceant et obsint, eadem divisio est. Sed quia deos nocere non putant, iis exceptis homines hominibus obesse plurimum arbitrantur. Ea enim ipsa, quae inanima diximus, pleraque sunt hominum operis effecta, quae nec haberemus, nisi manus et ars accessisset, nec iis sine hominum administratione uteremur. Neque enim valitudinis curatio neque navigatio neque agricultura neque frugum fructuumque reliquorum perceptio et conservatio sine hominum opera ulla esse potuisset. (13) Iam vero et earum rerum, quibus abundaremus, exportatio et earum, quibus egeremus, invectio certe nulla esset, nisi iis muneribus homines fungerentur. Eademque ratione nec lapides ex terra

wunderung für verschlagene und durchtriebene Menschen,[22] Schurkerei als Weisheit. Ihren Irrtum gilt es aus der Welt zu schaffen und ihr ganzes Vorurteil in eine Zuversicht zu verwandeln: sie sollen einsehen, daß sie durch ehrenvolle Pläne und gerechte Handlungen, nicht durch Betrug und Schurkerei das erreichen können, was sie wollen. (11) Was also zur Erhaltung des Lebens der Menschen beiträgt, das ist teils leblos wie Gold, Silber, wie die Schätze, die aus dem Boden gewonnen werden, wie anderes derselben Art, teils Lebewesen, die ihr eigenes Streben und Verlangen haben. Die einen von ihnen sind nicht im Besitze der Vernunft, die anderen besitzen sie. Ohne Vernunft sind Pferde, Rinder und die übrigen Tiere [sowie Bienen], durch deren Arbeit etwas geleistet wird, zum Nutzen und Lebensunterhalt der Menschen. Von den vernunftbegabten nimmt man zwei Arten an: die eine die der Götter, die andere die der Menschen.[23] Die Besänftigung der Götter wird ehrfürchtige und anständige Gesinnung erreichen. In zweiter Linie aber und nächst den Göttern können die Menschen den Mitmenschen am meisten nützlich sein. (12) Ebenso gilt für die Gegenstände, die schaden und entgegenwirken, dieselbe Einteilung. Aber da sie nicht glauben, die Götter fügten Schaden zu, nehmen sie an, daß, diese ausgenommen, die Menschen ihren Mitmenschen am meisten entgegenarbeiten. Denn gerade die Gegenstände, die wir als leblos bezeichneten, sind zum größten Teil durch die Leistungen der Menschen geschaffen worden. Wir hätten diese nicht, wenn nicht die Arbeit der Hände und des Geistes[24] hinzugetreten wäre, und wir bedienten uns ihrer nicht ohne die Zusammenarbeit der Menschen. Denn es hätte weder Pflege der Gesundheit noch Seefahrt, weder Ackerbau[25] noch Einbringung und Speicherung der Feldfrüchte und übrigen Erträge ohne die Mithilfe der Menschen geben können. (13) Ferner gäbe es sicherlich keine Ausfuhr der Erzeugnisse, an denen wir Überschuß, keine Einfuhr derer, an denen wir Bedarf haben, wenn die Menschen nicht die einschlägigen Berufe ausübten. Ebenso würden nicht die zu unserem Bedarf er-

exciderentur ad usum nostrum necessarii, nec ferrum, aes, aurum, argentum effoderetur penitus abditum sine hominum labore et manu.

4 Tecta vero, quibus et frigorum vis pelleretur et calorum molestiae sedarentur, unde aut initio generi humano dari potuissent aut postea subvenire, si aut vi tempestatis aut terrae motu aut vetustate cecidissent, nisi communis vita ab hominibus harum rerum auxilia petere didicisset? (14) Adde ductus aquarum, derivationes fluminum, agrorum inrigationes, moles oppositas fluctibus, portus manu factos, quae unde sine hominum opere habere possemus?

Ex quibus multisque aliis perspicuum est, qui fructus quaeque utilitates ex rebus iis, quae sint inanima, percipiantur, eas nos nullo modo sine hominum manu atque opera capere potuisse. Qui denique ex bestiis fructus aut quae commoditas, nisi homines adiuvarent, percipi posset? Nam et qui principes inveniendi fuerunt, quem ex quaque belua usum habere possemus, homines certe fuerunt, nec hoc tempore sine hominum opera aut pascere eas aut domare aut tueri aut tempestivos fructus ex iis capere possemus; ab eisdemque et eae, quae nocent, interficiuntur et, quae usui possunt esse, capiuntur. (15) Quid enumerem artium multitudinem, sine quibus vita omnino nulla esse potuisset? Qui enim aegris subveniret⟨ur⟩, quae esset oblectatio valentium, qui victus aut cultus, nisi tam multae nobis artes ministrarent,

forderlichen Steine aus der Erde geschlagen, es würden nicht »Eisen, Erz, Gold noch Silber«,[26] die »ganz und gar verborgen« sind, ausgegraben ohne das Mühen der Menschenhände.

4 Behausungen[27] gar, um durch sie den Einwirkungen der Kälteeinbrüche zu begegnen und die Beschwerlichkeiten der Hitzewellen zu mildern – woher hätten sie am Anfang dem Menschengeschlecht gegeben werden oder später Hilfe bringen können, wenn sie durch die Einwirkungen eines Unwetters, durch Erdbeben oder durch altersbedingte Baufälligkeit eingestürzt wären, wenn die in Gemeinschaft lebenden Menschen nicht gelernt hätten, in diesen Notfällen ihre Mitmenschen um Hilfeleistungen zu ersuchen? (14) Ich nenne weiter: Wasserleitungen, Ableitungen von Flüssen, Bewässerung der Felder, gegen Fluten aufgeworfene Dämme, durch Menschenhand angelegte Häfen – woher könnten wir diese Errungenschaften ohne die Zusammenarbeit der Menschen haben?

Aus diesen und noch vielen anderen Beispielen ist ersichtlich, daß wir die Erträge und Vorteile, die wir aus den Gegenständen, die unbeseelt sind, gewinnen, in keiner Weise ohne die helfenden Hände der Mitmenschen hätten erreichen können. Welcher Ertrag endlich oder welche Annehmlichkeit von Tieren könnte, hülfen nicht die Mitmenschen, gewonnen werden? Denn diejenigen, die als erste ausfindig machten,[28] welchen Nutzen wir aus jedem Tier ziehen könnten, waren sicherlich Menschen, und auch heutzutage könnten wir ohne die tätige Hilfe der Menschen diese nicht züchten, zähmen, beschützen oder zu gegebener Zeit Erträge von ihnen gewinnen. Auch werden von den Menschen die, die schaden, erlegt und die, die nützen können, eingefangen. (15) Was soll ich die Vielzahl der Kenntnisse aufzählen, ohne die das Leben überhaupt nicht möglich wäre?[29] Wie nämlich käme man den Kranken zu Hilfe, welches Ergötzen der Gesunden gäbe es, welche Unterhaltung und Gestaltung des Lebens, wenn nicht so viele Kenntnisse uns die Gegenstände, durch die das Leben der Men-

quibus rebus exculta hominum vita tantum distat a victu et cultu bestiarum? Urbes vero sine hominum coetu non potuissent nec aedificari nec frequentari, ex quo leges moresque constituti, tum iuris aequa discriptio certaque vivendi disciplina; quas res et mansuetudo animorum consecuta et verecundia est effectumque, ut esset vita munitior atque ut dando et accipiendo mutandisque facultatibus et commodis nulla re egeremus.

5 (16) Longiores hoc loco sumus quam necesse est. Quis est enim, cui non perspicua sint illa, quae pluribus verbis a Panaetio commemorantur, neminem neque ducem bello nec principem domi magnas res et salutares sine hominum studiis gerere potuisse. Commemoratur ab eo Themistocles, Pericles, Cyrus, Agesilaus, Alexander, quos negat sine adiumentis hominum tantas res efficere potuisse. Utitur in re non dubia testibus non necessariis. Atque ut magnas utilitates adipiscimur conspiratione hominum atque consensu, sic nulla tam detestabilis pestis est, quae non homini ab homine nascatur. Est Dicaearchi liber de interitu hominum, Peripatetici magni et copiosi, qui collectis ceteris causis eluvionis, pestilentiae, vastitatis, beluarum etiam repentinae multitudinis, quarum impetu docet quaedam hominum genera esse consumpta, deinde comparat, quanto plures deleti sint homines hominum impetu, id est bellis aut seditionibus, quam omni reliqua calamitate.

(17) Cum igitur hic locus nihil habeat dubitationis, quin

schen verschönert ist und sich so sehr von der Unterhaltung und Lebensgestaltung der Tiere unterscheidet, zur Hand gäben? Städte könnten doch ohne das Zusammenkommen der Menschen weder gebaut noch bevölkert werden.[30] Infolgedessen haben sich Gesetze und Herkommen gebildet, sodann gleiche Verteilung des Rechts und eine bestimmte Ordnung zu leben. Diesen Einrichtungen folgte geistige Kultur und Anstand, und es ergab sich, daß das Leben besser gesichert war und daß wir durch Geben und Nehmen, durch Austausch von Mitteln und Vergünstigungen keinerlei Entbehrung leiden.

5 (16) Ausführlicher sind wir in diesem Zusammenhang, als nötig wäre. Denn wo gäbe es einen, dem nicht jene Beispiele einleuchteten, auf die mit mehr Worten[31] von Panaitios hingewiesen wird, daß nämlich weder ein Feldherr im Krieg noch eine führende Persönlichkeit im Frieden bedeutsame und segensreiche Leistungen ohne die Mitarbeit der Menschen hätte erbringen können. Hingewiesen wird von ihm auf Themistokles, Perikles, Kyros, Agesilaos und Alexander, die, so behauptet er, ohne die Hilfe ihrer Mitmenschen so bedeutende Taten nicht hätten verwirklichen können. Er führt in einer unzweifelhaften Frage nicht erforderliche Zeugen an. Wie wir andererseits große Vorteile erreichen durch Eintracht und Einmütigkeit mit unseren Mitmenschen, so gibt es kein so verabscheuenswürdiges Verderben, das nicht dem Menschen von seinem Mitmenschen erwüchse. Es gibt ein Buch über den Untergang der Menschen von Dikaiarchos,[32] einem bedeutsamen und gedankenreichen Peripatetiker, der nach einer Sammlung der übrigen Ursachen (durch Überschwemmung, Seuche, Verödung, auch durch plötzliches Überhandnehmen von Tieren, durch deren Auftreten manche Völker der Menschen, wie er darlegt, ausgerottet worden sind) sodann danebenstellt, wieviel mehr Menschen vernichtet wurden durch Gewaltanwendung ihrer Mitmenschen, d. h. durch Kriege oder Revolutionen, als durch jede andere Katastrophe.

(17)[33] Da also dieser Punkt keinen Zweifel daran zuläßt,

homines plurimum hominibus et prosint et obsint, proprium hoc statuo esse virtutis, conciliare animos hominum et ad usus suos adiungere. Itaque, quae in rebus inanimis quaeque in usu et tractatione beluarum fiunt utiliter ad hominum vitam, artibus ea tribuuntur operosis, hominum autem studia, ad amplificationem nostrarum rerum prompta ac parata, [virorum praestantium] sapientia et virtute excitantur. (18) Etenim virtus omnis tribus in rebus fere vertitur, quarum una est in perspiciendo, quid in quaque re verum sincerumque sit, quid consentaneum cuique, quid consequens, ex quo quaeque gignantur, quae cuiusque rei causa sit, alterum cohibere motus animi turbatos, quos Graeci πάθη nominant, appetitionesque, quas illi ὁρμάς, oboedientes efficere rationi, tertium iis, quibuscum congregemur, uti moderate et scienter, quorum studiis ea, quae natura desiderat, expleta cumulataque habeamus, per eosdemque, si quid importetur nobis incommodi, propulsemus ulciscamurque eos, qui nocere nobis conati sint, tantaque poena adficiamus, quantam aequitas humanitasque patiatur.

6 (19) Quibus autem rationibus hanc facultatem assequi possimus, ut hominum studia complectamur eaque teneamus, dicemus, neque ita multo post, sed pauca ante dicenda sunt. Magnam vim esse in fortuna in utramque partem, vel secundas ad res vel adversas, quis ignorat? Nam et cum prospero flatu eius utimur, ad exitus pervehimur optatos et cum reflavit affligimur. Haec igitur ipsa fortuna ceteros casus rariores habet, primum ab inanimis procellas, tem-

daß die Menschen ihren Mitmenschen die größten Vor- und Nachteile bringen, so stellte ich fest, es sei dies die eigentliche Aufgabe der Vollkommenheit, die Menschen zu versöhnen und sie zur Wahrnehmung ihres Nutzens zu bringen. Deshalb wird der Vorteil, der für das Leben der Menschen bei leblosen Gegenständen sowie der Nützung und Haltung von Tieren erzielt wird, arbeitsreicher handwerklicher Tätigkeit zugeschrieben, die Bereitschaft aber und Begeisterung unserer Mitmenschen zur Förderung unserer Interessen werden durch die Weisheit, d. h. durch Vollkommenheit [überragender Männer] wachgerufen. (18) In der Regel befaßt sich ja Vollkommenheit ganz mit drei Aufgaben: ihre eine liegt im Durchschauen dessen, was bei jedem Gegenstand wahr und unverfälscht, was jeweils übereinstimmend und folgerichtig ist, woraus jeder Gegenstand entsteht und was die Ursache für ihn ist; die zweite ist es, die aufgewühlten Gemütsbewegungen, die die Griechen πάϑη nennen, zu beherrschen und die Begierden, die jene ὁρμαί nennen, der Vernunft unterzuordnen; ihre dritte, mit denen, mit welchen wir uns zusammenscharen, maßvoll und mit Menschenkenntnis umzugehen, damit wir durch ihre Mitarbeit das, was die Natur braucht, in Hülle und Fülle zu Gebote haben und damit wir auch durch sie, wenn uns irgendein Nachteil zugefügt wird, diese abwehren und uns an denen rächen, die uns zu schaden versucht haben, und sie mit einer so schweren Strafe belegen, wie das Sinn für Gerechtigkeit und Menschlichkeit zulassen.

6 (19) Durch welche Mittel wir aber die Fähigkeit erlangen können, die Sympathien der Mitmenschen zu gewinnen und zu erhalten, das werden wir sagen, und zwar nicht so sehr viel später, jedoch ist weniges vorher zu sagen. Daß das Schicksal einen großen Einfluß hat nach beiden Seiten – für Glück und Unglück –, wer wüßte das nicht? Denn wenn wir seinen Wind im Rücken haben, dann gelangen wir zu dem ersehnten Erfolg, und wenn es sich gegen uns kehrt, scheitern wir. Dieses Schicksal bringt also allein schon die übrigen selteneren Unglücksfälle, zunächst ohne Einwirkung

pestates, naufragia, ruinas, incendia, deinde a bestiis ictus, morsus, impetus. Haec ergo, ut dixi, rariora. (20) At vero interitus exercituum, ut proxime trium, saepe multorum, clades imperatorum, ut nuper summi et singularis viri, invidiae praeterea multitudinis atque ob eas bene meritorum saepe civium expulsiones, calamitates, fugae, rursusque secundae res, honores, imperia, victoriae, quamquam fortuita sunt, tamen sine hominum opibus et studiis neutram in partem effici possunt. Hoc igitur cognito dicendum est, quonam modo hominum studia ad utilitates nostras allicere atque excitare possimus. Quae si longior fuerit oratio cum magnitudine utilitatis comparetur; ita fortasse etiam brevior videbitur.

(21) Quaecumque igitur homines homini tribuunt ad eum augendum atque honestandum, aut benevolentiae gratia faciunt, cum aliqua de causa quempiam diligunt, aut honoris, si cuius virtutem suspiciunt quemque dignum fortuna quam amplissima putant, aut cui fidem habent et bene rebus suis consulere arbitrantur, aut cuius opes metuunt, aut contra, a quibus aliquid exspectant, ut cum reges popularesve homines largitiones aliquas proponunt, aut postremo pretio ac mercede ducuntur, quae sordidissima est illa quidem ratio et inquinatissima et iis, qui ea tenentur, et illis, qui ad eam confugere conantur (22) – male enim se res habet, cum quod virtute effici debet, id temptatur pecunia – sed quoniam non numquam hoc subsidium necessarium est, quemadmodum sit utendum eo dicemus, si prius iis de rebus, quae virtuti

vom Lebewesen – Stürme, Unwetter, Schiffbruch, Hauseinsturz und Brandfälle –, sodann von seiten der Tiere – Stich, Biß und Angriff. Diese Fälle also sind, wie gesagt, recht selten. (20) Aber in der Tat: der Untergang von Heeren, unlängst der von dreien,[34] oft der von vielen, die Katastrophe von Feldherrn, wie unlängst die eines überragenden und einzigartigen Mannes,[35] zudem die Gehässigkeit der Menge und deretwegen die vielen Fälle von Verbannung verdienter Mitbürger, ihr Unglück und selbstgewähltes Exil, andererseits Glücksfälle – Ehren- und Kommandostellen sowie Siege –, dies alles ist zwar zufallsbedingt, kann aber nicht ohne Eingreifen und Mitwirken der Menschen in diesem oder jenem Sinne geschehen. Da diese Tatsache erkannt ist, gilt es zu sagen, auf welche Weise wir die Mitarbeit der Menschen für unsere Vorteile gewinnen und aufrufen können. Wenn diese Darlegung zu ausführlich gewesen sein sollte, mag man sie in Bezug setzen zur Größe des Vorteils; dann wird sie vielleicht sogar zu kurz erscheinen.

(21) Alle Dienste also, die Menschen einem Mitmenschen erweisen zu seiner Förderung oder Ehrung, leisten sie entweder aus Wohlwollen, wenn sie einen aus irgendeinem Grunde schätzen, oder zur Ehrung, wenn sie zu jemandes Vollkommenheit aufblicken oder ihn der allerhöchsten Stellung für wert halten oder ihm Vertrauen schenken und meinen, er sorge gut für ihr Anliegen, oder wenn sie jemandes Macht fürchten, oder andererseits von irgendwelchen Leuten Bedeutendes erwarten – so, wenn Monarchen oder Demagogen irgendwelche Schenkungen in Aussicht stellen –, oder endlich lassen sie sich dabei von einem Preis oder einer Belohnung leiten: ein Verfahren, das zwar überaus abstoßend und entehrend ist sowohl für die, die sich dazu bestimmen lassen, als auch für jene, die versuchen, dazu ihre Zuflucht zu nehmen (22) – denn schlecht steht es, wenn das, was durch Leistung erreicht werden müßte, durch Geld versucht wird –; aber da ja manchmal dieses Hilfsmittel notwendig ist, werden wir sagen, wie es anzuwenden ist, wenn wir vorher über die Verhaltensweisen gesprochen haben, die

propiores sunt, dixerimus. [Atque etiam subiciunt se homines imperio alterius et potestati de causis pluribus. Ducuntur enim aut benevolentia aut beneficiorum magnitudine aut dignitatis praestantia aut spe sibi id utile futurum aut metu ne vi parere cogantur aut spe largitionis promissisque capti aut postremo, ut saepe in nostra re publica videmus, mercede conducti.] 7 (23) Omnium autem rerum nec aptius est quicquam ad opes tuendas ac tenendas quam diligi nec alienius quam timeri. Praeclare enim Ennius ›Quem metuunt oderunt; quem quisque odit perisse expetit‹. Multorum autem odiis nullas opes posse obsistere, si antea fuit ignotum, nuper est cognitum. Nec vero huius tyranni solum, quem armis oppressa pertulit civitas ac paret cum maxime mortuo, interitus declarat, quantum odium hominum valet ad pestem, sed reliquorum similes exitus tyrannorum, quorum haud fere quisquam talem interitum effugit. Malus enim est custos diuturnitatis metus contraque benivolentia fidelis vel ad perpetuitatem. (24) Sed iis, qui vi oppressos imperio coercent, sit sane adhibenda saevitia, ut eris in famulos, si aliter teneri non possunt; qui vero in libera civitate ita se instruunt, ut metuantur, iis nihil potest esse dementius. Quamvis enim sint demersae leges alicuius opibus, quamvis timefacta libertas, emergunt tamen haec aliquando aut iudiciis tacitis aut occultis de honore suffragiis. Acrio-

der Vollkommenheit näherstehen. [Nun unterwerfen sich gar die Menschen der Herrschaft und Macht eines anderen aus recht zahlreichen Gründen. Sie lassen sich nämlich leiten entweder von Wohlwollen, von der Größe der Wohltaten oder der überragenden Bedeutung der Würde oder durch Hoffnung, es sei ihnen dies nützlich, oder aus Furcht, sie würden durch Gewalt gezwungen zu gehorchen, oder gewonnen durch Hoffnung auf eine Schenkung oder Versprechungen oder endlich, wie wir es oft in unserem Gemeinwesen erleben, durch eine Belohnung gedungen.]

7 (23) Von allen Möglichkeiten freilich ist keine geeigneter zur Bewahrung und Behauptung der Machtmittel,[36] als geschätzt, und keine abträglicher, als gefürchtet zu werden. Denn treffend sagt Ennius: »Wen sie fürchten, den hassen sie; wen einer haßt, dessen Verderben will er.«[37] Daß der Mißgunst vieler Leute keinerlei Machtmittel trotzen können, das ist, wenn es vorher unbekannt gewesen war, unlängst erkannt worden. Und nicht nur dieses Tyrannen Untergang, den die Bürgerschaft, mit Waffengewalt unterdrückt, ertragen hat – und sie gehorcht ihm am meisten nach seinem Tode –, zeigt, wieviel Haß der Mitmenschen zum Verderben beiträgt, sondern auch das ähnliche Ende der übrigen Tyrannen, von denen kaum einer einem derartigen Untergang sich entziehen konnte. Denn ein schlechter Wächter für die Dauer ist die Furcht und andererseits das Wohlwollen ein zuverlässiger sogar für die Ewigkeit. (24) Aber mögen auch diejenigen, die ihre Mitmenschen mit Gewalt unterdrückt haben und in Schranken halten, Brutalität anwenden müssen wie Herren gegen ihre Diener, wenn sie anders nicht beherrscht werden können, so gibt es wohl nichts Verrückteres als Leute, die in einer freien Bürgerschaft sich so einrichten, daß sie gefürchtet werden. Denn mögen die Gesetze auch verschüttet sein durch irgend jemandes Macht, mag der Freiheitswille noch so sehr eingeschüchtert sein,[38] so kommen sie doch endlich einmal an die Oberfläche entweder in unausgesprochenen Urteilen oder geheimen Abstimmungen über die Ehre. Ver-

res autem morsus sunt intermissae libertatis quam retentae. Quod igitur latissime patet neque ad incolumitatem solum, sed etiam ad opes et potentiam valet plurimum, id amplectamur, ut metus absit, caritas retineatur. Ita facillime quae volemus et privatis in rebus et in re publica consequemur. Etenim qui se metui volent, a quibus metuentur, eosdem metuant ipsi necesse est. (25) Quid enim censemus superiorem illum Dionysium quo cruciatu timoris angi solitum, qui cultros metuens tonsorios candente carbone sibi adurebat capillum? Quid Alexandrum Pheraeum quo animo vixisse arbitramur? qui, ut scriptum legimus, cum uxorem Theben admodum diligeret, tamen ad eam ex epulis in cubiculum veniens barbarum et eum quidem, ut scriptum est, conpunctum notis Thraeciis destricto gladio iubebat anteire praemittebatque de stipatoribus suis qui scrutarentur arculas muliebres et, ne quod in vestimentis telum occultaretur, exquirerent. O miserum, qui fideliorem et barbarum et stigmatiam putaret quam coniugem. Nec eum fefellit; ab ea est enim ipsa propter pelicatus suspicionem interfectus. Nec vero ulla vis imperii tanta est, quae premente metu possit esse diuturna. (26) Testis est Phalaris, cuius est praeter ceteros nobilitata crudelitas, qui non ex insidiis interiit, ut is, quem modo dixi, Alexander, non a paucis, ut hic noster, sed in quem universa Agrigentinorum multitudo impetum fecit. Quid? Macedones nonne Demetrium reliquerunt universique se ad Pyrrhum contulerunt? Quid? Lacedaemonios iniuste imperantes nonne repente omnes fere socii deserue-

bissener aber sind die Angriffe einer unterbrochenen als einer beibehaltenen Freiheit. Wir wollen an dem Grundsatz, der die weiteste Auswirkung hat und nicht nur im Hinblick auf Sicherheit, sondern auch auf Mittel und Macht sehr große Geltung besitzt, festhalten, daß Furcht fern sei, Zuneigung gewahrt bleibe. So werden wir sehr leicht das, was wir wollen, im persönlichen Bereich wie im Gemeinwesen erreichen. Denn diejenigen, die gefürchtet werden wollen, müssen selbst ebendie fürchten, von denen sie gefürchtet werden wollen. (25) Denn wie meinen wir das? – Von welch qualvoller Angst wurde jener Dionysios I. stets bedrückt, der sich in seiner Furcht vor Rasiermessern mit glühender Kohle das Haar abbrennen ließ? Wie? – In welcher Stimmung hat, meinen wir, Alexander von Pherai gelebt?[39] Dieser hat, wie wir geschrieben lesen, wenngleich er seine Gattin Thebe über die Maßen liebte, doch, wenn er nach einem Mahl zu ihr ins Schlafgemach kam, einen Barbaren, und noch dazu, wie geschrieben steht, einen mit thrakischen Zeichen tätowierten, mit gezogenem Schwert vorausgehen lassen, und er schickte Leute von seinen Leibwächtern voraus, die die Schränke seiner Frau durchstöbern und durchsuchen sollten, damit keine Waffe unter den Kleidern verborgen werde. Unglücklicher, da er einen Barbaren, noch dazu einen tätowierten, für vertrauenswürdiger hielt als seine Frau! Und dabei täuschte er sich gar nicht! Denn gerade von ihr wurde er auf den Verdacht des Ehebruchs hin ermordet. So ist keine Macht der Herrschaft so groß, als daß sie unter dem Druck der Furcht dauernd bestehen könnte. (26) Zeuge ist Phalaris,[40] dessen Grausamkeit vor anderen berüchtigt ist und der nicht als Opfer eines Attentats zugrunde ging, wie der eben genannte Alexander, nicht durch wenige, wie dieser unser Landsmann, sondern gegen den die ganze Bürgerschaft der Agrigentiner ihren Angriff richtete. Wie? – Haben nicht die Makedonen Demetrios[41] verlassen und sich insgesamt dem Pyrrhos zugewandt? Wie? – Haben nicht den Lakedaimoniern,[42] weil sie ungerecht herrschten, plötzlich beinahe alle

runt spectatoresque se otiosos praebuerunt Leuctricae calamitatis? 8 Externa libentius in tali re quam domestica recordor. Verum tamen quam diu imperium populi Romani beneficiis tenebatur, non iniuriis, bella aut pro sociis aut de imperio gerebantur, exitus erant bellorum aut mites aut necessarii, regum, populorum, nationum portus erat et refugium senatus, nostri autem magistratus imperatoresque ex hac una re maximam laudem capere studebant, si provincias, si socios aequitate et fide defendissent. (27) Itaque illud patrocinium orbis terrae verius quam imperium poterat nominari. Sensim hanc consuetudinem et disciplinam iam antea minuebamus, post vero Sullae victoriam penitus amisimus; desitum est enim videri quicquam in socios iniquum, cum exstitisset in cives tanta crudelitas. Ergo in illo secuta est honestam causam non honesta victoria. Est enim ausus dicere hasta posita, cum bona in foro venderet et bonorum virorum et locupletium et certe civium, praedam se suam vendere. Secutus est, qui in causa impia, victoria etiam foediore, non singulorum civium bona publicaret, sed universas provincias regionesque uno calamitatis iure comprehenderet. (28) Itaque vexatis ac perditis exteris nationibus ad exemplum amissi imperii portari in triumpho Massiliam vidimus et ex ea urbe triumphari, sine qua numquam nostri imperatores ex transalpinis bellis triumpharunt. Multa praeterea commemorarem nefaria in socios, si hoc uno

Bundesgenossen den Rücken zugekehrt und sich als unbeteiligte Zuschauer der Katastrophe von Leuktra hergegeben?
8 An Beispiele des Auslands[43] erinnere ich mich lieber in diesem Zusammenhang als an solche Roms; aber solange die Herrschaft des römischen Volkes durch Wohltaten behauptet wurde,[44] nicht durch Ungerechtigkeiten, Kriege entweder für die Bundesgenossen oder um die Herrschaft geführt wurden, waren die Ergebnisse der Kriege entweder erträglich oder unausweichlich, der Senat war Hafen und Zuflucht für Könige, Völker und Stämme,[45] unsere Beamten und Feldherrn aber suchten allein dadurch größten Ruhm zu erwerben, wenn sie Provinzen, wenn sie Bundesgenossen mit Gerechtigkeitssinn und Verläßlichkeit verteidigten. (27) Deshalb konnte man jene Tätigkeit mehr der Wahrheit gemäß als eine Schirmherrschaft über den Erdkreis denn eine Herrschaft bezeichnen. Unmerklich haben wir diese Tradition und dieses Staatsbewußtsein schon vorher verfallen lassen, nach dem Siege Sullas[46] völlig aufgegeben. Von nun an schien ja nichts mehr ungerecht gegen die Bundesgenossen, nachdem gegen Mitbürger so ungeheuerliche Unmenschlichkeit sich erhoben hatte. Bei ihm also folgte einer ehrenhaften Sache ein unehrenhafter Sieg. Denn er erkühnte sich, unter aufgepflanzter Lanze zu sagen, als er auf dem Forum den Besitz gutgesinnter, wohlhabender Männer und jedenfalls seiner Mitbürger zum Verkauf anbieten ließ, er biete seine Beute an. Es folgte einer, der bei einem gewissenlosen Unterfangen, bei einem noch verwerflicheren Sieg nicht einzelner Mitbürger Hab und Gut konfiszierte, sondern ganze Provinzen und Landstriche unter das eine Recht des Zusammenbruchs stellte. (28) Deshalb erlebten wir, daß nach Peinigung und Vernichtung fremder Völker als Beweis für den Verlust der Herrschaft das Bild Massalias[47] beim Triumph einhergeführt und über die Stadt triumphiert wurde, ohne die unsere Feldherrn nie in den Kriegen jenseits der Alpen Triumphe gefeiert hätten. Viele entwürdigende Taten darüber hinaus gegen die Bundesgenossen würde ich erwähnen, wenn die Sonne etwas

quicquam sol vidisset indignius. Iure igitur plectimur. Nisi enim multorum impunita scelera tulissemus, numquam ad unum tanta pervenisset licentia, a quo quidem rei familiaris ad paucos, cupiditatum ad multos improbos venit hereditas. (29) Nec vero umquam bellorum civilium semen et causa deerit, dum homines perditi hastam illam cruentam et meminerint et sperabunt, quam P. Sulla cum vibrasset dictatore propinquo suo, idem sexto tricensimo anno post a sceleratiore hasta non recessit, alter autem, qui in illa dictatura scriba fuerat, in hac fuit quaestor urbanus. Ex quo debet intellegi talibus praemiis propositis numquam defutura bella civilia. Itaque parietes modo urbis stant et manent, iique ipsi iam extrema scelera metuentes, rem vero publicam penitus amisimus. Atque in has clades incidimus – redeundum est enim ad propositum –, dum metui quam cari esse et diligi malumus. Quae si populo Romano iniuste imperanti accidere potuerunt, quid debent putare singuli? Quod cum perspicuum sit benevolentiae vim esse magnam, metus imbecillam, sequitur ut disseramus, quibus rebus facillime possimus eam, quam volumus, adipisci cum honore et fide caritatem. (30) Sed ea non pariter omnes egemus; nam ad cuiusque vitam institutam accommodandum est, a multisne opus sit an satis sit a paucis diligi. Certum igitur hoc sit idque et primum et maxime necessarium familiaritates habere fidas amantium nos amicorum et nostra mirantium. Haec enim est una res prorsus, ut non multum diffe-

Würdeloseres gesehen hätte als diese eine. Mit Recht also werden wir gestraft. Wenn wir nämlich nicht viele Verbrechen ungeahndet[48] hingenommen hätten, wäre niemals solche Allmacht einem einzelnen zugefallen, der das Erbe seines Vermögens auf wenige, das seiner Begierden auf viele verbrecherisch Gesinnte hat kommen lassen. (29) Und es wird niemals an Ursache und Anlaß zu Bürgerkriegen fehlen,[49] solange verkommene Kreaturen jene blutbefleckte Lanze in Erinnerung haben und darauf hoffen. Nachdem P. Sulla[50] diese unter der Diktatur seines Verwandten geschwungen hatte, scheute er auch fünfunddreißig Jahre später vor einer verbrecherischeren nicht zurück, der andere aber, unter jener Diktatur noch Schreibergeselle,[51] war unter dieser Stadtquaestor. Man muß daher zu der Einsicht gelangen, daß, wenn solche Belohnungen ausgesetzt sind, Bürgerkriege niemals ausbleiben werden. Deshalb stehen nur mehr die Mauern der Stadt,[52] und selbst die schon in Furcht vor den schlimmsten Verbrechen; das Gemeinwesen aber haben wir vollkommen verloren.[53] In diese Katastrophe aber sind wir gestürzt worden – denn es gilt zum Thema zurückzukehren –, dieweil wir lieber gefürchtet als geliebt und geschätzt werden wollen. Wenn dies dem römischen Volk aufgrund seiner ungerechten Herrschaft zustoßen konnte, womit müssen dann einzelne rechnen? Da dies ja offenkundig ist, daß der Einfluß des Wohlwollens groß ist, der der Furcht aber schwach, so legen wir im folgenden dar, unter welchen Voraussetzungen wir am leichtesten das Ziel unserer Wünsche erreichen können: Beliebtheit mit Ehre und Vertrauen. (30) Aber wir bedürfen ihrer nicht alle in gleicher Weise; denn nach der Lebensgestaltung eines jeden ist zu entscheiden, ob er von vielen geliebt werden muß oder ob es genügt, von wenigen geliebt zu werden. Es dürfte dies also ausgemacht sein als Aufgabe, und zwar als die erste und unumgänglichste, verläßliche Kameradschaften zu haben mit Freunden, die uns in Liebe verbunden sind und unsere Leistungen bewundern. Dies ist nämlich ganz und gar der einzige Wert, so daß es keinen großen Unterschied

rat inter summos et mediocres viros, eaque utrisque est propemodum comparanda. (31) Honore et gloria et benivolentia civium fortasse non aeque omnes egent, sed tamen, si cui haec suppetunt, adiuvant aliquantum cum ad cetera, tum ad amicitias comparandas.

9 Sed de amicitia alio libro dictum est, qui inscribitur Laelius; nunc dicamus de gloria, quamquam ea quoque de re duo sunt nostri libri, sed attingamus, quandoquidem ea in rebus maioribus administrandis adiuvat plurimum. Summa igitur et perfecta gloria constat ex tribus his: si diligit multitudo, si fidem habet, si cum admiratione quadam honore dignos putat. Haec autem, si est simpliciter breviterque dicendum, quibus rebus pariuntur a singulis, eisdem fere a multitudine. Sed est alius quoque quidam aditus ad multitudinem, ut in universorum animos tamquam influere possimus. (32) Ac primum de illis tribus, quae ante dixi, benevolentiae praecepta videamus; quae quidem capitur beneficiis maxime, secundo autem loco voluntate benefica benevolentia movetur, etiamsi res forte non suppetit; vehementer autem amor multitudinis commovetur ipsa fama et opinione liberalitatis, beneficentiae, iustitiae, fidei omniumque earum virtutum, quae pertinent ad mansuetudinem morum ac facilitatem. Etenim illud ipsum, quod honestum decorumque dicimus, quia per se nobis placet animosque omnium natura et specie sua commovet maximeque quasi perlucet ex iis, quas commemoravi, virtutibus, idcirco illos, in quibus eas virtutes esse remur, a natura ipsa diligere cogi-

gibt zwischen hochgestellten Persönlichkeiten und dem kleinen Mann, und er ist von beiden so ziemlich auf die gleiche Art zu erwerben. (31) Ehre, Ruhm und das Wohlwollen der Mitbürger brauchen vielleicht nicht alle gleichermaßen, aber, wenn sie einem zu Gebote stehen, so helfen sie doch schon beträchtlich im allgemeinen, besonders aber zum Erwerb von Freundschaften.

9 Aber über die Freundschaft steht in einem anderen Buch geschrieben, das *Laelius* betitelt ist. Jetzt wollen wir über den Ruhm[53] sprechen, obwohl es auch über dieses Thema zwei Bücher von uns gibt;[54] aber wir wollen ihn doch streifen, da er ja bei der Ausführung wichtiger Aufgaben sehr behilflich ist. Der höchste und vollkommene Ruhm also beruht auf diesen drei Vorbedingungen: wenn die Menge Zuneigung, wenn sie Vertrauen hat, wenn sie mit einer gewissen Bewunderung jemanden der Ehre für würdig hält. Diese Sympathien werden, wenn man kurz und bündig reden muß, bei der Menge beinahe mit denselben Mitteln erworben wie bei den einzelnen Menschen. Aber es gibt auch einen anderen Weg zur Menge, derart, daß wir uns in die Gemüter aller gleichsam einschleichen können. (32) Doch als erste von den drei obengenannten Voraussetzungen wollen wir die Vorschriften für das Wohlwollen ins Auge fassen. Dieses wird sicherlich am meisten durch Wohltaten gewonnen, in zweiter Linie wird durch den Willen zur Wohltätigkeit Wohlwollen erregt, wenngleich vielleicht das Vermögen nicht zu Gebote steht. In hohem Maße aber wird die Zuneigung der Menge gewonnen allein schon durch den Ruf und die Vorstellung der Freigebigkeit, der Wohltätigkeit, der Gerechtigkeit, der Verläßlichkeit und all der Vorzüge, die zur Freundlichkeit und Umgänglichkeit des Wesens gehören. Denn weil ebenjene Verhaltensweise, die wir als ehrenhaft und schicklich bezeichnen, uns allein schon gefällt und unser aller Sympathie durch ihre Natur und äußere Erscheinung gewinnt und am meisten gleichsam durchschimmert aus den Vorzügen, die ich erwähnt habe, darum werden wir allein schon von der Natur gezwungen,

mur. Atque hae quidem causae diligendi gravissimae; possunt enim praeterea nonnullae esse leviores. (33) Fides autem ut habeatur duabus rebus effici potest, si existimabimur adepti coniunctam cum iustitia prudentiam. Nam et iis fidem habemus, quos plus intellegere quam nos arbitramur quosque et futura prospicere credimus et, cum res agatur in discrimenque ventum sit, expedire rem et consilium ex tempore capere posse; hanc enim utilem homines existimant veramque prudentiam. Iustis autem [et fidis] hominibus, id est bonis viris, ita fides habetur, ut nulla sit in iis fraudis iniuriaeque suspicio. Itaque his salutem nostram, his fortunas, his liberos rectissime committi arbitramur. (34) Harum igitur duarum ad fidem faciendam iustitia plus pollet, quippe cum ea sine prudentia satis habeat auctoritatis; prudentia sine iustitia nihil valet ad faciendam fidem. Quo enim quis versutior et callidior, hoc invisior et suspectior detracta opinione probitatis. Quam ob rem intellegentiae iustitia coniuncta quantum volet habebit ad faciendam fidem virium, iustitia sine prudentia multum poterit, sine iustitia nihil valebit prudentia.

10 (35) Sed ne quis sit admiratus cur, cum inter omnes philosophos constet a meque ipso saepe disputatum sit, qui unam haberet, omnes habere virtutes, nunc ita seiungam, quasi possit quisquam, qui non idem prudens sit, iustus esse, alia est illa, cum veritas ipsa limatur in disputatione, subtilitas, alia, cum ad opinionem communem omnis accommo-

jene Menschen, die diese Vorzüge nach unserer Meinung haben, hochzuschätzen. Dies sind für die Hochschätzung die wichtigsten Gründe. Es kann nämlich darüber hinaus einige leichter wiegende geben. (33) Daß ferner Vertrauen geschenkt wird, kann durch zweierlei Mittel erreicht werden, wenn man glaubt, wir hätten vorausschauende Klugheit, mit Gerechtigkeit verbunden, erlangt. Denn auch denen schenken wir Vertrauen, die nach unserem Dafürhalten[55] mehr einsehen als wir, die nach unserer Meinung die Zukunft voraussehen und, wenn es hart auf hart geht und die Stunde der Entscheidung gekommen ist, die Situation klären und einen Entschluß aus dem Stegreif fassen können. Denn dies halten die Menschen für die nützliche und echte Klugheit. Gerechten Leuten aber [und verläßlichen], d. h. gutgesinnten Männern, wird Glauben geschenkt unter der Annahme, daß auf ihnen keinerlei Verdacht auf Betrug oder Ungerechtigkeit liegt. Deshalb glauben wir, ihnen würden unser Wohl, unser Vermögen und unsere Kinder ganz zu Recht anvertraut. (34) Von diesen beiden Vorzügen also vermag zur Gewinnung des Vertrauens die Gerechtigkeit mehr, da diese ohne Klugheit genügend Ansehen hat; Klugheit ohne Gerechtigkeit vermag nichts zur Gewinnung des Vertrauens. Denn je gerissener und schlauer einer ist, um so verhaßter und verdächtiger ist er, wenn der Ruf der Rechtschaffenheit dahin ist. Aus diesem Grunde wird eine mit Einsicht verbundene Gerechtigkeit ein beliebiges Maß an Einfluß zur Gewinnung des Vertrauens haben, Gerechtigkeit ohne vorausschauende Klugheit wird viel vermögen, ohne Gerechtigkeit vorausschauende Klugheit nichts.

10 (35) Aber damit keiner verwundert fragt, warum ich jetzt, wo doch unter allen Philosophen feststeht und von mir selber oft in diesem Sinne erörtert worden ist, daß, wer eine Tugend hätte, alle hätte, eine solche Scheidung träfe, geradeso, als ob einer, der nicht zugleich klug wäre, gerecht sein könnte – so bedenke er: anders ist jene Gründlichkeit, wenn die Wahrheit an sich in der Erörterung erarbeitet, anders, wenn nach der allgemeinen Vorstellung die ganze

datur oratio. Quam ob rem, ut vulgus, ita nos hoc loco loquimur, ut alios fortes, alios viros bonos, alios prudentes esse dicamus. Popularibus enim verbis est agendum et usitatis, cum loquimur de opinione populari, idque eodem modo fecit Panaetius. Sed ad propositum revertamur.

(36) Erat igitur ex iis tribus, quae ad gloriam pertinerent, hoc tertium, ut cum admiratione hominum honore ab iis digni iudicaremur. Admirantur igitur communiter illi quidem omnia, quae magna et praeter opinionem suam animadverterunt, separatim autem in singulis, si perspiciunt nec opinata quaedam bona. Itaque eos viros suspiciunt maximisque efferunt laudibus, in quibus existimant se excellentes quasdam et singulares perspicere virtutes, despiciunt autem eos et contemnunt, in quibus nihil virtutis, nihil animi, nihil nervorum putant. Non enim omnes eos contemnunt, de quibus male existumant. Nam quos improbos, maledicos, fraudulentos putant et ad faciendam iniuriam instructos, eos contemnunt quidem neutiquam, sed de iis male existumant. Quam ob rem, ut ante dixi, contemnuntur ii, qui ›nec sibi nec alteri‹, ut dicitur, in quibus nullus labor, nulla industria, nulla cura est. (37) Admiratione autem adficiuntur ii, qui anteire ceteris virtute putantur et cum omni carere dedecore, tum vero iis vitiis, quibus alii non facile possunt obsistere. Nam et voluptates, blandissumae dominae, maioris partis animos a virtute detorquent et, dolorum cum admoventur faces, praeter modum plerique exterrentur; vita, mors, divitiae, paupertas omnes homines vehementissi-

Besprechung ausgerichtet wird. Aus diesem Grund sprechen wir an dieser Stelle so wie das gemeine Volk, so daß wir sagen, die einen seien tapfer, andere gutgesinnt, andere klug. Denn mit den gebräuchlichen Worten des Volksmunds muß verhandelt werden, wenn wir über die Vorstellung des Volkes sprechen, und das hat in derselben Weise Panaitios getan. Doch wenden wir uns wieder dem Thema zu!

(36) Es war also von den drei Vorbedingungen, die zum Ruhme führen, diese die dritte, daß wir unter Bewunderung der Mitmenschen von diesen als der Ehre für würdig beurteilt werden. Es bewundern also jene im allgemeinen alles, was sie als groß und ihre Erwartung übersteigend wahrgenommen haben, im besonderen aber, wenn sie manche guten Eigenschaften bei einzelnen unerwartet erkennen. Deshalb schauen sie auf zu diesen Männern und heben sie empor mit höchsten Lobesworten, bei denen sie ganz hervorragende und einzigartige Vorzüge zu erblicken meinen, blicken aber herab auf die und verachten die, bei denen sie keinerlei Fähigkeit, keinerlei Mut und keinerlei Tatkraft vermuten. Denn sie verachten nicht alle, von denen sie eine schlechte Meinung haben. Denn Leute, die sie für charakterlos, verleumderisch und betrügerisch halten und darauf eingestellt, Unrecht zu üben, die verachten sie zwar keineswegs, aber sie haben von ihnen eine schlechte Meinung. Deshalb werden, wie ich vorher gesagt habe, die verachtet, die weder sich noch anderen nützen,[56] wie man sagt, und die keinen Arbeitswillen, keinen Fleiß und keinerlei Interessen haben. (37) Mit Bewunderung aber werden diejenigen überhäuft, die im Rufe stehen, an Vollkommenheit den übrigen voraus und frei zu sein von jeglicher Unschicklichkeit, ganz besonders aber von den Fehlern, denen die anderen nicht leicht entgegentreten können. Denn die Vergnügungen, die so überaus betörenden Beherrscherinnen, wenden die Mehrzahl von der Vollkommenheit ab, und wenn die Qual brennender Schmerzen[57] zugefügt wird, dann lassen die meisten sich über das Maß aus der Fassung bringen. Leben, Tod, Reichtum und Armut bestimmen die Menschen

me permovent. Quae qui in utramque partem excelso animo magnoque despiciunt, ⟨eos omnes suspiciunt⟩ cumque aliqua iis ampla et honesta res obiecta est ⟨et⟩ totos ad se convertit et rapit, tum quis non admiretur splendorem pulchritudinemque virtutis?

11 (38) Ergo et haec animi despicientia admirabilitatem magnam facit et maxume iustitia, ex qua una virtute viri boni appellantur, mirifica quaedam multitudini videtur, nec iniuria. Nemo enim iustus esse potest, qui mortem, qui dolorem, qui exilium, qui egestatem timet, aut qui ea, quae sunt his contraria, aequitati anteponit. Maximeque admirantur eum, qui pecunia non movetur; quod in quo viro perspectum sit, hunc igni spectatum arbitrantur. Itaque illa tria quae proposita sunt ad gloriam, omnia iustitia conficit, et benivolentiam, quod prodesse vult plurimis, et ob eandem causam fidem et admirationem, quod eas res spernit et neglegit, ad quas plerique inflammati aviditate rapiuntur.

(39) Ac mea quidem sententia omnis ratio atque institutio vitae adiumenta hominum desiderat, inprimisque, ut habeat quibuscum possit familiares conferre sermones; quod est difficile, nisi speciem prae te boni viri feras. Ergo etiam solitario homini atque in agro vitam agenti opinio iustitiae necessaria est, eoque etiam magis, quod eam si non habebunt, [iniusti habebuntur] nullis praesidiis saepti multis afficientur iniuriis. (40) Atque iis etiam, qui vendunt, emunt, conducunt, locant contrahendisque negotiis implicantur, iustitia ad rem gerendam necessaria est, cuius tanta vis est, ut ne illi quidem, qui maleficio et scelere pascuntur, possint

sehr weitgehend. Zu all den Leuten, die darauf in zweierlei Hinsicht mit erhabener und überlegener Gesinnung herabblicken, blicken sie empor, und wenn irgendein hohes und ehrenvolles Ereignis ihnen entgegengetreten ist, sie für sich ganz einnimmt und mitreißt, wer wollte dann nicht den Glanz und die Schönheit der Vollkommenheit bewundern?

11 (38) Es erregt also dieses überlegene Herabblicken tiefe Bewunderung, und besonders die Gerechtigkeit, die einzige menschliche Vervollkommnung, nach der gutgesinnte Menschen benannt werden, scheint der Menge ganz wunderbar, nicht aber Ungerechtigkeit.[58] Denn es kann niemand gerecht sein, der Tod, der Schmerz, der Verbannung, der Armut fürchtet oder der das, was diesen entgegengesetzt ist, vor dem Rechtssinn einstuft. Und am meisten bewundern sie den, der sich von Geld nicht beeindrucken läßt. Ein Mann, bei dem diese Festigkeit erkannt worden ist, der hat – so meinen sie – die Feuerprobe bestanden.[59] Deshalb erfüllt die Gerechtigkeit alle jene drei Voraussetzungen für den Ruhm: das Wohlwollen, weil sie sehr vielen nützen will, und aus diesem Grunde auch Treue und Bewunderung, weil sie diese Gegenstände zurückweist und unbeachtet läßt, zu denen die meisten aus Habsucht sich hinreißen lassen.

(39) Und nach meiner Meinung jedenfalls erfordert die gesamte Vorausplanung und Gestaltung des Lebens die Hilfeleistungen der Mitmenschen, besonders damit man Leute hat, mit denen man vertrauliche Gespräche anknüpfen kann. Dies ist schwierig, wenn du nicht den Anschein eines rechtgesinnten Mannes vorweist. Also ist auch für einen Einzelgänger und einen, der auf dem Lande sein Leben verbringt, der Ruf der Gerechtigkeit notwendig, und zwar um so mehr, als sie, wenn sie ihn nicht haben, [für ungerecht gehalten werden und] durch kein Verteidigungsmittel abgedeckt, mit vielen Ungerechtigkeiten überhäuft werden. (40) Und sogar diejenigen, die verkaufen und kaufen, mieten und vermieten und sich auf Handelsgeschäfte einlassen, haben zum Handeln Gerechtigkeit nötig. Ihr Einfluß ist so groß, daß nicht einmal jene, die durch Untat

sine ulla particula iustitiae vivere. Nam qui eorum cuipiam, qui una latrocinantur, furatur aliquid aut eripit, is sibi ne in latrocinio quidem relinquit locum, ille autem, qui archipirata dicitur, nisi aequabiliter praedam dispertiat, aut interficiatur a sociis aut relinquatur. Quin etiam leges latronum esse dicuntur, quibus pareant, quas observent. Itaque propter aequabilem praedae partitionem et Bardulis Illyrius latro, de quo est apud Theopompum, magnas opes habuit et multo maiores Viriatus Lusitanus, cui quidem etiam exercitus nostri imperatoresque cesserunt, quem C. Laelius, is qui Sapiens usurpatur, praetor fregit et comminuit ferocitatemque eius ita repressit, ut facile bellum reliquis traderet. Cum igitur tanta vis iustitiae sit, ut ea etiam latronum opes firmet atque augeat, quantam eius vim inter leges et iudicia et in constituta re publica fore putamus?

12 (41) Mihi quidem non apud Medos solum, ut ait Herodotus, sed etiam apud maiores nostros iustitiae fruendae causa videntur olim bene morati reges constituti. Nam cum premeretur in otio multitudo ab iis, qui maiores opes habebant, ad unum aliquem confugiebant virtute praestantem, qui cum prohiberet iniuria tenuiores, aequitate constituenda summos cum infimis pari iure retinebat. Eademque constituendarum legum fuit causa quae regum. (42) Ius enim semper est quaesitum aequabile; neque enim aliter esset ius.

oder Verbrechen ihr Leben fristen, ohne einen Funken von Gerechtigkeit leben können.[60] Denn wer einem von denen, die mit an dem Raub beteiligt sind, etwas stiehlt oder entreißt, der läßt für sich nicht einmal in einer Räuberbande einen Platz, jener aber, der als Räuberhauptmann bezeichnet wird, wird wohl, wenn er die Beute nicht gleichmäßig verteilen sollte, von seinen eigenen Spießgesellen umgebracht oder verlassen. Ja, es soll sogar Gesetze der Wegelagerer geben, denen sie sich beugen, die sie beachten. Deshalb hatte dank gleichmäßiger Verteilung der Beute jener illyrische Räubergeselle Bardulis,[61] über den bei Theopomp[62] berichtet wird, großen Reichtum und noch viel größeren der Lusitaner Viriathus[63], dem ja sogar unsere Heere und Feldherrn unterlegen sind. Ihn hat C. Laelius,[64] der der Weise genannt wird, als Praetor in die Knie gezwungen und geschlagen. Seine Unerschrockenheit bändigte er so sehr, daß er den übrigen einen leichten Krieg hinterließ. Wenn also die Bedeutung der Gerechtigkeit so groß ist, daß diese sogar die Macht von Wegelagerern stärkt und steigert, wie groß wird da nach unserem Dafürhalten ihre Bedeutung erst sein inmitten der Gesetze und Gerichte und in einem wohlgeordneten Gemeinwesen?

12 (41) Mir jedenfalls scheinen nicht nur bei den Medern, wie Herodot sagt,[65] sondern auch bei unseren Vorfahren, damit man die Gerechtigkeit genießen konnte, einst Leute von rechter Art als Könige eingesetzt worden zu sein.[66] Denn als die Menge im Frieden von denjenigen bedrängt wurde, die größere Machtmittel hatten, nahmen sie Zuflucht zu einem einzelnen durch Vollkommenheit hervorragenden Mann, der, da er die Schwächeren gegen Unrecht schützte, durch Begründung der Rechtsgleichheit die Hochgestellten gemeinsam mit den Niedrigen nach gleichem Recht beherrschte. Die Ursachen für die Begründung der Gesetze war dieselbe wie die für die Königsherrschaften. (42) Denn man suchte immer ein Gleichheit gewährleistendes Recht. Sonst gäbe es ja gar kein Recht. Falls sie dies von einem einzigen gerechten und gutgesinnten Manne er-

Id si ab uno iusto et bono viro consequebantur, erant eo contenti; cum id minus contingeret, leges sunt inventae, quae cum omnibus semper una atque eadem voce loquerentur. Ergo hoc quidem perspicuum est, eos ad imperandum deligi solitos, quorum de iustitia magna esset opinio multitudinis. Adiuncto vero, ut idem etiam prudentes haberentur, nihil erat, quod homines iis auctoribus non posse consequi se arbitrarentur. Omni igitur ratione colenda et retinenda iustitia est, cum ipsa per sese – nam aliter iustitia non esset – tum propter amplificationem honoris et gloriae.
Sed ut pecuniae non quaerendae solum ratio est, verum etiam collocandae, quae perpetuos sumptus suppeditet, nec solum necessarios, sed etiam liberales, sic gloria et quaerenda et collocanda ratione est. (43) Quamquam praeclare Socrates hanc viam ad gloriam proximam et quasi compendiariam dicebat esse, si quis id ageret, ut qualis haberi vellet, talis esset. Quod si qui simulatione et inani ostentatione et ficto non modo sermone sed etiam voltu stabilem se gloriam consequi posse rentur, vehementer errant. Vera gloria radices agit atque etiam propagatur, ficta omnia celeriter tamquam flosculi decidunt nec simulatum potest quicquam esse diuturnum. Testes sunt permulti in utramque partem, sed brevitatis causa familia contenti erimus una. Tiberius enim Gracchus, P. f., tam diu laudabitur, dum memoria rerum Romanarum manebit, at eius filii nec vivi probabantur bonis et mortui numerum optinent iure caesorum. Qui igitur adipisci veram [iustitiae] gloriam volet,

reichten, gaben sie sich mit ihm zufrieden. Wenn dies nicht gelang, wurden Gesetze gefunden, die zu allen stets mit ein und derselben Sprache redeten. Also ist dieser Grundsatz wenigstens offensichtlich, daß in der Regel diejenigen zum Herrschen gewählt werden, von deren Gerechtigkeit die Menge eine hohe Meinung hat. Sobald gar einmal die Überzeugung hinzugetreten ist, daß diese Männer zugleich gerecht und vorausschauend seien, gab es nichts mehr, was die Leute unter deren geistiger Führung erreichen zu können sich nicht zugetraut hätten. In jeder erdenklichen Weise also ist Gerechtigkeit zu pflegen und zu wahren: zum einen um ihrer selbst willen – denn sonst wäre es keine Gerechtigkeit –, zum anderen besonders wegen der Steigerung von Ehre und Ruhm.

Aber wie es einen rechten Weg nicht nur zum Erwerb, sondern auch zur Verwendung von Geld gibt, der fortlaufende Einnahmen sichert, und zwar nicht nur notwendige, sondern auch eines freien Mannes würdige, so ist der Ruhm auf rechte Weise zu erwerben und zu verwenden. (43) Sokrates jedenfalls sagte treffend,[67] es sei dies der nächste und gleichsam abgekürzte Weg zum Ruhm, wenn einer danach handle, daß er so sei, wie er scheinen wolle. Denn wenn irgendwelche Leute glauben, durch Heuchelei, durch wichtigtuerische Prahlerei und durch Schauspielerei nicht nur in der Rede, sondern auch im Mienenspiel beständigen Ruhm erreichen zu können, so irren sie sich gründlich. Wahrer Ruhm schlägt Wurzeln, ja er pflanzt sich sogar fort, alles Vorgetäuschte fällt rasch ab wie zarte Blüten, und Heuchelei kann nicht auf die Dauer erfolgreich sein. Zeugen gibt es sehr viele für beides, aber um der Kürze willen werden wir uns auf eine Familie beschränken: Ti. Gracchus,[68] der Sohn des Publius, wird so lange gerühmt werden, wie die Erinnerung an die römische Geschichte bleibt. Aber seine Söhne fanden im Leben bei den Gutgesinnten keine Anerkennung, und seit ihrem Tode zählt man sie zu denen, die mit Recht ermordet wurden.[69] Wer also wahren Ruhm [der Gerechtigkeit] erlangen will, der erfülle die Pflichten

iustitiae fungatur officiis. Ea quae essent, dictum est in libro superiore.

13 (44) Sed ut facillime, quales simus, tales esse videamur, etsi in eo ipso vis maxima est, ut simus ii, qui haberi velimus, tamen quaedam praecepta danda sunt. Nam si quis ab ineunte aetate habet causam celebritatis et nominis aut a patre acceptam, quod tibi, mi Cicero, arbitror contigisse, aut aliquo casu atque fortuna, in hunc oculi omnium coniciuntur atque in eum, quid agat, quemadmodum vivat, inquiritur, et, tamquam in clarissima luce versetur, ita nullum obscurum potest nec dictum eius esse nec factum. (45) Quorum autem prima aetas propter humilitatem et obscuritatem in hominum ignoratione versatur, ii, simul ac iuvenes esse coeperunt, magna spectare et ad ea rectis studiis debent contendere; quod eo firmiore animo facient, quia non modo non invidetur illi aetati verum etiam favetur. Prima est igitur adulescenti commendatio ad gloriam, si qua ex bellicis rebus comparari potest, in qua multi apud maiores nostros extiterunt; semper enim fere bella gerebantur. Tua autem aetas incidit in id bellum, cuius altera pars sceleris nimium habuit, altera felicitatis parum. Quo tamen in bello cum te Pompeius alae [alteri] praefecisset, magnam laudem et a summo viro et ab exercitu consequebare equitando, iaculando, omni militari labore tolerando. Atque ea quidem tua laus pariter cum re publica cecidit. Mihi autem haec oratio

der Gerechtigkeit. Welche dies sind, wurde im vorhergehenden Buch besprochen.[70]

13 (44) Aber dafür, daß wir am leichtesten so zu sein scheinen, wie wir sind – wenn auch allein schon bei dem Streben danach die entscheidende Voraussetzung darin liegt, daß wir die sind, als die wir gelten wollen –, ist es doch erforderlich, einige Unterweisungen zu geben. Denn wenn einer schon zu Beginn seiner Jugend die Grundlegung für die Berühmtheit seines Namens mitbringt – entweder als Erbe von seinem Vater, was dir, mein Cicero, nach meinem Dafürhalten in den Schoß gefallen ist, oder als Geschenk eines Zufalls und des Schicksals –, so richten sich auf diesen die Augen aller, und es richtet sich auf ihn die Neugier, was er tut und wie er sein Leben gestaltet; weiter: als ob er im Lichte der Öffentlichkeit glänzte, so kann da nichts von ihm verborgen sein – weder eine Äußerung noch eine Tat. (45) Leute dagegen, deren frühe Jugend wegen ihrer niedrigen und unbedeutenden Herkunft im Dunkel verborgen ist, müssen mit dem Eintritt in das Mannesalter zu hohen Zielen ihren Blick erheben und mit Zielstrebigkeit auf sie zusteuern. Dies werden sie mit um so unbeirrbarerem Willen tun, als man ihnen in jenem Lebensalter ja nicht etwa Mißgunst, sondern vielmehr Gunst entgegenbringt. Die vortrefflichste Empfehlung zum Ruhm hat ein junger Mann dann, wenn er etwa durch Leistungen im Krieg erworben werden kann. Darin sind bei unseren Vorfahren viele hervorgetreten. Denn fast immer wurden Kriege geführt. Deine Generation aber ist unglücklicherweise in einen Krieg hineingeboren, dessen eine Partei zuviel an verbrecherischer Gesinnung, dessen andere zuwenig Glück hatte. In diesem Krieg freilich gewannst du, als Pompeius dich zum Präfekten eines Reiterschwadrons gemacht hatte, große Anerkennung bei einem sehr bedeutenden Mann und beim Heer durch Reiten, Schießen und Ertragen jeglicher Mühsal im Felde.[71] Nun ist diese Anerkennung für dich mitsamt dem Gemeinwesen zunichte geworden. Ich aber habe mir diese Darlegung nicht in bezug auf dich, sondern auf den gan-

suscepta non de te est, sed de genere toto. Quam ob rem pergamus ad ea, quae restant.

(46) Ut igitur in reliquis rebus multo maiora opera sunt animi quam corporis, sic eae res quas ingenio ac ratione persequimur, gratiores sunt quam illae, quas viribus. Prima igitur commendatio proficiscitur a modestia, tum pietate in parentes, in suos benevolentia. Facillume autem et in optimam partem cognoscuntur adulescentes, qui se ad claros et sapientes viros bene consulentes rei publicae contulerunt, quibuscum si frequentes sunt, opinionem adferunt populo eorum fore se similes, quos sibi ipsi delegerint ad imitandum. (47) P. Rutilii adulescentiam ad opinionem et innocentiae et iuris scientiae P. Mucii commendavit domus. Nam L. quidem Crassus, cum esset admodum adulescens, non aliunde mutuatus est, sed sibi ipse peperit maximam laudem ex illa accusatione nobili et gloriosa, et qua aetate qui exercentur, laude adfici solent, ut de Demosthene accepimus, ea aetate L. Crassus ostendit, id se in foro optume iam facere, quod etiam tum poterat domi cum laude meditari.

14 (48) Sed cum duplex ratio sit orationis, quarum in altera sermo sit, in altera contentio, non est id quidem dubium, quin contentio [orationis] maiorem vim habeat ad gloriam – ea est enim, quam eloquentiam dicimus –, sed tamen difficile dictu est, quantopere conciliet animos comitas adfabilitasque sermonis. Extant epistolae et Philippi ad Alexandrum et Antipatri ad Cassandrum et Antigoni ad Philippum filium, trium prudentissimorum, – sic enim accepimus – quibus praecipiunt, ut oratione benigna multitudinis

zen Problemkreis vorgenommen. Deshalb wollen wir zu den Fragen weitereilen, die ausstehen.

(46) Wie nun in den übrigen Lebensbereichen die Leistungen des Geistes viel bedeutender sind als die des Körpers,[72] so sind die Ziele, die wir mit Verstand und Vernunft verfolgen, angesehener als jene, die wir mit Körperkräften anstreben. Die vortrefflichste Empfehlung geht also von der Bescheidenheit aus, ferner von Anhänglichkeit gegenüber den Eltern, Wohlwollen gegenüber den Angehörigen. Am leichtesten aber und von der besten Seite lernt man junge Männer kennen, die sich berühmten, weisen Männern, die gut für das Gemeinwesen sorgen, angeschlossen haben;[73] wenn sie häufig in ihrer Nähe sind, vermitteln sie dem Volk den Eindruck, sie seien Ebenbilder derer, die sie sich selbst zur Nachahmung auserwählt haben. (47) Das Haus des P. Mucius[74] empfahl die Jugend des P. Rutilius für den Ruf der Uneigennützigkeit und Rechtskenntnis. Andererseits hat z. B. L. Crassus,[75] als er noch sehr jung war, nicht von einem anderen die höchste Anerkennung entlehnt, sondern sie sich selbst erworben aufgrund seiner bekannten und ruhmvollen Anklagerede. Und in einem Alter, in dem andere, die sich darin üben, mit Anerkennung bedacht zu werden pflegen, wie wir es über Demosthenes[76] erfahren haben, hat L. Crassus bewiesen, daß er auf dem Forum schon aufs beste meisterte, was er damals noch zu Hause mit Anerkennung hätte einstudieren können.

14 (48) Da es aber zweierlei Art der Rede[77] gibt, zu deren einer der Gesprächston gehört, zur anderen die leidenschaftliche Darlegung, so ist es gewiß nicht zweifelhaft, daß leidenschaftliche Darlegung größere Bedeutung hat für den Ruhm – denn sie ist es, die wir ›Beredsamkeit‹ nennen –, aber es ist doch schwer zu sagen, wie sehr Freundlichkeit und Umgänglichkeit im Gespräch Sympathien gewinnen. Es sind Briefe von Philipp an Alexander, von Antipater[78] an Kassandros, von Antigonos[79] an seinen Sohn Philipp erhalten, drei sehr klugen Leuten – so nämlich haben wir vernommen –, in denen sie vorschreiben, daß sie durch gütige

animos ad benevolentiam alliciant militesque blande appellando [sermone] deleniant. Quae autem in multitudine cum contentione habetur oratio, ea saepe universam excitat gloriam. Magna est enim admiratio copiose sapienterque dicentis, quem qui audiunt intellegere etiam et sapere plus quam ceteros arbitrantur. Si vero inest in oratione mixta modestia gravitas nihil admirabilius fieri potest, eoque magis, si ea sunt in adulescente. (49) Sed cum sint plura causarum genera, quae eloquentiam desiderent, multique in nostra re publica adulescentes et apud iudices et apud populum et apud senatum dicendo laudem assecuti sint, maxima est admiratio in iudiciis, quorum ratio duplex est. Nam ex accusatione et ex defensione constat, quarum etsi laudabilior est defensio, tamen etiam accusatio probata persaepe est. Dixi paulo ante de Crasso. Idem fecit adulescens M. Antonius. Etiam P. Sulpicii eloquentiam accusatio inlustravit, cum seditiosum et inutilem civem, C. Norbanum, in iudicium vocavit. (50) Sed hoc quidem non est saepe faciendum nec umquam nisi aut rei publicae causa, ut ii, quos ante dixi, aut ulciscendi gratia, ut duo Luculli, aut patrocinii, ut nos pro Siculis, pro Sardis in Albucio Iulius. In accusando etiam M'. Aquilio L. Fufii cognita industria est. Semel igitur aut non saepe certe. Sin erit, cui faciendum sit saepius, rei publicae tribuat hoc muneris, cuius inimicos ulcisci saepius non est reprehendendum; modus tamen adsit. Duri enim hominis, vel potius vix hominis videtur periculum capitis

Rede die Sympathien der Menge für Wohlwollen gewinnen und die Soldaten durch entgegenkommende Rede beschwichtigen sollen. Die Rede aber, die vor der Menge mit Leidenschaftlichkeit gehalten wird, erweckt oft allgemeinen Ruhm. Denn groß ist die Bewunderung für einen gedankenreichen und weisen Redner. Seine Zuhörer glauben, er habe auch mehr Einsicht und Verstand als die übrigen. Wenn gar in der Rede eine mit Bescheidenheit verbundene Charakterfestigkeit liegt, dann erregt dies höchste Bewunderung, und zwar um so mehr, wenn diese Züge bei einem jungen Manne anzutreffen sind. (49) Aber wenngleich es mehrere Arten von Prozeßfällen gibt, die Beredsamkeit erfordern, und in unserem Gemeinwesen sich viele junge Leute vor den Richtern, vor dem Volke und vor dem Senat durch die Rede Anerkennung verschafft haben,[80] so ist doch am größten die Bewunderung bei Prozessen, deren Verfahrensweise eine doppelte ist. Denn sie besteht in der Verteidigung und in der Anklage. Wenngleich dabei die Verteidigungsrede anerkennenswerter ist,[81] so findet auch die Anklagerede doch sehr oft Billigung. Ich habe eben erst[82] über Crassus gesprochen. Dasselbe hat der junge M. Antonius[83] getan. Auch des P. Sulpicius[84] Beredsamkeit hat eine Anklagerede ins Licht gerückt, als er den aufrührerischen und nichtsnutzigen Bürger C. Norbanus vor Gericht zog. (50) Nun darf man das freilich nicht oft tun und wenn je, dann nur um des Gemeinwesens willen wie diejenigen, die ich vorher genannt habe, entweder wegen einer Bestrafung wie beide Luculli[85] oder wegen der Verpflichtung als Schutzherr wie wir[86] für die Siculer und Julius[87] für die Sarden im Prozeß gegen Albucius. Bei der Anklage gegen M'. Aquilius[88] ist des L. Fufius Unermüdlichkeit bekanntgeworden. Nur einmal also geschehe es oder wenigstens nicht oft. Wenn es aber einen gibt, der das öfter tun muß, so leiste er dem Gemeinwesen diesen Dienst, dessen Feinde öfter zu bestrafen nicht tadelnswert ist. Jedoch herrsche Maß vor. Denn es verrät wohl einen rücksichtslosen Menschen oder vielmehr einen Unmenschen, Lebensgefahr über viele zu brin-

inferre multis. Id cum periculosum ipsi est, tum etiam sordidum ad famam committere, ut accusator nominere; quod contigit M. Bruto, summo genere nato, illius filio, qui iuris civilis in primis peritus fuit. (51) Atque etiam hoc praeceptum officii diligenter tenendum est, ne quem umquam innocentem iudicio capitis arcessas; id enim sine scelere fieri nullo pacto potest. Nam quid est tam inhumanum, quam eloquentiam a natura ad salutem hominum et ad conservationem datam ad bonorum pestem perniciemque convertere? Nec tamen, ut hoc fugiendum est, item est habendum religioni nocentem aliquando, modo ne nefarium impiumque defendere. Vult hoc multitudo, patitur consuetudo, fert etiam humanitas. Iudicis est semper in causis verum sequi, patroni non numquam veri simile, etiam si minus sit verum, defendere, quod scribere, praesertim cum de philosophia scriberem, non auderem, nisi idem placeret gravissimo Stoicorum Panaetio. Maxime autem et gloria paritur et gratia defensionibus, eoque maior, si quando accidit, ut ei subveniatur, qui potentis alicuius opibus circumveniri urgerique videatur, ut nos et saepe alias et adulescentes contra L. Sullae dominantis opes pro Sex. Roscio Amerino fecimus, quae, ut scis, extat oratio.

15 (52) Sed expositis adulescentium officiis, quae valeant ad gloriam adipiscendam, deinceps de beneficentia ac de liberalitate dicendum est, cuius est ratio duplex. Nam aut opera benigne fit indigentibus aut pecunia. Facilior est haec posterior locupleti praesertim, sed illa lautior ac splendidior et viro forti claroque dignior. Quamquam enim in utroque

gen. Das ist für dich selber gefährlich, ganz besonders aber schmählich für den Ruf, es dahin kommen zu lassen, daß du ›Ankläger‹ genannt wirst. So ist es M. Brutus[89] ergangen, einem Mann höchster Abkunft, dem Sohne jenes Mannes, der ein besonderer Kenner des Zivilrechts war. (51) Aber auch diese Vorschrift der Pflicht ist sorgsam einzuhalten, daß du nie einen Unschuldigen mit einer Anklage auf Leib und Leben vor Gericht ziehst. Das nämlich kann ohne ein Verbrechen keineswegs geschehen. Denn was ist so unmenschlich, wie die Beredsamkeit, die von der Natur zur Rettung und zur Erhaltung der Menschen gegeben ist, zur Verderbnis und Vernichtung der Gutgesinnten zu mißbrauchen? Dennoch: wie dies zu meiden ist, genauso ist es für unbedenklich zu halten, einmal einen Schuldigen, wenn er nur nicht verbrecherisch und gottlos ist, zu verteidigen. Das will die Menge, die Tradition läßt es zu, die Menschlichkeit duldet es. Aufgabe des Richters ist es, immer in Rechtsfällen der Wahrheit nachzugehen, des Anwalts, manchmal das Wahrscheinliche, auch wenn es nicht recht wahr ist, zu verteidigen. Das zu schreiben, zumal ich über die Philosophie schreibe, wagte ich nicht, wenn es nicht auch dem Panaitios, dem bedeutendsten unter den Stoikern, richtig schiene. Am meisten aber wird Berühmtheit und Beliebtheit gewonnen durch Verteidigungsreden, und zwar um so mehr, wenn einmal der Fall eintritt, daß man dem zu Hilfe kommt, der durch Machtmittel irgendeines einflußreichen Mannes hintergangen und bedrängt zu werden scheint, wie wir es oft sonst und in unserer Jugend gegen die Macht des herrschenden L. Sulla[90] für Sex. Roscius Amerinus getan haben, in einer Rede, die, wie du weißt, noch vorhanden ist.

15 (52) Aber nachdem die Verpflichtungen junger Leute dargelegt worden sind, die zur Gewinnung des Ruhmes beitragen, ist im folgenden über die Wohltätigkeit und Freigebigkeit zu reden; ihre Handlungsweise ist eine zwiefache. Denn es wird entweder durch eine Hilfeleistung gütig gehandelt gegenüber Bedürftigen oder durch Geld. Leichter

inest gratificandi liberalis voluntas, tamen altera ex arca, altera ex virtute depromitur, largitioque, quae fit ex re familiari, fontem ipsum benignitatis exhaurit. Ita benignitate benignitas tollitur, qua quo in plures usus sis, eo minus in multos uti possis. (53) At qui opera, id est virtute et industria, benefici et liberales erunt, primum, quo pluribus profuerint, eo plures ad benigne faciendum adiutores habebunt, dein consuetudine beneficentiae paratiores erunt et tamquam exercitatiores ad bene de multis promerendum. Praeclare in epistula quadam Alexandrum filium Philippus accusat, quod largitione benivolentiam Macedonum consectetur. ›Quae te, malum, inquit, ratio in istam spem induxit, ut eos tibi fideles putares fore, quos pecunia corrupisses? An tu id agis, ut Macedones non te regem suum, sed ministrum et praebitorem sperent fore?‹ Bene ›ministrum et praebitorem‹, quia sordidum regi, melius etiam quod largitionem corruptelam dixit esse. Fit enim deterior, qui accipit atque ad idem semper expectandum paratior. Hoc ille filio, sed praeceptum putemus omnibus. (54) Quam ob rem id quidem non dubium est, quin illa benignitas, quae constet ex opera et industria, et honestior sit et latius pateat et possit prodesse pluribus. Non numquam tamen est largiendum nec hoc benignitatis genus omnino repudiandum est et saepe idoneis hominibus indigentibus de re familiari impertiendum, sed diligenter atque moderate. Multi enim patri-

ist diese letztere Handlungsweise, zumal für einen wohlbemittelten Mann, aber jene rühmlicher, glanzvoller sowie eines tatkräftigen und berühmten Mannes würdiger. Denn wenngleich in beiden Fällen das einem freien Manne zukommende Streben, sich gefällig zu erweisen, vorliegt, so wird doch das eine aus der Geldkassette, das andere aus der Tatkraft entlehnt; die Gebefreudigkeit, die vom Privatvermögen ausgeht, erschöpft ja gerade die Quelle der Güte. So wird die Güte durch Güte beseitigt. Daher kannst du sie, gegenüber je mehr Leuten du sie gezeigt hast, gegenüber um so wenigeren zeigen. (53) Dagegen werden die, die durch eine Hilfeleistung, d. h. durch Tatkraft und Unermüdlichkeit, wohltätig und freigebig sind, zunächst um so mehr Helfer zu gütigem Handeln haben, je mehr Leuten sie genützt haben, sodann werden sie durch die Gewöhnung an Wohltätigkeit bereiter und gleichsam geübter sein, sich um viele verdient zu machen. Treffend klagt Philipp seinen Sohn Alexander in einem Brief an, daß er durch Gebefreudigkeit das Wohlwollen der Makedonen zu gewinnen suche. »Was für ein Gedanke, Elender«, sagt er, »hat dich zu der Hoffnung gebracht, diejenigen seien dir treu, die du mit Geld bestochen hast? Oder willst du darauf hinaus, daß die Makedonen hoffen, du werdest nicht ihr König, sondern ihr Diener und Handlanger[91] sein?« Richtig sagte er »einen Diener und Handlanger«, weil es schmählich für einen König ist; noch richtiger, daß er sagte, Gebefreudigkeit sei »Bestechung«. Denn schlechter wird, wer annimmt, und immer mehr bereit, dasselbe zu erwarten. Das sagte jener zu seinem Sohn, aber wir wollen es für eine Vorschrift an alle halten. (54) Deshalb ist dies jedenfalls nicht zweifelhaft, daß jene Güte, die in Hilfsbereitschaft und Unermüdlichkeit besteht, ehrenvoller ist, weiter reicht und mehr Leuten nützen kann. Dennoch muß man manchmal geben und darf diese Art der Güte nicht völlig zurückweisen, und man muß oft geeigneten Leuten im Falle der Bedürftigkeit[92] von seinem Privatvermögen eine Zuwendung machen, aber wohlbedacht und mit Maßen. Viele nämlich haben ihr Erbe

monia effuderunt, inconsulte largiendo. Quid autem est stultius quam, quod libenter facias, curare ut id diutius facere non possis? Atque etiam sequuntur largitionem rapinae. Cum enim dando egere coeperunt, alienis bonis manus afferre coguntur. Ita, cum benivolentiae comparandae causa benefici esse velint, non tanta studia assequuntur eorum, quibus dederunt, quanta odia eorum, quibus ademerunt. (55) Quam ob rem nec ita claudenda res est familiaris, ut eam benignitas aperire non possit, nec ita reseranda, ut pateat omnibus; modus adhibeatur isque referatur ad facultates. Omnino meminisse debemus id, quod a nostris hominibus saepissime usurpatum iam in proverbii consuetudinem venit, largitionem fundum non habere. Etenim quis potest modus esse, cum et idem qui consueverunt et idem illud alii desiderent.

16 Omnino duo sunt genera largorum, quorum alteri prodigi, alteri liberales; prodigi, qui epulis et viscerationibus et gladiatorum muneribus ludorum venationumque apparatu pecunias profundunt in eas res, quarum memoriam aut brevem aut nullam omnino sint relicturi, liberales autem, qui suis facultatibus aut captos a praedonibus redimunt aut aes alienum suscipiunt amicorum aut in filiarum collocatione adiuvant aut opitulantur vel in re quaerenda vel augenda. (56) Itaque miror, quid in mentem venerit Theophrasto, in eo libro, quem de divitiis scripsit, in quo multa praeclare, illud absurde: est enim multus in laudanda magnificentia et apparitione popularium munerum taliumque sumptuum facultatem fructum divitiarum putat. Mihi autem ille fructus

verschleudert durch unüberlegtes Geben. Was aber ist törichter, als dafür zu sorgen, daß du das, was du gerne tust, nicht länger tun kannst? Ja, es hat Gebefreudigkeit sogar Räubereien im Gefolge.[93] Wenn sie nämlich durch Verschenken in Not kommen, sehen sie sich gezwungen, auch an fremdem Gut sich zu vergreifen. So erreichen sie, wenn sie, um Wohlwollen zu erwerben, wohltätig sein wollen, nicht so große Zuneigung bei den Leuten, denen sie gegeben, wie Ablehnung bei denen, denen sie genommen haben. (55) Aus diesem Grund darf man sein Privatvermögen weder so abschließen, daß Güte es nicht öffnen kann, aber auch nicht so zugänglich machen, daß es allen offensteht. Man wende Maß an und richte dieses aus nach den finanziellen Möglichkeiten. Überhaupt müssen wir das in Erinnerung haben, was, von unseren Landsleuten sehr oft als Redensart gebraucht, schon zum Sprichwort geworden ist, »Gebefreudigkeit habe keinen Boden«[94]. Denn wie könnte es ein Maß geben, wenn auch die anderen ganz und gar dasselbe beanspruchen wie die, die sich ans Nehmen gewöhnt haben.

16 Überhaupt gibt es zwei Arten der Gebefreudigen, von denen die einen ›verschwenderisch‹, die anderen ›freigebig‹ sind. Verschwenderisch sind Leute, die durch Gelage, Fleischverteilungen, Leistungen für Gladiatorenspiele und Ausstattung von Tierhetzen ihre Geldmittel verschleudern für solche Aufwendungen, an die sie eine nur kurze oder gar keine Erinnerung zurücklassen werden; freigebig aber die, die durch ihre Mittel entweder von Seeräubern Gefangene freikaufen, für die Schulden ihrer Freunde einstehen, bei der Verheiratung der Töchter Unterstützung gewähren oder Hilfe leisten bei Erwerb oder Vermögensvermehrung. (56) Deshalb wundere ich mich, was Theophrast[95] in den Sinn gekommen ist in dem Buch, das er über den Reichtum geschrieben hat und in dem er neben vielen trefflichen Bemerkungen jene sinnlose Äußerung macht. Er verbreitet sich nämlich in Anerkennung für Prachtentfaltung und Ausstattung von Veranstaltungen für das Volk, und die Voraussetzung für derlei Aufwendungen hält er für den Ge-

liberalitatis, cuius pauca exempla posui, multo et maior videtur et certior. Quanto Aristoteles gravius et verius nos reprehendit, qui has pecuniarum effusiones non admiremur, quae fiunt ad multitudinem deleniendam. At ii, ›qui ab hoste obsidentur, si emere aquae sextarium cogerentur mina, hoc primo incredibile nobis videri omnesque mirari, sed cum adtenderint, veniam necessitati dare, in his immanibus iacturis infinitisque sumptibus nihil nos magnopere mirari, cum praesertim neque necessitati subveniatur nec dignitas augeatur ipsaque illa delectatio multitudinis ad breve ⟨excitetur⟩ exiguumque tempus eaque a levissimo quoque, in quo tamen ipso una cum satietate memoria quoque moriatur voluptatis.‹ (57) Bene etiam colligit ›haec pueris et mulierculis et servis et servorum simillimis liberis esse grata, gravi vero homini et ea, quae fiunt, iudicio certo ponderanti probari posse nullo modo‹. Quamquam intellego in nostra civitate inveterasse iam bonis temporibus, ut splendor aedilitatum ab optimis viris postuletur. Itaque et P. Crassus cum cognomine dives tum copiis functus est aedilicio maximo munere, et paulo post L. Crassus cum omnium hominum moderatissimo Q. Mucio magnificentissima aedilitate functus est, deinde C. Claudius App. f., multi post, Luculli, Hortensius, Silanus; omnes autem P. Lentulus me consule vicit superiores; hunc est Scaurus imitatus; magnificentissima vero nostri Pompei munera secundo consulatu; in quibus omnibus quid mihi placeat, vides.

17 (58) Vitanda tamen suspicio est avaritiae. Mamerco, homini divitissimo, praetermissio aedilitatis consulatus re-

winn des Reichtums. Mir aber scheint jener Gewinn der Freigebigkeit, wofür ich einige Beispiele gegeben habe, viel größer und sicherer zu sein. Um wieviel ernster und zutreffender tadelt uns Aristoteles,[96] da wir uns nicht wundern über dieses Verschleudern von Geldmitteln, das zur Beschwichtigung des Volkes geschieht. Aber wenn die, »die vom Feind belagert werden, sich gezwungen sähen, einen Schoppen Wasser um eine Mine zu kaufen, dann erschiene uns das zunächst unglaublich und es wunderten sich alle; wenn sie dagegen die Notlage berücksichtigten, brächten sie dafür Verständnis auf. Bei diesen ungeheuerlichen Opfern und unbeschränkten Ausgaben wunderten wir uns keineswegs sehr, wo doch weder einer Notlage Abhilfe geschaffen noch Würde gemehrt und ebenjenes Ergötzen der Menge nur für kurze und beschränkte Zeit erreicht werde, und zwar gerade bei den leichtfertigsten Leuten. Gerade bei ihnen erstürbe freilich zugleich mit dem Überdruß die Erinnerung an das Vergnügen«. (57) Zutreffend schließt er auch, »es sei dies Knaben, Weibspersonen und ganz in die Sklavenart schlagenden Freien angenehm, einem ernsthaften und das Geschehen mit sicherem Urteil abwägenden Manne aber könne es keineswegs gefallen«. Indessen hat es sich – das sehe ich ein – in unserem Gemeinwesen schon in der guten alten Zeit eingebürgert, daß glanzvolle Führung der Aedilenämter[97] von den besten Männern gefordert wird. Deshalb hat auch P. Crassus,[98] nach Beinamen wie nach Mitteln der ›Reiche‹, sein Aedilenamt sehr prächtig ausgeübt, und bald darauf hat L. Crassus mit Q. Mucius, dem bescheidensten aller Menschen, eine überaus großartige Aedilität geführt, sodann C. Claudius, der Sohn des Appius, und viele danach, die Luculli, Hortensius und Silanus. Alle seine Vorgänger aber hat unter meinem Konsulat P. Lentulus übertroffen. Ihm hat es Scaurus gleichgetan. Am großartigsten aber waren die Spiele unseres Pompeius bei seinem zweiten Konsulat.[99] Was mir an alledem gefällt, siehst du.

17 (58) Jedoch ist der Verdacht auf Habsucht zu meiden.[100] Mamercus,[101] einem steinreichen Manne, brachte das

pulsam attulit. Quare et si postulatur a populo, bonis viris si non desiderantibus, at tamen approbantibus faciundum est, modo pro facultatibus, nos ipsi ut fecimus, et si quando aliqua res maior atque utilior populari largitione adquiritur, ut Oresti nuper prandia in semitis decumae nomine magno honori fuerunt. Ne M. quidem Seio vitio datum est, quod in caritate asse modium populo dedit; magna enim se et inveterata invidia nec turpi iactura, quando erat aedilis, nec maxima liberavit. Sed honori summo nuper nostro Miloni fuit qui gladiatoribus emptis rei publicae causa, quae salute nostra continebatur, omnes P. Clodii conatus furoresque compressit. (59) Causa igitur largitionis est, si aut necesse est aut utile. In his autem ipsis mediocritatis regula optima est. L. quidem Philippus, Q. f., magno vir ingenio inprimisque clarus, gloriari solebat se sine ullo munere adeptum esse omnia, quae haberentur amplissima. Dicebat idem Cotta, Curio. Nobis quoque licet in hoc quodam modo gloriari; nam pro amplitudine honorum, quos cunctis suffragiis adepti sumus nostro quidem anno, quod contigit eorum nemini, quos modo nominavi, sane exiguus sumptus aedilitatis fuit. (60) Atque etiam illae impensae meliores, muri, navalia, portus, aquarum ductus omniaque, quae ad usum rei publicae pertinent, quamquam, quod praesens tamquam in manum datur, iucundius est, tamen haec in posterum gratiora. Theatra, porticus, nova templa verecundius

Übergehen der Aedilität die Zurückweisung bei der Bewerbung um das Konsulat ein. Deshalb müssen einerseits, falls es vom Volke gefordert wird, gutgesinnte Männer, wenn auch nicht nach ihrem Wunsch, so doch mit ihrer Billigung diesen Tribut leisten – freilich mit Rücksicht auf ihre Mittel, so wie wir selbst gehandelt haben,[102] andererseits, wenn einmal irgendein bedeutenderes und nützlicheres Ziel durch eine Schenkung an das Volk erstrebt wird. So schlug dem Orestes[103] unlängst die Speisung auf den Straßen anläßlich einer Zehntweihe sehr zur Ehre aus. Nicht einmal dem M. Seius[104] rechnete man es als Fehler an, daß er bei einer Teuerung dem Volk das Scheffel Getreide um einen As gab. Von großer und alteingefressener Unbeliebtheit hat er sich durch ein nicht schändliches, da er nun einmal Aedil war, und nicht sehr großes Opfer befreit. Zu größter Ehre aber schlug es unlängst unserem Milo aus, der Gladiatoren um des Gemeinwesens willen, das von unserer Existenz abhing, anwarb und all die blindwütigen Anschläge des P. Clodius unterdrückte.[105] (59) Die Voraussetzung für eine Schenkung liegt also vor, wenn sie notwendig oder nützlich ist. Gerade dabei aber ist der Mittelweg als Richtschnur am besten. L. Philippus jedenfalls, der Sohn des Quintus, ein sehr berühmter Mann von hoher Begabung, pflegte sich zu rühmen, er habe ohne irgendeine Leistung alles erreicht, was als sehr glanzvoll galt. Es sagten dies auch Cotta und Curio.[106] Auch wir dürfen uns in diesem Punkte bis zu einem gewissen Grade rühmen. Denn gemessen an der hohen Auszeichnung der Ämter, die wir mit allgemeiner Zustimmung im frühestmöglichen Jahr erreicht haben, was keinem von denen, die ich eben genannt habe, gelungen ist, war der Aufwand für unsere Aedilität recht gering. (60) Aufwendungen für jene Vorhaben sind noch zweckmäßiger: Mauern, Werften, Häfen, Wasserleitungen und all das, was beiträgt zum Nutzen für das Gemeinwesen.[107] Freilich ist das, was für den Augenblick gleichsam an die Hand gegeben wird, angenehmer. Jedoch für künftige Zeit sind diese Leistungen dankenswerter. Theater, Säulenhallen und

reprehendo propter Pompeium, sed doctissimi non probant, ut et hic ipse Panaetius, quem multum in his libris secutus sum non interpretatus, et Phalereus Demetrius, qui Periclem, principem Graeciae, vituperat, quod tantam pecuniam in praeclara illa propylaea coniecerit. Sed de hoc genere toto in iis libris, quos de re publica scripsi, diligenter est disputatum. Tota igitur ratio talium largitionum genere vitiosa est, temporibus necessaria et tum ipsum et ad facultates accommodanda et mediocritate moderanda est.

18 (61) In illo autem altero genere largiendi, quod a liberalitate proficiscitur, non uno modo in disparibus causis adfecti esse debemus. Alia causa est eius, qui calamitate premitur, et eius, qui res meliores quaerit nullis suis rebus adversis. (62) Propensior benignitas esse debebit in calamitosos, nisi forte erunt digni calamitate. In iis tamen, qui se adiuvari volent, non ne adfligantur, sed ut altiorem gradum ascendant, restricti omnino esse nullo modo debemus, sed in deligendis idoneis iudicium et diligentiam adhibere. Nam praeclare Ennius ›Bene facta male locata male facta arbitror‹. (63) Quod autem tributum est bono viro et grato, in eo cum ex ipso fructus est, tum etiam ex ceteris. Temeritate enim remota gratissima est liberalitas, eoque eam studiosius plerique laudant, quod summi cuiusque bonitas commune perfugium est omnium. Danda igitur opera est, ut iis beneficiis quam plurimos adficiamus, quorum memoria liberis posterisque prodatur, ut iis ingratis esse non liceat. Omnes enim immemorem beneficii oderunt eamque iniuriam in de-

neue Tempel tadle ich zurückhaltender wegen des Pompeius[108], ganz philosophische Köpfe aber billigen das nicht, wie gerade unser Panaitios, dem ich in diesen Büchern – freilich ohne ihn zu übersetzen – gefolgt bin, und Demetrios von Phaleron,[109] der Perikles, den ersten Mann Griechenlands, rügt, weil er soviel Geld für jene herrlichen Propyläen verschleudert habe. Aber es ist dieser ganze Fragenkomplex in den Büchern, die ich über das Gemeinwesen geschrieben habe, erschöpfend erörtert worden. Das ganze Verfahren solcher Schenkungen ist im allgemeinen verwerflich, unter Umständen notwendig und gerade dann nach den Möglichkeiten auszurichten und im rechten Maß abzustimmen.

18 (61) In jener anderen Art des Schenkens aber, die von der Freigebigkeit ausgeht, dürfen wir bei verschiedenen Fällen nicht in ein und derselben Weise gestimmt sein. Anders ist die Lage dessen, der in drückender Not ist, als die eines Mannes, der eine Verbesserung seiner Verhältnisse erstrebt, ohne daß diese unglücklich sind. (62) Geneigter muß die Güte den Unglücklichen sein, wenn sie nicht etwa ihr Unglück verdient haben. Bei denen aber, die sich helfen lassen wollen, nicht, damit sie nicht scheitern, sondern damit sie eine höhere Stufe ersteigen, dürfen wir zwar keineswegs engherzig sein, sondern müssen bei Auswahl der geeigneten Leute Urteil und Vorsicht anwenden. Denn treffend sagt Ennius: »Schlecht angelegte Wohltat ist Übeltat, meine ich.«[110] (63) Dafür aber, was man einem gutgesinnten und dankbaren Manne hat zukommen lassen, liegt der Lohn bei ihm selbst, sodann auch bei allen anderen. Denn Freigebigkeit ohne Unbedachtsamkeit gewinnt in hohem Maße Dank, und um so begeisterter loben sie die meisten, als gute Gesinnung gerade der bedeutendsten Leute gemeinsame Zufluchtsstätte für alle ist. Wir müssen uns also bemühen, möglichst vielen diese Wohltaten zu erweisen, deren Andenken den Kindern und Nachfahren weitergegeben wird, so daß es ihnen nicht erlaubt ist, undankbar zu sein. Denn alle verabscheuen den, der eine Wohltat vergißt, meinen, dieses

terrenda liberalitate sibi etiam fieri eumque, qui faciat, communem hostem tenuiorum putant. Atque haec benignitas etiam rei publicae est utilis, redimi e servitute captos, locupletari tenuiores; quod quidem volgo solitum fieri ab ordine nostro in oratione Crassi scriptum copiose videmus. Hanc ergo consuetudinem benignitatis largitioni munerum longe antepono; haec est gravium hominum atque magnorum, illa quasi assentatorum populi multitudinis levitatem voluptate quasi titillantium.

(64) Conveniet autem cum in dando munificum esse, tum in exigendo non acerbum in omnique re contrahenda, vendundo emendo, conducendo locando, vicinitatibus et confiniis aequum, facilem, multa multis de suo iure cedentem, a litibus vero, quantum liceat et nescio an paulo plus etiam, quam liceat, abhorrentem. Est enim non modo liberale paulum non numquam de suo iure decedere, sed interdum etiam fructuosum. Habenda autem ratio est rei familiaris, quam quidem dilabi sinere flagitiosum est, sed ita, ut inliberalitatis avaritiaeque absit suspicio. Posse enim liberalitate uti non spoliantem se patrimonio nimirum est pecuniae fructus maximus. Recte etiam a Theophrasto est laudata hospitalitas. Est enim, ut mihi quidem videtur, valde decorum patere domos hominum inlustrium hospitibus inlustribus idque etiam rei publicae est ornamento homines externos hoc liberalitatis genere in urbe nostra non egere. Est autem etiam vehementer utile iis, qui honeste posse multum

Unrecht würde, da die Freigebigkeit abgeschreckt würde, auch ihnen angetan und, der es verschulde, sei der gemeinsame Feind der Schwächeren. Ja es ist diese Güte sogar dem Gemeinwesen nützlich: Leute, die in die Sklaverei geraten sind, werden freigekauft, sozial Schwächeren wird zum Auskommen verholfen. Daß dies allgemein von unserem Stande geleistet zu werden pflegte, ist, wie wir sehen, in einer Rede des Crassus[111] ausführlich beschrieben. Diese Tradition der Wohltätigkeit also setze ich weit höher an als das Leisten von Schenkungen. Die erste verrät charakterfeste und bedeutende Leute, die zweite gleichsam Speichellecker des Volkes, die die Charakterlosigkeit der Menge durch ein Vergnügen gleichsam kitzeln.

(64) Ferner wird es ordnungsgemäß sein, beim Geben opferfreudig, besonders aber beim Einfordern nicht rücksichtslos und bei jeder Geschäftsverbindung – bei Kauf und Verkauf, beim Mieten und Vermieten –, bei Nachbarschafts- und Grenzverhältnissen gerecht, gefällig, in vielem gegenüber vielen bei ihrem Rechtsanspruch verzichtsbereit, Streitigkeiten gegenüber, soweit dies angeht, und vielleicht sogar noch etwas mehr, als es angeht, voll Abscheu zu sein. Denn es ist nicht nur Art eines freien Mannes, manchmal auf sein Recht zu verzichten, sondern bisweilen auch gewinnbringend. Rücksicht nehmen muß man ferner auf Familienbesitz,[112] den verfallen zu lassen würdelos ist, aber so, daß der Verdacht auf eines Freien unwürdige Haltung und Habsucht fern sei. Denn Freigebigkeit walten lassen zu können, ohne sich dabei um das Erbgut zu bringen, ist unstrittig der größte Gewinn des Besitzes. Zu Recht ist von Theophrast[113] auch die Gastlichkeit gerühmt worden. Denn es ist, wie es mir jedenfalls scheint, überaus angemessen, daß die Häuser angesehener Persönlichkeiten angesehenen Gästen offenstehen, und es ist dies auch für das Gemeinwesen eine Auszeichnung, wenn Ausländer diese Art von freier Gesinnung in unserer Stadt nicht vermissen. Es ist aber auch außerordentlich nützlich für die, die in ehrenvoller Weise großen Einfluß üben wollen, über Gastfreunde bei fremden Völ-

volunt, per hospites apud externos populos valere opibus et gratia. Theophrastus quidem scribit Cimonem Athenis etiam in suos curiales Laciadas hospitalem fuisse; ita enim instituisse et vilicis imperavisse, ut omnia praeberentur, quicumque Laciades in villam suam devertisset.

19 (65) Quae autem opera, non largitione beneficia dantur, haec tum in universam rem publicam tum in singulos cives conferuntur. Nam in iure cavere, consilio iuvare atque hoc scientiae genere prodesse quam plurimis vehementer et ad opes augendas pertinet et ad gratiam. Itaque cum multa praeclara maiorum, tum quod optime constituti iuris civilis summo semper in honore fuit cognitio atque interpretatio; quam quidem ante hanc confusionem temporum in possessione sua principes retinuerunt, nunc, ut honores, ut omnes dignitatis gradus, sic huius scientiae splendor deletus est, idque eo indignius, quod eo tempore hoc contigit, cum is esset, qui omnes superiores, quibus honore par esset, scientia facile vicisset. Haec igitur opera grata multis et ad beneficiis obstringendos homines accommodata. (66) Atque huic arti finitima est dicendi gravior facultas et gratior et ornatior. Quid enim eloquentia praestabilius vel admiratione audientium vel spe indigentium vel eorum, qui defensi sunt, gratia? Huic [quoque] ergo a maioribus nostris est in toga dignitatis principatus datus. Diserti igitur hominis et facile laborantis, quodque in patriis est moribus, multorum causas et non gravate et gratuito defendentis beneficia et patrocinia late patent. (67) Admonebat me res, ut hoc quoque loco intermissionem eloquentiae, ne dicam interitum deplorarem,

kern durch Reichtum und Beliebtheit Geltung zu haben. Theophrast jedenfalls schreibt, Kimon[114] sei in Athen auch gegen seine Gemeindemitglieder, die Lakiaden, gastfreundlich gewesen. Denn das habe er zu seinem Grundsatz gemacht und seinen Verwaltern befohlen, daß jedem Lakiaden, der sein Landhaus aufsuchte, alles zur Verfügung gestellt werden solle.

19 (65) Wohltaten aber, die durch Leistung, nicht durch eine Schenkung gewährt werden, die läßt man bald dem gesamten Gemeinwesen, bald einzelnen Mitbürgern zukommen. Denn vor Gericht Beistand zu gewähren, durch Rat zu helfen und durch derartiges Wissen möglichst vielen tatkräftig zu nützen, das trägt bei zur Mehrung des Reichtums und des Ansehens. Deshalb war neben vielen Einrichtungen der Vorfahren besonders dies glanzvoll, daß Kenntnis und Auslegung des aufs beste geordneten Bürgerrechts[115] immer in höchster Ehre standen. Diese haben bis zur heutigen Zerrüttung der Verhältnisse die führenden Staatsmänner in ihrem Besitz gehabt. Jetzt ist so, wie die Ehren, wie alle Stufen der Würde, der Glanz dieses Wissens erloschen, und zwar um so unwürdiger, als dies zu einer Zeit eintrat, da ein Mann lebte,[116] der alle seine Vorgänger, denen er an Ehre gleich war, an Fachkenntnis entschieden übertraf. Dieser Einsatz ist also vielen willkommen und geeignet, die Mitmenschen durch Wohltaten zu verpflichten. (66) Und es ist diesem Können verwandt die bedeutsamere, willkommenere und ausgezeichnetere Fähigkeit zu reden. Denn was ist vorzüglicher als die Beredsamkeit,[117] die Bewunderung der Zuhörer, die Hoffnung der Bedürftigen oder Beliebtheit bei denen, die man verteidigt hat? Ihr ist also [auch] von unseren Vorfahren im Frieden der Vorrang der Würde eingeräumt worden. Die Wohltaten also und Hilfeleistungen eines redegewandten Mannes, der ohne weiteres Mühen auf sich nimmt und der, was in der Art der Väter liegt, vieler Leute Interessen nicht ungern und umsonst[118] verteidigt, haben weite Wirkung. (67) Das Thema ermahnte mich, auch an dieser Stelle die Unterbrechung, um nicht zu sagen

ni vererer, ne de me ipso aliquid viderer queri. Sed tamen videmus, quibus extinctis oratoribus quam in paucis spes, quanto in paucioribus facultas, quam in multis sit audacia. Cum autem omnes non possint, ne multi quidem, aut iuris periti esse aut diserti, licet tamen opera prodesse multis beneficia petentem, commendantem iudicibus, magistratibus, vigilantem pro re alterius, eos ipsos, qui aut consuluntur aut defendunt, rogantem; quod qui faciunt, plurimum gratiae consequuntur, latissimeque eorum manat industria. (68) Iam illud non sunt admonendi – est enim in promptu –, ut animadvertant, cum iuvare alios velint, ne quos offendant. Saepe enim aut eos laedunt, quos non debent, aut eos, quos non expedit; si imprudentes, neglegentiae est, si scientes, temeritatis. Utendum etiam est excusatione adversus eos, quos invitus offendas, quacumque possis, quare id, quod feceris, necesse fuerit nec aliter facere potueris, ceterisque operis et officiis erit id, quod violatum videbitur, compensandum.

20 (69) Sed cum in hominibus iuvandis aut mores spectari aut fortuna soleat, dictu quidem est proclive, itaque volgo loquuntur, se in beneficiis collocandis mores hominum, non fortunam sequi. Honesta oratio est, sed quis est tandem, qui inopis et optimi viri causae non anteponat in opera danda gratiam fortunati et potentis? A quo enim expeditior et celerior remuneratio fore videtur, in eum fere est volun-

den Untergang der Beredsamkeit zu beklagen,[119] wenn ich nicht fürchtete, den Anschein zu erwecken, als ob ich einige Klage über mich selbst führte. Aber wir sehen doch, welche Redner dahingegangen sind, wie wenige zu Hoffnung berechtigen, wieviel weniger Leute Fähigkeit und wie viele Verwegenheit besitzen. Wenngleich aber nicht alle, nicht einmal viele, rechtskundig oder redegewandt[120] sein können, so steht es doch frei, vielen durch seinen Einsatz zu nützen, indem man Wohltaten für sie erbittet, sie den Richtern und Beamten empfiehlt, wachsam ist für das Anliegen des Nächsten, eben die bittet, die um Rat gefragt werden oder verteidigen. Leute, die dies tun, erreichen höchste Beliebtheit, und ihre Unermüdlichkeit macht sich am weitesten geltend. (68) Daran braucht man sie gar nicht erst zu erinnern – es liegt ja auf der Hand –, daß sie darauf achten sollen, niemanden vor den Kopf zu stoßen, wenn sie anderen helfen wollen. Denn oft schlagen sie entweder denen ins Gesicht, bei denen sie das nicht tun sollten, oder denen, bei denen das nichts nützt. Wenn unabsichtlich, so beweist das Unachtsamkeit, wenn wissentlich, dann Unüberlegtheit. Seine Entschuldigung muß man auch vorbringen bei denen, die man unabsichtlich vor den Kopf stößt, wie auch immer das möglich ist, weshalb das, was man getan hat, notwendig war und man nicht anders handeln konnte, und man wird durch anderweitige Bemühungen und Leistungen den Schaden, den man offensichtlich angerichtet hat, gutmachen müssen.

20 (69) Aber da man bei der Unterstützung der Mitmenschen entweder auf den Charakter oder auf das Glück zu sehen pflegt, ist das zwar leicht zu sagen, und so reden die Leute im allgemeinen, sie richteten sich beim ›Anlegen‹ ihrer Wohltaten nach dem Charakter der Menschen, nicht nach ihrem Glück. Ein ehrenhaftes Wort! Aber wo findet sich am Ende einer, der nicht bei seinem Bemühen dem Anliegen eines mittellosen und dabei sehr guten Mannes den Dank eines Glücksritters und Mächtigen vorzöge? Denn von wem die Gegenleistung sich leichter und rascher einzustel-

tas nostra propensior. Sed animadvertendum est diligentius, quae natura rerum sit. Nimirum enim inops ille, si bonus est vir, etiam si referre gratiam non potest, habere certe potest. Commode autem, quicumque dixit, ›pecuniam qui habeat, non reddidisse, qui reddiderit, non habere, gratiam autem et, qui rettulerit, habere et, qui habeat, rettulisse‹. At qui se locupletes, honoratos, beatos putant, ii ne obligari quidem beneficio volunt; quin etiam beneficium se dedisse arbitrantur, cum ipsi quamvis magnum aliquod acceperint, atque etiam a se aut postulari aut exspectari aliquid suspicantur, patrocinio vero se usos aut clientes appellari mortis instar putant.

(70) At vero ille tenuis, cum quidquid factum sit, se spectatum, non fortunam putat, non modo illi, qui est meritus, sed etiam illis, a quibus exspectat – eget enim multis –, gratum se videri studet, neque vero verbis auget suum munus, si quo forte fungitur, sed etiam extenuat. Videndumque illud est, quod, si opulentum fortunatumque defenderis, in uno illo aut, si forte, in liberis eius manet gratia; sin autem inopem, probum tamen et modestum, omnes non improbi humiles, quae magna in populo multitudo est, praesidium sibi paratum vident. (71) Quam ob rem melius apud bonos quam apud fortunatos beneficium collocari puto. Danda omnino opera est, ut omni generi satis facere possimus, sed, si res in contentionem veniet, nimirum Themistocles est

len scheint, gegen den ist unser Wollen in der Regel geneigter. Aber man muß recht sorgsam darauf achten, was die Natur der Dinge ist. Denn selbstverständlich kann jener Unbemittelte, wenn er ein gutgesinnter Mann ist, auch wenn er nicht Dank abstatten kann, doch sicherlich Dankbarkeit zeigen. Treffend aber, wer da sagte: »Wer Geld habe, habe es nicht zurückerstattet, wer es zurückerstattet habe, habe es nicht; Dankbarkeit aber habe, wer Dank abgestattet habe, und wer Dankbarkeit habe, habe ihn abgestattet.« Leute aber, die sich für begütert, geehrt und glücklich halten, die wollen sich nicht einmal durch eine Wohltat verpflichten; ja, sie meinen sogar, eine Wohltat gewährt zu haben, wenn sie irgendeine, wenn auch noch so große erhalten hätten, und sie argwöhnen sogar, darin liege irgendeine Forderung oder Erwartung; Schutz beansprucht zu haben gar oder als Klienten bezeichnet zu werden, das erachten diese dem Tode gleich.

(70) Andererseits ist jener sozial Schwache bestrebt, da er glaubt, man habe, was auch geleistet wurde, auf ihn, nicht auf sein Glück gesehen, nicht nur jenem, der sich um ihn verdient gemacht, sondern auch jenen, von denen er etwas erwartet – er braucht ja vieles –, dankbar zu erscheinen, und er wertet seine Leistung, wenn er gerade eine erbringt, nicht auf mit Worten, sondern schwächt sie sogar ab. Weiter ist dies zu sehen: Wenn du einen Wohlbemittelten und vom Glück emporgehobenen Mann verteidigst, bleibt die Dankbarkeit bestehen bei jenem allein oder bestenfalls bei seinen Kindern; wenn aber einen unbemittelten, jedoch anständigen und bescheidenen, dann sehen alle kleinen Leute, soweit sie nicht ohne Anstand sind – und davon gibt es im Volk eine große Menge –, daß man ihnen Schutz gewährt hat. (71) Deshalb, so meine ich, wird bei gutgesinnten besser als bei vom Glück gesegneten Leuten eine Wohltat angelegt. Wir müssen zwar Mühen darauf verwenden, daß wir Leute jeden Schlages zufriedenstellen können, aber, wenn es zum Streit kommt, dann ist ohne Zweifel Themistokles als Ratgeber zu nehmen. Als dieser befragt wurde,

auctor adhibendus, qui cum consuleretur, utrum bono viro pauperi an minus probato diviti filiam collocaret ›Ego vero, inquit, malo virum, qui pecunia egeat, quam pecuniam quae viro‹. Sed corrupti mores depravatique sunt admiratione divitiarum; quarum magnitudo quid ad unumquemque nostrum pertinet? Illum fortasse adiuvat, qui habet; ne id quidem semper; sed fac iuvare; utentior sane sit, honestior vero quomodo? Quod si etiam bonus erit vir, ne impediant divitiae quominus iuvetur, modo ne adiuvent, sitque omne iudicium, non quam locuples, sed qualis quisque sit. Extremum autem praeceptum in beneficiis operaque danda, ne quid contra aequitatem contendas, ne quid pro iniuria; fundamentum enim est perpetuae commendationis et famae iustitia, sine qua nihil potest esse laudabile.

21 (72) Sed quoniam de eo genere beneficiorum dictum est, quae ad singulos spectant, deinceps de iis, quae ad universos quaeque ad rem publicam pertinent, disputandum est. Eorum autem ipsorum partim eius modi sunt, ut ad universos cives pertineant, partim, singulos ut attingant, quae sunt etiam gratiora. Danda opera est omnino, si possit, utrisque, nec minus, ut etiam singulis consulatur, sed ita, ut ea res aut prosit aut certe ne obsit rei publicae. C. Gracchi frumentaria magna largitio, exhauriebat igitur aerarium; modica M. Octavii et rei publicae tolerabilis et plebi necessaria, ergo et civibus ex rei publicae salutaris. (73) In primis autem videndum erit ei, qui rem publicam administrabit,

ob er einem gutgesinnten Mann ohne Vermögen oder einem weniger anständigen mit Reichtum seine Tochter anvertraue, antwortete er: »Ich für meinen Teil mag lieber einen Mann, der Geld, als Geld, das seinen Mann braucht.« Aber die moralischen Grundsätze sind zerrüttet und ins Gegenteil verkehrt durch die Bewunderung für Reichtum. Was geht seine Größe jeden einzelnen von uns an? Vielleicht hilft sie jenem, der sie hat; aber auch das nicht immer. Aber nimm an, sie hülfe! Mag sie immerhin ausgabefreudiger sein, wie aber ehrenhafter? Wenn einer also auch ein gutgesinnter Mann ist, so verhindere sein Reichtum nicht, daß man ihm helfe, nur helfe er dem nicht nach, und es sei das Urteil ganz darauf gerichtet, nicht wie begütert, sondern wie geartet ein jeder sei. Die letzte Vorschrift bei Wohltaten und Hilfeleistung ist die, daß du nichts gegen das Gerechtigkeitsempfinden[121] betreibst, nichts für ein Unrecht; denn die Grundforderung dauernder Empfehlung und guter Nachrede ist die Gerechtigkeit, ohne die nichts lobenswert sein kann.

21 (72) Aber da ja über die Art von Wohltaten gesprochen worden ist, die sich an Einzelpersonen wenden, ist im folgenden über die, die der Gesamtheit, d. h. dem Gemeinwesen, zugute kommen, die Erörterung zu führen. Ebendiese aber sind zum Teil von der Art, daß sie allen Bürgern zugute kommen, zum Teil einzelne betreffen. Diese sind sogar mehr dankenswert. Mühe muß man ganz gewiß, wenn das möglich ist, auf beide verwenden, und zwar nicht weniger darauf, daß auch für die einzelnen gesorgt werde, aber mit der Einschränkung, daß dieses Handeln entweder dem Gemeinwesen nützt oder wenigstens nicht schadet. Die Getreidespende des C. Gracchus[122] war zu groß, erschöpfte also die Staatskasse; maßvoll und erträglich für das Gemeinwesen und notwendig für das Volk war die des M. Octavius,[123] also segenbringend für Bürger und Gemeinwesen. (73) In erster Linie aber wird einer, der das Gemeinwesen verwaltet, darauf sehen müssen, daß ein jeder seinen Besitzstand wahre und nicht durch Staatseingriff eine Schmäle-

ut suum quisque teneat neque de bonis privatorum publice deminutio fiat. Perniciose enim Philippus in tribunatu, cum legem agrariam ferret, quam tamen antiquari facile passus est et in eo vehementer se moderatum praebuit, sed cum in agendo multa populariter, tum illud male, ›non esse in civitate duo milia hominum, qui rem haberent‹. Capitalis oratio est ad aequationem bonorum pertinens, qua peste quae potest esse maior? Hanc enim ob causam maxime, ut sua tenerentur, res publicae civitatesque constitutae sunt. Nam, etsi duce natura congregabantur homines, tamen spe custodiae rerum suarum urbium praesidia quaerebant. (74) Danda etiam opera est, ne, quod apud maiores nostros saepe fiebat propter aerarii tenuitatem assiduitatemque bellorum, tributum sit conferendum, idque ne eveniat multo ante erit providendum. Sin quae necessitas huius muneris alicui rei publicae obvenerit – ⟨ita⟩ malo enim quam nostrae ominari neque tamen de nostra, sed de omni re publica disputo –, danda erit opera, ut omnes intellegant, si salvi esse velint, necessitati esse parendum. Atque etiam omnes, qui rem publicam gubernabunt, consulere debebunt ut earum rerum copia sit, quae sunt ad victum necessariae. Quarum qualis comparatio fieri soleat et debeat, non est necesse disputare; est enim in promptu; tantum locus attingendus fuit.

(75) Caput autem est in omni procuratione negotii et muneris publici, ut avaritiae pellatur etiam minima suspicio.

rung am Vermögen der Privatleute herbeigeführt werde. Staatsgefährdend nämlich agierte Philippus[124] bei seinem Tribunat, als er das Ackergesetz einbrachte, dessen Zurückweisung er freilich ohne weiteres hinnahm und sich dabei außerordentlich maßvoll gab. Aber bei seiner Agitation trug er vieles wie ein Demagoge, diesen Satz aber wie ein Schurke vor, »es gebe in der Bürgerschaft keine zweitausend Leute, die Besitz hätten«[125]. Eine an den Lebensnerv rührende, auf Gleichmacherei in den Besitzverhältnissen abzielende Rede! Und was für ein Verderben kann größer sein als dies? Denn zu diesem Zweck besonders, daß der Eigenbesitz gewahrt werde, wurden Staatswesen und Bürgergemeinden begründet. Denn, auch wenn die Menschen durch die Führung der Natur sich zusammengeschart haben, so suchten sie doch in der Hoffnung auf Wahrung ihres Besitzstandes den Schutz der Stadtgemeinden.[126]
(74) Auch muß man sich Mühe geben, daß nicht, was bei unseren Vorfahren wegen der Schwäche der Finanzen und der Dauerhaftigkeit der Kriege oft vorkam, eine Steuer zu bezahlen ist; und daß dieser Fall nicht eintrete, dafür ist lange vorher Fürsorge zu treffen.[127] Wenn sich aber irgendeine Notwendigkeit zu einer solchen Leistung für irgendein Gemeinwesen ergibt – denn lieber spreche ich so, als daß ich das für das unsere vorhersage, und ich erörtere ja gar nicht das unsere, sondern das Gemeinwesen im allgemeinen –, so wird man sich Mühe geben müssen, daß alle einsehen, sie müßten sich, falls sie in Sicherheit leben wollen, der Notwendigkeit beugen. Und es werden auch alle, die das Gemeinwesen lenken werden, darum besorgt sein, daß ein Vorrat von den Waren vorhanden ist, die zum Lebensunterhalt notwendig sind. Wie ihre Beschaffung gewöhnlich und richtig erfolgt, dies zu erörtern ist nicht notwendig; denn es liegt auf der Hand. Es war auf den Problemkreis nur hinzuweisen.
(75) Die Hauptforderung aber bei jeder Fürsorge im Tätigsein und in Leistungen für die Öffentlichkeit ist, daß auch der geringste Verdacht auf Habsucht[128] ferngehalten werde.

›Utinam‹, inquit C. Pontius Samnis, ›ad illa tempora me fortuna reservavisset et tum essem natus, quando Romani dona accipere coepissent. Non essem passus diutius eos imperare.‹ Ne illi multa saecula expectanda fuerunt: modo enim hoc malum in hanc rem publicam invasit. Itaque facile patior tum potius Pontium fuisse, si quidem in illo tantum fuit roboris. Nondum centum et decem anni sunt, cum de pecuniis repetundis a. L. Pisone lata lex est nulla antea cum fuisset. At vero postea tot leges et proxumae quaeque duriores, tot rei, tot damnati, tantum Italicum bellum propter iudiciorum metum excitatum, tanta sublatis legibus et iudiciis expilatio direptioque sociorum, ut inbecillitate aliorum, non nostra virtute valeamus. 22 (76) Laudat Africanum Panaetius, quod fuerit abstinens. Quidni laudet? Sed in illo alia maiora. Laus abstinentiae non hominis est solum, sed etiam temporum illorum. Omni Macedonum gaza, quae fuit maxima, potitus est Paulus; tantum in aerarium pecuniae invexit, ut unius imperatoris praeda finem attulerit tributorum. At hic nihil domum suam intulit praeter memoriam nominis sempiternam. Imitatus patrem Africanus nihilo locupletior Karthagine eversa. Quid? qui eius collega fuit in censura, L. Mummius, num quid copiosior, cum copiosissimam urbem funditus sustulisset? Italiam ornare quam domum suam maluit; quamquam Italia ornata domus ipsa mihi videtur ornatior. (77) Nullum igitur vitium taetrius est, ut eo, unde digressa est, referat se oratio, quam

»Wenn mich doch«, sagte der Samnite Pontius,[129] »das Schicksal für jene Zeit ausersehen hätte und ich in der Zeit geboren wäre, als die Römer begannen, Geschenke anzunehmen. Ich hätte sie nicht länger herrschen lassen.« In der Tat, jener hätte viele Generationen abwarten müssen. Denn eben jetzt erst ist dieses Unheil in unser Gemeinwesen eingedrungen. Deshalb ist es mir durchaus recht, daß Pontius lieber damals lebte, wenn er wirklich soviel Kraft besaß. Es sind noch nicht 110 Jahre her, seitdem von L. Piso[130] ein Gesetz, Erpressung betreffend, eingebracht worden ist, während es bis dahin keines gegeben hatte. Dagegen hat es seitdem so viele Gesetze von ständig wachsender Strenge gegeben, so viele Angeklagte, so viele Verurteilte, ein so erbitterter Krieg[131] ist in dem ›Italischen‹ aus Furcht vor Prozessen verursacht worden, ein solches Ausrauben und Plündern der Bundesgenossen[132] nach Beseitigung der Gesetze und Gerichte, daß wir durch die Schwäche der anderen, nicht durch die eigene Tatkraft mächtig sind. 22 (76) Panaitios lobt an Africanus, er sei uneigennützig gewesen. Warum sollte er ihn nicht loben? Aber jener hatte andere bedeutendere Eigenschaften. Das Lob der Uneigennützigkeit richtet sich nicht nur auf den Mann, sondern auch auf jene Zeit. Paulus brachte den ganzen Schatz der Makedonen, der überaus groß war, in seine Hand. So viel Geld führte er der Staatskasse zu, daß eines einzigen Feldherrn Beute der Besitzsteuer ein Ende setzte. Dagegen hat dieser Mann nichts in sein Haus gebracht als die unvergängliche Erinnerung an seinen Namen. Africanus handelte wie sein Vater und war durch die Zerstörung Karthagos um nichts reicher. Wie? – Er, der sein Kollege bei der Zensur war, L. Mummius – war er etwa reicher, nachdem er die reichste Stadt bis auf den Grund zerstört hatte? Er wollte lieber Italien als sein Privathaus[133] verschönern. Freilich scheint mir auch sein Haus mehr verschönert zu sein durch die Verschönerung Italiens. (77) Es ist also kein Fehler abstoßender – damit die Rede dorthin, von wo sie ausgegangen ist, zurückkehre – als die Habsucht, zumal bei

avaritia, praesertim in principibus et rem publicam gubernantibus. Habere enim quaestui rem publicam non modo turpe est, sed sceleratum etiam et nefarium. Itaque, quod Apollo Pythius oraclum edidit, Spartam nulla re alia nisi avaritia esse perituram, id videtur non solum Lacedaemoniis, sed etiam omnibus opulentis populis praedixisse. Nulla autem re conciliare facilius benevolentiam multitudinis possunt ii, qui rei publicae praesunt, quam abstinentia et continentia. (78) Qui vero se populares volunt ob eamque causam aut agrariam rem temptant, ut possessores pellantur suis sedibus, aut pecunias creditas debitoribus condonandas putant, labefactant fundamenta rei publicae, condordiam primum, quae esse non potest, cum aliis adimuntur, aliis condonantur pecuniae, deinde aequitatem quae tollitur omnis, si habere suum cuique non licet. Id enim est proprium, ut supra dixi, civitatis atque urbis, ut sit libera et non sollicita suae rei cuiusque custodia. (79) Atque in hac pernicie rei publicae ne illam quidem consequuntur, quam putant, gratiam. Nam cui res erepta est, est inimicus; cui data est, etiam dissimulat se accipere voluisse et maxime in pecuniis creditis occultat suum gaudium, ne videatur non fuisse solvendo. At vero ille, qui accepit iniuriam, et meminit et prae se fert dolorem suum, nec, si plures sunt ii, quibus inprobe datum est, quam illi, quibus iniuste ademptum est, idcirco plus etiam valent. Non enim numero haec iudicantur, sed pondere. Quam autem habet aequitatem, ut

hochgestellten Persönlichkeiten und Lenkern des Gemeinwesens. Denn das Gemeinwesen zu einer Quelle des Profits zu machen ist nicht nur schändlich, sondern auch verbrecherisch und gottlos. Deshalb scheint der Pythische Apollon den Orakelspruch, den er gegeben hat, Sparta werde durch nichts anderes als durch Habsucht zugrunde gehen[134] – den scheint er nicht nur den Lakedaimoniern, sondern auch allen Wohlstandsvölkern gesagt zu haben. Durch nichts anderes aber können diejenigen, die an der Spitze des Gemeinwesens stehen, leichter das Wohlwollen der Menschen gewinnen als durch Uneigennützigkeit und Selbstlosigkeit. (78) Leute aber, die sich als Volksfreunde ausgeben und aus diesem Grunde entweder die Agrarreform in Angriff nehmen, so daß die Besitzer von ihrem Wohnsitz vertrieben werden, oder glauben, es müßten Schuldbeträge den Schuldnern erlassen werden, erschüttern die Grundlage des Gemeinwesens, die Eintracht[135] zuerst, die nicht bestehen kann, wenn Beträge den einen weggenommen, den andern erlassen werden, sodann den Gerechtigkeitssinn, der völlig beseitigt wird, wenn einem nicht freisteht, seinen Besitz zu behalten. Denn das ist, wie ich oben[136] sagte, die eigentliche Aufgabe einer Bürger- und Stadtgemeinde, daß die Wahrung des jeweiligen Privatbesitzes frei und ungefährdet sei. (79) Und dabei erreichen sie in diesem verderblichen Zustand des Gemeinwesens nicht einmal den Dank, auf den sie rechnen. Denn, wem ein Besitz geraubt worden ist, der ist feindlich gesinnt; wem er gegeben worden ist, der tut noch so, als habe er ihn gar nicht erhalten wollen, und besonders bei Schuldbeträgen verbirgt er seine Freude, um den Anschein zu meiden, er sei nicht zahlungsfähig gewesen. Dagegen hat jener, der Unrecht erlitten hat, seinen Schmerz in Erinnerung und zeigt ihn, und wenn die, denen gesetzeswidrig gegeben worden ist, zahlreicher sind als jene, denen rechtswidrig genommen wurde, so ist ihr Einfluß darum auch nicht größer. Denn diese Entscheidungen werden nicht nach Zahl, sondern nach Bedeutung gefällt. Wie aber ist es mit der Gerechtigkeit vereinbar,[137] daß ein viele Jahre oder sogar

agrum multis annis aut etiam saeculis ante possessum qui nullum habuit habeat, qui autem habuit amittat?

23 (80) Ac propter hoc iniuriae genus Lacedaemonii Lysandrum ephorum expulerunt, Agim regem, quod nunquam antea apud eos acciderat, necaverunt, exque eo tempore tantae discordiae secutae sunt, ut et tyranni existerent et optumates exterminarentur et praeclarissime constituta res publica dilaberetur. Nec vero solum ipsa cecidit, sed etiam reliquam Graeciam evertit contagionibus malorum, quae a Lacedaemoniis profectae manarunt latius. Quid? nostros Gracchos, Ti. Gracchi summi viri filios, Africani nepotes, nonne agrariae contentiones perdiderunt? (81) At vero Aratus Sicyonius iure laudatur, qui, cum eius civitas quinquaginta annos a tyrannis teneretur, profectus Argis Sicyonem clandestino introitu urbe est potitus, cumque tyrannum Nicoclem inproviso oppressisset, sescentos exules, qui locupletissimi fuerant eius civitatis, restituit remque publicam adventu suo liberavit. Sed cum magnam animadverteret in bonis et possessionibus difficultatem, quod et eos, quos ipse restituerat, quorum bona alii possederant, egere iniquissimum esse arbitrabatur et quinquaginta annorum possessiones movere non nimis aequum putabat, propterea quod tam longo spatio multa hereditatibus, multa emptionibus, multa dotibus tenebantur sine iniuria, iudicavit neque illis adimi nec iis non satis fieri, quorum illa fuerant, oportere. (82) Cum igitur statuisset opus esse ad eam rem constituendam pecunia, Alexandream se proficisci velle dixit remque

Generationen vorher in Besitz genommenes Grundstück einer hat, der keines hatte, wer es aber hatte, verliert?
23 (80) Und wegen eines Unrechts dieser Art haben die Lakedaimonier den Ephoren Lysandros verjagt, König Agis, was niemals vorher bei ihnen vorgekommen war, getötet, und seit dieser Zeit stellten sich so tiefgreifende Auseinandersetzungen ein, daß Tyrannen auftraten, die ›Besten‹ des Landes verwiesen wurden und ihr hervorragend angelegtes Gemeinwesen zusammenbrach.[138] Ja, es verfiel nicht nur selbst, sondern stürzte auch das übrige Griechenland um durch Ansteckung mit den Verfallserscheinungen, die, von den Lakedaimoniern ausgehend, sich weiter verbreiteten. Wie? – Haben unsere Gracchen, des Ti. Gracchus, eines ausgezeichneten Mannes, Söhne, des Africanus Enkel, nicht die Kämpfe um eine Agrarreform zugrunde gerichtet?[139]
(81) Dagegen wird Arat aus Sikyon mit Recht gelobt, der, als seine Bürgergemeinde 50 Jahre lang von Tyrannen beherrscht wurde, von Argos herkommend, durch heimliches Eindringen sich der Stadt bemächtigte, und nachdem er den Tyrannen Nikokles unerwartet überwältigt hatte, 600 Verbannte, die die Begütertsten dieser Bürgerschaft gewesen waren, zurückberief und das Gemeinwesen durch seine Ankunft befreite.[140] Da er aber die große Schwierigkeit bei den Eigentums- und Besitzverhältnissen erkannte – er glaubte nämlich, es sei einerseits sehr ungerecht, daß diejenigen, die er zurückberufen hatte und deren Eigentum andere in den Besitz genommen hatten, in Armut lebten, andererseits hielt er es für nicht allzu gerecht, die Besitzverhältnisse von 50 Jahren umzustoßen, deswegen, weil in einem so langen Zeitraum vieles durch Erbschaften, vieles durch Kaufverträge, vieles durch Eheschenkungen ohne Unrecht in Besitz war –, so urteilte er, es sei nicht recht, wenn man jene enteigne, und auch nicht, wenn man denen, deren Besitz es gewesen war, nicht eine Abfindung leiste.
(82) Da er also dafür hielt, man benötige zur Ordnung dieser Frage Geld, erklärte er, er wolle nach Alexandreia reisen, und befahl, die Angelegenheiten bis zu seiner Rück-

integram ad reditum suum iussit esse, isque celeriter ad Ptolomaeum, suum hospitem, venit, qui tum regnabat alter post Alexandream conditam. Quoi cum exposuisset patriam se liberare velle causamque docuisset, a rege opulento vir summus facile impetravit, ut grandi pecunia adiuvaretur. Quam cum Sicyonem attulisset, adhibuit sibi in consilium quindecim principes, cum quibus causas cognovit et eorum, qui aliena tenebant, et eorum, qui sua amiserant, perfecitque aestumandis possessionibus, ut persuaderet aliis, ut pecuniam accipere mallent, possessionibus cederent, aliis, ut commodius putarent numerari sibi, quod tanti esset, quam suum recuperare. Ita perfectum est, ut omnes concordia constituta sine querella discederent. (83) O virum magnum dignumque, qui in re publica nostra natus esset! Sic par est, agere cum civibus, non, ut bis iam vidimus, hastam in foro ponere et bona civium voci subicere praeconis. At ille Graecus, id quod fuit sapientis et praestantis viri, omnibus consulendum putavit, eaque est summa ratio et sapientia boni civis, commoda civium non divellere atque omnis aequitate eadem continere. Habitent gratis in alieno. Quid ita? ut, cum ego emerim, aedificarim, tuear, impendam, tu me invito fruare meo? Quid est aliud aliis sua eripere, aliis dare aliena? (84) Tabulae vero novae quid habent argumenti, nisi ut emas mea pecunia fundum, eum tu habeas, ego non habeam pecuniam?

kehr auf sich beruhen zu lassen. So kam er rasch zu Ptolemaios, seinem Gastfreund, der damals der zweite der Diadochen seit der Gründung von Alexandreia war. Als er diesem seine Absicht, die Vaterstadt zu befreien, dargelegt und die Rechtslage erläutert hatte, erreichte der hervorragende Mann von dem reichen König ohne weiteres, daß er mit einer stattlichen Geldzuwendung unterstützt wurde. Als er diese nach Sikyon mitgebracht hatte, zog er fünfzehn führende Persönlichkeiten zur Beratung bei, mit denen er die Rechtsverhältnisse untersuchte einerseits derer, die fremdes Gut in Besitz hatten, andererseits derer, die das Ihre verloren hatten, und er erreichte durch Einschätzung der Besitzverhältnisse, daß er die einen überredete, lieber Geld anzunehmen und auf ihren Besitz zu verzichten, die anderen, es für vorteilhafter zu halten, sich den Wert, der angemessen war, auszahlen zu lassen, als ihren Besitz wiederzugewinnen. So wurde erreicht, daß alle nach Begründung der Eintracht ohne Klage auseinandergingen. (83) Ein bedeutender Mann und würdig, in unserem Gemeinwesen geboren zu sein! So ist es recht, mit seinen Mitbürgern zu verfahren, nicht wie wir es schon zweimal erlebt haben, die Lanze auf dem Forum aufzupflanzen und das Gut der Bürger dem Ausruf des Auktionärs zu unterwerfen. Dagegen glaubte jener Grieche – was der Haltung eines Weisen und hervorragenden Mannes entsprach! –, es sei für alle Sorge zu tragen, und das ist der oberste Grundsatz und die Weisheit eines gutgesinnten Mannes, die Interessen der Bürger nicht auseinandertreten zu lassen, sondern alle mit dem nämlichen Gerechtigkeitssinn zusammenzuhalten. Sie sollen umsonst auf fremdem Besitz wohnen? Wozu das? – Damit du, während ich gekauft und gebaut habe, instand halte und Ausgaben habe, ohne meine Einwilligung der Nutznießer bist. Was bedeutet das anderes, als den einen ihren Besitz zu nehmen, den anderen fremdes Gut zu geben. (84) Schuldenstreichung[141] gar – was hat sie für einen Inhalt, als daß du mit meinem Geld ein Grundstück kaufst, du es hast, ich aber kein Geld habe.

24 Quam ob rem ne sit aes alienum, quod rei publicae noceat, providendum est, quod multis rationibus caveri potest, non, si fuerit, ut locupletes suum perdant, debitores lucrentur alienum. Nec enim ulla res vehementius rem publicam continet quam fides, quae esse nulla potest, nisi erit necessaria solutio rerum creditarum. Numquam vehementius actum est quam me consule ne solveretur. Armis et castris temptata res est ab omni genere hominum et ordine; quibus ita restiti, ut hoc totum malum de re publica tolleretur. Numquam nec maius aes alienum fuit nec melius nec facilius dissolutum est; fraudandi enim spe sublata solvendi necessitas consecuta est. At vero hic nunc victor tum quidem victus, quae cogitarat, cum ipsius intererat, tum ea perfecit, cum eius iam nihil interesset. Tanta in eo peccandi libido fuit, ut hoc ipsum eum delectaret peccare, etiam si causa non esset. (85) Ab hoc igitur genere largitionis, ut aliis detur, aliis auferatur, aberunt ii, qui rem publicam tuebuntur, inprimisque operam dabunt, ut iuris et iudiciorum aequitate suum quisque teneat et neque tenuiores propter humilitatem circumveniantur neque locupletibus ad sua vel tenenda vel recuperanda obsit invidia, praeterea, quibuscumque rebus vel belli vel domi poterunt, rem publicam augeant imperio, agris, vectigalibus. Haec magnorum hominum sunt, haec apud maiores nostros factitata, haec genera

24 Aus diesem Grunde ist darauf zu sehen, daß es keine Schulden gebe, die dem Gemeinwesen schaden, wovor man sich durch vielerlei Maßnahmen in acht nehmen kann, nicht aber, wenn es sich ergeben hat, daß die Begüterten das Ihre verlieren, die Schuldner fremdes Gut als Gewinn einstekken. Denn nichts hält das Gemeinwesen wirkungsvoller zusammen als die Verläßlichkeit,[142] die nicht bestehen kann, wenn die Erstattung anvertrauten Gutes nicht notwendig ist. Niemals wurde erbitterter dagegen angekämpft als unter meinem Konsulat, daß Schulden zurückerstattet würden. Mit Waffengewalt und Heereslagern wurde der Streit ausgetragen von Leuten jeglichen Schlages und Standes. Ihnen trat ich so entschlossen entgegen, daß dieses ganze Unheil aus dem Gemeinwesen entfernt wurde. Niemals war die Verschuldung größer, nie wurde sie besser und leichter aus der Welt geschafft. Denn mit dem Schwinden der Hoffnung auf Betrug trat die Notwendigkeit der Rückzahlung ein. Dagegen hat dieser, jetzt siegreich, damals besiegt, was er im Schilde geführt hatte, als es für ihn wichtig war – das hat er da ausgeführt, als es für ihn keineswegs mehr von Bedeutung war. So perverse Lust, sich zu vergehen, hatte er, daß dies ihm schon Freude bereitete, sich zu vergehen, auch wenn ein Grund gar nicht vorhanden war.[143] (85) Von einer derartigen Schenkensfreude also, daß den einen gegeben, den anderen genommen wurde, werden diejenigen, die den Schutz des Gemeinwesens im Auge behalten,[144] nichts wissen wollen und im besonderen sich Mühe geben, daß bei Gleichheit in Recht und vor Gericht ein jeder das Seine behalte[145] und weder die sozial Schwächeren wegen ihrer geringeren Stellung hintergangen werden noch den Begüterten Neid entgegentrete, wo es darum geht, das Ihre zu behalten oder wiederzugewinnen, außerdem, daß sie mit allen möglichen Mitteln des Krieges oder Friedens das Gemeinwesen mehren in bezug auf Herrschaft, Landerwerb und Steuereinkünfte. Dies ist großer Männer Pflicht, dies waren bei unseren Vorfahren selbstverständliche Leistungen, diese Arten von Pflichten – wer ihnen nachkommt zum größten

officiorum qui persecuntur cum summa utilitate rei publicae magnam ipsi adipiscentur et gratiam et gloriam. (86) In his autem utilitatum praeceptis Antipater Tyrius, Stoicus, qui Athenis nuper est mortuus, duo praeterita censet esse a Panaetio, valitudinis curationem et pecuniae; quas res a summo philosopho praeteritas arbitror, quod essent faciles; sunt certe utiles. Sed valetudo sustentatur notitia sui corporis et observatione, quae res aut prodesse soleant aut obesse, et continentia in victu omni atque cultu corporis [tuendi causa praetermittendis voluptatibus], postremo arte eorum quorum ad scientiam haec pertinent. (87) Res autem familiaris quaeri debet iis rebus, a quibus abest turpitudo, conservari autem diligentia et parsimonia, eisdem etiam rebus augeri. Has res commodissime Xenophon Socraticus persecutus est in eo libro, qui Oeconomicus inscribitur, quem nos, ista fere aetate cum essemus, qua es tu nunc, e Graeco in Latinum convertimus. Sed toto hoc de genere, de quaerenda, de collocanda pecunia, vellem etiam [de utenda] commodius a quibusdam optimis viris ad Ianum medium sedentibus quam ab ullis philosophis ulla in schola disputatur. Sunt tamen ea cognoscenda, pertinent enim ad utilitatem, de qua hoc libro disputatum est. 25 (88) Sed utilitatum comparatio, quoniam hic locus erat quartus, a Panaetio praetermissus, saepe est necessaria. Nam et corporis commoda cum externis [et externa cum corporis] et ipsa inter se corporis et externa cum externis comparari solent. Cum externis corporis hoc modo comparantur, valere ut malis quam dives esse [cum corporis externa hoc modo, dives esse

Nutzen für das Gemeinwesen, der wird selbst viel Ansehen und Anerkennung [146] gewinnen.

(86) Bei diesen Vorschriften über Fälle von Nutzen, so meint Antipater aus Tyros,[147] ein Stoiker, der unlängst in Athen verstarb, sind zwei Punkte von Panaitios übergangen worden: die Sorge für Gesundheit und Vermögen. Diese Punkte wurden, meine ich, von dem bedeutendsten Philosophen übergangen, weil sie selbstverständlich sind; nützlich sind sie sicherlich. Aber die Gesundheit wird aufrechterhalten durch Kenntnis des Körpers und Beobachtung dessen, was zu nützen oder zu schaden pflegt, Selbstbeherrschung in der ganzen Lebensweise und Körperpflege [zum Schutz durch Übergehen der Vergnügungen], endlich durch die Kunst derer, zu deren Fachkenntnis das gehört.[148] (87) Besitz aber muß durch die Mittel, denen Schande fernliegt, erworben, erhalten durch Umsicht und Sparsamkeit, auch durch dieselben Mittel vermehrt werden. Diese Mittel hat sehr treffend der Sokratiker Xenophon in dem Buch behandelt, das *Oikonomikos* betitelt[149] ist und das wir, als wir ungefähr in dem Alter standen wie du jetzt, aus dem Griechischen ins Lateinische übersetzt haben. Aber über diesen ganzen Bereich, über den Erwerb, die Anlage von Geld – ich wollte auch über seine Verwendung! –, wird vielleicht treffender von manchen hervorragenden Leuten, die beim mittleren Janusbogen sitzen,[150] als von irgendwelchen Philosophen in irgendeiner Schule eine Erörterung geführt werden. Dennoch muß man dies zur Kenntnis nehmen; denn es betrifft den Nutzen, der in diesem Buch erörtert worden ist.[151] 25 (88) Aber der Vergleich von Fällen der Nützlichkeit ist oft, da dies der vierte Punkt war – übergangen von Panaitios –, notwendig. Denn die körperlichen Annehmlichkeiten pflegen mit den äußerlichen [und die äußerlichen mit denen des Körpers], die des Körpers selbst untereinander und die äußerlichen mit den äußerlichen verglichen zu werden. Mit den äußerlichen werden die des Körpers in der Weise verglichen,[152] daß du lieber gesund als reich sein willst, [mit denen des Körpers die äußerlichen in

potius quam maximis corporis viribus]: ipsa inter se corporis sic, ut bona valitudo voluptati anteponatur, vires celeritati, externorum autem, ut gloria divitiis, vectigalia urbana rusticis. (89) Ex quo genere comparationis illud est Catonis senis; a quo cum quaereretur, quid maxime in re familiari expediret, respondit ›bene pascere‹; quid secundum: ›satis bene pascere‹; quid tertium: ›male pascere‹; quid quartum ›arare‹. Et cum ille, qui quaesierat, dixisset, quid faenerari, tum Cato ›quid hominem, inquit, occidere?‹ Ex quo et multis aliis intellegi debet utilitatum comparationes fieri solere recteque hoc adiunctum esse exquirendorum officiorum genus. (90) Reliqua deinceps persequemur.

der Weise, daß du lieber reich sein willst als von sehr großen Körperkräften]: die des Körpers selber untereinander so, daß blühende Gesundheit dem Vergnügen, Kräfte der Schnelligkeit, die der äußerlichen Werte aber so, daß Ruhm dem Reichtum, Einkünfte in der Stadt solchen auf dem Land vorgezogen werden.[153] (89) Zu dieser Art des Vergleichs gehört das bekannte Wort des alten Cato. Als man ihn fragte, was am meisten beim Vermögen vorteilhaft ist, antwortete er »tüchtig Viehzucht zu treiben«, was das zweitbeste sei, »genügend tüchtig Viehzucht zu treiben«[154], was das drittbeste, »schlecht Viehzucht zu treiben«, was das viertbeste, »zu pflügen«. Und als jener, der ihn fragte, sagte: »Wie steht es mit dem Geldverleihen?«, da erwiderte Cato: »Wie steht es mit Mord an einem Menschen?«[155] Aus diesem und vielen anderen Beispielen muß man ersehen, daß Vergleiche von Fällen der Nützlichkeit vorzukommen pflegen und daß dies zu Recht als der vierte Punkt in der Ermittlung der Pflichten hinzugefügt worden ist. (90) Die restlichen Fragen werden wir im folgenden ausführen.

# Liber tertius

1 (1) P. Scipionem, Marce fili, eum, qui primus Africanus appellatus est, dicere solitum scripsit Cato, qui fuit eius fere aequalis, numquam se minus otiosum esse, quam cum otiosus, nec minus solum, quam cum solus esset. Magnifica vero vox et magno viro ac sapiente digna; quae declarat illum et in otio de negotiis cogitare et in solitudine secum loqui solitum, ut neque cessaret umquam et interdum conloquio alterius non egeret. Ita duae res, quae languorem adferunt ceteris, illum acuebant, otium et solitudo. Vellem nobis hoc idem vere dicere liceret, sed si minus imitatione tantam ingenii praestantiam consequi possumus, voluntate certe proxime accedimus. Nam et a re publica forensibusque negotiis armis impiis vique prohibiti otium persequimur et ob eam causam urbe relicta rura peragrantes saepe soli sumus. (2) Sed nec hoc otium cum Africani otio nec haec solitudo cum illa comparanda est. Ille enim requiescens a rei publicae pulcherrimis muneribus otium sibi sumebat aliquando et coetu hominum frequentiaque interdum tamquam in portum se in solitudinem recipiebat, nostrum autem otium negotii inopia, non requiescendi studio constitutum est. Extincto enim senatu deletisque iudiciis quid est, quod dignum nobis aut in curia aut in foro agere possimus?
(3) Ita qui in maxima celebritate atque in oculis civium

# Drittes Buch

1 (1) P. Scipio,[1] mein Sohn Marcus, der Mann, der als erster Africanus genannt wurde, pflegte zu sagen, wie Cato – in etwa sein Zeitgenosse – schrieb,[2] er sei niemals weniger untätig gewesen, als wenn er frei von Tätigkeit, und weniger einsam, als wenn er einsam sei. Ein wahrhaft großartiges Wort, würdig eines großen und weisen Mannes! Es macht klar, daß jener im Freisein von Tätigkeit über Tätigkeit nachzudenken[3] und in seiner Einsamkeit mit sich selbst zu sprechen pflegte, so daß er niemals sorglos war und bisweilen der Aussprache mit einem Mitmenschen nicht bedurfte. So gaben jenem zwei Umstände Aufschwung, die anderen Resignation verursachen: Freisein von Tätigkeit und Einsamkeit. Ich wollte, wir könnten ebendies zu Recht von uns sagen![4] Aber, wenn wir durch Nacheifern eine derartige geistige Überlegenheit nicht erreichen können, so kommen wir ihr wenigstens durch unser Wollen sehr nahe. Denn einerseits suchen wir, vom politischen Handeln und von Tätigkeit auf dem Forum durch gewissenlose Waffengewalt[5] ferngehalten, Freiheit vom Tätigsein,[6] andererseits verlassen wir aus diesem Grunde die Stadt, halten uns auf unseren Landgütern auf[7] und sind so oft einsam. (2) Aber es ist weder dieses Untätigsein mit dem des Africanus noch diese Einsamkeit mit der jenes Mannes vergleichbar. Denn jener nahm, Erholung suchend von den schönsten Leistungen für das Gemeinwesen, gelegentlich Abstand vom Tätigsein und zog sich aus dem bunten Treiben der Menschen manchmal[8] in die Einsamkeit wie in einen Hafen[9] zurück. Unsere Untätigkeit aber beruht in mangelnder Möglichkeit zur Betätigung, nicht in dem Streben nach Erholung. Denn nachdem die Senatsherrschaft erloschen ist und die Gerichte beseitigt sind,[10] was gibt es da, das wir unser würdig entweder in der Kurie oder auf dem Forum betreiben könnten?

(3) So fliehen wir, die wir einst vor aller Welt und unter

quondam vixerimus, nunc fugientes conspectum sceleratorum, quibus omnia redundant, abdimus nos quantum licet et saepe soli sumus. Sed quia sic ab hominibus doctis accepimus, non solum ex malis eligere minima oportere, sed etiam excerpere ex his ipsis, si quid inesset boni, propterea et otio fruor, non illo quidem, quo debeat is, qui quondam peperisset otium civitati, nec eam solitudinem languere patior, quam mihi adfert necessitas, non voluntas. (4) Quamquam Africanus maiorem laudem meo iudicio assequebatur. Nulla enim eius ingenii monumenta mandata litteris, nullum opus otii, nullum solitudinis munus extat; ex quo intellegi debet illum mentis agitatione investigationeque earum rerum, quas cogitando consequebatur, nec otiosum nec solum umquam fuisse; nos autem, qui non tantum roboris habemus, ut cogitatione tacita a solitudine abstrahamur, ad hanc scribendi operam omne studium curamque convertimus. Itaque plura brevi tempore eversa quam multis annis stante re publica scripsimus.

2 (5) Sed cum tota philosophia, mi Cicero, frugifera et fructuosa nec ulla pars eius inculta ac deserta sit, tum nullus feracior in ea locus est nec uberior, quam de officiis, a quibus constanter honesteque vivendi praecepta ducuntur. Quare quamquam a Cratippo nostro, principe huius memoriae philosophorum, haec te assidue audire atque accipere confido, tamen conducere arbitror talibus aures tuas vocibus undique circumsonare, nec eas, si fieri possit, quicquam

den Augen der Bürger lebten,[11] jetzt den Gesichtskreis von Verbrechern, von denen alles überschwemmt ist, verbergen uns, soweit das möglich ist, und sind häufig einsam. Aber weil wir es so von gebildeten Leuten vernommen haben, daß es nicht nur in der Ordnung sei, von Übeln die geringsten auszuwählen,[12] sondern auch gerade aus diesen auszusuchen, wenn in ihnen etwas Gutes sich finde, deshalb genieße ich zwar das Freisein von Geschäften, freilich nicht jenes, das einer genießen sollte,[13] der einst der Bürgerschaft das Freisein von Unfrieden gesichert hat, aber ich lasse diese Einsamkeit, die mir Zwang, nicht Wollen auferlegt, nicht zur Resignation werden. (4) Indessen erreichte Africanus nach meinem Urteil größere Anerkennung. Es sind ja keinerlei schriftliche Aufzeichnungen als Denkmäler seines Geistes erhalten, kein Werk seines Freiseins von politischer Tätigkeit, keine Leistung seiner Einsamkeit. Daraus muß man ersehen, daß jener durch die Regsamkeit seines Verstandes und das Erforschen der Gegenstände, denen er in seinen Gedanken nachging, weder je untätig noch einsam war.[14] Wir aber, die wir nicht so viel Kraft haben, uns durch geistige Arbeit in der Stille von der Einsamkeit loszureißen, haben auf diese schriftstellerische Betätigung unser ganzes Sinnen und Trachten gerichtet.[15] Deshalb haben wir mehr geschrieben in kurzer Zeit nach dem Sturz als in den vielen Jahren während des Bestehens des Gemeinwesens.

2 (5) Nun ist wohl, mein Cicero, die gesamte Philosophie nutz- und gewinnbringend und keiner ihrer Teile liegt brach und unfruchtbar, aber es gibt in ihr doch kein einträglicheres und reicheres Gebiet[16] als das über die pflichtentsprechenden Handlungen, von denen die Unterweisungen zu einem Leben in Charakterfestigkeit und Ehrenhaftigkeit hergeleitet werden. Deshalb: wenngleich ich darauf vertraue, daß du von unserem Kratippos,[17] dem ersten der Philosophen unserer Zeit, dies andauernd hörst und aufnimmst, so ist es, wie ich meine, doch zuträglich, daß solche Töne – wie Echo von allen Seiten –, wenn möglich, in deinen

aliud audire. (6) Quod cum omnibus est faciendum, qui vitam honestam ingredi cogitant, tum haud scio an nemini potius quam tibi. Sustines enim non parvam expectationem imitandae industriae nostrae, magnam honorum, non nullam fortasse nominis. Suscepisti onus praeterea grave et Athenarum et Cratippi; ad quos cum tamquam ad mercaturam bonarum artium sis profectus, inanem redire turpissimum est dedecorantem et urbis auctoritatem et magistri. Quare quantum coniti animo potes, quantum labore contendere, si discendi labor est potius quam voluptas, tantum fac ut efficias neve committas, ut, cum omnia suppeditata sint a nobis, tute tibi defuisse videare. Sed haec hactenus; multa enim saepe ad te cohortandi gratia scripsimus; nunc ad reliquam partem propositae divisionis revertamur.

(7) Panaetius igitur, qui sine controversia de officiis accuratissime disputavit quemque nos correctione quadam adhibita potissimum secuti sumus, tribus generibus propositis, in quibus deliberare homines et consultare de officio solerent, uno cum dubitarent, honestumne id esset, de quo ageretur, an turpe, altero, utilene esset an inutile, tertio, si id, quod speciem haberet honesti, pugnaret cum eo, quod utile videretur, quomodo ea discerni oporteret, de duobus generibus primis tribus libris explicavit, de tertio autem genere deinceps se scripsit dicturum nec exsolvit id, quod promiserat. (8) Quod eo magis miror, quia scriptum a discipulo eius Posidonio est, triginta annis vixisse Panaetium posteaquam illos libros edidisset. Quem locum miror a Posidonio

Ohren widerhallen[18] und sie nichts anderes hören. (6) Dem müssen alle sich unterziehen, die vorhaben, einen ehrenvollen Lebensweg zu beschreiten, vielleicht aber niemand mehr als du. Du lädst ja auf dich die nicht geringe Erwartung,[19] unserem Tatendrang, die große, den Ehrungen, vielleicht manche, dem Namen nachzueifern. Du hast zudem auf dich genommen die verpflichtende Bürde Athens und des Kratippos.[20] Da du zu ihnen aufgebrochen bist wie zum Erwerb der edlen Künste, wäre es überaus schändlich, mit leeren Händen zurückzukommen und so über das Ansehen der Stadt und des Lehrmeisters Schmach zu bringen. Deshalb: soviel du durch deinen Geist dich abmühen, soviel du durch Anstrengungen dich abplagen kannst – wenn Lernen eher Anstrengung als Vergnügen ist –, so versuche soviel zu erreichen und laß es nicht dahin kommen, daß du, wo dir doch von uns alles an die Hand gegeben ist,[21] es offenbar an dir fehlen läßt. Doch so weit darüber. Vieles haben wir dir ja oft geschrieben, um dich zu ermuntern. Jetzt wollen wir uns wieder dem verbleibenden Teil der vorgeschlagenen Gliederung zuwenden.

(7) Panaitios also, der die Verpflichtungen unstrittig am gründlichsten erörterte und dem wir uns vornehmlich mit gewisser Verbesserung angeschlossen haben,[22] legte drei Fälle dar, in denen die Menschen über pflichtgemäßes Handeln sich zu bedenken und beraten pflegten – den einen, wenn sie unschlüssig seien, ob der Gegenstand, über den verhandelt würde, ehrenhaft oder schändlich, den zweiten, ob er nützlich oder unnütz sei, den dritten, wie unterschieden werden müsse, wenn das, was den Anschein des Ehrenhaften habe, im Widerstreit mit dem liege, was nützlich scheine –, er verbreitete sich über die ersten zwei Arten in drei Büchern und schrieb, er werde über die dritte Art im weiteren sprechen, löste aber nicht ein, was er versprochen hatte. (8) Darüber wundere[23] ich mich um so mehr, als von seinem Schüler Poseidonios[24] schriftlich überliefert worden ist, Panaitios habe noch 30 Jahre gelebt, nachdem er jene Bücher veröffentlicht habe. Ich wundere mich,[25] daß diese

breviter esse tactum in quibusdam commentariis, praesertim cum scribat nullum esse locum in tota philosophia tam necessarium. (9) Minime vero assentior iis, qui negant eum locum a Panaetio praetermissum, sed consulto relictum, nec omnino scribendum fuisse, quia numquam posset utilitas cum honestate pugnare. De quo alterum potest habere dubitationem, adhibendumne fuerit hoc genus, quod in divisione Panaetii tertium est, an plane omittendum, alterum dubitari non potest, quin a Panaetio susceptum sit, sed relictum. Nam qui e divisione tripertita duas partes absolverit, huic necesse est restare tertiam; praeterea in extremo libro tertio de hac parte pollicetur se deinceps esse dicturum. (10) Accedit eodem testis locuples Posidonius, qui etiam scribit in quadam epistola, P. Rutilium Rufum dicere solere, qui Panaetium audierat, ut nemo pictor esset inventus, qui in Coa Venere eam partem, quam Apelles inchoatam reliquisset, absolveret – oris enim pulchritudo reliqui corporis imitandi spem auferebat –, sic ea, quae Panaetius praetermisisset et non perfecisset, propter eorum, quae perfecisset, praestantiam neminem persecutum.

3 (11) Quam ob rem de iudicio Panaetii dubitari non potest; rectene autem hanc tertiam partem ad exquirendum officium adiunxerit an secus, de eo fortasse disputari potest. Nam, sive honestum solum bonum est, ut Stoicis placet, sive, quod honestum est, id ita summum bonum est, quemadmodum Peripateticis vestris videtur, ut omnia ex altera parte collocata vix minimi momenti instar habeant, dubitandum non est quin numquam possit utilitas cum honestate

Frage von Poseidonios in gewissen Aufzeichnungen nur kurz berührt worden ist,[26] zumal er schreibt, daß keine Frage in der ganzen Philosophie so grundlegend sei. (9) Am wenigsten gar stimme ich denen zu, die behaupten, dieser Fragenkomplex sei von Panaitios nicht übergangen, sondern absichtlich übriggelassen[27] und er hätte gar nicht schriftlich behandelt werden dürfen, weil der Nutzen nie der Ehrenhaftigkeit widerstreiten könne. Davon kann die eine Behauptung einem Zweifel unterliegen, ob die Art (des rechten Handelns) mit zu berücksichtigen, die in der Teilung des Panaitios die dritte ist, oder ob sie gänzlich zu übergehen war; die andere kann nicht angezweifelt werden, daß sie von Panaitios in Aussicht gestellt, aber übriggelassen worden ist. Denn wer von einer dreiteiligen Gliederung zwei Teile zu Ende führt, der muß einen dritten übrighaben. Außerdem stellt er im letzten, dem dritten Buch, in Aussicht, im weiteren über diese Teilfrage zu sprechen. (10) Eben dazu kommt als glaubhafter Zeuge Poseidonios, der auch in einem Brief schreibt, P. Rutilius Rufus,[28] der Panaitios gehört hatte, pflege zu sagen: wie sich kein Maler gefunden habe, der an der Venus von Kos den Teil, den Apelles nur angelegt zurückgelassen habe, vollendet hätte – die Schönheit des Gesichts habe ja keine Hoffnung gelassen, den übrigen Körper entsprechend zu gestalten –, so habe das, was Panaitios übergangen und nicht vollendet habe, wegen des Vorzugs dessen, was er ›vollendet‹ habe, niemand sich vorgenommen.

3 (11) Deshalb kann man an Panaitios' Absicht nicht zweifeln. Ob er aber mit Recht diesen dritten Teil zur Untersuchung des pflichtgemäßen Handelns angefügt hat oder nicht, darüber kann man vielleicht streiten. Denn ob nun das Ehrenvolle das einzige Gut ist, wie es die Meinung der Stoiker ist, oder ob, was ehrenvoll ist – so scheint es euren Peripatetikern –, das höchste Gut ist in dem Sinne, daß die auf der anderen Seite aufgelegten Gewichte kaum den geringsten Ausschlag verursachen, so darf man doch nicht daran zweifeln, daß niemals der Nutzen mit der Ehren-

contendere. Itaque accepimus Socratem exsecrari solitum eos, qui primum haec natura cohaerentia opinione distraxissent. Cui quidem ita sunt Stoici assensi, ut et, quicquid honestum esset, id utile esse censerent, nec utile quicquam, quod non honestum. (12) Quodsi is esset Panaetius, qui virtutem propterea colendam diceret, quod ea efficiens utilitatis esset, ut ii, qui res expetendas vel voluptate vel indolentia metiuntur, liceret ei dicere utilitatem aliquando cum honestate pugnare. Sed cum sit is, qui id solum bonum iudicet, quod honestum sit, quae autem huic repugnent specie quadam utilitatis, eorum neque accessione meliorem vitam fieri nec decessione peiorem, non videtur debuisse eiusmodi deliberationem introducere, in qua quod utile videretur cum eo, quod honestum est, compararetur. (13) Etenim quod summum bonum a Stoicis dicitur, convenienter naturae vivere, id habet hanc, ut opinor, sententiam, cum virtute congruere semper, cetera autem, quae secundum naturam essent, ita legere, si ea virtuti non repugnarent. Quod cum ita sit, putant quidam hanc comparationem non recte introductam nec omnino de eo genere quicquam praecipiendum fuisse.
Atque illud quidem honestum, quod proprie vereque dicitur, id in sapientibus est solis neque a virtute divelli umquam potest. In iis autem, in quibus sapientia perfecta non est, ipsum illud quidem perfectum honestum nullo modo, similitudines honesti esse possunt. (14) Haec enim officia, de quibus his libris disputamus, media Stoici appellant; ea

haftigkeit sich messen kann.[29] Deshalb pflegte Sokrates, wie wir vernommen haben, die zu verwünschen, die zuerst[30] diese von Natur zusammengehörigen Werte durch ihr irriges Urteil auseinandergerissen hatten. Ihm nun stimmten die Stoiker dahingehend zu, daß sie die Meinung betonten, es sei alles, was ehrenhaft sei, nützlich, nichts aber nützlich, was nicht ehrenvoll sei. (12) Wenn also Panaitios ein Mann wäre, der sagte, die Vollkommenheit sei deshalb zu pflegen, weil sie die Urheberin des Nutzens sei, wie diejenigen, die erstrebenswerte Gegenstände entweder am Vergnügen oder an der Freiheit von Schmerz bemessen, dann stünde es ihm frei zu sagen, der Nutzen widerstreite gelegentlich der Ehrenhaftigkeit. Da er aber ein Mann ist, nach dessen Urteil allein das gut ist, was ehrenhaft ist, was aber damit im Widerspruch steht – bei einem gewissen Anschein des Nutzens – durch sein Hinzukommen das Leben weder besser noch durch sein Abhandenkommen schlechter macht, hätte er, so scheint es, eine abwägende Betrachtung solcher Art nicht einführen dürfen,[31] bei der, was nützlich scheint, mit dem, was ehrenvoll ist, verglichen wird. (13) Denn was von den Stoikern als das höchste Gut bezeichnet wird, in Übereinstimmung mit der Natur zu leben,[32] das, so meine ich, bedeutet, immer mit der Vollkommenheit übereinzustimmen, die übrigen Werte aber, die naturgemäß seien, nur dann auszuwählen,[33] wenn sie der Vollkommenheit nicht widerstritten. Da dem so sei, meinen manche, es sei dieser Vergleich nicht zu Recht eingeführt worden und man hätte über diesen Fragenbereich keinerlei Unterweisung geben dürfen.

Jenes Ehrenhafte freilich, das eigentlich und wahrheitsgemäß als solches bezeichnet wird – das findet sich allein bei den Weisen, und es kann niemals von der Vollkommenheit losgerissen werden. Bei denen aber, die nicht vollkommene Weisheit besitzen, kann es ebenjene Ehrenhaftigkeit keinesfalls geben, wohl aber Abbilder[34] des Ehrenhaften. (14) Die pflichtgemäßen Anforderungen nämlich, die wir in diesen Büchern erörtert haben, nennen die Stoiker die

communia sunt et late patent, quae et ingenii bonitate multi assequuntur et progressione discendi. Illud autem officium, quod rectum idem appellant, perfectum atque absolutum est et, ut idem dicunt, omnes numeros habet nec praeter sapientem cadere in quemquam potest. (15) Cum autem aliquid actum est, in quo media officia compareant, id cumulate videtur esse perfectum propterea, quod vulgus, quid absit a perfecto, non fere intellegit; quatenus autem intellegit, nihil putat praetermissum, quod idem in poematis, in picturis usu venit in aliisque compluribus, ut delectentur imperiti laudentque ea, quae laudanda non sint, ob eam, credo, causam, quod insit in his aliquid probi, quod capiat ignaros, qui idem, quid in unaquaque re vitii sit, nequeant iudicare. Itaque cum sunt docti a peritis, desistunt facile sententia. 4 Haec igitur officia, de quibus his libris disserimus, quasi secunda quaedam honesta esse dicunt, non sapientium modo propria, sed cum omni hominum genere communia. (16) Itaque iis omnes, in quibus est virtutis indoles, commoventur. Nec vero, cum duo Decii aut duo Scipiones fortes viri commemorantur aut cum Fabricius aut Aristides iustus nominatur, aut ab illis fortitudinis aut ab his iustitiae tamquam a sapiente petitur exemplum; nemo enim horum sic sapiens, ut sapientem volumus intellegi, nec ii, qui sapientes habiti et nominati, M. Cato et C. Laelius, sapientes fuerunt, ne illi quidem septem, sed ex mediorum officiorum frequentia similitudinem quandam gerebant speciemque sapientium. (17) Quocirca nec id, quod vere honestum est, fas est cum utilitatis repugnantia comparari, nec

mittleren. Diese wenden sich an alle und haben weitreichende Geltung. Ihnen kommen viele durch ihre glückliche Veranlagung und durch Fortschritt[35] im Lernen nach. Jene Anforderung aber, die dieselben Leute als die rechte bezeichnen, ist vollkommen und vollendet, d. h. – wie dieselben Leute sagen –, sie gestattet keine Einschränkung[36] und kommt nur dem Weisen zu. (15) Wenn aber etwas ausgeführt wurde, bei dem die mittleren Leistungen sich zeigen, so scheint dies deswegen aufs höchste vollendet zu sein, weil die Menge in der Regel nicht einsieht,[37] was zur Vollendung fehlt. Soweit sie aber zur Einsicht kommt, glaubt sie, es sei nichts übergangen, was auch bei Gedichten, bei Gemälden und mehreren anderen Gegenständen vorkommt, so daß sie als Laien Freude finden und das loben, was nicht lobenswert ist – aus dem Grunde, denke ich, weil sie etwas Richtiges an sich haben, das Unkundige für sie einnimmt; denn sie vermögen zugleich nicht zu beurteilen, was an jedem Gegenstand für ein Fehler ist. Deshalb geben sie, wenn sie von Fachleuten beraten werden, ohne weiteres ihre Meinung auf. 4 Diese Verpflichtungen also, über die wir in diesen Büchern sprechen, sind, wie sie sagen, gleichsam als solche zweiten Ranges ehrenhaft, nicht nur den Weisen eigen, sondern gemeinsam der ganzen Menschheit. (16) Deshalb werden von ihnen alle, die die Anlage zur Vollkommenheit haben, angesprochen. Und wenn die zwei Decier und die zwei Scipionen[38] als tapfere Männer erwähnt werden oder wenn ein Fabricius oder Aristides[39] gerecht genannt wird, so wird nicht von jenen für die Tapferkeit oder von diesen für Gerechtigkeit wie vom Weisen das Vorbild hergeholt. Denn niemand von diesen war so weise, wie wir den Weisen verstanden wissen wollen.[40] Auch waren diejenigen, die als Weise angesehen und verstanden wurden, M. Cato[41] und C. Laelius, nicht weise, nicht einmal jene sieben, vielmehr zeigten sie aufgrund dauernder Erfüllung der mittleren Verpflichtungen eine gewisse Ähnlichkeit und den Anschein von Weisen. (17) Darum ist es weder recht, daß das, was wahrhaft ehrenvoll ist, mit dem Nutzen als Gegenteil

id quod communiter appellamus honestum, quod colitur ab iis, qui bonos se viros haberi volunt, cum emolumentis umquam est comparandum tamque id honestum, quod in nostram intellegentiam cadit, tuendum conservandumque nobis est quam illud, quod proprie dicitur vereque est honestum, sapientibus; aliter enim teneri non potest, si quae ad virtutem est facta progressio. Sed haec quidem de his, qui conservatione officiorum existimantur boni. (18) Qui autem omnia metiuntur emolumentis et commodis neque ea volunt praeponderari honestate, ii solent in deliberando honestum cum eo, quod utile putant, comparare, boni viri non solent. Itaque existimo Panaetium, cum dixerit homines solere in hac comparatione dubitare, hoc ipsum sensisse, quod dixerit solere modo, non etiam oportere. Etenim non modo pluris putare, quod utile videatur quam quod honestum sit, sed etiam haec inter se comparare et in his addubitare turpissimum est. Quid ergo est quod non numquam dubitationem adferre soleat considerandumque videatur? Credo, si quando dubitatio accidit, quale sit id, de quo consideretur. (19) Saepe enim tempore fit, ut quod turpe plerumque haberi soleat, inveniatur non esse turpe. Exempli causa ponatur aliquid, quod pateat latius. Quod potest maius scelus quam non modo hominem, sed etiam familiarem hominem occidere? Num igitur se adstrinxit scelere, si qui tyrannum occidit quamvis familiarem? Populo quidem Romano non videtur, qui ex omnibus praeclaris factis illud

verglichen wird, noch ist das, was wir im allgemeinen Sinne als ehrenvoll bezeichnen und was von denjenigen verehrt wird, die als gutgesinnte Männer gelten wollen, je mit Vorteilen zu vergleichen, und wir müssen das Ehrenvolle, das wir als solches verstehen, so im Auge behalten und bewahren wie die Weisen jenes, das im eigentlichen Sinne als ehrenvoll bezeichnet wird und wahrhaft solches ist. Anders nämlich kann, wenn ein Fortschritt zur Tugend gemacht wird, dieser nicht behauptet werden. Doch so weit über Leute, die aufgrund der Beobachtung ihrer Verpflichtungen für gutgesinnt gehalten werden. (18) Leute aber, die alles bemessen nach ihren Vorteilen und Annehmlichkeiten und dem Ehrenvollen nicht das Übergewicht darüber einräumen wollen, die pflegen beim Abwägen das Ehrenhafte mit dem, was sie für nützlich halten, zu vergleichen, gutgesinnte Männer aber nicht. Deshalb hat Panaitios,[42] nehme ich an, als er sagte, die Menschen pflegten bei diesem Vergleich zu zweifeln, ebendies gemeint, was er sagte: Sie pflegten das nur zu tun, sie müßten nicht auch. Denn nicht nur für höher zu erachten, was nützlich scheint, als das, was ehrenvoll ist, sondern auch diese Gegenstände untereinander zu vergleichen und dabei Zweifel aufkommen zu lassen, ist überaus schändlich.[43] Was ist das also, was manchmal Zweifel heraufzubeschwören pflegt und überlegenswert scheint? Ich glaube, wenn einmal Zweifel aufkommt darüber, welcher Art der Gegenstand ist, über den man Überlegungen anstellt. (19) Denn oft ergibt es sich aus der Situation,[44] daß, was zumeist als schändlich zu gelten pflegt, keineswegs als schändlich befunden wird. Beispielshalber soll irgendein Gegenstand angenommen werden, der weitere Geltung hat: Welches Verbrechen kann größer sein, als nicht etwa einen Mitmenschen, sondern sogar einen befreundeten Menschen zu erschlagen? Hat sich einer also in ein Verbrechen verstrickt, wenn er einen Tyrannen ermordet hat, ungeachtet seiner Freundschaft zu ihm?[45] Dem römischen Volk jedenfalls, das von allen glanzvollen Taten jene für die schönste hält, scheint dies nicht der Fall zu

pulcherrimum existimat. Vicit ergo utilitas honestatem? Immo vero, honestatem utilitas secuta est.

Itaque, ut sine ullo errore diiudicare possimus, si quando cum illo, quod honestum intellegimus, pugnare id videbitur, quod appellamus utile, formula quaedam constituenda est; quam si sequemur in comparatione rerum, ab officio numquam recedemus. (20) Erit autem haec formula Stoicorum rationi disciplinaeque maxime consentanea; quam quidem his libris propterea sequimur, quod, quamquam et a veteribus Academicis et a Peripateticis vestris, qui quondam idem erant, qui Academici, quae honesta sunt, anteponuntur iis, quae videntur utilia, tamen splendidius haec ab eis disserentur, quibus quicquid honestum est, idem utile videtur nec utile quicquam, quod non honestum, quam ab iis, quibus aut honestum aliquid non utile aut utile non honestum. Nobis autem nostra Academia magnam licentiam dat, ut, quodcumque maxime probabile occurrat, id nostro iure liceat defendere. Sed redeo ad formulam.

5 (21) Detrahere igitur alteri aliquid et hominem hominis incommodo suum commodum augere magis est contra naturam quam mors, quam paupertas, quam dolor, quam cetera, quae possunt aut corpori accidere aut rebus externis. Nam principio tollit convictum humanum et societatem. Si enim sic erimus adfecti, ut propter suum quisque emolumentum spoliet aut violet alterum, disrumpi necesse est eam, quae maxime est secundum naturam, humani generis societatem. (22) Ut, si unum quodque membrum sensum hunc haberet, ut posse putaret se valere, si proximi membri valitudinem

sein. Hat also der Nutzen die Ehrenhaftigkeit überwunden? Nein: Der Nutzen ist der Ehrenhaftigkeit gefolgt.[46] Deshalb, damit wir ohne irgendwelchen Irrtum entscheiden können, wenn einmal gegen jenes, was wir unter ehrenhaft verstehen, das zu widerstreiten scheint, was wir als nützlich ansprechen, so muß man ein bestimmtes Verfahren[47] aufstellen. Wenn wir dieses bei einem Vergleich von Werten befolgen, dann werden wir uns nie vom pflichtgemäßen Handeln entfernen.[48] (20) Es wird aber dieses Verfahren mit dem Lehrsystem der Stoiker am meisten übereinstimmend sein. Dieses befolgen wir in den vorliegenden Büchern aus folgendem Grunde: zwar wird sowohl von den alten Akademikern als auch von euren Peripatetikern, die einst dieselben waren wie die Akademiker, das, was ehrenvoll ist, höher eingestuft als das, was nützlich scheint; aber es werden diese Probleme doch glänzender von Leuten erörtert, denen alles, was ehrenvoll ist, zugleich nützlich scheint, nichts aber nützlich, was nicht ehrenvoll ist, als von denen, denen etwas Ehrenhaftes nicht nützlich oder etwas Nützliches nicht ehrenhaft scheint. Uns aber gewährt unsere Akademie[49] die unbestrittene Freiheit, daß wir freie Hand haben, alles, was als besonders glaubwürdig entgegentritt, nach eigenem Recht zu verteidigen. Aber ich kehre zurück zur Verfahrensregel.

5 (21) Daß einer also dem anderen etwas entzieht und ein Mensch durch den Nachteil eines Mitmenschen seinen eigenen Vorteil erhöht, das ist mehr gegen die Naturordnung[50] als Tod,[51] als Armut, als Schmerz und die übrigen Schädigungen, die entweder dem Körper oder äußeren Werten zustoßen können. Denn zunächst hebt es die Lebensgemeinschaft der Menschen auf. Wenn wir nämlich so eingestellt sind, daß ein jeder wegen seines persönlichen Profits den Nächsten beraubt und verletzt, dann wird notwendig die Gemeinschaft der Menschen, die am meisten der Natur gemäß ist, gesprengt. (22) Wie – wenn jedes einzelne Glied[52] die Meinung hätte, es sei selbst erst dann gesund, wenn es das Gedeihen der nächsten Glieder für sich beansprucht

ad se traduxisset, debilitari et interire totum corpus necesse esset, sic, si unus quisque nostrum ad se rapiat commoda aliorum detrahatque quod cuique possit emolumenti sui gratia, societas hominum et communitas evertatur necesse est. Nam sibi ut quisque malit, quod ad usum vitae pertineat, quam alteri adquirere, concessum est non repugnante natura, illud natura non patitur, ut aliorum spoliis nostras facultates, copias, opes augeamus. (23) Neque vero hoc solum natura, id est iure gentium, sed etiam legibus populorum, quibus in singulis civitatibus res publica continetur, eodem modo constitutum est, ut non liceat sui commodi causa nocere alteri. Hoc enim spectant leges, hoc volunt, incolumem esse civium coniunctionem; quam qui dirimunt, eos morte, exsilio, vinclis, damno coercent. Atque hoc multo magis efficit ipsa naturae ratio, quae est lex divina et humana; cui parere qui velit – omnes autem parebunt, qui secundum naturam volent vivere –, numquam committet, ut alienum appetat et id, quod alteri detraxerit, sibi adsumat. (24) Etenim multo magis est secundum naturam excelsitas animi et magnitudo itemque comitas, iustitia, liberalitas quam voluptas, quam vita, quam divitiae; quae quidem contemnere et pro nihilo ducere comparantem cum utilitate communi magni animi et excelsi est. [Detrahere autem de altero sui commodi causa magis est contra naturam quam mors, quam dolor, quam cetera generis eiusdem.] (25) Itemque magis est secundum naturam, pro omnibus gentibus, si

hätte – notwendig der gesamte Körper geschwächt würde und zugrunde ginge, so wird notwendig – wenn jeder einzelne von uns die Vorteile anderer an sich rafft und jedem entreißt, was er kann, um seines persönlichen Profits willen – die Gemeinschaft und Gesellschaft des Menschen zerstört. Denn daß ein jeder lieber für sich das, was für den Lebensunterhalt wichtig ist, als für einen anderen gewinnen will, das ist ihm zugestanden, da die Natur dem nicht widerstreitet; dies aber duldet die Natur nicht, daß wir durch Beraubung anderer Mittel, Reichtum und Macht für uns vermehren. (23) Und es ist dies nicht nur durch die Natur, d. h. durch das Völkerrecht, sondern auch durch die Gesetze der Volks-›Gemeinschaften‹,[53] in denen bei den einzelnen Bürgerschaften das ›Gemeinwesen‹ beruht, in der nämlichen Weise festgesetzt, daß man nicht um seines persönlichen Vorteils willen dem Nächsten schaden darf. Denn darauf sehen die Gesetze, darauf wollen sie hinaus, daß die Vereinigung der Bürger unangetastet sei. Wer diese zertrennt, den weisen sie zur Ordnung durch Todesstrafe, Verbannung, Gefängnis und Vermögensstrafe, und dies erreicht vielmehr die der Natur innewohnende Vernunft, die das Gesetz der Götter und Menschen ist.[54] Wer ihr gehorchen will – es werden ihr aber alle gehorchen, die der Natur gemäß leben wollen –, der wird es niemals dahin kommen lassen, daß er fremdes Gut erstrebt und das, was er einem anderen entzogen hat, für sich beansprucht. (24) Denn es ist viel mehr der Natur gemäß Erhabenheit und Größe der Gesinnung, ebenso Umgänglichkeit, Gerechtigkeit, Freigebigkeit als Vergnügen, als Erhaltung des Lebens und Reichtum. Diese Werte zu verachten und für nichts anzusehen im Vergleich mit dem gemeinsamen Nutzen verrät eine großmütige und erhabene Gesinnung. [Dem Nächsten aber etwas wegzunehmen[55] um der eigenen persönlichen Annehmlichkeit willen, das ist mehr gegen die Natur als Tod, als Schmerz und die übrigen Unglücksfälle derselben Art.] (25) Und ebenso ist es mehr der Natur gemäß, für die Rettung und Unterstützung aller Völker, wenn das möglich ist, die größ-

fieri possit, conservandis aut iuvandis, maximos labores molestiasque suscipere imitantem Herculem illum, quem hominum fama beneficiorum memor in concilio caelestium conlocavit, quam vivere in solitudine non modo sine ullis molestiis, sed etiam in maximis voluptatibus, abundantem omnibus copiis, ut excellas etiam pulchritudine et viribus. Quocirca optimo quisque et splendidissimo ingenio longe illam vitam huic anteponit. Ex quo efficitur, hominem naturae oboedientem homini nocere non posse. (26) Deinde qui alterum violat, ut ipse aliquid commodi consequatur, aut nihil existimat se facere contra naturam aut magis fugienda censet mortem, paupertatem, dolorem, amissionem etiam liberorum, propinquorum, amicorum, quam facere cuiquam iniuriam. Si nihil existimat contra naturam fieri hominibus violandis, quid cum eo disseras, qui omnino hominem ex homine tollat? Sin fugiendum id quidem censet, sed multo illa peiora, mortem, paupertatem, dolorem, errat in eo, quod ullum aut corporis aut fortunae vitium vitiis animi gravius existimat. 6 Ergo unum debet esse omnibus propositum, ut eadem sit utilitas uniuscuiusque et universorum; quam si ad se quisque rapiet, dissolvetur omnis humana consortio.

(27) Atque etiam si hoc natura praescribit, ut homo homini, quicumque sit, ob eam ipsam causam, quod is homo sit, consultum velit, necesse est secundum eandem naturam omnium utilitatem esse communem. Quod si ita est, una continemur omnes et eadem lege naturae, idque ipsum si ita est, certe violare alterum naturae lege prohibemur. Verum autem primum, verum igitur extremum. (28) Nam illud

ten Mühsale und Beschwernisse auf sich zu nehmen in Nachahmung jenes Herakles,[56] den der Volksglaube in Erinnerung an seine Wohltaten in den Kreis der Götter versetzt hat, als in Einsamkeit zu leben nicht nur ohne alle Beschwernisse, sondern sogar in den größten Vergnügungen,[57] in Überfluß an allen äußerlichen Werten, so daß du auch durch Schönheit und Kraft hervorragst. Darum ziehen gerade Leute von bester und glänzendster Begabung[58] jene Lebensgestaltung dieser bei weitem vor. Daraus ergibt sich, daß ein Mensch, der sich der Natur unterordnet, seinem Mitmenschen nicht schaden kann. (26) Sodann nimmt, wer einen Mitmenschen verletzt, um selbst irgendeinen Vorteil zu gewinnen, an, er handle nicht gegen die Natur, oder er glaubt, Tod, Armut, Schmerz und Verlust sogar der Kinder, Verwandten und Freunde seien mehr zu meiden, als irgend jemandem Unrecht zu tun. Wenn er annimmt, es geschehe nichts gegen die Natur bei Verletzung der Mitmenschen, was könntest du dann mit dem besprechen, der gänzlich im Menschen den Menschen beseitigt?[59] Wenn er aber glaubt, es sei dies zu vermeiden, aber jenes seien viel größere Übel: Tod, Armut, Schmerz[60] –, so irrt er in diesem Punkte, weil er irgendeinen Fehler des Körpers oder des Besitzes für schwerwiegender hält als die Fehler der Seele. 6 Es muß also eines allen vor Augen gestellt sein, daß der Nutzen aller Einzelpersonen und der Allgemeinheit identisch ist. Wenn jeder einzelne auf diesen seine Hand legt, dann wird sich die gesamte Schicksalsgemeinschaft der Menschen auflösen.[61]

(27) Und auch, wenn die Natur dies vorschreibt, daß der Mensch will, es sei für den Mitmenschen – wer er auch immer sei, nur aus dem Grunde, weil er ein Mensch ist – gesorgt, so ist es notwendig gemäß derselben Natur, daß der Nutzen aller Gemeininteresse sei. Wenn dem so ist, dann stehen wir alle unter ein und demselben Gesetz der Natur, und wenn ebendies so ist, dann werden wir sicherlich durch das Gesetz der Natur gehindert, den Nächsten zu verletzen. Wahr aber ist der erste Satz, folglich auch der letzte.

quidem absurdum est, quod quidam dicunt, parenti se aut fratri nihil detracturos sui commodi causa, aliam rationem esse civium reliquorum. Hi sibi nihil iuris, nullam societatem communis utilitatis causa statuunt esse cum civibus quae sententia omnem societatem distrahit civitatis. Qui autem civium rationem dicunt habendam, externorum negant, ii dirimunt communem humani generis societatem; qua sublata beneficentia, liberalitas, bonitas, iustitia funditus tollitur; quae qui tollunt, etiam adversus deos immortales impii iudicandi sunt. Ab iis enim constitutam inter homines societatem evertunt, cuius societatis artissimum vinculum est magis arbitrari esse contra naturam hominem homini detrahere sui commodi causa quam omnia incommoda subire vel externa vel corporis vel etiam ipsius animi, quae vacent iustitia; haec enim una virtus est domina et regina virtutum.

(29) Forsitan quispiam dixerit: Nonne igitur sapiens, si fame ipse conficiatur, abstulerit cibum alteri homini ad nullam rem utili? Minime vero: non enim mihi est vita mea utilior quam animi talis affectio, neminem ut violem commodi mei gratia. Quid? si Phalarim, crudelem tyrannum et immanem, vir bonus, ne ipse frigore conficiatur, vestitu spoliare possit, nonne faciat? Haec ad iudicandum sunt facillima. (30) Nam si quid ab homine ad nullam partem utili utilitatis tuae causa detraxeris, inhumane feceris contraque naturae legem; sin autem is tu sis, qui multam utili-

(28) Denn jene Erklärung ist jedenfalls unsinnig, die manche abgeben, sie entzögen ihrem Vater oder ihrem Bruder nichts[62] um ihres persönlichen Vorteils willen; anders stehe es um die Rücksicht auf die übrigen Mitbürger. Diese setzen voraus, sie hätten keinerlei rechtliche Verpflichtung, keine Gemeinschaft um des gemeinsamen Nutzens willen mit ihren Mitbürgern – eine Einstellung, die jegliches Gemeinschaftsgefühl der Bürgerschaft aufhebt. Wer aber sagt, man müsse Rücksicht nehmen auf seine Mitbürger, nicht aber auf Ausländer, der hebt die alle umfassende Gemeinschaft der Menschheit auf. Ist diese beseitigt, dann werden Wohltätigkeit, Freigebigkeit, Redlichkeit und Gerechtigkeit von Grund her aufgehoben. Wer aber diese Werte aufhebt, muß auch als pflichtvergessen gegen die unsterblichen Götter angesehen werden.[63] Denn sie stürzen die von diesen unter den Menschen begründete Gemeinschaft um, eine Gemeinschaft, deren engstes Band darin besteht zu erachten, es sei mehr gegen die Natur, daß ein Mensch seinen Mitmenschen um einer persönlichen Annehmlichkeit willen beraubt, als daß er alle Nachteile auf sich nimmt, solche der äußeren Werte, des Körpers oder gar der Seele, da diese an sich ja in keinerlei Zusammenhang zur Gerechtigkeit stehen.[64] Denn diese Tugend allein ist aller Tugenden Herrin und Königin.[65]

(29) Nun könnte vielleicht einer sagen: Es dürfte also ein Weiser, wenn er von Hunger gequält würde, nicht seinem – zu nichts nützlichem – Mitmenschen Nahrung wegnehmen? Durchaus nicht:[66] denn es ist mir mein Leben nicht nützlicher als eine solche Seelenhaltung,[67] daß ich niemanden um meines persönlichen Vorteils willen verletze. Wie? Wenn den Phalaris[68], einen grausamen und brutalen Tyrannen, ein gutgesinnter Mann, um nicht selbst zu erfrieren, der Kleidung berauben könnte, soll er es dann nicht tun? Das sind sehr leicht entscheidbare Fragen. (30) Denn wenn du einen in keiner Hinsicht nützlichen Menschen um deines persönlichen Nutzens willen durch Raub irgendwie schädigst, dann dürftest du unmenschlich und gegen das Naturgesetz handeln; wenn du aber ein Mann bist, der voraus-

tatem rei publicae atque hominum societati, si in vita remaneas, adferre possis, si quid ob eam causam alteri detraxeris, non sit reprehendendum. Sin autem id non sit eiusmodi, suum cuique incommodum ferendum est potius quam de alterius commodis detrahendum. Non igitur magis est contra naturam morbus aut egestas aut quid eiusmodi quam detractio atque appetitio alieni, sed communis utilitatis derelictio contra naturam est; est enim iniusta. (31) Itaque lex ipsa naturae, quae utilitatem hominum conservat et continet, decernet profecto, ut ab homine inerti atque inutili ad sapientem, bonum, fortem virum transferantur res ad vivendum necessariae, qui si occiderit, multum de communi utilitate detraxerit, modo hoc ita faciat, ut ne ipse de se bene existimans seseque diligens hanc causam habeat ad iniuriam. Ita semper officio fungetur utilitati consulens hominum et ei, quam saepe commemoro, humanae societati. (32) Nam quod ad Phalarim attinet, perfacile iudicium est. Nulla est enim societas nobis cum tyrannis et potius summa distractio est, neque est contra naturam spoliare eum, si possis, quem est honestum necare, atque hoc omne genus pestiferum atque impium ex hominum communitate exterminandum est. Etenim, ut membra quaedam amputantur, si et ipsa sanguine et tamquam spiritu carere coeperunt et nocent reliquis partibus corporis, sic ista in figura hominis feritas et immanitas beluae a communi tamquam humanitate corporis segreganda est. Huius generis quaestiones sunt omnes eae, in quibus ex tempore officium exquiritur.

7 (33) Eiusmodi igitur credo res Panaetium persecuturum

sichtlich viel Nutzen dem Gemeinwesen und der menschlichen Gesellschaft, falls du am Leben bleibst, bringen kann, so dürfte das, wenn du aus diesem Grunde einen anderen durch Raub schädigst, nicht tadelnswert sein. Wenn dies aber nicht derart ist, so hat jeder lieber seinen persönlichen Nachteil zu tragen, als die Vorteile des Nächsten zu schmälern. Es sind also nicht mehr gegen die Natur[69] Krankheit oder Armut oder irgendeine derartige Not als Schädigung und Erstreben fremden Gutes, sondern es ist die Außerachtlassung des gemeinsamen Vorteils wider die Natur. Denn sie ist ungerecht. (31) Deshalb wird das Naturgesetz selbst, das den Nutzen der Menschen bewahrt und beschützt,[70] in der Tat entscheiden, daß von einem untüchtigen und unnützen Menschen auf einen weisen, gutgesinnten und tapferen Mann die zum Leben notwendigen Dinge übertragen werden, der, falls er umkäme, viel dem Gemeinnutz entzöge. Nur sollte er sich bei dieser Güterübertragung so verhalten, daß er nicht aus Selbstüberschätzung oder Eigenliebe[71] dies als Vorwand zum Unrecht nehme. So wird er immer seiner Verpflichtung nachkommen, in Sorge für den Nutzen seines Mitmenschen und der von mir oft erwähnten menschlichen Gesellschaft. (32) Denn was Phalaris angeht, so ist das Urteil recht leicht. Wir haben ja gar keine Gemeinschaft mit Tyrannen, vielmehr die entschiedenste Trennung, und so ist es nicht gegen die Natur, den zu berauben – falls du es könntest –, den zu töten ehrenvoll ist, und es ist der ganze verderbliche und gottlose Menschenschlag aus der menschlichen Gemeinschaft zu verbannen. Denn wie manche Glieder[72] amputiert werden, wenn sie selbst keine Durchblutung und gleichsam keinen Lebensatem mehr haben und den übrigen Körperteilen schaden, so ist diese Roheit und Brutalität eines Tieres[73] in der Gestalt eines Menschen von der – ich darf so sagen – allen in der Gemeinschaft zukommenden Menschlichkeit zu verweisen.[74] Von dieser Art sind all die Fragen, bei denen unter Rücksicht auf die Umstände die Pflicht ermittelt wird.

7 (33) Dingen dieser Art, glaube ich, wäre Panaitios nach-

fuisse, nisi aliqui casus aut occupatio eius consilium peremisset. Ad quas ipsas consultationes ex superioribus libris satis multa praecepta sunt, quibus perspici possit, quid sit propter turpitudinem fugiendum, quid sit, quod idcirco fugiendum non sit, quod omnino turpe non sit. Sed quoniam operi inchoato, prope tamen absoluto, tamquam fastigium imponimus, ut geometrae solent non omnia docere, sed postulare, ut quaedam sibi concedantur, quo facilius quae volunt explicent, sic ego a te postulo, mi Cicero, ut mihi concedas, si potes, nihil praeter id, quod honestum sit, propter se esse expetendum. Sin hoc non licet per Cratippum, at illud certe dabis, quod honestum sit, id esse maxime propter se expetendum. Mihi utrumvis satis est et tum hoc tum illud probabilius videtur nec praeterea quicquam probabile. (34) Ac primum in hoc Panaetius defendendus est, quod non utilia cum honestis pugnare aliquando posse dixerit – neque enim ei fas erat – sed ea quae viderentur utilia. Nihil vero utile, quod non idem honestum, nihil honestum, quod non idem utile sit, saepe testatur negatque ullam pestem maiorem in vitam hominum invasisse quam eorum opinionem, qui ista distraxerint. Itaque non ut aliquando anteponeremus utilia honestis, sed ut ea sine errore diiudicaremus, si quando incidissent, induxit eam, quae videretur esse, non quae esset, repugnantiam. Hanc igitur partem relictam explebimus nullis adminiculis, sed, ut dicitur, Marte nostro. Neque enim quicquam est de hac parte post Panaetium explicatum, quod quidem mihi probaretur, de iis, quae in manus meas venerint.

gegangen,[75] wenn nicht irgendein Schicksalsschlag oder ein Unternehmen sein Vorhaben durchkreuzt hätte. In bezug auf ebendiese Fragen liegen in den vorhergehenden Büchern genügend Unterweisungen vor, aus denen sich ersehen läßt, was wegen seiner Schändlichkeit zu meiden ist, was dagegen darum nicht zu meiden ist, weil es durchaus nicht schändlich ist. Aber da wir einem begonnenen, beinahe jedoch schon vollendeten Werk gleichsam den Giebel aufsetzen, so fordere ich von dir, mein Cicero – wie die Geometer nicht alles beweisen, sondern zu fordern pflegen, daß ihnen manche Hypothesen zugestanden werden, damit sie die vorgenommene Aufgabe um so leichter erklären –, daß du mir, wenn möglich, zugestehst, es sei nichts außer dem Ehrenvollen um seinetwillen erstrebenswert. Wenn aber dies um des Kratippos[76] willen nicht freisteht, so wirst du sicherlich jenes Zugeständnis machen, es sei das, was ehrenhaft ist, am meisten um seiner selbst willen erstrebenswert. Mir genügt beides, und bald scheint mir dies, bald jenes annehmbarer,[77] sonst aber nichts. (34) Und zunächst muß man Panaitios in diesem Punkte in Schutz nehmen, daß er nicht etwa sagte, das Nützliche widerstreite gelegentlich dem Ehrenhaften – er hätte ja dazu gar nicht das Recht gehabt –, sondern das, was nützlich scheine. Daß gar nichts nützlich, was nicht zugleich ehrenvoll, nichts aber ehrenvoll, was nicht zugleich nützlich sei, das bezeugt er oft, und er erklärt, es sei kein größeres Verderben in das Leben der Menschen eingedrungen als die Vorstellung derer, die diese getrennt hätten.[78] Deshalb führte er, nicht damit wir gelegentlich das Nützliche dem Ehrenvollen vorzögen, sondern damit wir diese ohne Irrtum unterschieden, wenn sie einmal einträten, jenen scheinbaren, nicht tatsächlichen Widerspruch ein. Diesen beiseite gelassenen Teilbereich also werden wir ergänzen nicht durch fremde Hilfsmittel, sondern, wie man sagt, auf eigene Faust.[79] Denn es ist über diesen Teilbereich nichts nach Panaitios erklärt worden, was wenigstens meine Billigung fände, über die Fragen, die mir in die Hände gekommen sind.

8 (35) Cum igitur aliqua species utilitatis obiecta est, commoveri necesse est. Sed si, cum animum attenderis, turpitudinem videas adiunctam ei rei, quae speciem utilitatis attulerit, tum non utilitas relinquenda est, sed intellegendum, ubi turpitudo sit, ibi utilitatem esse non posse. Quod si nihil est tam contra naturam quam turpitudo – recta enim et convenientia et constantia natura desiderat aspernaturque contraria – nihilque tam secundum naturam quam utilitas, certe in eadem re utilitas et turpitudo esse non potest. Itemque, si ad honestatem nati sumus eaque aut sola expetenda est, ut Zenoni visum est, aut certe omni pondere gravior habenda quam reliqua omnia, quod Aristoteli placet, necesse est, quod honestum sit, id esse aut solum aut summum bonum, quod autem bonum, id certe utile, ita, quicquid honestum, id utile. (36) Quare error hominum non proborum, cum aliquid, quod utile visum est, arripuit, id continuo secernit ab honesto. Hinc sicae, hinc venena, hinc falsa testamenta nascuntur, hinc furta, peculatus, expilationes direptionesque sociorum et civium, hinc opum nimiarum, potentiae non ferendae, postremo etiam in liberis civitatibus regnandi existunt cupiditates, quibus nihil nec taetrius nec foedius excogitari potest. Emolumenta enim rerum fallacibus iudiciis vident, poenam, non dico legum, quam saepe perrumpunt, sed ipsius turpitudinis, quae acerbissima est, non vident. (37) Quam ob rem hoc quidem deliberantium genus pellatur e medio – est enim totum sceleratum et impium –, qui deliberant, utrum id sequantur, quod honestum esse videant, an se scientes scelere contaminent; in ipsa enim dubitatione facinus inest, etiamsi ad id non per-

8 (35) Wenn also irgendein Anschein von Nutzen entgegentritt,[80] so läßt man sich notwendigerweise beeindrucken; aber falls du, wenn du aufgemerkt hast, Schändlichkeit verbunden siehst mit dem Gegenstand, der den Anschein von Nutzen geboten hat, dann ist nicht der Nutzen zu opfern, sondern einzusehen,[81] daß, wo Schändlichkeit ist, Nutzen nicht sein kann. Wenn also nichts so sehr gegen die Natur ist wie Schändlichkeit – denn das Richtige, Zukommende und mit sich Übereinstimmende ersehnt die Natur und weist das Gegensätzliche zurück – und nichts der Natur so gemäß ist wie der Nutzen, so kann sicherlich nicht in derselben Sache Nutzen wie Schändlichkeit liegen. Und ebenso, wenn wir zur Ehrenhaftigkeit geboren sind und diese entweder allein zu erstreben ist, wie es Zenon richtig scheint, oder wenigstens für ganz entschieden gewichtiger anzusehen ist als alles übrige – was Aristoteles meint –, so ist notwendigerweise das,[82] was ehrenvoll ist, entweder das alleinige oder allergrößte Gut, was aber gut ist, sicherlich nützlich; folglich alles, was ehrenvoll ist, nützlich. (36) Deshalb trennt die irrige Meinung nichtrechtschaffener Leute, wenn sie etwas, was nützlich schien, errafft hat, dies sogleich vom Ehrenvollen. Daher kommen Meuchel-, daher Giftmord, daher Testamentsfälschung, daher Fälle von Diebstahl, Veruntreuung, Raub und Plünderung an Bundesgenossen und Mitbürgern,[83] daher entsteht das Streben nach unbeschränkten Mitteln, nach unerträglicher Macht, endlich auch nach Königsherrschaft in freien Bürgerschaften, das Widerwärtigste und Abstoßendste, was sich ausdenken läßt. Denn die Vorteile sehen sie in falscher Wertung, die Strafe – ich sage nicht der Gesetze, die sie oft brechen, sondern sogar der Schande, die überaus bitter ist – sehen sie nicht. (37) Daher bleibe uns doch diese Art von ›Bedächtigen‹ vom Halse – denn sie ist ganz und gar verbrecherisch und gottlos[84] –, die überdenken, ob sie dem folgen, was – in ihrer Sicht – ehrenvoll ist, oder sich mit vollem Wissen mit einem Verbrechen beflecken sollen. Denn schon in ihrem Zweifel liegt die Untat,[84] auch wenn sie sich zu ihr gar

venerint. Ergo ea deliberanda omnino non sunt, in quibus est turpis ipsa deliberatio.

9 (38) Atque etiam ex omni deliberatione celandi et occultandi spes opinioque removenda est; satis enim nobis, si modo in philosophia aliquid profecimus, persuasum esse debet, si omnes deos hominesque celare possimus, nihil tamen avare, nihil iniuste, nihil libidinose, nihil incontinenter esse faciendum. Hinc ille Gyges inducitur a Platone, qui cum terra discessisset magnis quibusdam imbribus, descendit in illum hiatum aeneumque equum, ut ferunt fabulae, animadvertit, cuius in lateribus fores essent; quibus apertis corpus hominis mortui vidit magnitudine invisitata anulumque aureum in digito; quem ut detraxit, ipse induit, tum in concilium se pastorum recepit. Ibi cum paleam eius anuli ad palmam converterat, a nullo videbatur, ipse autem omnia videbat; idem rursus videbatur, cum in locum anulum inverterat. Itaque hac oportunitate anuli usus reginae stuprum intulit – erat autem regius pastor – eaque adiutrice regem dominum interemit, sustulit quos obstare arbitrabatur, nec in his eum facinoribus quisquam potuit videre. Sic repente anuli beneficio rex exortus est Lydiae. Hunc igitur ipsum anulum si habeat sapiens, nihil plus sibi licere putet peccare, quam si non haberet; honesta enim bonis viris, non occulta quaeruntur. (39) Atque hoc loco philosophi quidam minime mali illi quidem, sed non satis acuti, fictam et commenticiam fabulam prolatam dicunt a Platone, quasi vero ille aut factum id esse aut fieri potuisse defendat. Haec est vis huius anuli et huius exempli: si nemo sciturus, nemo ne

nicht bereit finden. Daher ist das durchaus nicht zu überdenken, bei dem schon das Überdenken schändlich ist.

9 (38) Ferner ist auch bei jeglichem Überdenken die Hoffnung und Erwartung, zu verhehlen und zu verheimlichen, fernzuhalten. Wir müssen nämlich, wenn wir in der Philosophie nur einigermaßen vorangekommen sind, davon hinlänglich überzeugt sein, daß wir, auch wenn wir sie vor allen Göttern und Menschen verheimlichen könnten, doch keine habsüchtige, keine ungerechte, keine willkürliche, keine unkontrollierte Handlung begehen dürfen.[86] Hier wird jener Gyges[87] von Platon vor Augen geführt, der, als die Erde sich bei äußerst starkem Regen aufgetan hatte, in jenen Schlund hinabstieg und, so die Sage, ein ehernes Pferd bemerkte, an dessen Seiten sich Öffnungen befanden. Er tat sie auf und sah die Leiche eines Mannes von nie gesehener Größe mit einem goldenen Ring am Finger. Sowie er diesen abgezogen hatte, legte er ihn selbst an, dann begab er sich wieder in die Versammlung der Hirten. Sooft er dort die Fassung des Ringes zur Handfläche hin gedreht hatte, wurde er von niemandem gesehen, er selbst aber sah alles. Andererseits wurde er wiederum gesehen, sooft er den Ring in die frühere Stellung gedreht hatte. Deshalb machte er sich diesen Vorteil des Ringes zunutze, trieb es mit der Königin – er war Hirte des Königs – und beseitigte mit ihrer Hilfe seinen königlichen Herrn, schaffte sich seine mutmaßlichen Gegner vom Halse, ohne daß bei derlei Untaten ihn jemand hätte sehen können. So stieg er dank dem Ring unerwartet zum König von Lydien auf. Wenn nun diesen Ring ein Weiser haben sollte, dann müßte er glauben, es stehe ihm keineswegs mehr frei, Fehler zu begehen, als dann, wenn er ihn nicht hätte. Denn Ehrenhaftigkeit wird von gutgesinnten Männern gesucht, nicht aber Verborgenheit. (39) Und da sagen einige zwar nicht gerade üble, aber nicht genügend scharfsinnige Philosophen,[88] die vorgetragene Geschichte sei von Platon erfunden und erdichtet,[89] so, als ob jener dafür einträte, daß dies geschehen sei oder hätte geschehen können. Das ist die Bedeutung jenes Beispiels vom

suspicaturus quidem sit, cum aliquid divitiarum, potentiae, dominationis, libidinis causa feceris, si id diis hominibusque futurum sit semper ignotum, sisne facturus? Negant id fieri posse. Quamquam potest id quidem, sed quaero, quod negant posse, id si posset, quidnam facerent. Urgent rustice sane. Negant enim posse et in eo perstant, hoc verbum quid valeat non vident. Cum enim quaerimus, si celare possint, quid facturi sint, non quaerimus, possintne celare, sed tamquam tormenta quaedam adhibemus, ut si responderint se impunitate proposita facturos, quod expediat, facinorosos se esse fateantur, si negent, omnia turpia per se ipsa fugienda esse concedant. Sed iam ad propositum revertamur.

10 (40) Incidunt multae saepe causae, quae conturbent animos utilitatis specie, non, cum hoc deliberetur, relinquendane sit honestas propter utilitatis magnitudinem – nam id quidem improbum est –, sed illud, possitne id, quod utile videatur, fieri non turpiter. Cum Collatino collegae Brutus imperium abrogabat, poterat videri facere id iniuste; fuerat enim in regibus expellendis socius Bruti consiliorum et adiutor. Cum autem consilium hoc principes cepissent, cognationem Superbi nomenque Tarquiniorum et memoriam regni esse tollendam, quod erat utile, patriae consulere, id erat ita honestum, ut etiam ipsi Collatino placere deberet. Itaque utilitas valuit propter honestatem, sine qua ne utilitas quidem esse potuisset. (41) At in eo rege, qui urbem condidit, non item. Species enim utilitatis animum pepulit eius;

Ring: Falls niemand es wüßte, niemand auch nur den Verdacht hätte, wenn du irgendeine Handlung der Bereicherung, der Macht, der Gewaltherrschaft und der Lust wegen unternimmst, würdest du, wenn dies Göttern und Menschen stets verborgen bliebe, so handeln? Sie erklären, das sei gar nicht möglich. Nun ist das sicherlich möglich, aber ich frage, was sie denn, wenn es möglich wäre, was sie für unmöglich erklären, unternähmen. Sie versteifen sich da mit rechter Borniertheit. Denn sie erklären »Unmöglich!«,[90] und darauf bestehen sie; was diese Erklärung aber besagt, sehen sie nicht ein. Denn wenn wir fragen, was sie, falls sie geheimhalten können, unternehmen werden, fragen wir nicht, ob sie verborgen bleiben können, sondern wir setzen gleichsam die Marterzange an: wenn sie antworten, sie täten bei in Aussicht gestellter Straffreiheit, was nütze, so bestätigen sie, Übeltäter zu sein, wenn sie aber dazu »nein« sagen, räumen sie ein, es sei alles Schändliche um seiner selbst willen zu meiden. Doch wenden wir uns wieder dem Thema zu.

10 (40) Es ergeben sich oft viele Fälle, die Verwirrung stiften durch Vorspiegelung von Nutzen, nicht, wenn man dies erwägt, ob Ehrenhaftigkeit geopfert werden soll wegen der Größe des Nutzens – denn das wäre sicherlich verwerflich –, sondern jenes, ob das, was nützlich erscheint, ohne Schande geschehen könnte. Als Brutus seinen Kollegen Collatinus[91] der Befehlsgewalt enthob, da konnte dieses sein Handeln ungerecht erscheinen; war er doch bei der Vertreibung der Könige Mitplaner des Brutus und Mittäter. Als aber die führenden Persönlichkeiten diesen Plan gefaßt hatten, daß die Sippe des Superbus, der Name der Tarquinier und die Erinnerung an das Königtum zu tilgen seien, da war, was nützlich war, nämlich für das Vaterland planmäßig zu sorgen, so sehr ein Gebot der Ehrenhaftigkeit, daß darein sogar Collatinus einwilligen mußte. Deshalb setzte sich der Nutzen durch wegen der Ehrenhaftigkeit, ohne die auch Nutzen nicht hätte bestehen können. (41) Aber im Falle des Königs, der die Stadt gegründet hat, nicht ebenso. Denn ihn bestimmte das Trugbild des Nut-

cui cum visum esset utilius solum quam cum altero regnare, fratrem interemit. Omisit hic et pietatem et humanitatem, ut id, quod utile videbatur neque erat, assequi posset, et tamen muri causam opposuit, speciem honestatis nec probabilem nec sane idoneam. Peccavit igitur, pace vel Quirini vel Romuli dixerim. (42) Nec tamen nostrae nobis utilitates omittendae sunt aliisque tradendae, cum his ipsi egeamus, sed suae cuique utilitati, quod sine alterius iniuria fiat, serviendum est. Scite Chrysippus, ut multa, ›qui stadium‹, inquit, ›currit, eniti et contendere debet quam maxime possit, ut vincat, supplantare eum, quicum certet, aut manu depellere nullo modo debet; sic in vita sibi quemque petere, quod pertineat ad usum, non iniquum est, alteri deripere ius non est.‹

(43) Maxime autem perturbantur officia in amicitiis, quibus et non tribuere, quod recte possis, et tribuere, quod non sit aequum, contra officium est. Sed huius generis totius breve et non difficile praeceptum est. Quae enim videntur utilia, honores, divitiae, voluptates, cetera generis eiusdem, haec amicitiae numquam anteponenda sunt. At neque contra rem publicam neque contra ius iurandum ac fidem amici causa vir bonus faciet, ne si iudex quidem erit de ipso amico; ponit enim personam amici, cum induit iudicis. Tantum dabit amicitiae, ut veram amici causam esse malit, ut orandae litis tempus, quoad per leges liceat, accommodet. (44) Cum vero iurato sententia dicenda est, meminerit deum se adhibere testem, id est, ut ego arbitror, mentem suam,

zens. Da es diesem nützlicher schien, allein, als mit einem Zweiten zu regieren, beseitigte er seinen Bruder. Dieser ließ Bruderliebe und Menschlichkeit beiseite, um das, was nützlich schien, ohne es zu sein, erreichen zu können, und dennoch schob er die Mauer als Entschuldigungsgrund vor, eine weder annehmbare noch recht geeignete Vorspiegelung der Ehrenhaftigkeit. Er hat also gefehlt, das darf ich wohl mit Duldung des Quirinus oder Romulus sagen.[92] (42) Wir brauchen aber auch nicht eigene Vorteile beiseite und anderen zukommen zu lassen, wenn wir ihrer selbst bedürfen, sondern es hat ein jeder seinem eigenen Nutzen, soweit das ohne Unrecht gegen den Mitmenschen geschieht, zu dienen. Gescheit wie so oft sagt Chrysippos:[93] »Wer über ein Stadion ein Rennen läuft, der muß mit ganzem Einsatz kämpfen, damit er siegt, ein Bein aber seinem Gegner stellen oder ihn anrempeln darf er auf keinen Fall; ebenso ist es nicht unbillig, im Leben jeweils das für sich zu erstreben, was zum Nutzen beiträgt, es dem Nächsten zu entreißen ist gegen das Recht.«

(43) Besonders aber geraten Pflichten in Widersprüche bei Freundschaften.[94] Ihnen nicht zu leisten, was du rechtens tun kannst, und zu leisten, was nicht billig wäre, ist gegen die Anforderung der Pflicht. Allein es gibt für diesen ganzen Bereich eine kurze und nicht schwierige Vorschrift. Was nämlich nützlich erscheint, Ehrenstellen, Reichtum, Vergnügungen und anderes dergleichen, das ist niemals vor der Freundschaft einzustufen. Jedoch wird der gutgesinnte Mann weder gegen das Gemeinwesen noch gegen Eid und Treuwort dem Freund zuliebe handeln, nicht einmal, falls er Richter selbst über den Freund ist. Denn er legt die Rolle des Freundes ab, wenn er die des Richters übernimmt. Nur so viel wird er der Freundschaft Rechnung tragen, daß er lieber möchte, das Anliegen des Freundes sei wahrheitsgemäß; daß er die Zeit, den Standpunkt vorzutragen, soweit es gesetzlich erlaubt ist,[95] günstig ansetzt. (44) Wenn einer aber unter Eid seine Meinung aussagen muß, dann denke er daran, daß er Gott als Zeugen anruft, d. h., wie

qua nihil homini dedit deus ipse divinius. Itaque praeclarum a maioribus accepimus morem rogandi iudicis, si eum teneremus, QUAE SALVA FIDE FACERE POSSIT. Haec rogatio ad ea pertinet, quae paulo ante dixi honeste amico a iudice posse concedi. Nam si omnia facienda sint, quae amici velint, non amicitiae tales, sed coniurationes putandae sint. (45) Loquor autem de communibus amicitiis; nam in sapientibus viris perfectisque nihil potest esse tale. Damonem et Phintiam Pythagoreos ferunt hoc animo inter se fuisse, ut, cum eorum alteri Dionysius tyrannus diem necis destinavisset et is, qui morti addictus esset, paucos sibi dies commendandorum suorum causa postulavisset, vas factus sit alter eius sistendi, ut si ille non revertisset, moriendum esset ipsi. Qui cum ad diem se recepisset, admiratus eorum fidem tyrannus petivit, ut se ad amicitiam tertium adscriberent. (46) Cum igitur id, quod utile videtur in amicitia, cum eo, quod honestum est, comparatur, iaceat utilitatis species, valeat honestas. Cum autem in amicitia, quae honesta non sunt, postulabuntur, religio et fides anteponatur amicitiae; sic habebitur is, quem exquirimus dilectus officii.

11 Sed utilitatis specie in re publica saepissime peccatur, ut in Corinthi disturbatione nostri; durius etiam Athenienses, qui sciverunt, ut Aeginetis, qui classe valebant, pollices praeciderentur. Hoc visum est utile; nimis enim imminebat

ich meine, seinen eigenen Geist,[96] das Göttlichste, was die Gottheit selbst dem Menschen gegeben hat.[97] Deshalb haben wir von den Vorfahren den – wenn wir daran festhielten! – ausgezeichneten Brauch übernommen, den Richter zu bitten um das, »was er ohne Verletzung seines Gewissens tun könne«.[98] Diese Frage bezieht sich auf die Zugeständnisse, die, wie ich eben sagte, ehrenvollerweise dem Freunde von einem Richter geleistet werden können. Denn müßte man alles tun, was Freunde wollen, dann müßte man solches nicht für Freundschaften, sondern für Verschwörungen halten. (45) Ich spreche aber von gewöhnlichen Freundschaften, denn bei weisen und vollkommenen Männern kann solches nicht vorkommen. Die Pythagoreer Damon und Phintias[99] sollen gegeneinander von beispielhafter Selbstverleugnung gewesen sein. Als daher der Tyrann Dionysios für den einen von ihnen den Tag seiner Hinrichtung bestimmt hatte, der aber, der dem Tode bestimmt war, ein paar Tage für sich erbat, um die Seinen der Fürsorge von Freunden anzuvertrauen, stellte sich der andere als Bürge für sein termingerechtes Erscheinen unter der Auflage, selbst zu sterben, wenn jener nicht wiederkehre. Als dieser sich zu dem Termin wieder einfand, bat der Tyrann in Bewunderung für ihre Freundestreue, daß sie ihn als Dritten in ihre Freundschaft aufnähmen. (46) Wenn also das, was in der Freundschaft nützlich scheint, mit dem, was ehrenvoll ist, verglichen wird, dann unterliege das Scheinbild des Nutzens, es siege die Ehrenhaftigkeit; wenn aber in der Freundschaft das, was nicht ehrenhaft ist, gefordert wird, dann sollen Gewissen und Verläßlichkeit vor der Freundschaft eingestuft werden. So wird die Unterscheidung der Pflicht, die wir suchen, getroffen werden.

11 Aber unter dem Scheine des Nutzens wird in der Politik sehr oft ein Fehler begangen,[100] wie durch unsere Landsleute bei der Verwüstung von Korinth;[101] grausamer noch handelten die Athener, die beschlossen, daß den Aegineten, die durch ihre Flotte mächtig waren, die Daumen abgeschlagen würden.[102] Das schien nützlich; denn Aegina bedrohte wegen

propter propinquitatem Aegina Piraeo. Sed nihil, quod crudele, utile; est enim hominum naturae, quam sequi debemus, maxima inimica crudelitas. (47) Male etiam, qui peregrinos urbibus uti prohibent eosque exterminant, ut Pennus apud patres nostros, Papius nuper. Nam esse pro cive, qui civis non sit, rectum est non licere, quam legem tulerunt sapientissimi consules Crassus et Scaevola. Usu vero urbis prohibere peregrinos, sane inhumanum est. Illa praeclara, in quibus publicae utilitatis species prae honestate contemnitur. Plena exemplorum est nostra res publica cum saepe, tum maxime bello Punico secundo, quae Cannensi calamitate accepta maiores animos habuit quam unquam rebus secundis; nulla timoris significatio, nulla mentio pacis. Tanta vis est honesti, ut speciem utilitatis obscuret. (48) Athenienses cum Persarum impetum nullo modo possent sustinere statuerentque, ut urbe relicta, coniugibus et liberis Troezene depositis, naves conscenderent libertatemque Graeciae classe defenderent, Cyrsilum quendam suadentem, ut in urbe manerent Xerxemque reciperent, lapidibus obruerunt. Atque ille utilitatem sequi videbatur, sed ea nulla erat repugnante honestate. (49) Themistocles post victoriam eius belli, quod cum Persis fuit, dixit in contione se habere consilium rei publicae salutare, sed id sciri non opus esse; postulavit, ut aliquem populus daret, quicum communicaret; datus est Aristides. Huic ille, classem Lacedaemoniorum, quae subducta esset ad Gytheum, clam incendi posse, quo facto frangi Lacedaemoniorum opes necesse esset. Quod Aristides

seiner Nähe allzusehr den Piraeus. Aber es ist nichts nützlich, was rücksichtslos ist. Denn es ist der Natur des Menschen, der wir folgen müssen, die Rücksichtslosigkeit am meisten feind. (47) Übel handelt ferner, wer Fremde am Aufenthalt in Städten[103] hindert und außer Landes weist, wie Pennus[104] bei unseren Vorfahren, wie Papius[105] unlängst. Denn daß einer, der nicht Bürger ist, nicht als Bürger gelten darf, das ist rechtens, was als Gesetz die überaus weisen Konsuln Crassus und Scaevola[106] beantragt haben. Am Aufenthalt in der Stadt aber Fremde zu hindern, das ist recht unmenschlich. Anerkennenswert sind jene Fälle, wo der Anschein des Nutzens aller neben der Ehrenhaftigkeit verworfen wird. Reich an Beispielen ist unser Gemeinwesen oft, besonders aber im Zweiten Punischen Krieg. Es bewies nach der Katastrophe bei Cannae[107] größeren Mut als je in günstiger Lage: kein Anzeichen von Furcht, kein Wort von Frieden. So groß ist die Kraft der Ehrenhaftigkeit, daß sie den Anschein des Nutzens in den Schatten stellt. (48) Als die Athener dem Angriff der Perser in keiner Weise Widerstand leisten konnten[108] und beschlossen, daß sie unter Aufgabe der Stadt und nach Evakuierung der Frauen und Kinder nach Troizen ihre Schiffe bestiegen und die Freiheit Griechenlands mit ihrer Flotte verteidigten, da begruben sie einen gewissen Kyrsilos, der riet, daß sie in der Stadt bleiben und Xerxes aufnehmen sollten, unter einem Steinhagel.[109] Dabei schien jener dem Nutzen zu folgen, aber dieser war nicht vorhanden, da ihm Ehrenhaftigkeit widerstritt. (49) Themistokles[110] sagte nach dem Sieg in dem Krieg gegen die Perser in der Volksversammlung, er habe einen für das Gemeinwesen nützlichen Plan, aber es sei nicht zweckmäßig, daß er bekannt sei. Er forderte, daß das Volk jemanden abordne, damit er sich mit ihm bespreche. Es wurde Aristides abgeordnet. Diesem teilte er mit, die Flotte der Lakedaimonier, die bei Gytheum an Land gezogen sei, könne unbemerkt angezündet werden – ein Unternehmen, durch das notwendig die Macht der Lakedaimonier gebrochen werde. Als Aristides dies angehört hatte, kam er unter

cum audisset, in contionem magna exspectatione venit dixitque perutile esse consilium, quod Themistocles adferret, sed minime honestum. Itaque Athenienses, quod honestum non esset, id ne utile quidem putaverunt totamque eam rem, quam ne audierant quidem, auctore Aristide repudiaverunt. Melius hi quam nos, qui piratas immunes, socios vectigales habemus.

12 Maneat ergo, quod turpe sit, id numquam esse utile, ne tum quidem, cum id, quod utile esse putes, adipiscare; hoc enim ipsum, utile putare quod turpe sit, calamitosum est.

(50) Sed incidunt, ut supra dixi, saepe causae, cum repugnare utilitas honestati videatur, ut animadvertendum sit, repugnetne plane an possit cum honestate coniungi. Eius generis hae sunt quaestiones: Si exempli gratia vir bonus Alexandrea Rhodum magnum frumenti numerum advexerit in Rhodiorum inopia et fame summaque annonae caritate, si idem sciat complures mercatores Alexandrea solvisse navesque in cursu frumento onustas petentes Rhodum viderit, dicturusne sit id Rhodiis an silentio suum quam plurimo venditurus? Sapientem et bonum virum fingimus; de eius deliberatione et consultatione quaerimus, qui celaturus Rhodios non sit, si id turpe iudicet, sed dubitet, an turpe non sit. (51) In huiusmodi causis aliud Diogeni Babylonio videri solet, magno et gravi Stoico, aliud Antipatro, discipulo eius, homini acutissimo; Antipatro omnia patefacienda, ut ne quid omnino, quod venditor norit, emptor ignoret, Diogeni venditorem, quatenus iure civili constitutum sit, dicere vitia oportere, cetera sine insidiis agere et, quoniam

großer Erwartung in die Volksversammlung und erklärte, es sei der Vorschlag, den Themistokles vortrage, sehr nützlich, aber durchaus nicht ehrenhaft. Deshalb glaubten die Athener, es sei, was nicht ehrenvoll sei, auch nicht nützlich, und wiesen das ganze Vorhaben, von dem sie nicht einmal gehört hatten, auf Anraten des Aristides zurück. Besser handelten sie als wir, die wir Seeräuber ungeschoren, Bundesgenossen unter Tributpflicht lassen.[111]

12 Es gelte also, daß das, was schändlich ist, niemals nützlich ist, nicht einmal dann, wenn du das, was nach deiner Meinung nützlich ist, erreichst. Denn ebendies, für nützlich zu halten, was schändlich ist, ist verderbenbringend.

(50) Aber, wie ich oben gesagt habe, ergeben sich oft Fälle,[112] wo der Nutzen der Ehrenhaftigkeit zu widerstreiten scheint, so daß man sein Augenmerk darauf richten muß, ob er gänzlich widerstreite oder mit der Ehrenhaftigkeit versöhnt werden kann. Von dieser Art sind die folgenden Fragen: wenn z. B. ein gutgesinnter Mann bei einer Hungersnot[113] der Rhodier und einer beträchtlichen Steigerung der Lebensmittelpreise eine große Ladung Getreide von Alexandreia nach Rhodos gebracht hat, wenn er ferner weiß, daß von Alexandreia aus mehrere Kaufleute in See gestochen sind, und wenn er auf der Fahrt Schiffe mit Getreide an Bord in Richtung auf Rhodos gesehen hat, wird er das dann den Rhodiern sagen oder stillschweigend sein Getreide möglichst teuer verkaufen? Wir stellen uns einen weisen und gutgesinnten Mann vor. Über das Abwägen und Bedenken dessen fragen wir, der es den Rhodiern nicht verheimlicht, wenn er das für schändlich hält, aber zweifelt, ob es schändlich sei. (51) Für derartige Fälle pflegt etwas anderes Diogenes von Babylon richtig zu scheinen, einem großen und bedeutenden Stoiker, etwas anderes Antipater, seinem Schüler, einem scharfsinnigen Mann.[114] Nach Antipater ist alles offenzulegen, damit ja nichts, was der Verkäufer weiß, der Käufer nicht weiß; nach Diogenes muß der Verkäufer nur so weit, wie es durch das Bürgerrecht festgelegt ist, Mängel angeben, alles übrige ohne Hintergedanken betreiben, und

vendat, velle quam optime vendere. ›Advexi, exposui, vendo meum non pluris, quam ceteri, fortasse etiam minoris, cum maior est copia; cui fit iniuria?‹ (52) Exoritur Antipatri ratio ex altera parte: ›Quid ais? tu, cum hominibus consulere debeas et servire humanae societati eaque lege natus sis et ea habeas principia naturae, quibus parere et quae sequi debeas, ut utilitas tua communis sit utilitas vicissimque communis utilitas tua sit, celabis homines, quid iis adsit commoditatis et copiae?‹ Respondebit Diogenes fortasse sic: ›Aliud est celare, aliud tacere, neque ego nunc te celo, si tibi non dico, quae natura deorum sit, qui sit finis bonorum, quae tibi plus prodessent cognita quam tritici vilitas. Sed non, quicquid tibi audire utile est, idem mihi dicere necesse est.‹ (53) ›Immo vero [inquiet ille] necesse est, si quidem meministi esse inter homines natura coniunctam societatem.‹ ›Memini‹, inquiet ille, ›sed num ista societas talis est, ut nihil suum cuiusque sit? Quod si ita est, ne vendendum quidem quicquam est, sed donandum.‹

13 Vides in hac tota disceptatione non illud dici ›quamvis hoc turpe sit, tamen, quoniam expedit, faciam‹, sed ita expedire, ut turpe non sit, ex altera autem parte, ea re, quia turpe sit, non esse faciendum. (54) Vendat aedes vir bonus, propter aliqua vitia, quae ipse norit, ceteri ignorent, pestilentes sint et habeantur salubres, ignoretur in omnibus cubiculis apparere serpentes, ⟨sint⟩ male materiatae et ruinosae,

dabei darf er die Absicht haben, da er ja verkauft, möglichst gut zu verkaufen. »Ich habe meine Ware herangeschafft, sie angeboten und verkaufe sie nicht teurer als andere, vielleicht sogar billiger dadurch, daß die Menge größer ist. Wem geschieht da Unrecht?« (52) Da erhebt sich die Überlegung des Antipater auf der Gegenseite: »Was sagst du? Obwohl du für die Mitmenschen sorgen und der menschlichen Gemeinschaft dienen müßtest und unter dem Gesetz geboren bist und als die ersten Anlagen der Natur[115] hast, denen du gehorchen und die du befolgen mußt, daß dein Nutzen der gemeine Nutzen, andererseits der gemeine Nutzen der deine sei – willst du ihnen da geheimhalten, was an Gunst und Gelegenheit sich bietet?« Es wird Diogenes vielleicht so antworten: »Etwas anderes ist es geheimzuhalten, etwas anderes zu verschweigen, und ich halte dir jetzt nicht geheim, wenn ich nicht sage, was das Wesen der Götter, was das höchste Gut ist, Kenntnisse die mehr nützten als der niedrige Preis des Weizens. Aber was für dich zu hören nützlich ist, ist für mich zu sagen nicht nötig.« (53) »Ganz im Gegenteil, es ist nötig [wird jener sagen], wenn du wirklich daran denkst, daß es unter den Menschen eine von Natur geknüpfte Gemeinschaft gibt.« »Daran denke ich wohl«, wird jener sagen. »Aber ist diese Gemeinschaft so, daß niemandem etwas als Privateigentum gehört? Wenn dem so ist, dann darf man auch nichts verkaufen, sondern muß es verschenken.«

13 Du siehst, man sagt bei dieser ganzen Auseinandersetzung nicht jenen Satz, »wenngleich dies schändlich ist, so werde ich es doch tun, da es ja förderlich ist«, sondern, es sei förderlich, vorausgesetzt, daß es nicht schändlich sei, andererseits aber, es sei dies deswegen, weil es schändlich sei, nicht zu tun. (54) Es verkaufe also ein gutgesinnter Mann sein Haus wegen irgendwelcher Mängel, die er selbst kennt, die übrigen aber nicht – es sei ungesund, gelte aber als gesund; es sei unbekannt, daß in allen seinen Räumen Schlangen hervorkröchen, daß es aus schadhaftem Bauholz und einsturzgefährdet sei –, aber dies wisse, abgesehen vom

sed hoc praeter dominum nemo sciat; quaero, si haec emptoribus venditor non dixerit aedesque vendiderit pluris multo, quam se venditurum putarit, num id iniuste aut improbe fecerit? ›Ille vero‹ inquit Antipater. ›Quid est enim aliud erranti viam non monstrare, quod Athenis execrationibus publicis sanctum est, si hoc non est, emptorem pati ruere et per errorem in maximam fraudem incurrere. Plus etiam est quam viam non monstrare, nam est scientem in errorem alterum inducere.‹ (55) Diogenes contra ›Num te emere coegit, qui ne hortatus quidem est? Ille, quod non placebat, proscripsit, tu quod placebat, emisti. Quod si qui proscribunt villam bonam beneque aedificatam non existimantur fefellisse, etiam si illa nec bona est nec aedificata ratione, multo minus, qui domum non laudarunt. Ubi enim iudicium emptoris est, ibi fraus venditoris quae potest esse? Sin autem dictum non omne praestandum est, quod dictum non est, id praestandum putas? Quid vero est stultius quam venditorem eius rei, quam vendat, vitia narrare? Quid autem tam absurdum quam si domini iussu ita praeco praedicet: »domum pestilentem vendo?«‹ (56) Sic ergo in quibusdam causis dubiis ex altera parte defenditur honestas, ex altera ita de utilitate dicitur, ut id, quod utile videatur, non modo facere honestum sit, sed etiam non facere turpe. Haec est illa, quae videtur utilium fieri cum honestis saepe dissensio. Quae diiudicanda sunt; non enim, ut quaereremus, exposuimus, sed ut explicaremus. (57) Non igitur videtur nec frumentarius ille Rhodios nec hic aedium venditor

Hausherrn, niemand.[116] Ich frage: »Wenn dies der Verkäufer den Käufern nicht gesagt und das Haus viel teurer verkauft hat, als er es verkaufen zu können glaubte, handelte er darin gegen Gerechtigkeit oder Anstand?« »Ganz gewiß«, sagt Antipater. »Denn was ist es anderes, einem Herumirrenden den Weg nicht zu zeigen, was in Athen unter Fluch des Staates gestellt war, wenn das nicht bedeutet: den Käufer zu Schaden kommen und durch Irreführung auf den größten Betrug hereinfallen zu lassen. Das bedeutet sogar noch mehr, als den Weg nicht zu zeigen. Denn es bedeutet, wissentlich den anderen auf den Irrweg zu führen.« (55) Dagegen bemerkt Diogenes: »Hat dich etwa einer zum Kauf gezwungen, der nicht einmal dazu ermutigt hat? Jener hat ein Objekt, an dem er keinen Gefallen hatte, zum Verkauf ausgeschrieben; du hast das, woran du Gefallen hattest, gekauft. Aber wenn die, die ein Haus als gut und gut gebaut ausschreiben, nicht in Verruf sind, getäuscht zu haben, wenngleich jenes weder gut noch vernünftig gebaut war, dann viel weniger die, die das Haus nicht angepriesen haben. Wo nämlich ein eigenes Urteil des Käufers vorliegt, wie kann da ein Betrug des Verkäufers vorliegen? Wenn man aber nicht für jede Zusage einstehen muß, muß man dann nach deiner Meinung zu dem, was nicht zugesagt wurde, stehen? Was gar wäre törichter, als daß der Verkäufer die Mängel des Gegenstandes, den er verkauft, herzählt? Was aber gäbe es so Widersinniges, wie wenn auf Geheiß seines Herrn der Herold ausriefe: ›Ich verkaufe ein ungesundes Haus!‹« (56) So wird also in manchen Zweifelsfällen auf der einen Seite die Ehrenhaftigkeit verteidigt, andererseits so über den Nutzen gesprochen, daß das, was nützlich scheint, nicht nur zu tun ehrenvoll, sondern auch nicht zu tun schändlich ist. Das ist jener Meinungsstreit, der sich oft zu ergeben scheint, zwischen Nützlichem und Ehrenhaftem. Diese Fälle sind zu entscheiden, denn nicht, um Fragen aufzuwerfen, haben wir sie vorgelegt, sondern um Klarheit zu schaffen.

(57) Es hätte also, so scheint es, weder jener Getreidehändler

celare emptores debuisse. Neque enim id est celare, quicquid reticeas, sed cum, quod tu scias, id ignorare emolumenti tui causa velis eos, quorum intersit id scire. Hoc autem celandi genus quale sit et cuius hominis, quis non videt? Certe non aperti, non simplicis, non ingenui, non iusti, non viri boni, versuti potius, obscuri, astuti, fallacis, malitiosi, callidi, veteratoris, vafri. Haec tot et alia plura nonne inutile est vitiorum subire nomina?

14 (58) Quod si vituperandi qui reticuerunt, quid de iis existimandum est, qui orationis vanitatem adhibuerunt? C. Canius, eques Romanus, nec infacetus et satis litteratus, cum se Syracusas otiandi, ut ipse dicere solebat, non negotiandi causa contulisset, dictitabat se hortulos aliquos emere velle, quo invitare amicos et ubi se oblectare sine interpellatoribus posset. Quod cum percrebuisset, Pythius ei quidam, qui argentariam faceret Syracusis, venales quidem se hortos non habere, sed licere uti Canio, si vellet, ut suis, et simul ad cenam hominem in hortos invitavit in posterum diem. Cum ille promisisset, tum Pythius, qui esset ut argentarius apud omnes ordines gratiosus, piscatores ad se convocavit et ab iis petivit, ut ante suos hortulos postridie piscarentur, dixitque quid eos facere vellet. Ad cenam tempori venit Canius; opipare a Pythio adparatum convivium, cumbarum ante oculos multitudo, pro se quisque, quod ceperat, adferebat; ante pedes Pythii pisces abiciebantur. (59) Tum Canius

die Rhodier noch dieser Verkäufer eines Hauses die Käufer in Unkenntnis erhalten dürfen. Denn nicht jedes Verschweigen bedeutet gleich ›in Unkenntnis erhalten‹, sondern es liegt diese Absicht dann vor, wenn du deines persönlichen Vorteils wegen willst, es wüßten die, für die diese Kenntnis wichtig wäre, das nicht, was du weißt. Welcher Art aber dieses ›in Unkenntnis erhalten‹ ist und welchen Menschen es verrät, wer sieht das nicht ein? Sicherlich nicht einen offenherzigen, ehrlichen, edlen, gerechten und gutgesinnten Mann, vielmehr einen verschlagenen, undurchsichtigen, ränkevollen, hinterhältigen, arglistigen, durchtriebenen, gerissenen und einen Trickspieler. Diese so vielen Namen von Charakterfehlern und noch andere mehr auf sich zu laden, ist das nicht gegen den Nutzen?

14 (58) Wenn also Leute zurechtzuweisen sind, die etwas verschwiegen haben, was muß man dann erst von denen halten, die in einem Gespräch Unaufrichtigkeit gezeigt haben?[117] Als C. Canius, ein römischer Ritter, ein Mann nicht ohne Witz und einige Bildung, sich nach Syrakus begeben hatte – zu seiner Erholung, wie er selbst zu sagen pflegte, nicht, um Geschäfte zu machen –, ließ er immer wieder ins Gespräch einfließen, er wolle irgendeinen Park kaufen, in den er Freunde einladen und wo er sich ohne ungebetene Gäste ergehen könne. Als sich dies herumgesprochen hatte, sagte ein gewisser Pythius, der in Syrakus ein Bankgeschäft betrieb, er habe zwar keinen Park zu verkaufen, aber Canius dürfe, wenn er wolle, sich in dem seinen wie zu Hause fühlen, und zugleich lud er ihn zu einem Essen für den folgenden Tag in seinen Park ein. Als jener zugesagt hatte, rief Pythius, der ja als ein Bankbesitzer bei allen Ständen angesehen war, Fischer zusammen und ersuchte sie, tags darauf vor seinem Park zu fischen. Auch sagte er ihnen, was sie nach seinem Wunsche tun sollten. Canius kam zur abgemachten Zeit: ein prachtvolles Gastmahl ist von Pythius zubereitet, vor seinen Augen ein Gewimmel von Booten, ein jeder brachte an, so gut er konnte, was er gefangen hatte; vor die Füße des Pythius wurden

›quaeso‹, inquit, ›quid est hoc, Pythi? tantumne piscium? tantumne cumbarum?‹ Et ille ›quid mirum?‹ inquit, ›hoc loco est Syracusis quidquid est piscium, hic aquatio, hac villa isti carere non possunt.‹ Incensus Canius cupiditate contendit a Pythio, ut venderet. Gravate ille primo. Quid multa? impetrat. Emit homo cupidus et locuples tanti, quanti Pythius voluit, et emit instructos. Nomina facit, negotium conficit. Invitat Canius postridie familiares suos, venit ipse mature, scalmum nullum videt. Quaerit ex proximo vicino, num feriae quaedam piscatorum essent, quod eos nullos videret. ›Nullae, quod sciam‹, ille inquit, ›sed hic piscari nulli solent.‹ (60) ›Itaque heri mirabar, quid accidisset.‹ Stomachari Canius, sed quid faceret? Nondum enim C. Aquilius, collega et familiaris meus, protulerat de dolo malo formulas; in quibus ipsis, cum ex eo quaereretur, quid esset dolus malus, respondebat, cum esset aliud simulatum, aliud actum. Hoc quidem sane luculente, ut ab homine perito definiendi. Ergo et Pythius et omnes aliud agentes, aliud simulantes perfidi, improbi, malitiosi. Nullum igitur eorum factum potest utile esse, cum sit tot vitiis inquinatum.

15 (61) Quod si Aquiliana definitio vera est, ex omni vita simulatio dissimulatioque tollenda est. Ita nec ut emat melius nec ut vendat quicquam simulabit aut dissimulabit vir bonus. Atque iste dolus malus et legibus erat vindicatus, ut tutela duodecim tabulis, circumscriptio adulescentium lege Plaetoria et sine lege iudiciis, in quibus additur EX FIDE

die Fische geworfen. (59) Da sagte Canius: »Ich bitte dich, was soll das bedeuten, Pythius? So viele Fische? So viele Boote?« Und jener sagte: »Warum wunderst du dich? Von hier bezieht Syrakus alle Fische, hier liegt seine Wasserversorgung, die können auf dieses Anwesen nicht verzichten.« Begeistert bittet Canius Pythius, er möchte ihm verkaufen. Jener gibt sich zunächst spröde. Doch was soll ich viel erzählen? Er setzt sich durch. Der begüterte Mann kauft in seiner Begeisterung so teuer, wie Pythius wollte, und zwar mitsamt der Einrichtung. Er unterschreibt, schließt das Geschäft ab. Da lädt tags darauf Canius seine Freunde ein, kommt selbst früh, sieht aber nicht ein Ruder. Er fragt den nächsten Nachbarn, ob die Fischer einen Feiertag hätten, weil er keinen von ihnen sähe. »Nein, soviel ich weiß«, antwortet jener, »aber hier pflegt niemand zu fischen.« (60) »Deshalb wunderte ich mich gestern, was geschehen sei.« Da stieß dem Canius die Galle auf. Aber was hätte er tun sollen? Es hatte ja noch nicht C. Aquilius,[118] mein Kollege und Freund, die Gesetzesformeln bezüglich arglistiger Täuschung bekanntgegeben. Als man ihn fragte, was in ebendiesen unter arglistige Täuschung falle, antwortete er: »Wenn etwas anderes vorgetäuscht, etwas anderes getan wird.« Das freilich ist ziemlich einleuchtend gesagt, eben von einem Meister der Definition. Also sind Pythius und alle, die anderes tun, anderes vortäuschen, treulos, unredlich und arglistig; keine ihrer Handlungen kann also nützlich sein, da sie mit so vielen Fehlern befleckt ist.

15 (61) Wenn also die Definition des Aquilius richtig ist, so ist aus dem ganzen Leben Vorspiegelung und Verheimlichung zu beseitigen. So wird der gutgesinnte Mann, weder um gut zu kaufen noch zu verkaufen, etwas durch Trug vorspiegeln oder verheimlichen. Und in der Tat war diese arglistige Täuschung auch durch Gesetze unter Strafe gestellt, wie Mißbrauch der Vormundschaft[119] durch das Zwölftafelgesetz, Übervorteilung Minderjähriger durch das Gesetz des Plaetorius[120] und ohne Gesetz[121] in Prozessen, bei denen hinzugefügt wird ›Nach Treu und Glauben‹, bei

BONA. Reliquorum autem iudiciorum haec verba maxime excellunt: in arbitrio rei uxoriae MELIUS AEQUIUS, in fiducia UT INTER BONOS BENE AGIER. Quid ergo? aut in eo, QUOD MELIUS AEQUIUS, potest ulla pars inesse fraudis? aut cum dicitur INTER BONOS BENE AGIER, quicquam agi dolose aut malitiose potest? Dolus autem malus in simulatione, ut ait Aquilius, continetur. Tollendum est igitur ex rebus contrahendis omne mendacium. Non inlicitatorem venditor, non qui contra se liceatur emptor apponet. Uterque si ad eloquendum venerit, non plus quam semel eloquetur. (62) Quintus quidem Scaevola, Publi filius, cum postulasset, ut sibi fundus, cuius emptor erat, semel indicaretur idque venditor ita fecisset, dixit se pluris aestumare; addidit centum milia. Nemo est, qui hoc viri boni fuisse neget; sapientis negant, ut si minoris quam potuisset vendidisset. Haec igitur est illa pernicies, quod alios bonos alios sapientes existimant. Ex quo Ennius ›nequiquam sapere sapientem, qui ipse sibi prodesse non quiret‹. Vere id quidem, si, quid esset prodesse mihi cum Ennio conveniret. (63) Hecatonem quidem Rhodium, discipulum Panaetii, video in iis libris, quos de officio scripsit Q. Tuberoni, dicere, sapientis esse nihil contra mores, leges, instituta facientem habere rationem rei familiaris. Neque enim solum nobis divites esse volumus, sed liberis, propinquis, amicis maximeque rei publicae. Singulorum enim facultates et copiae divitiae sunt civitatis. Huic Scaevolae factum, de quo paulo ante dixi, placere nullo

den übrigen Prozessen[122] aber haben die folgenden Worte besondere Bedeutung: Bei einem Schiedsverfahren über das Vermögen der Frau ›Besser und billiger‹; bei einer Übertragung[123] auf Treu und Glauben ›Wie unter Gutgesinnten gut gehandelt wird‹. Wie also? Kann entweder in dem Grundsatz ›Was besser und billiger‹ irgendeine Spur von Betrug liegen? Oder, wenn man sagt ›Unter Gutgesinnten gut handeln‹, etwas arglistig und böswillig getan werden? Böswillige Täuschung aber beruht, wie Aquilius sagt, in einer Vortäuschung. Es ist also bei Geschäftsvereinbarungen jegliche Unwahrheit fernzuhalten. Es wird der Verkäufer keinen Scheinkäufer, keinen, der gegen ihn bietet, der Käufer vorschieben. Beide werden, wenn es dahin kommt, den Preis nennen, ihn nicht mehr als einmal nennen. (62) Als z. B. Q. Scaevola,[124] der Sohn des Publius, forderte, man möge ihm den Preis des Grundstücks, an dessen Kauf er Interesse hatte, ein für allemal angeben, und der Verkäufer dies getan hatte, sagte er, er schätze das Objekt höher ein. Er legte also 100 000 Sesterze zu. Es gibt niemanden, der leugnete, daß dies die Haltung eines gutgesinnten Mannes sei; sie leugnen nur, es sei die eines Weisen, wie wenn er billiger gekauft hätte, als er konnte. Das also ist jene verderbliche Haltung, daß sie die einen für gut, die anderen für weise halten. Daher stammt das verderbliche Wort des Ennius:[125] »Für nichts sei des Weisen Weisheit, der sich nicht selbst förderlich sein könne.« Ja freilich, wenn ich mir mit Ennius einig sein könnte, was »förderlich sein« bedeutet. (63) Hekaton aus Rhodos jedenfalls, ein Schüler des Panaitios,[126] sagt, wie ich sehe, in den Büchern, die er dem Q. Tubero über die Pflicht widmete, es kennzeichne einen Weisen, daß er, ohne etwas gegen Gesetze, Gebräuche oder Einrichtungen zu tun, achtgibt auf sein Vermögen. Denn nicht nur für uns wollen wir reich sein, sondern für unsere Kinder, Verwandten und Freunde, besonders für das Gemeinwesen. Denn der einzelnen Leistungsfähigkeit und Wohlstand sind der Reichtum der Bürgerschaft. Ihm kann das Handeln des Scaevola, über das ich eben gesprochen

modo potest. Etenim omnino tantum se negat facturum compendii sui causa, quod non liceat. Huic nec laus magna tribuenda nec gratia est. (64) Sed sive et simulatio et dissimulatio dolus malus est, perpaucae res sunt, in quibus non dolus malus iste versetur, sive vir bonus est is, qui prodest quibus potest, nocet nemini, certe istum virum bonum non facile reperimus. Numquam igitur est utile peccare, quia semper est turpe, et, quia semper est honestum virum bonum esse, semper est utile.

16 (65) Ac de iure quidem praediorum sanctum apud nos est iure civili, ut in iis vendendis vitia dicerentur, quae nota essent venditori. Nam cum ex duodecim tabulis satis esset ea praestari, quae essent lingua nuncupata, quae qui infitiatus esset, dupli poenam subiret, a iuris consultis etiam reticentiae poena est constituta. Quidquid enim est in praedio vitii, id statuerunt, si venditor sciret, nisi nominatim dictum esset, praestari oportere. (66) Ut, cum in arce augurium augures acturi essent iussissentque T. Claudium Centumalum, qui aedes in Caelio monte habebat, demoliri ea, quorum altitudo officeret auspiciis, Claudius proscripsit insulam [vendidit], emit P. Calpurnius Lanarius. Huic ab auguribus illud idem denuntiatum est. Itaque Calpurnius cum demolitus esset cognossetque Claudium aedes postea proscripsisse, quam esset ab auguribus demoliri iussus, arbitrum illum adegit QUIDQUID SIBI DARE FACERE OPORTERET EX FIDE BONA. M. Cato sententiam dixit, huius nostri Catonis

habe, in keiner Weise gefallen. Denn er sagt, er werde, wo es um einen Gewinn gehe, nur das nicht tun, was nicht erlaubt sei. Er verdient weder hohe Anerkennung noch Dank. (64) Aber wenn Vorspiegelung wie Verheimlichung arglistige Täuschung sind, dann gibt es sehr wenige Fälle, bei denen nicht diese arglistige Täuschung im Spiele ist; oder wenn ein gutgesinnter Mann der ist, der nützt, wem er kann, und niemandem schadet, so finden wir diesen gutgesinnten Mann sicherlich nicht leicht. Niemals also ist es nützlich, sich schuldig zu machen, weil es immer schändlich ist, und weil es immer ehrenvoll ist, ein gutgesinnter Mann zu sein, ist es immer nützlich.

16 (65) Im Zusammenhang des Immobilienrechts jedenfalls ist bei uns durch das Bürgerrecht bestimmt, daß beim Verkauf von Immobilien Mängel genannt werden, soweit sie dem Verkäufer bekannt sind. Denn während es nach dem Zwölftafelgesetz genügt, daß das geleistet werde, was mündlich genannt worden war, und der, der ableugnete, die doppelte Strafe auf sich nahm, wurde von Rechtsgelehrten auch für das Verschweigen eine Strafe auferlegt. Denn sie stellten fest, wenn nicht jeder Schaden, den der Besitz hätte, namentlich genannt worden sei, wenngleich der Verkäufer ihn kannte, dann müsse für ihn Ersatz geleistet werden. (66) So hat, da die Auguren auf dem Kapitol die Vogelschau abhalten wollten und T. Claudius Centumalus,[127] der ein Haus auf dem Mons Caelius besaß, befohlen hatten, die Teile abzutragen, deren Höhe die Vogelschau beeinträchtigte, Claudius das Haus zum Verkauf angeboten; P. Calpurnius Laenarius kaufte es. Diesem wurde ebenjener Sachverhalt von den Auguren zur Kenntnis gebracht. Deshalb zog Calpurnius, nachdem er die Abreißarbeit vollendet und erfahren hatte, daß Claudius das Haus erst angeboten hatte, nachdem ihm von den Auguren das Abtragen befohlen worden war, jenen vor den Schiedsrichter aufgrund der Prozeßformel: ›Was immer er geben und leisten müsse nach Treu und Glauben.‹[128] M. Cato[129] verkündete den Urteilsspruch, unseres Zeitgenossen Vater

pater. Ut enim ceteri ex patribus, sic hic, qui illud lumen progenuit, ex filio est nominandus. Is igitur iudex ita pronuntiavit, cum in vendundo rem eam scisset et non pronuntiasset, emptori damnum praestari oportere. (67) Ergo ad fidem bonam statuit pertinere notum esse emptori vitium, quod nosset venditor. Quod si recte iudicavit, non recte frumentarius ille, non recte aedium pestilentium venditor tacuit. Sed huiusmodi reticentiae iure civili comprehendi non possunt; quae autem possunt diligenter tenentur. M. Marius Gratidianus, propinquus noster, C. Sergio Oratae vendiderat aedes eas, quas ab eodem ipse paucis ante annis emerat. Eae serviebant, sed hoc in mancipio Marius non dixerat; adducta res in iudicium est. Oratam Crassus, Gratidianum defendebat Antonius. Ius Crassus urgebat, ›quod vitii venditor non dixisset sciens, id oportere praestari‹, aequitatem Antonius, ›quoniam id vitium ignotum Sergio non fuisset, qui illas aedes vendidisset, nihil fuisse necesse dici nec eum esse deceptum, qui id, quod emerat, quo iure esset, teneret.‹ Quorsus haec? Ut illud intellegas, non placuisse maioribus nostris astutos.

17 (68) Sed aliter leges, aliter philosophi tollunt astutias; leges, quatenus manu tenere possunt, philosophi, quatenus ratione et intellegentia. Ratio ergo hoc postulat, ne quid insidiose, ne quid simulate, ne quid fallaciter. Suntne igitur insidiae tendere plagas, etiam si excitaturus non sis, nec agitaturus? Ipsae enim ferae nullo insequente saepe inci-

– wie nämlich die übrigen nach ihren Vätern, so ist dieser, der jenes glänzenden Mannes Vater war, nach seinem Sohne zu benennen –, dieser also hat als Richter so entschieden, daß, da er beim Verkauf diesen Sachverhalt gewußt, aber nicht zur Kenntnis gebracht hatte, dem Käufer für den Schaden Ersatz geleistet werden müsse. (67) Er stellte also fest, es gehöre zu Treu und Glauben, daß dem Käufer eine Beschädigung bekannt sei, die der Verkäufer kannte. Wenn er darin richtig urteilte,[130] war das Schweigen jenes Getreidehändlers nicht richtig, nicht richtig das des Verkäufers eines ungesunden Hauses. Aber Fälle derartigen Verschweigens können durch das Bürgerrecht nicht aufgegriffen werden. Fälle aber, wo das möglich ist, werden mit Sorgfalt erfaßt. M. Marius Gratidianus,[131] unser Verwandter, hatte dem C. Sergius Orata das Haus verkauft, das er selbst von demselben wenige Jahre vorher gekauft hatte. Dieses unterlag Verpflichtungen,[132] aber das hatte Marius nicht in dem Kaufvertrag genannt. Der Fall wurde vor Gericht gebracht. Crassus verteidigte Orata, Antonius Gratidianus.[133] Crassus drängte auf das formale Recht: »Für Schaden, den der Verkäufer trotz Kenntnis nicht genannt hat, müsse Ersatz geleistet werden;« auf den Sinn des Rechts Antonius: »Da ja dieser Schaden dem Sergius nicht unbekannt gewesen sei, der jenes Haus verkauft habe, sei es keineswegs nötig gewesen, ihn zu nennen, und der sei nicht getäuscht worden, der wußte, unter welchem Recht das Kaufobjekt stand.« Worauf will das hinaus? Darauf, daß du jene Einsicht gewinnst, es hätten unseren Vorfahren gerissene Leute nicht gefallen.

17 (68) Aber anders gehen die Gesetze, anders die Philosophen gegen die Gerissenheit an; die Gesetze, soweit sie mit Händen, die Philosophen, soweit sie mit Denken und Einsicht gefaßt werden können. Das Denken also fordert dies, daß du nichts durch Hinterhalt, nichts durch Vorspiegelung, nichts durch Trug tust. Ist es also ein Hinterhalt, ein Netz zu spannen, auch wenn du nicht aufzuscheuchen, nicht Treibjagd vorhast? Das Wild gerät ja oft auch von

dunt. Sic tu aedes proscribas, tabulam tamquam plagam ponas, [domum propter vitia vendas] in eam aliquis incurrat inprudens? (69) Hoc quamquam video propter depravationem consuetudinis neque more turpe haberi neque aut lege sanciri aut iure civili, tamen naturae lege sanctum est. Societas est enim – quod etsi saepe dictum est, dicendum est tamen saepius – latissime quidem quae pateat, omnium inter omnes, interior eorum, qui eiusdem gentis sint, propior eorum, qui eiusdem civitatis. Itaque maiores aliud ius gentium, aliud ius civile esse voluerunt, quod civile, non idem continuo gentium, quod autem gentium, idem civile esse debet. Sed nos veri iuris germanaeque iustitiae solidam et expressam effigiem nullam tenemus, umbra et imaginibus utimur. Eas ipsas utinam sequeremur. Feruntur enim ex optimis naturae et veritatis exemplis. (70) Nam quanti verba illa UTI NE PROPTER TE FIDEMVE TUAM CAPTUS FRAUDATUSVE SIM! Quam illa aurea UT INTER BONOS BENE AGIER OPORTET ET SINE FRAUDATIONE. Sed, qui sint boni et quid sit bene agi magna quaestio est. Q. quidem Scaevola, pontifex maximus, summam vim esse dicebat in omnibus iis arbitriis, in quibus adderetur EX FIDE BONA, fideique bonae nomen existimabat manare latissime, idque versari in tutelis, societatibus, fiduciis, mandatis, rebus emptis, venditis, conductis, locatis, quibus vitae societas contineretur; in iis magni esse iudicis statuere, praesertim cum in plerisque essent iudicia contraria, quid quemque cuique praestare

selber ohne einen Verfolger hinein. So solltest du dein Haus ausschreiben, das schriftliche Angebot wie ein Netz ausspannen [das Haus wegen Mängel verkaufen]; darauf sollte einer ahnungslos hereinfallen? (69) Wenngleich dies, wie ich sehe, bei dem Verfall der überkommenen Lebensauffassung weder als moralisch verwerflich gilt, noch durch Gesetz oder Bürgerrecht unter Strafe gestellt wird, so ist dies doch durch das Naturrecht[134] so gestellt. Die Gemeinschaft nämlich – wenngleich dies schon oft gesagt wurde,[135] so muß es doch öfter gesagt werden –, die am weitesten ausgreift, ist die aller mit allen, beschränkter die derer, die demselben Volk, enger die derer, die derselben Bürgerschaft angehören. Deshalb wollten die Vorfahren, daß ein anderes das Völkerrecht, ein anderes das Bürgerrecht sei: Was das Bürgerrecht darstellt, muß nicht auch gleich Völkerrecht, was aber Völkerrecht, auch Bürgerrecht sein. Aber wir haben nicht eine feste und ausgeprägte Gestalt des wahren Rechts und der unverfälschten Gerechtigkeit, der Schattenbilder bedienen wir uns. Wenn wir uns doch wenigstens an diese hielten! Sie leiten sich ja her von den besten Vorbildern der Natur und der Wahrheit. (70) Denn welches Gewicht haben jene Worte: ›Daß ich nicht durch dich und das Vertrauen zu dir getäuscht und betrogen werde!‹ Wie golden sind jene: ›Wie unter Gutgesinnten gut gehandelt werden muß und ohne Betrug‹. Aber wer ›Gutgesinnte‹ sind und was das sei, ›gut handeln‹, das ist eine schwierige Frage. Q. Scaevola jedenfalls, der Pontifex Maximus, sagte, es liege große Bedeutung in all den Schiedssprüchen, bei denen hinzugefügt würde »nach Treu und Glauben«, und er meinte, der Wortlaut »nach Treu und Glauben« habe eine sehr weite Geltung. Er habe seine Anwendung bei Vormundschaften, bei gesellschaftlichen Abmachungen, Überlassungen auf Vertrauen, Aufträgen, Kauf und Verkauf, Leihen und Verleihen von Werten – Akten, auf denen die Lebensgemeinschaft beruhe. Es erfordere einen überlegenen Richter, bei solcher Sachlage festzustellen – zumal in den meisten Fällen Gegenklagen zulässig seien –, was ein jeder

oporteret. (71) Quocirca astutiae tollendae sunt eaque malitia, quae vult illa quidem videri se esse prudentiam, sed abest ab ea distatque plurimum; prudentia est enim locata in dilectu bonorum et malorum, malitia, si omnia, quae turpia sunt, mala sunt, mala bonis ponit ante. Nec vero in praediis solum ius civile ductum a natura malitiam fraudemque vindicat, sed etiam in mancipiorum venditione venditoris fraus omnis excluditur. Qui enim scire debuit de sanitate, de fuga, de furtis, praestat edicto aedilium. Heredum alia causa est. (72) Ex quo intellegitur, quoniam iuris natura fons sit, hoc secundum naturam esse, neminem id agere, ut ex alterius praedetur inscitia. Nec ulla pernicies vitae maior inveniri potest quam in malitia simulatio intellegentiae, ex quo ista innumerabilia nascuntur, ut utilia cum honestis pugnare videantur. Quotus enim quisque reperietur, qui impunitate et ignoratione omnium proposita abstinere possit iniuria.

18 (73) Periclitemur, si placet, et in iis quidem exemplis, in quibus peccari volgus hominum fortasse non putet. Neque enim de sicariis, veneficis, testamentariis, furibus, peculatoribus, hoc loco disserendum est, qui non verbis sunt et disputatione philosophorum, sed vinclis et carcere fatigandi, sed haec consideremus, quae faciunt ii, qui habentur boni. L. Minuci Basili locupletis hominis falsum testamentum quidam e Graecia Romam attulerunt. Quod quo facilius

seinem jeweiligen Vertragspartner leisten müsse. (71) Darum muß man gegen gerissene Kniffe angehen und gegen eine Arglist, die zwar ihrerseits als Klugheit erscheinen möchte, aber von ihr weit entfernt und getrennt ist. Die Klugheit hat nämlich ihren Platz in der Wahl über Gutes und Schlechtes; arglistige Schlechtigkeit[136] setzt, wenn alles, was schändlich ist, schlecht ist, das Schlechte höher ein als das Gute. Und nicht nur beim Immobilienhandel straft das von der Natur hergeleitete Bürgerrecht Arglist und Trug, sondern auch beim Verkauf von Sklaven ist jeglicher Betrug des Käufers ausgeschlossen. Denn wer über den Gesundheitszustand, Absicht zur Flucht und Diebereien hätte Bescheid wissen müssen, der steht dafür gerade nach dem Edikt des Praetoren.[137] Anders ist die Rechtslage der Erben.[138] (72) Daraus läßt sich ersehen, da die Quelle des Rechts die Natur ist, daß dies der Natur gemäß sei, daß niemand es darauf anlege, aus der Unwissenheit eines Mitmenschen seinen Vorteil zu schlagen.[139] Es läßt sich ja keine gründlichere Zerrüttung der Lebensordnung finden als bei böswilliger Arglist das Vortäuschen höherer Einsicht[140] – eine Haltung, aus der sich die unzähligen Beispiele dafür ergeben, daß das Nützliche dem Ehrenvollen zu widerstreiten scheint. Denn wie wenige werden sich finden, die, Unbestraft- und Unerkanntbleiben bei allen vorausgesetzt, auf Unrecht verzichten können!

18 (73) Lassen wir es, wenn es recht ist, auf eine Prüfung ankommen, und zwar bei den Beispielen, bei denen die Masse der Leute vielleicht gar kein Verbrechen vorliegen sieht. Denn es ist an dieser Stelle nicht zu erörtern über Meuchelmörder, Giftmischer, Testamentsfälscher, Diebe und untreue Verwalter, die man nicht mit Worten und Auseinandersetzungen der Philosophen, sondern mit Fesseln und Gefängnis zur Strecke bringen muß, sondern wir wollen betrachten, was die tun, die als gutgesinnt gelten. Das gefälschte Testament des L. Minucius Basilus,[141] eines begüterten Mannes, brachten gewisse Leute aus Griechenland nach Rom. Um dessen Anerkennung desto leichter durch-

obtinerent, scripserunt heredes secum M. Crassum et Q. Hortensium, homines eiusdem aetatis potentissimos. Qui cum illud falsum esse suspicarentur, sibi autem nullius essent conscii culpae, alieni facinoris munusculum non repudiaverunt. Quid ergo? Satin est hoc, ut non deliquisse videantur? Mihi quidem non videtur, quamquam alterum vivum amavi, alterum non odi mortuum. (74) Sed cum Basilus M. Satrium sororis filium nomen suum ferre voluisset eumque fecisset heredem – hunc dico patronum agri Piceni et Sabini, o turpe illorum temporum! –, non erat aequum principes civis rem habere, ad Satrium nihil praeter nomen pervenire. Etenim si is, qui non defendit iniuriam neque propulsat a suis, cum potest, iniuste facit, ut in primo libro disserui, qualis habendus est is, qui non modo non repellit, sed etiam adiuvat iniuriam? Mihi quidem etiam verae hereditates non honestae videntur, si sunt malitiosis blanditiis, officiorum non veritate, sed simulatione quaesitae. Atqui in talibus rebus aliud utile interdum, aliud honestum videri solet. Falso; nam eadem utilitatis quae honestatis est regula. (75) Qui hoc non perviderit, ab hoc nulla fraus aberit, nullum facinus. Sic enim cogitans ›est istuc quidem honestum, verum hoc expedit‹, res a natura copulatas audebit errore divellere, qui fons est fraudium, maleficiorum, scelerum omnium.

19 Itaque si vir bonus habeat hanc vim, ut, si digitis concrepuerit, possit in locupletium testamenta nomen eius inrepere, hac vi non utatur, ne si exploratum quidem habeat id

zusetzen, führten sie M. Crassus[142] und Q. Hortensius[143], die einflußreichsten Männer derselben Zeit, schriftlich als Erben mit an. Wenngleich diese den Verdacht schöpften, es liege eine Fälschung vor – sie waren sich freilich keiner Schuld bewußt –, wiesen sie das kleine Geschenk aus der Untat anderer nicht zurück. Wie nun? Genügt es, daß sie keines Vergehens schuldig zu sein scheinen? Mir jedenfalls scheint es nicht so, wenngleich ich den einen zu seinen Lebzeiten liebte, den anderen nach seinem Tode nicht hasse. (74) Aber da Basilus wollte, M. Satrius,[144] der Sohn seiner Schwester, solle seinen Namen tragen,[145] und ihn zu seinem Erben gemacht hatte – ihn, meine ich, den Schutzherrn des Picener- und Sabinerlandes, o Schandmal jener Zeit! –, so war es nicht recht, daß die ersten Bürger sein Vermögen hatten, dem Satrius nichts zufiel als der Name. Denn wenn derjenige, der Unrecht nicht fernhält und abwehrt von den Seinen, wenn er kann, Unrecht tut – wie ich im ersten Buch auseinandergesetzt habe,[146] wie ist dann der einzuschätzen, der Unrecht sogar unterstützt, anstatt es abzuwehren? Mir jedenfalls scheinen auch rechtmäßige Erbschaften nicht ehrenhaft zu sein, wenn sie durch arglistige Liebedienerei, nicht durch Aufrichtigkeit der Leistungen, sondern durch Vortäuschung erworben worden sind. Nun pflegt in solchen Fällen vielleicht bisweilen etwas anderes nützlich, etwas anderes ehrenhaft zu erscheinen. Zu Unrecht! – Denn die Richtschnur[147] des Nutzens ist dieselbe wie die der Ehrenhaftigkeit. (75) Wer das nicht einsieht, dem ist kein Betrug, keine Untat fern. Denn wenn er so denkt: »Es ist dies da zwar ehrenhaft, aber dies hier förderlich«, dann wird er von der Natur verbundene Gegenstände aufgrund seiner irrigen Einstellung auseinanderzureißen wagen – ein Verfahren, das Ursprung von Betrügereien, Freveltaten und allen erdenklichen Verbrechen ist.

19 Falls ein gutgesinnter Mann also die Fähigkeit hätte, daß sich, wenn er mit den Fingern schnalzte,[148] sein Name in die Testamente reicher Leute einschleichen könnte, dann nützte er wohl diese Fähigkeit nicht, nicht einmal dann,

omnino neminem umquam suspicaturum. At dares hanc vim M. Crasso, ut digitorum percussione heres posset scriptus esse, qui re vera non esset heres, in foro, mihi crede, saltaret. Homo autem iustus isque, quem sentimus virum bonum, nihil cuiquam, quod in se transferat, detrahet. Hoc qui admiratur, is se, quid sit vir bonus, nescire fateatur. (76) At vero, si qui voluerit animi sui complicatam notionem evolvere, iam se ipse doceat eum virum bonum esse, qui prosit, quibus possit, noceat nemini nisi lacessitus iniuria. Quid ergo? Hic non noceat, qui quodam quasi veneno perficiat, ut veros heredes moveat, in eorum locum ipse succedat? ›Non igitur faciat‹, dixerit quis, ›quod utile sit, quod expediat?‹ Immo intellegat nihil nec expedire nec utile esse, quod sit iniustum. Hoc qui non didicerit, bonus vir esse non poterit. (77) ⟨C.⟩ Fimbriam consularem audiebam de patre nostro puer iudicem M. Lutatio Pinthiae fuisse, equiti Romano sane honesto, cum is sponsionem fecisset NI VIR BONUS ESSET. Itaque ei dixisse Fimbriam se illam rem numquam iudicaturum, ne aut spoliaret fama probatum hominem, si contra iudicavisset, aut statuisse videretur virum bonum esse aliquem, cum ea res innumerabilibus officiis et laudibus contineretur. Huic igitur viro bono, quem Fimbria etiam, non modo Socrates noverat, nullo modo videri potest quicquam esse utile, quod non honestum sit. Itaque talis vir non modo facere, sed ne cogitare quidem quicquam audebit, quod non audeat praedicare. Haec non turpe est dubitare philosophos, quae ne rustici quidem dubitent? a quibus natum est id, quod iam contritum est vetustate pro-

wenn es für ihn ausgemacht wäre, daß dies überhaupt nie jemand ahnen könnte. Aber gäbest du diese Fähigkeit dem Crassus, daß er durch das Schnalzen der Finger als Erbe eingeführt werden könnte, wenngleich er in Wahrheit gar nicht Erbe war, er würde, glaube mir, auf dem Forum tanzen. Ein gerechter Mann aber, d. h. einer, den wir als einen ›gutgesinnten‹ Mann betrachten, wird keinem etwas entziehen, um es an sich zu bringen. Wer sich darüber wundert, der gesteht wohl, daß er nicht weiß, was ein gutgesinnter Mann sei.[149] (76) Wenn dagegen einer die unklare Vorstellung seines Geistes klären will,[150] so mag er sich nunmehr selbst verdeutlichen, daß ein gutgesinnter Mann ist, wer nützt, dem er kann, niemandem schadet, außer, herausgefordert[151] durch ein Unrecht. Wie also? Der sollte nicht Schaden stiften, der gewissermaßen mit Gift durchsetzt, daß er die rechtmäßigen Erben ausschließt und selber an ihre Stelle tritt. »Soll er also nicht tun«, könnte da einer einwenden, »was nützt, was förderlich ist?« Nein, er sehe ein, daß nichts förderlich sei und nütze, was ungerecht sei. Wer das nicht gelernt hat, wird kein gutgesinnter Mann sein können. (77) Der Konsular ⟨C.⟩ Fimbria,[152] so hörte ich als Junge von unserem Vater, war Richter über C. Lutatius Pintias, einen recht ehrenhaften römischen Ritter, als dieser die Wette einging: »Wenn er nicht ein gutgesinnter Mann sei.« Daher habe ihm Fimbria gesagt, er werde jenen Fall nie entscheiden, damit er nicht einem bewährten Manne seinen guten Ruf nehme, wenn er dagegen urteile oder offensichtlich festgestellt habe, es sei einer ein gutgesinnter Mann, wo diese Bezeichnung doch von ungezählten pflichtgemäßen und rühmlichen Leistungen abhänge. Diesem gutgesinnten Manne, den auch Fimbria, nicht nur Sokrates kannte, kann auf keinen Fall etwas nützlich erscheinen, was nicht ehrenhaft ist. Deshalb wird ein solcher Mann nicht wagen, etwas zu tun, ja auch nur zu denken, was er nicht offen zu äußern wagte. Ist es nicht schändlich, daß Philosophen an dem zweifeln, woran nicht einmal Bauersleute zweifeln? Von ihnen stammt das Sprichwort, das

verbium. Cum enim fidem alicuius bonitatemque laudant, dignum esse dicunt, quicum in tenebris mices. Hoc quam habet vim nisi illam, nihil expedire quod non deceat, etiam si id possis nullo refellente optinere. (78) Videsne hoc proverbio neque Gygi illi posse veniam dari neque huic, quem paulo ante fingebam digitorum percussione hereditates omnium posse converrere? Ut enim, quod turpe est, id, quamvis occultetur, tamen honestum fieri nullo modo potest, sic, quod honestum non est, id utile ut sit effici non potest adversante et repugnante natura.

20 (79) At enim cum permagna praemia sunt, est causa peccandi. C. Marius, cum a spe consulatus longe abesset et iam septimum annum post praeturam iaceret neque petiturus umquam consulatum videretur, Q. Metellum, cuius legatus erat, summum virum et civem, cum ab eo, imperatore suo, Romam missus esset, apud populum Romanum criminatus est, bellum illum ducere, si se consulem fecissent, brevi tempore aut vivum aut mortuum Iugurtham se in potestatem populi Romani redacturum. Itaque factus est ille quidem consul, sed a fide iustitiaque discessit, qui optimum et gravissimum civem, cuius legatus et a quo missus esset, in invidiam falso crimine adduxerit. (80) Ne noster quidem Gratidianus officio viri boni functus est tum, cum praetor esset collegiumque praetorium tribuni plebi adhibuissent, ut res nummaria de communi sententia constitueretur; iactabatur enim temporibus illis nummus sic, ut nemo posset scire, quid haberet. Conscripserunt communiter edictum

schon durch sein Alter abgedroschen ist. Wenn sie nämlich jemandes Ehrlichkeit und Gutartigkeit loben, dann sagen sie, er sei's wert, daß du mit ihm im Dunklen Fingerlosen treibst.[153] Was hat das für eine Bedeutung als die, daß nichts förderlich sei, was nicht schicklich sei, auch wenn du das erreichen könntest, ohne daß einer dir das Gegenteil nachweist. (78) Siehst du, daß nach diesem Sprichwort weder jenem Gyges[154] verziehen werden kann noch dem, der, wie wir annahmen, durch Schnalzen der Finger die Erbschaften aller zusammenraffen könnte. Wie nämlich das, was schändlich ist, mag es auch verborgen bleiben, doch auf keinen Fall ehrenvoll werden kann, so kann nicht erreicht werden, daß das, was nicht ehrenvoll ist, nützlich sei gegen den Widerstand und Widerspruch der Natur.

20 (79) Wenn freilich sehr bedeutende Belohnungen vorhanden sind, dann ist ein Grund da, sich zu vergehen. Als C. Marius von der Aussicht auf das Konsulat weit entfernt war, schon das siebte Jahr nach der Praetur erfolglos blieb und den Anschein erweckte, er werde sich nie um das Konsulat bewerben, da schwärzte er Q. Metellus, dessen Legat er war, einen hervorragenden Mann und Mitbürger, als er von diesem als seinem Befehlshaber nach Rom geschickt worden war, beim römischen Volke an:[155] Es ziehe jener den Krieg in die Länge. Wenn sie ihn zum Konsuln machten, dann werde er in kurzer Zeit Jugurtha tot oder lebendig in die Gewalt des römischen Volkes bringen. Und so wurde jener zwar zum Konsul gemacht, aber Aufrichtigkeit und Gerechtigkeit gab er auf, da er den besten und charaktervollsten Bürger, von dem er als sein Legat geschickt worden war, durch eine falsche Beschuldigung in Verruf gebracht hatte. (80) Auch unser Verwandter Gratidianus[156] tat nicht die Pflicht eines gutgesinnten Mannes damals, als er Praetor war und die Volkstribunen das Kollegium der Praetoren beigezogen hatten, damit die finanzielle Lage aufgrund einer gemeinsamen Entscheidung gefestigt würde. Es schwankte nämlich zu jener Zeit der Kurswert in einem Maße, daß niemand wissen konnte, was er besaß. Sie ver-

cum poena atque iudicio constitueruntque, ut omnes simul in rostra post meridiem escenderent. Et ceteri quidem alius alio: Marius ab subselliis in rostra recta idque, quod communiter compositum fuerat, solus edixit. Et ea res, si quaeris, ei magno honori fuit; omnibus vicis statuae, ad eas tus, cerei. Quid multa? Nemo umquam multitudini fuit carior. (81) Haec sunt, quae conturbent in deliberatione non numquam, cum id, in quo violatur aequitas, non ita magnum, illud autem, quod ex eo paritur, permagnum videtur, ut Mario praeripere collegis et tribunis plebi popularem gratiam non ita turpe, consulem ob eam rem fieri, quod sibi tum proposuerat, valde utile videbatur. Sed omnium una regula est, quam tibi cupio esse notissimam: aut illud, quod utile videtur, turpe ne sit, aut si turpe est, ne videatur esse utile. Quid igitur? possumusne aut illum Marium virum bonum iudicare aut hunc? Explica atque excute intellegentiam tuam, ut videas, quae sit in ea species [forma] et notio viri boni. Cadit ergo in virum bonum mentiri emolumenti sui causa, criminari, praeripere, fallere? Nihil profecto minus. (82) Est ergo ulla res tanti aut commodum ullum tam expetendum, ut viri boni et splendorem et nomen amittas? Quid est, quod afferre tantum utilitas ista, quae dicitur, possit, quantum auferre, si boni viri nomen eripuerit, fidem iustitiamque detraxerit? Quid enim interest, utrum ex homine se convertat quis in beluam an hominis figura immanitatem gerat beluae?

faßten gemeinsam eine Verordnung unter Androhung von Strafe und gerichtlicher Verfolgung und setzten fest, daß alle zugleich am Nachmittag auf die Rednerbühne steigen sollten. Von den übrigen begab sich ein jeder woandershin, Marius aber von den Tribunenbänken geradewegs auf die Rednerbühne, und er gab die Verordnung, die gemeinsam abgefaßt worden war, allein bekannt. Und dieser Schritt brachte ihm, wenn du es wissen willst, große Ehre ein. In allen Stadtvierteln wurden Standbilder aufgestellt, daneben Weihrauch und Kerzen. Was weiter? Nie war einer bei der Menge beliebter. (81) Das sind Fälle, die beim Abwägen zuweilen Verwirrung stiften, wenn die Tat, bei der das Rechtsgefühl verletzt wird, nicht so schwer wiegt, der Erfolg aber, der aus ihr erzielt wird, sehr bedeutend erscheint: So kam es dem Marius nicht weiter schändlich vor, seinen Kollegen und den Volkstribunen die Volksgunst abzujagen, äußerst nützlich aber, deswegen Konsul zu werden, was er sich damals zum Ziel gesetzt hatte. Aber für alles gibt es eine einzige Richtschnur, die, wie ich wünsche, dir genau bekannt sein sollte: Entweder soll das, was nützlich erscheint, nicht schändlich sein, oder, wenn es schändlich ist, erscheine es nicht nützlich. Wie also? Können wir jenen Marius als einen guten Mann beurteilen oder diesen? Ergründe und erkläre deine Vorstellung, damit du siehst, welches Gedankenbild und welcher Begriff[157] des gutgesinnten Mannes in ihr liegt. Kommt es also einem guten Mann zu, um seines Profits willen zu lügen, anzuschwärzen, abzujagen und zu täuschen? Gewiß das am wenigsten. (82) Ist also irgendein Vorteil so viel wert oder eine Annehmlichkeit so zu erstreben, daß du Glanz und Namen eines gutgesinnten Mannes aufgeben solltest? Was ist es, das dieser sogenannte Nutzen schon so Bedeutendes einbringen könnte, wie er es wegnehmen kann, wenn er den Namen eines gutgesinnten Mannes entführte, Glaubwürdigkeit und Gerechtigkeit entzog? Denn was ist der Unterschied, ob einer sich von einem Menschen in ein Untier verwandelt[158] oder in der Gestalt eines Menschen die Roheit eines Untiers zeigt?[159]

21 Quid? qui omnia recta et honesta neglegunt, dummodo potentiam consequantur, nonne idem faciunt, quod is, qui etiam socerum habere voluit eum, cuius ipse audacia potens esset. Utile ei videbatur plurimum posse alterius invidia. Id quam iniustum in patriam et quam turpe esset, non videbat. Ipse autem socer in ore semper Graecos versus de Phoenissis habebat, quos dicam ut potero, incondite fortasse, sed tamen, ut res possit intellegi:

> Nam si violandum est ius, regnandi gratia,
> Violandum est; aliis rebus pietatem colas.

Capitalis Eteocles vel potius Euripides, qui id unum quod omnium sceleratissimum fuerit, exceperit. (83) Quid igitur minuta colligimus, hereditates, mercaturas, venditiones fraudulentas? Ecce tibi, qui rex populi Romani dominusque omnium gentium esse concupiverit idque perfecerit. Hanc cupiditatem si honestam quis esse dicit, amens est; probat enim legum et libertatis interitum earumque oppressionem taetram et detestabilem gloriosam putat. Qui autem fatetur honestum non esse in ea civitate, quae libera fuerit quaeque esse debeat, regnare, sed ei, qui id facere possit, esse utile, qua hunc obiurgatione aut quo potius convitio a tanto errore coner avellere? Potest enim, di immortales, cuiquam esse utile foedissimum et taeterrimum parricidium patriae, quamvis is, qui se eo obstrinxerit, ab oppressis civibus parens nominetur? Honestate igitur dirigenda utilitas est, et quidem sic, ut haec duo verbo inter se discrepare, re unum

21 Wie? Wer alles Rechte und Ehrenvolle geringschätzt, nur um Macht zu erlangen, tut der nicht dasselbe wie der, der sogar als Schwiegervater den haben wollte, durch dessen Verwegenheit er selbst mächtig sein konnte?[160] Nützlich schien es ihm, größten Einfluß auszuüben durch die Verhaßtheit des anderen; wie ungerecht dies gegen die Vaterstadt und wie schändlich es war, sah er nicht. Der Schwiegervater selbst aber führte immer die griechischen Verse aus den »Phoenissen« im Munde, die ich wiedergeben will, so gut ich kann, vielleicht ungeschickt, aber doch so, daß der Sinn verständlich ist.

Doch mußt du Unrecht tun, so ist das Unrecht zwar
für Tyrannei gar schön, doch sonst mußt fromm du sein.[161]

Den Tod verdient Eteokles oder vielmehr Euripides, da er gerade das, was bei weitem am verbrecherischsten ist, ausgenommen hat. (83) Was tragen wir also unbedeutende Beispiele zusammen, Erbschaften, Handelsgeschäfte und betrügerischen Verkauf? Da hast du den Mann, der König des römischen Volkes[162] und Herr über alle Länder zu sein begehrte – und das durchsetzte. Wenn einer sagt, dieses Begehren sei ehrenhaft, so ist er von Sinnen. Denn er heißt den Untergang der Gesetze wie der Freiheit gut, und ihre verabscheuens- und verdammenswerte Unterdrückung hält er für rühmlich. Wer aber gesteht, es sei nicht ehrenhaft, in der Bürgerschaft, die frei war und die frei sein muß, als König zu herrschen, aber für den, der dies tun kann, nützlich, mit welcher Zurechtweisung oder vielmehr mit welcher Strafpredigt soll ich den aus solcher Borniertheit zu reißen versuchen? Kann denn, ihr unsterblichen Götter, einem der ganz und gar abstoßende und verabscheuenswerte Mord an der Vaterstadt nützlich sein, mag auch der, der sich darin verstrickt hat, von den unterdrückten Bürgern ›Vater‹ genannt werden?[163] Nach der Ehrenhaftigkeit ist also der Nutzen auszurichten, und zwar so, daß beide dem Wort nach untereinander einen Mißklang zu bilden, in Wahrheit in eins

sonare videantur. (84) Non habeo ad volgi opinionem quae maior utilitas quam regnandi esse possit, nihil contra inutilius ei, qui id iniuste consecutus sit, invenio, cum ad veritatem coepi revocare rationem. Possunt enim cuiquam esse utiles angores, sollicitudines, diurni et nocturni metus, vita insidiarum periculorumque plenissima?

Multi iniqui atque infideles regno, pauci benivoli

inquit Accius. At cui regno? quod a Tantalo et Pelope proditum iure obtinebatur. Nam quanto plures ei regi putas, qui exercitu populi Romani populum ipsum Romanum oppressisset civitatemque non modo liberam, sed etiam gentibus imperantem servire sibi coegisset? (85) Hunc tu quas conscientiae labes in animo censes habuisse, quae vulnera? Cuius autem vita ipsi potest utilis esse, cum eius vitae ea condicio sit, ut qui illam eripuerit, in maxima et gratia futurus sit et gloria? Quod si haec utilia non sunt, quae maxime videntur, quia plena sunt dedecoris ac turpitudinis, satis persuasum esse debet nihil esse utile, quod non honestum sit.

22 (86) Quamquam id quidem cum saepe alias, tum Pyrrhi bello a C. Fabricio consule iterum et a senatu nostro iudicatum est. Cum enim rex Pyrrhus populo Romano bellum ultro intulisset cumque de imperio certamen esset cum rege generoso ac potente, perfuga ab eo venit in castra Fabricii eique est pollicitus, si praemium sibi proposuisset, se, ut clam venisset, sic clam in Pyrrhi castra rediturum et eum veneno necaturum. Hunc Fabricius reducendum curavit ad

zusammenzuklingen scheinen. (84) Ich weiß nicht, was nach Meinung der Menge ein größerer Nutzen sein kann als der, König zu sein; nichts Nutzloseres aber finde ich für den, der dies ungerechterweise erreicht hat, wenn ich dazu übergehe, die Überlegung nach der Wahrheit auszurichten. Können denn jemandem nützlich sein Ängste, Unruhe und Furcht bei Tag und Nacht, ein Leben erfüllt von Intrigen und Gefahren?

Ungerecht sind viele gegen Königsherrschaft und treulos, wenige wohlgesonnen,

sagt Accius.[164] Aber welcher Königsherrschaft? Derjenigen, die, von Tantalus und Pelops vererbt, mit Recht behauptet wurde. Wieviel mehr denn, meinst du, einem König,[165] der mit einem Heer des römischen Volkes gar das römische Volk unterdrückt hatte und eine nicht nur freie, sondern auch über Völker gebietende Bürgerschaft ihm zu dienen gezwungen hatte? (85) Welche Fäulnis des Gewissens hatte der nach deinem Dafürhalten in seiner Seele, welche Schäden? Wie kann das Leben eines Menschen ihm selbst nützlich sein, wenn die Voraussetzung seines Lebens die ist, daß einer, der es ihm raubt, größtes Ansehen und Anerkennung haben wird?[166] Wenn also das nicht nützlich ist, was am meisten so scheint, weil es reich an Schimpf und Schande ist, so darf man hinreichend überzeugt sein, es sei nichts nützlich, was nicht ehrenvoll ist.

22 (86) Indessen ist so ja sonst oft, besonders aber im Krieg gegen Pyrrhos von C. Fabricius[167] – er war zum zweiten Male Konsul – und von unserem Senat geurteilt worden. Als nämlich König Pyrrhos gegen das römische Volk von sich aus den Krieg begonnen hatte und als über die Vorherrschaft der Entscheidungskampf tobte mit dem edelmütigen und mächtigen König, kam ein Überläufer von ihm ins Lager des Fabricius und versprach ihm, wenn er ihm eine Belohnung in Aussicht stelle, so, wie er heimlich gekommen sei, heimlich in das Lager des Pyrrhos zurückzukehren und ihn zu vergiften. Ihn ließ Fabricius zu

Pyrrhum idque eius factum laudatum a senatu est. Atqui si speciem utilitatis opinionemque quaerimus, magnum illud bellum perfuga unus et gravem adversarium imperii sustulisset, sed magnum dedecus et flagitium, quicum laudis certamen fuisset, eum non virtute, sed scelere superatum. (87) Utrum igitur utilius vel Fabricio, qui talis in hac urbe qualis Aristides Athenis fuit, vel senatui nostro qui numquam utilitatem a dignitate seiunxit, armis cum hoste certare an venenis? Si gloriae causa imperium expetundum est, scelus absit, in quo non potest esse gloria; sin ipsae opes expetuntur quoquo modo, non poterunt utiles esse cum infamia. Non igitur utilis illa L. Philippi Q. f. sententia, quas civitates L. Sulla pecunia accepta ex senatus consulto liberavisset, ut eae rursus vectigales essent, neque iis pecuniam, quam pro libertate dederant, redderemus. Ei senatus est assensus. Turpe imperio! Piratarum enim melior fides quam senatus. ›At aucta vectigalia, utile igitur.‹ Quousque audebunt dicere quicquam utile, quod non honestum? (88) Potest autem ulli imperio, quod gloria debet fultum esse et benevolentia sociorum, utile esse odium et infamia? Ego etiam cum Catone meo saepe dissensi. Nimis mihi praefracte videbatur aerarium vectigaliaque defendere, omnia publicanis negare, multa sociis, cum in hos benefici esse deberemus, cum illis sic agere, ut cum colonis nostris solere-

Pyrrhos zurückbringen, und diese seine Tat wurde vom Senat gelobt. Nun hätte aber, wenn wir nach dem Scheinbild und der Vorstellung des Nutzens forschen, jenen schweren Krieg und einen bedrohlichen Gegner des Reiches ein einziger Überläufer aus der Welt geschafft, aber es wäre eine große Schande und Schmach gewesen, daß ein Mann, mit dem die Entscheidung um Ruhm ausgefochten wurde, nicht durch Helden-, sondern durch Verbrechertat überwunden würde. (87) War es also nützlicher für Fabricius, der in unserer Stadt ein Mann war wie Aristides in Athen, oder andererseits für unseren Senat, der nie den Nutzen von der Würde trennte, mit Waffen gegen den Feind die Entscheidung zu suchen oder mit Gift? Wenn Herrschaft um des Ruhmes willen erstrebenswert ist, dann sei das Verbrechen fern, bei dem es Ruhm nicht geben kann. Wenn aber Machtmittel selbst erstrebt werden auf jede erdenkliche Weise, werden sie nicht nützlich sein in Verbindung mit Schande. Es ist also jener Antrag des L. Philippus[168] Q. f. nicht nützlich, daß die Bürgerschaften, die L. Sulla nach Empfang einer Geldsumme gemäß einem Senatsbeschluß für steuerfrei erklärt hatte, wieder tributpflichtig seien und daß wir ihnen das Geld, das sie uns für die Freistellung gezahlt hatten, nicht zurückerstatteten. Ihm stimmte der Senat zu. Schmählich für das Reich! Da steht es ja um die Glaubwürdigkeit von Piraten besser als um die des Senates! – »Aber es sind die Steuereinnahmen erhöht worden, also ist es nützlich!« Wie lange noch werden sie wagen, etwas nützlich zu nennen, was nicht ehrenhaft ist? (88) Kann aber irgendeiner Herrschaft, die gebaut sein muß auf Ruhm und Wohlwollen gegen die Bundesgenossen, Verhaßtsein und Schande nützlich sein? Ich war auch oft anderer Meinung als mein Freund Cato. Allzu rücksichtslos schien er mir die Staatskasse und die Steuereinnahmen zu verteidigen, den Steuerpächtern[169] alles zu versagen, vieles den Bundesgenossen,[170] wo wir doch gegen diese wohltätig sein, mit jenen so umgehen müßten, wie wir das mit unseren Kolonen zu tun pflegen, und das um so

mus, eoque magis, quod illa ordinum coniunctio ad salutem rei publicae pertinebat. Male etiam Curio, cum causam Transpadanorum aequam esse dicebat, semper autem addebat ›vincat utilitas‹. Potius doceret non esse aequam, quia non esset utilis rei publicae, quam cum utilem diceret non esse, aequam fateretur.

23 (89) Plenus est sextus liber de officiis Hecatonis talium quaestionum, sitne boni viri in maxima caritate annonae familiam non alere. In utramque partem disputat, sed tamen ad extremum utilitate, ut putat, officium dirigit magis quam humanitate. Quaerit, si in mari iactura facienda sit, equine pretiosi potius iacturam faciat an servuli vilis. Hic alio res familiaris, alio ducit humanitas. ›Si tabulam de naufragio stultus arripuerit, extorquebitne eam sapiens, si potuerit?‹ Negat, quia sit iniurium. Quid? dominus navis eripietne suum? Minime, non plus quam [si] navigantem in alto eicere de navi velit, quia sua sit. Quoad enim perventumst eo, quo sumpta navis est, non domini est navis, sed navigantium. (90) Quid? si una tabula sit, duo naufragi, eique sapientes, sibine uterque rapiat an alter cedat alteri? Cedat vero, sed ei, cuius magis intersit vel sua vel rei publicae causa vivere. Quid? si haec paria in utroque? Nullum erit certamen, sed quasi sorte aut micando victus alteri cedet alter. Quid? si pater fana expilet, cuniculos agat ad aerarium, indicetne id magistratibus filius? Nefas id qui-

mehr, als jene Vereinigung der Stände[171] zum Wohle des Gemeinwesens beitrug. Schlecht handelte auch Curio[172], als er sagte, das Anliegen der Bevölkerung jenseits des Po[173] sei berechtigt, aber immer hinzufügte: »Es siege der Nutzen!« Da hätte er lieber argumentieren sollen, es sei nicht berechtigt, weil es dem Gemeinwesen nicht nützlich sei, als daß er sagte, es sei nicht nützlich, aber zugab, es sei berechtigt.

23 (89) Reich ist das 6. Buch des Hekaton[174] über die pflichtgemäßen Handlungen an solchen Fragen: Ob es einem gutgesinnten Manne zukomme, bei einer sehr erheblichen Lebensmittelteuerung seine Dienerschaft nicht zu verpflegen. – Er erörtert das Für und Wider, aber schließlich richtet er die Pflicht doch mehr aus nach dem Nutzen – wie er glaubt – als nach der Rücksicht auf Menschen. Er fragt: Ob er, wenn auf See Ladung über Bord geworfen werden muß, lieber ein wertvolles Pferd oder einen wertlosen Sklaven über Bord werfen solle. – Hier weist Rücksicht auf Vermögen in die eine, Achtung vor dem Menschen in die andere Richtung. »Wenn ein Tor bei einem Schiffbruch[175] eine Planke erwischt, wird sie ihm dann der Weise entwinden, wenn er kann?« Er sagt »Nein«, weil es ungerecht sei. Wie? Wird ein Schiffseigentümer seinen Besitz an sich reißen? Keineswegs, nicht mehr, als er auf hoher See einen Passagier vom Schiff werfen will, weil es sein Besitz ist, denn bis man dorthin gelangt ist, wohin man das Schiff genommen hat, gehört das Schiff nicht seinem Eigentümer, sondern den Passagieren. (90) Wie? Wenn nur eine Planke da ist, aber zwei Schiffbrüchige – und die weise, reißt sie dann jeder an sich, oder verzichtet der eine für den anderen?[176] Es verzichte einer, aber für den, für den es zu leben seinetwegen oder um des Gemeinwesens willen wichtiger ist. Wie? Wenn diese Rücksicht bei beiden gleich ist? Dann wird es keinen Streit geben, sondern, wie durch Los oder Fingerschnalzen besiegt, wird der eine für den anderen Verzicht leisten. Wie? Wenn der Vater Heiligtümer plündert, Stollen treibt zu einer Schatzkammer, gibt dies der Sohn den Behörden an? Das ist freilich ein Unrecht, ja er

dem est, quin etiam defendat patrem si arguatur. Non igitur patria praestat omnibus officiis? Immo vero, sed ipsi patriae conducit pios habere cives in parentes. Quid? si tyrannidem occupare, si patriam prodere conabitur pater, silebitne filius? Immo vero obsecrabit patrem, ne id faciat. Si nihil proficiet, accusabit, minabitur etiam; ad extremum, si ad perniciem patriae res spectabit, patriae salutem anteponet saluti patris. (91) Quaerit etiam, si sapiens adulterinos nummos acceperit imprudens pro bonis, cum id rescierit, soluturusne sit eos, si cui debeat, pro bonis. Diogenes ait, Antipater negat, cui potius assentior. Qui vinum fugiens vendat sciens, debeatne dicere. Non necesse putat Diogenes, Antipater viri boni existimat. Haec sunt quasi controversa iura Stoicorum. In mancipio vendundo dicendane vitia, non ea, quae nisi dixeris, redhibeatur mancipium iure civili, sed haec, mendacem esse, aleatorem, furacem, ebriosum. Alteri dicenda videntur, alteri non videntur. (92) Si quis aurum vendens orichalcum se putet vendere, indicetne ei vir bonus aurum illud esse, an emat denario, quod sit mille denarium? Perspicuum est iam et quid mihi videatur et quae sit inter eos philosophos, quos nominavi, controversia.

24 Pacta et promissa semperne servanda sint, QUAE NEC VI NEC DOLO MALO, ut praetores solent, FACTA SINT. Si quis medicamentum cuipiam dederit ad aquam intercutem pepigeritque, si eo medicamento sanus factus esset, ne illo medi-

soll sogar den Vater verteidigen, wenn er angeklagt wird. Steht also nicht die Vaterstadt höher als alle Pflichten? Gewiß doch. Aber es ist der Vaterstadt förderlich, Bürger zu haben, die gegen ihre Eltern ehrfürchtig sind. Wie? Wenn der Vater eine Tyrannenherrschaft zu gewinnen, die Vaterstadt zu verraten versucht, wird dann der Sohn schweigen? Gewiß nicht, er wird den Vater beschwören, dies nicht zu tun. Wenn er nichts ausrichtet, wird er Anklage erheben, wird er auch drohen, schließlich wird er, wenn die Lage auf das Verderben der Stadt hinausgeht, das Wohl der Vaterstadt höher einstufen als das des Vaters. (91) Er fragt weiter: »Wird der Weise, falls er sich, ohne es zu merken, Falschgeld als echtes hat auszahlen lassen, dies, wenn er dahintergekommen ist, als echtes ausgeben, wenn er bei jemandem Schulden hat?« Diogenes sagt ja, Antipater, dem ich lieber zustimme, nein.[177] »Muß, wer gärenden Wein verkauft – und das weiß! –, dies angeben?« Diogenes hält das nicht für notwendig, Antipater bei einem gutgesinnten Manne für selbstverständlich. Das sind gleichsam die Rechtsstreitigkeiten der Stoiker. Ob beim Verkauf eines Sklaven seine Fehler genannt werden müssen, nicht diejenigen, durch die, falls du sie nicht genannt hast, der Sklave nach dem Bürgerrecht zurückgegeben wird,[178] sondern die, daß er ein Lügenmaul, Glücksspieler, Dieb[179] und Trunkenbold ist. Dem einen scheint das angegeben werden zu müssen, dem anderen nicht. (92) Wenn einer Gold verkauft und meint, er verkaufe Messing, macht der gutgesinnte Mann darauf aufmerksam, es handle sich dabei um Gold, oder kauft er um einen Denar, was hundert Denare wert ist? Es leuchtet nunmehr ein, was mir wichtig scheint und worum der Streit unter den genannten Philosophen geht.[180]

24 Müssen Verträge und Versprechungen immer eingehalten werden, die, wie die Praetoren zu sagen pflegen, ›weder durch Gewalt noch durch Arglist abgeschlossen worden sind‹? Wenn einer jemandem ein Medikament gegen Wassersucht gegeben und sich vertraglich ausbedungen hat, er solle, falls er durch das Medikament gesund geworden ist,

camento umquam postea uteretur, si eo medicamento sanus factus sit et annis aliquot post inciderit in eundem morbum nec ab eo, quicum pepigerat, impetret, ut iterum eo liceat uti, quid faciendum sit. Cum sit is inhumanus, qui non concedat, nec ei quicquam fiat iniuriae, vitae et saluti consulendum: (93) Quid? si qui sapiens rogatus sit ab eo, qui eum heredem faciat, cum ei testamento sestertium milies relinquatur, ut ante quam hereditatem adeat luce palam in foro saltet, idque se facturum promiserit, quod aliter heredem eum scripturus ille non esset, faciat quod promiserit necne? Promisisse nollem et id arbitror fuisse gravitatis; quoniam promisit, si saltare in foro turpe ducet, honestius mentietur, si ex hereditate nihil ceperit, quam si ceperit, nisi forte eam pecuniam in rei publicae magnum aliquod tempus contulerit, ut vel saltare, cum patriae consulturus sit, turpe non sit. 25 (94) Ac ne illa quidem promissa servanda sunt, quae non sunt iis ipsis utilia, quibus illa promiseris. Sol Phaetonti filio, ut redeamus ad fabulas, facturum se esse dixit, quidquid optasset. Optavit, ut in currum patris tolleretur; sublatus est; atque is ante quam constitit ictu fulminis deflagravit; quanto melius fuerat in hoc promissum patris non esse servatum. Quid? quod Theseus exegit promissum a Neptuno? Cui cum tres optationes Neptunus dedisset, optavit interitum Hippolyti filii, cum is patri

jenes Medikament nie mehr später einnehmen, und falls dieser durch dies Medikament gesund geworden ist, einige Jahre später wieder derselben Krankheit verfällt, aber von dem, mit dem er den Vertrag geschlossen hatte, nicht erreicht, daß er es wieder einnehmen darf, was hat man da zu tun? Da, wer das nicht zugesteht, menschliche Rücksicht nicht kennt, ihm aber auch kein Unrecht geschieht, hat man für sein gesundheitliches Wohl zu sorgen. (93) Wie? Wenn ein Weiser von dem, der ihn zu seinem Erben macht, gebeten worden ist – es werden ihm durch das Testament 100 Millionen Sesterze vererbt –, daß er, bevor er das Erbe antritt, am hellichten Tage vor den Leuten auf dem Forum tanzt, und er versprochen hat, dies zu tun, weil er ihn andernfalls nicht schriftlich als Erben einsetzen werde, soll er da tun, was er versprochen hat, oder nicht? Er hätte das Versprechen gar nicht erst geben sollen! Und das, meine ich, wäre ein Beweis von Charakterfestigkeit gewesen. Da er aber das Versprechen gegeben hat, wird er, wenn er auf dem Forum zu tanzen für schändlich hält, mit größerer Ehrenhaftigkeit sich als Lügner erweisen, wenn er von der Erbschaft nichts annimmt, als wenn er davon nimmt, es sei denn, er verwendet dieses Geld für irgendeine dringende Notlage des Gemeinwesens, so daß selbst zu tanzen nicht schändlich ist, da er für die Vaterstadt sorgen will.
25 (94) Überdies sind auch die Versprechen nicht zu halten, die gerade denen nicht nützlich sind, denen du sie gegeben hast. Helios sagte zu seinem Sohn Phaeton – damit wir uns den Mythen wieder zuwenden –, er werde tun, was immer er wünsche. Der wünschte, daß er auf den Wagen seines Vaters gehoben würde. Das geschah. Und noch ehe er sich darauf gestellt hatte, verbrannte er durch einen Blitzstrahl.[181] Wieviel besser wäre es gewesen, wenn bei ihm das Versprechen seines Vaters nicht gehalten worden wäre! Wie? Theseus verlangte die Erfüllung seines Versprechens von Poseidon. Als Poseidon ihm drei Wünsche freistellte, wünschte er den Untergang seines Sohnes Hippolytos, weil dieser dem Vater verdächtig war wegen der Stiefmutter.[182]

suspectus esset de noverca; quo optato impetrato, Theseus in maximis fuit luctibus. (95) Quid Agamemnon? cum devovisset Dianae, quod in suo regno pulcherrimum natum esset illo anno, immolavit Iphigeniam, qua nihil erat eo quidem anno natum pulchrius. Promissum potius non faciendum, quam tam taetrum facinus admittendum fuit. Ergo et promissa non facienda nonnumquam neque semper deposita reddenda. Si gladium quis apud te sana mente deposuerit, repetat insaniens, reddere peccatum sit, officium non reddere. Quid? si is, qui apud te pecuniam deposuerit, bellum inferat patriae, reddasne depositum? Non credo, facies enim contra rem publicam, quae debet esse carissima. Sic multa, quae honesta natura videntur esse, temporibus fiunt non honesta. Facere promissa, stare conventis, reddere deposita commutata utilitate fiunt non honesta. Ac de iis quidem, quae videntur esse utilitates contra iustitiam simulatione prudentiae, satis arbitror dictum.

(96) Sed quoniam a quattuor fontibus honestatis primo libro officia duximus, in eisdem versemur, cum docebimus, ea, quae videantur esse utilia neque sint, quam sint virtutis inimica. Ac de prudentia quidem, quam vult imitari malitia, itemque de iustitia, quae semper est utilis, disputatum est. Reliquae sunt duae partes honestatis, quarum altera in animi excellentis magnitudine et praestantia cernitur, altera in conformatione et moderatione continentiae et temperantiae.

26 (97) Utile videbatur Ulixi, ut quidem poetae tragici prodiderunt, nam apud Homerum, optimum auctorem, talis

Als er die Erfüllung dieses Wunsches aber erreicht hatte, war Theseus in tiefster Trauer. (95) Wie war es mit Agamemnon? Da er der Artemis das Schönste gelobt hatte, was in seinem Reich geboren war in jenem Jahr, opferte er Iphigeneia, das Schönste, was in diesem Jahre jedenfalls geboren war. Lieber durfte das Versprechen nicht in die Tat umgesetzt als eine so widerliche Untat begangen werden.[183] Es sind also Versprechen manchmal nicht auszuführen und hinterlegte Güter nicht immer zurückzugeben. Wenn einer bei dir in geistiger Gesundheit ein Schwert hinterlegt hat,[184] es im Wahnsinn zurückfordert, dann dürfte es ein Vergehen sein, es zurückzugeben, Pflicht, es nicht zurückzugeben. Wie? Wenn derjenige, der bei dir Geld hinterlegt hat, Krieg gegen das Vaterland beginnen sollte, gibst du dann etwa das Hinterlegte zurück? Ich denke, nein; denn dann handelst du gegen das Gemeinwesen, das das Teuerste sein muß. So wird vieles, was von Natur ehrenvoll zu sein scheint, durch Zeitumstände nicht ehrenvoll.[185] Versprechen in die Tat umzusetzen, zu Übereinkünften zu stehen, hinterlegtes Gut zurückzugeben – das werden bei Wechsel des Vorteils nicht ehrenvolle Handlungen. Über Vorteile, die es in Widerspruch zur Gerechtigkeit durch Scheinklugheit zu geben scheint, ist, wie ich meine, genügend gesprochen.
(96) Da wir aber von vier Quellen der Ehrenhaftigkeit im ersten Buch[186] die pflichtgemäßen Handlungen hergeleitet haben, wollen wir uns mit ihnen auch dann befassen, wenn wir darlegen, wie feindlich der Vollkommenheit das ist, was vorteilhaft zu sein scheint, es aber nicht ist. Über die Klugheit, die die Bosheit[187] nachahmen will, und ebenso über die Gerechtigkeit, die immer nützlich ist, wurde die Erörterung geführt. Es sind zwei Seiten der Ehrenhaftigkeit übrig, deren eine in der Größe und Überlegenheit eines erhabenen Geistes sichtbar ist, ihre andere in Selbstbeherrschung und Mäßigung dank Selbstbescheidung.
26 (97) Vorteilhaft schien es Odysseus, wie wenigstens die Tragödiendichter berichteten – denn bei Homer, dem besten Gewährsmann, gibt es keine derartige Verdächtigung in be-

de Ulixe nulla suspicio est, sed insimulant eum tragoediae simulatione insaniae militiam subterfugere voluisse. Non honestum consilium, at utile, ut aliquis fortasse dixerit, regnare et Ithacae vivere otiose cum parentibus, cum uxore, cum filio. Ullum tu decus in cotidianis laboribus et periculis cum hac tranquillitate conferendum putas? Ego vero istam contemnendam et abiciendam, quoniam quae honesta non sit ne utilem quidem esse arbitror. (98) Quid enim auditurum putas fuisse Ulixem, si in illa simulatione perseverasset? Qui cum maximas res gesserit in bello, tamen haec audiat ab Aiace:

Cuius ipse princeps iuris iurandi fuit,
Quod omnes scitis, solus neglexit fidem.
Furere adsimulare, ne coiret, institit.
Quod ni Palamedi perspicax prudentia
Istius percepset malitiosam audaciam
Fide sacratae ius perpetuo falleret.

(99) Illi vero non modo cum hostibus, verum etiam cum fluctibus, id quod fecit, dimicare melius fuit quam deserere consentientem Graeciam ad bellum barbaris inferendum. Sed omittamus et fabulas et externa; ad rem factam nostramque veniamus. M. Atilius Regulus, cum consul iterum in Africa ex insidiis captus esset duce Xanthippo Lacedaemonio, imperatore autem patre Hannibalis Hamilcare, iuratus missus est ad senatum, ut nisi redditi essent Poenis captivi nobiles quidam, rediret ipse Karthaginem. Is cum Romam venisset, utilitatis speciem videbat, sed eam, ut res

zug auf Odysseus –, aber die Tragödien beschuldigen ihn, er habe sich durch Vortäuschen von Wahnsinn dem Kriegsdienst entziehen wollen.[188] Ein nicht ehrenvoller, aber vorteilhafter Plan, wie einer vielleicht sagen könnte, König zu sein und in Ithaka in Frieden bei den Eltern zu leben, bei seiner Frau, bei seinem Sohn. Glaubst du, irgendeine Würde unter täglichen Mühsalen und Gefahren sei zu vergleichen mit dieser Ungestörtheit? Ich glaube wahrhaftig, diese sei zu verachten und abzuweisen, da ja, was nicht ehrenhaft ist, nach meinem Dafürhalten nicht einmal nützlich ist. (98) Denn was, glaubst du, hätte Odysseus zu hören bekommen, wenn er bei seiner Täuschung geblieben wäre? Wo er doch, obwohl er die bedeutendsten Leistungen im Kriege vollbracht hatte, diese Worte von Aias sich anhören muß:

> Dem Schwur, den selber er zuerst geschworen hat –
> dies wißt ihr alle –, hat nur er die Treu versagt.
> Um nicht zu kämpfen, täuscht er Wahnsinn vor sogleich.
> Hätt' nicht des Palamedes scharfsichtig-kluger Sinn
> Erkannt des Mannes Trug und freches Täuschungsspiel,
> Betröge er für immer Recht und treues Wort.[189]

(99) Für jenen war es in der Tat besser, nicht nur gegen die Feinde, sondern auch, was er ja tat, gegen die Fluten zu kämpfen, als Hellas im Stiche zu lassen, das einig war in der Absicht, den Krieg wider die Barbaren zu beginnen. Doch lassen wir Mythen und Ereignisse fremder Geschichte beiseite! Kommen wir zu den Tatsachen unserer Geschichte! Als M. Atilius Regulus,[190] zum zweiten Male Konsul, durch einen Hinterhalt gefangen genommen war unter Führung des Lakedaimoniers Xanthippos – Oberbefehlshaber aber war Hannibals Vater Hamilkar –, wurde er zum Senat geschickt unter der eidlichen Versicherung, daß er selbst, falls nicht einige vornehme, in Gefangenschaft geratene Karthager den Puniern zurückgegeben würden, nach Karthago zurückkehre. Als dieser nach Rom gekommen war, hatte er

declarat, falsam iudicavit; quae erat talis: manere in patria, esse domui suae cum uxore, cum liberis, quam calamitatem accepisset in bello communem fortunae bellicae iudicantem tenere consularis dignitatis gradum. Quis haec negat esse utilia? quem censes? Magnitudo animi et fortitudo negat. Num locupletiores quaeris auctores? 27 (100) Harum enim est virtutum proprium nihil extimescere, omnia humana despicere, nihil, quod homini accidere possit, intolerandum putare. Itaque quid fecit? In senatum venit, mandata exposuit, sententiam ne diceret, recusavit; quamdiu iure iurando hostium teneretur, non esse se senatorem. Atque illud etiam (o stultum hominem, dixerit quispiam, et repugnantem utilitati suae) reddi captivos negavit esse utile; illos enim adulescentes esse et bonos duces, se iam confectum senectute. Cuius cum valuisset auctoritas, captivi retenti sunt, ipse Karthaginem rediit, neque eum caritas patriae retinuit nec suorum. Neque vero tum ignorabat se ad crudelissimum hostem et ad exquisita supplicia proficisci, sed ius iurandum conservandum putabat. Itaque tum, inquam, cum vigilando necabatur, erat in meliore causa, quam si domi senex captivus, periurus consularis remansisset. (101) At stulte, qui non modo non censuerit captivos remittendos, verum etiam dissuaserit. Quo modo stulte? etiamne, si rei publicae conducebat? Potest autem, quod inutile rei publicae sit, id cuiquam civi utile esse?

28 Pervertunt homines ea, quae sunt fundamenta naturae, cum utilitatem ab honestate seiungunt. Omnes enim expeti-

das Bild des Vorteils vor Augen, beurteilte es aber, wie das Geschehen erhellt, als trügerisch. Es sah so aus: in der Heimat zu bleiben, zu Hause zu sein bei Frau und Kindern, das im Krieg erlittene Unglück als unvermeidlich bei der Laune des Kriegsglücks zu beurteilen und den Rang konsularischer Würde innezuhaben. Wer wollte leugnen, daß das vorteilhaft ist? Wer, meinst du? Seelengröße und Tapferkeit leugnen das. Suchst du etwa überzeugendere Ratgeber?
27 (100) Denn diesen Tugenden ist es eigen, vor nichts zurückzuschrecken, auf alle Güter der Welt herabzuschauen,[191] nichts, was einen Menschen treffen könnte, für unerträglich zu halten. Was tat er deshalb? Er trat vor den Senat, legte seine Aufträge dar, weigerte sich, seine Stimme abzugeben.[192] Solange er durch einen Eid gegenüber den Feinden verpflichtet sei, sei er nicht Senator. Und das auch leugnete er – ein Dummkopf, könnte einer sagen, einer, der sich gegen seinen eigenen Nutzen sträubt! –, daß die Rückgabe der Gefangenen vorteilhaft sei; denn jene seien jung und gute Offiziere, er schon vom Alter gebeugt. Da sein Rat sich durchsetzte, wurden die Gefangenen zurückgehalten, er selbst kehrte nach Karthago zurück, und es hielt ihn weder die Liebe zur Vaterstadt noch zu den Seinen zurück. Dabei wußte er sehr wohl, daß er aufbräche zum grausamsten Feind und zu den ausgeklügeltsten Foltern,[193] aber er glaubte, seinen Eid halten zu müssen. Deshalb war er damals, meine ich, als er durch Entzug des Schlafes zu Tode gebracht wurde,[194] in einer besseren Lage, als wenn er zu Hause geblieben wäre, ein kriegsgefangener Greis, ein meineidiger Konsular. (101) Aber dumm handelte er, da er – kein Gedanke, daß er beantragte, die Gefangenen sollten zurückgeschickt werden – sogar davon abriet. Inwiefern dumm? Auch, wenn es dem Gemeinwesen förderlich war? Kann aber das, was für das Gemeinwesen unnütz ist, für irgendeinen Bürger nützlich sein?

28 So stellen die Menschen das auf den Kopf, was die natürlichen Grundlagen sind, wenn sie Nutzen von Ehrenhaftigkeit trennen. Denn wir alle erstreben den Nutzen,

mus utilitatem ad eamque rapimur nec facere aliter ullo modo possumus. Nam quis est, qui utilia fugiat? aut quis potius, qui ea non studiosissime persequatur? Sed quia nusquam possumus nisi in laude, decore, honestate utilia reperire, propterea illa prima et summa habemus, utilitatis nomen non tam splendidum quam necessarium ducimus.
(102) Quid est igitur, dixerit quis, in iure iurando? num iratum timemus Iovem? At hoc quidem commune est omnium philosophorum, non eorum modo, qui deum nihil habere ipsum negotii dicunt, nihil exhibere alteri, sed eorum etiam, qui deum semper agere aliquid et moliri volunt, numquam nec irasci deum nec nocere. Quid autem iratus Iuppiter plus nocere potuisset, quam nocuit sibi ipse Regulus? Nulla igitur vis fuit religionis, quae tantam utilitatem perverteret. An ne turpiter faceret? Primum: minima de malis. Num igitur tantum mali turpitudo ista habebat, quantum ille cruciatus? Deinde illud etiam apud Accium:

> Fregistin fidem?
> Neque dedi neque do infideli cuiquam.

quamquam ab impio rege dicitur, luculente tamen dicitur.
(103) Addunt etiam, quemadmodum nos dicamus videri quaedam utilia, quae non sint, sic se dicere videri quaedam honesta, quae non sunt, ut hoc ipsum videtur honestum conservandi iuris iurandi causa ad cruciatum revertisse, sed fit non honestum, quia, quod per vim hostium esset actum, ratum esse non debuit. Addunt etiam, quicquid valde utile sit, id fieri honestum, etiam si antea non videretur. Haec fere contra Regulum. Sed prima videamus.

lassen uns zu ihm fortreißen und können keineswegs anders handeln. Denn wo gibt es einen, der das Nützliche meidet, oder wo vielmehr einen, der ihm nicht mit größtem Eifer nachjagt? Aber weil wir nirgends das Nützliche finden können außer bei Ruhm, Schicklichkeit und Ehrenhaftigkeit, deshalb halten wir jenes für das Erste und Höchste, den Begriff des Nutzens sehen wir nicht so sehr als glänzend denn vielmehr als notwendig an.

(102) Was liegt also, könnte einer sagen, an einem Eid? Fürchten wir etwa den Zorn des Zeus?[195] Aber das wenigstens ist die allgemeine Ansicht aller Philosophen, nicht nur derer, die sagen, Gott kenne selbst keine Mühe,[196] er mache keine einem andern, sondern auch derer, die wollen, Gott sei immer irgendwie tätig[197] und angestrengt, es zürne und schade Gott nie.[198] Was aber hätte der erzürnte Zeus mehr schaden können, als Regulus sich selbst geschadet hat? Es war also keineswegs der Einfluß der Gottesfurcht, die einen so großen Vorteil durchkreuzt hätte. Oder war es die Angst, schändlich zu handeln? Zunächst gilt der Satz: »Das geringste von den Übeln.«[199] Hatte also etwa soviel Übel diese Schande wie jene Folter an sich? Sodann steht jener Gedanke auch bei Accius:

> Das Treuwort brachst du nicht?
> Nicht gab ich's und nicht geb ich's dem, der treulos ist.[200]

Wenngleich das von einem gottlosen Regenten gesagt wird, so wird es doch treffend gesagt. (103) Sie fügen noch hinzu, wie wir sagen, es sei manches nützlich, was es doch nicht ist; so sagten sie, es scheine manches ehrenvoll, was es nicht ist. So scheint ebendies ehrenvoll, um der Einhaltung des Eides willen zur Folter zurückgekehrt zu sein, aber es ist keine ehrenvolle Handlung, weil nicht hätte gültig sein dürfen, was durch Gewaltanwendung der Feinde betrieben worden ist. Weiter fügen sie hinzu, all das sei ›ehrenvoll handeln‹, was sehr nützlich sei, wenngleich es vorher nicht so schien. So weit etwa gegen Regulus. Doch sehen wir uns die ersten Punkte an.

29 (104) Non fuit Iuppiter metuendus ne iratus noceret, qui neque irasci solet nec nocere. Haec quidem ratio non magis contra Reguli, quam contra omne ius iurandum valet. Sed in iure iurando non qui metus, sed quae vis sit, debet intellegi. Est enim ius iurandum affirmatio religiosa; quod autem affirmate et quasi deo teste promiseris, id tenendum est. Iam enim non ad iram deorum, quae nulla est, sed ad iustitiam et ad fidem pertinet. Nam praeclare Ennius:

O Fides alma apta pinnis et ius iurandum Iovis.

Qui ius igitur iurandum violat, is fidem violat, quam in Capitolio vicinam Iovis optimi maximi, ut in Catonis oratione est, maiores nostri esse voluerunt. (105) At enim ne iratus quidem Iuppiter plus Regulo nocuisset, quam sibi nocuit ipse Regulus. Certe, si nihil malum esset nisi dolere. Id autem non modo non summum malum, sed ne malum quidem esse maxima auctoritate philosophi affirmant. Quorum quidem testem non mediocrem, sed haud scio an gravissimum Regulum nolite quaeso vituperare. Quem enim locupletiorem quaerimus quam principem populi Romani, qui retinendi officii causa cruciatum subierit voluntarium?
Nam quod aiunt minima de malis, id est, ut turpiter potius quam calamitose; an est ullum maius malum turpitudine? Quae si in deformitate corporis habeat aliquid offensionis, quanta illa depravatio et foeditas turpificati animi debet videri? (106) Itaque nervosius qui ista disserunt, solum audent malum dicere id, quod turpe sit, qui autem remis-

29 (104) »Man hatte von Zeus nicht zu fürchten, er schade im Zorn, er, der weder zu zürnen noch zu schaden pflegt« – dieses Argument freilich gilt ebenso gegen den Eid im allgemeinen wie gegen den des Regulus.

Aber bei einem Eid muß eingesehen werden nicht, welche Befürchtung, sondern welche Bedeutung vorliegt. Es ist ja ein Eid eine Zusicherung unter Berufung auf Gott.[201] Was du aber als Zusicherung und gleichsam vor Gott als Zeugen versprochen hast, daran ist festzuhalten. Es geht ja nicht mehr den Zorn der Götter an, den es gar nicht gibt, sondern die Gerechtigkeit und Treue.[202] Denn zutreffend sagt Ennius:

> Segnende, flügeltragende Treue und Eid beim Rechtsschützer Zeus.[203]

Wer also einen Eid verletzt, der verletzt die Treue, die auf dem Kapitol[204] »nahe dem Jupiter Optimus Maximus«, wie in einer Rede Catos steht, nach dem Willen unserer Vorfahren sein sollte. (105) Aber freilich hätte nicht einmal im Zorn Jupiter dem Regulus mehr schaden können, als Regulus sich selbst schadete. Sicherlich, wenn es außer Schmerz zu leiden kein Übel gäbe. Das aber, so versichern die Philosophen von größtem Ansehen,[205] ist überhaupt kein Übel, geschweige, daß es das größte wäre. Als einen für sie nicht gewöhnlichen, sondern überaus bedeutenden Zeugen tadelt, bitte ich, Regulus nicht. Denn wo machen wir einen glaubwürdigeren Zeugen aus als den ersten Mann des römischen Volkes, der, um an seiner Verpflichtung festzuhalten, freiwillig die Folter auf sich nahm?

Denn wenn sie sagen »das geringste von den Übeln«[206], so bedeutet das: »lieber schändlich als unglücklich«. Oder gibt es irgendein größeres Unglück als die Schändlichkeit? Wenn diese aber bei körperlicher Mißgestalt einigen Anstoß erregt, wie widerwärtig muß dann erst die Verunstaltung und Häßlichkeit einer in Schande gestürzten Seele erscheinen? (106) Deshalb wagen die, die diese Frage rigoroser erörtern, als alleiniges Übel das zu bezeichnen, was

sius, ii tamen non dubitant summum malum dicere. Nam illud quidem

Neque dedi neque do infideli cuiquam

idcirco recte a poeta, quia, cum tractaretur Atreus, personae serviendum fuit. Sed si hoc sibi sument, nullam esse fidem, quae infideli data sit, videant, ne quaeratur latebra periurio.
(107) Est autem ius etiam bellicum fidesque iuris iurandi saepe cum hoste servanda. Quod enim ita iuratum est, ut mens conciperet fieri oportere, id servandum est; quod aliter, id si non fecerit, nullum est periurium. Ut, si praedonibus pactum pro capite pretium non attuleris, nulla fraus est, ne si iuratus quidem id non feceris. Nam pirata non est ex perduellium numero definitus, sed communis hostis omnium; cum hoc nec fides debet nec ius iurandum esse commune. (108) Non enim falsum iurare periurare est, sed quod EX ANIMI TUI SENTENTIA iuraris, sicut verbis concipitur more nostro, id non facere periurium est. Scite enim Euripides:

Iuravi lingua, mentem iniuratam gero.

Regulus vero non debuit condiciones pactionesque bellicas et hostiles perturbare periurio. Cum iusto enim et legitimo hoste res gerebatur, adversus quem et totum ius fetiale et multa sunt iura communia. Quod ni ita esset, numquam claros viros senatus vinctos hostibus dedidisset.

schändlich ist, die aber, die das verständigungsbereiter tun, nennen es doch ohne Bedenken das größte Übel.[207] Denn jenes Wort

Weder gab noch geb ich's einem Treulosen[208]

ist darum richtig vom Dichter gesagt, weil, als Atreus[209] behandelt wurde, auf seine Rolle Rücksicht zu nehmen war.[210] Aber wenn sie sich das herausnehmen, daß ein Treuwort nicht sei, das einem Treulosen gegeben wurde, so sollen sie zusehen, ob sie nicht eine Ausflucht für Meineid suchen.

(107) Es gibt aber auch ein Kriegsrecht,[211] und die Treue des Eides ist oft gegenüber einem Feind zu bewahren. Was nämlich so beschworen worden ist, daß der Geist auffaßte, es geschehe ordnungsgemäß, das ist zu wahren;[212] was anders, das ist, wenn er es nicht verwirklicht, kein Meineid. So liegt, wenn du ein mit Räubern abgemachtes Kopfgeld nicht beibringst, kein Betrug vor, nicht einmal dann, wenn du trotz einem Eid so verfährst. Denn ein Seeräuber ist nicht einbegriffen in die Zahl der Kriegsgegner, sondern der gemeinsame Feind aller. Mit ihm darf kein Treueverhältnis und kein Eid gemeinsam sein. (108) Denn falsch schwören[213] bedeutet nicht einen Meineid leisten, sondern, was du nach bestem Wissen und Gewissen beschworen hast, das nicht so zu verwirklichen, wie es in Worte gefaßt ist, nach unserem gewöhnlichen Verständnis, bedeutet Meineid. Klug sagt nämlich Euripides:

Es schwor der Mund, im Geiste trag ich nicht den Eid.[214]

Regulus durfte nicht vertragliche Bedingungen mit den Feinden in bezug auf Krieg entgegen Eides Wort entwerten. Denn mit einem rechtsgültigen und gesetzmäßigen Feind wurde die Entscheidung ausgetragen, demgegenüber das gesamte Fetialrecht[215] und viele Rechte gemeinsam sind. Wenn dem nicht so wäre, hätte niemals der Senat berühmte Männer in Fesseln den Feinden ausgeliefert.

30 (109) At vero T. Veturius et Sp. Postumius, cum iterum consules essent, quia, cum male pugnatum apud Caudium esset, legionibus nostris sub iugum missis pacem cum Samnitibus fecerant, dediti sunt iis, iniussu enim populi senatusque fecerant. Eodemque tempore Ti. Numicius, Q. Maelius, qui tum tribuni pl. erant, quod eorum auctoritate pax erat facta, dediti sunt, ut pax Samnitium repudiaretur. Atque huius deditionis ipse Postumius, qui dedebatur, suasor et auctor fuit. Quod idem multis annis post C. Mancinus, qui, ut Numantinis, quibuscum sine senatus auctoritate foedus fecerat, dederetur, rogationem suasit eam, quam L. Furius, Sex. Atilius ex senatus consulto ferebant; qua accepta est hostibus deditus. Honestius hic quam Q. Pompeius, quo, cum in eadem causa esset, deprecante accepta lex non est. Hic ea, quae videbatur utilitas, plus valuit quam honestas, apud superiores utilitatis species falsa ab honestatis auctoritate superata est. (110) At non debuit ratum esse, quod erat actum per vim. Quasi vero forti viro vis possit adhiberi. Cur igitur ad senatum proficiscebatur, cum praesertim de captivis dissuasurus esset? Quod maximum in eo est, id reprehenditis. Non enim suo iudicio stetit, sed suscepit causam, ut esset iudicium senatus; cui nisi ipse auctor fuisset, captivi profecto Poenis redditi essent. Ita incolumis in pa-

30 (109) Nun wurden aber Titus Veturius und Sp. Postumius, als sie zum zweiten Male Konsuln gewesen waren, den Samniten ausgeliefert, weil sie, als unglücklich bei Caudium[216] gekämpft worden war, mit ihnen – die Legionen waren unters Joch geschickt worden – einen Frieden geschlossen hatten; hatten sie ihn doch ohne Befehl von Volk und Senat geschlossen. Und zu derselben Zeit wurden Ti. Numicius und Q. Maelius,[217] die damals Volkstribunen waren, ausgeliefert, weil aufgrund ihrer maßgeblichen Entscheidung Friede geschlossen worden war, damit der Friede mit den Samniten zurückgewiesen würde. Dabei war für diese Auslieferung Postumius selbst, der ausgeliefert wurde, maßgeblicher Ratgeber. Dasselbe Schicksal nahm viele Jahre später C. Mancinus[218] auf sich: dieser befürwortete den Antrag des Inhalts, er solle den Numantinern, mit denen er ohne Entscheidung seitens des Senates einen Vertrag geschlossen hatte, ausgeliefert werden, einen Antrag, den aufgrund eines Senatsbeschlusses L. Furius[219] und Sex. Atilius einbrachten. Nach dessen Annahme wurde er den Feinden ausgeliefert. Ehrenhafter handelte dieser als Q. Pompeius[220], auf dessen Fürbitten hin, als er in derselben Lage war, der Gesetzesantrag nicht angenommen wurde. In diesem Falle galt das, was als Nützlichkeit erschien, mehr als Ehrenhaftigkeit; bei den Vorfahren mußte sich das Trugbild der Nützlichkeit durch die maßgebliche Entscheidung der Ehrenhaftigkeit geschlagen geben. (110) Aber es hätte nicht gültig sein dürfen, was durch Zwang ausgeführt worden war. Gerade so, als ob einem unbezwinglichen Manne Zwang angetan werden könnte![221] Warum also machte er sich auf den Weg zum Senat, wo er doch nur bezüglich der Gefangenen abraten wollte? – Was der großartigste Zug an ihm ist, das reißt ihr herunter. Er blieb nicht stehen bei seinem persönlichen Urteil, sondern er nahm die Sache auf sich, damit ein Urteil des Senates vorlag. Wenn er ihm nicht maßgeblicher Berater gewesen wäre, dann – in der Tat! – wären die Gefangenen den Puniern zurückgegeben worden. So wäre Regulus unbehel-

tria Regulus restitisset. Quod quia patriae non utile putavit, idcirco sibi honestum et sentire illa et pati credidit. Nam quod aiunt, quod valde utile sit, id fieri honestum, ⟨rectius dicendum est valde utile fieri, quod sit honestum⟩, immo vero esse, non fieri. Est enim nihil utile, quod idem non honestum, nec, quia utile, honestum, sed, quia honestum, utile. Quare ex multis mirabilibus exemplis haud facile quis dixerit hoc exemplo aut laudabilius aut praestantius.

31 (111) Sed ex tota hac laude Reguli unum illud est admiratione dignum, quod captivos retinendos censuit. Nam quod rediit, nobis nunc mirabile videtur, illis quidem temporibus aliter facere non potuit. Itaque ista laus non est hominis, sed temporum. Nullum enim vinculum ad astringendam fidem iure iurando maiores artius esse voluerunt. Indicant leges in duodecim tabulis, indicant sacratae, indicant foedera, quibus etiam cum hoste devincitur fides, indicant notiones animadversionesque censorum, qui nulla de re diligentius quam de iure iurando iudicabant. (112) L. Manlio A. f., cum dictator fuisset, M. Pomponius tr. pl. diem dixit, quod is paucos sibi dies ad dictaturam gerendam addidisset; criminabatur etiam, quod Titum filium, qui postea est Torquatus appellatus, ab hominibus relegasset et ruri habitare iussisset. Quod cum audivisset adulescens filius negotium exhiberi patri, accurrisse Romam et cum primo luci Pomponii domum venisse dicitur. Cui cum esset nuntiatum, qui illum iratum allaturum ad se aliquid contra

ligt in der Vaterstadt zurückgeblieben. Da er dies für das Vaterland nicht für nützlich hielt, darum meinte er, es sei für ihn ehrenvoll, jenes Urteil zu befürworten und seine Folgen zu ertragen. Denn wenn sie sagen, es werde das, was sehr nützlich sei, ehrenvoll, so ist richtiger zu erklären, es werde sehr nützlich, was ehrenvoll sei, ja sogar, es sei und werde nicht erst so. Denn es ist nichts nützlich, was nicht zugleich ehrenvoll ist; und nicht, weil es nützlich ist, ist es ehrenhaft, sondern weil es ehrenhaft ist, ist es nützlich. Deshalb könnte wohl keiner von vielen bewunderungswürdigen Beispielen ein rühmlicheres und hervorstechenderes nennen als dieses.

31 (111) Aber aus diesem ganzen rühmlichen Verhalten des Regulus ist nur die eine Tat bewunderungswürdig, daß er für die Zurückhaltung der Gefangenen eintrat. Denn daß er zurückkehrte, scheint uns heute bewundernswert, zu jenen Zeiten freilich hätte er nicht anders handeln können. Deshalb ist dies nicht die rühmliche Tat eines Mannes, sondern der Zeit.[222] Denn nach dem Willen der Vorfahren war keine Fessel zur Bindung des Treuwortes enger als ein Eid. Das zeigen die Bestimmungen des Zwölftafelgesetzes[223] an, das die geheiligten Gesetze, das die Verträge, durch die auch dem Feind gegenüber das Treuwort gebunden wird, das die Zurechtweisungen und Bestrafungen der Zensoren, die über keine Frage unnachsichtiger als über einen Eid urteilten. (112) Der Volkstribun M. Pomponius stellte L. Manlius, den Sohn des Aulus, als dieser Diktator gewesen war, unter Anklage, weil dieser zu seinem Vorteil wenige Tage der Diktatur hinzugefügt habe.[224] Er beschuldigte ihn auch, daß er seinen Sohn Titus, der später Torquatus genannt wurde, aus dem Kreis seiner Mitmenschen verwiesen und ihm auf dem Lande zu wohnen befohlen hatte. Als dies sein in noch jugendlichem Alter stehender Sohn gehört hatte, daß seinem Vater Unannehmlichkeiten bereitet würden, soll er nach Rom geeilt und bei Tagesanbruch das Haus des Pomponius aufgesucht haben. Als diesem das gemeldet worden war, erhob er sich vom Lager

patrem arbitraretur, surrexit e lectulo remotisque arbitris ad se adulescentem iussit venire. At ille, ut ingressus est, confestim gladium destrinxit iuravitque se illum statim interfecturum, nisi ius iurandum sibi dedisset se patrem missum esse facturum. Iuravit hoc terrore coactus Pomponius; rem ad populum detulit, docuit, cur sibi causa desistere necesse esset, Manlium missum fecit. Tantum temporibus illis ius iurandum valebat. [Atque hic T. Manlius is est, qui ad Anienem Galli, quem ab eo provocatus occiderat, torque detracto cognomen invenit, cuius tertio consulatu Latini ad Veserim fusi et fugati, magnus vir in primis et qui perindulgens in patrem, idem acerbe severus in filium.]

32 (113) Sed, ut laudandus Regulus in conservando iure iurando, sic decem illi, quos post Cannensem pugnam iuratos ad senatum misit Hannibal, se in castra rediturós ea, quorum erant potiti Poeni, nisi de redimendis captivis impetravissent, si non redierunt, vituperandi. De quibus non omnes uno modo. Nam Polybius, bonus auctor inprimis, ex decem nobilissimis, qui tum erant missi, novem revertisse dicit re a senatu non impetrata; unum ex decem, qui paulo post quam erat egressus e castris redisset, quasi aliquid esset oblitus, Romae remansisse. Reditu enim in castra liberatum se esse iure iurando interpretabatur, non recte. Fraus enim distringit, non dissolvit ius iurandum. Fuit igitur stulta calliditas, perverse imitata prudentiam. Itaque decrevit senatus, ut ille veterator et callidus vinctus ad Hannibalem duceretur. (114) Sed illud maximum. Octo hominum milia tenebat

– denn er glaubte, jener bringe aus Zorn etwas gegen seinen Vater vor –, schickte alle Augenzeugen weg und ließ den jungen Mann zu sich kommen. Aber sowie jener eingetreten war, zog er sogleich einen Dolch und schwur, ihn auf der Stelle umzubringen, wenn er ihm nicht die eidliche Zusicherung gebe, seinen Vater unbehelligt zu lassen. Im Schrecken darüber leistete Pomponius einen Eid. Den Vorfall berichtete er vor dem Volk, legte dar, warum es für ihn wichtig sei, den Prozeß aus der Hand zu geben, und ließ Manlius unbehelligt. So viel bedeutete zu jener Zeit ein Eid. [Und dieser Manlius ist derjenige, der am Anio einem Gallier, den er, von ihm herausgefordert, niedergemacht hatte, seine Kette wegnahm und daher seinen Beinamen bekam und unter dessen drittem Konsulat die Latiner am Veseri verjagt und vertrieben worden sind, ein sehr bedeutender Mann, überaus nachsichtig gegen seinen Vater und dabei unerbittlich streng gegen seinen Sohn.]

32 (113) Aber wie Regulus zu loben ist darin, daß er seinen Eid hielt, so wären, wenn sie nicht zurückkehrten, jene zehn Männer zu tadeln, die Hannibal nach der Schlacht bei Cannae an den Senat geschickt hatte unter dem Eid, in das Lager zurückzukehren, das die Punier erobert hatten.[225] Über sie urteilen nicht alle in derselben Weise. Denn Polybios, ein besonders zuverlässiger Gewährsmann, berichtet, es seien von zehn sehr vornehmen Leuten, die damals geschickt worden waren, neun zurückgekehrt, nachdem sie vom Senat nichts erreicht hätten. Einer von den zehn Leuten, der bald, nachdem er das Lager verlassen habe, zurückgekehrt sei unter dem Vorwand, er habe etwas vergessen, sei in Rom geblieben. Durch Rückkehr ins Lager nämlich sei er von der Eidespflicht befreit – so deutete er es, freilich zu Unrecht. Betrug nämlich streift Eidesbande ab, löst sie aber nicht ab. Es war also eine törichte Durchtriebenheit, die in verkehrter Weise Klugheit nachahmte. Deshalb entschied der Senat, daß jener gerissene und durchtriebene Kerl in Fesseln zu Hannibal gebracht würde. (114) Aber jenes Verhalten ist doch am eindrucksvollsten. Achttausend

Hannibal, non quos in acie cepisset, aut qui periculo mortis diffugissent, sed qui relicti in castris fuissent a Paulo et a Varrone consulibus. Eos senatus non censuit redimendos, cum id parva pecunia fieri posset, ut esset insitum militibus nostris aut vincere aut emori. Qua quidem re audita fractum animum Hannibalis scribit idem, quod senatus populusque Romanus rebus afflictis tam excelso animo fuisset. Sic honestatis comparatione ea, quae videntur utilia, vincuntur. (115) [Acilius autem, qui Graece scripsit historiam, plures ait fuisse, qui in castra revertissent eadem fraude, ut iure iurando liberarentur eosque a censoribus omnibus ignominiis notatos.] Sit iam huius loci finis. Perspicuum est enim ea, quae timido animo, humili, demisso fractoque fiant, quale fuisset Reguli factum, si aut de captivis quod ipsi opus esse videretur, non quod rei publicae, censuisset aut domi remanere voluisset, non esse utilia, quia sint flagitiosa, foeda, turpia.

33 (116) Restat quarta pars, quae decore, moderatione, modestia, continentia, temperantia continetur. Potest igitur quicquam utile esse, quod sit huic talium virtutum choro contrarium? Atqui ab Aristippo Cyrenaici atque Annicerii philosophi nominati omne bonum in voluptate posuerunt virtutemque censuerunt ob eam rem esse c⟨on⟩laudandam, quod efficiens esset voluptatis; quibus obsoletis floret Epicurus, eiusdem fere adiutor auctorque sententiae. Cum his

Mann hatte Hannibal in seiner Gewalt, nicht Leute, die er in offener Feldschlacht gefangengenommen hatte oder die in Todesangst auseinandergeflohen waren, sondern die, von den Konsuln Paulus[226] und Varro zurückgelassen, im Lager geblieben waren. Der Senat stimmte dafür, diese nicht freizukaufen, obwohl dies um geringes Geld möglich gewesen wäre,[227] damit unseren Soldaten als Grundsatz eingeprägt sei, entweder zu siegen oder zu sterben. Hannibals Mut war, als er davon hörte, so berichtet derselbe Historiker, gebrochen, weil der Senat und das römische Volk in so hoffnungsloser Lage von so erhabener Gesinnung waren. So unterliegt bei einem Vergleich mit der Ehrenhaftigkeit das, was nützlich scheint. (115) [Acilius,[228] der auf Griechisch eine Geschichte geschrieben hat, sagte, es seien mehr Leute gewesen, die in derselben betrügerischen Absicht in das Lager zurückgekehrt seien, um von dem Eid befreit zu werden, und diese seien von den Zensoren mit allen erdenklichen Entehrungen gebrandmarkt worden.] Es sei nunmehr diesem Thema ein Ende gesetzt.[229] Es ist ja offenkundig, daß Handlungen, die in ängstlicher, niedriger, mutloser und gebrochener Haltung ausgeführt werden, wie es die Tat des Regulus gewesen wäre, wenn er entweder über die Gefangenen, was für *ihn selbst*, nicht für die *Vaterstadt* zweckmäßig schien, befürwortet oder in der Heimat hätte bleiben wollen, nicht nützlich sind, weil sie schändlich, schimpflich und abstoßend sind.

33 (116) Es bleibt der vierte Teil übrig, der in Schicklichkeit, Mäßigung, Maß, Beherrschtheit und Abgeklärtheit beruht. Kann also etwas nützlich sein, was diesem Chor solcher Tugenden[230] entgegengesetzt ist? Nun verlegten aber die nach Aristippos als kyrenäische oder annikerische[231] bezeichneten Philosophen alles Gut in das Vergnügen und meinten, die Tugend verdiene deshalb einhelliges Lob, weil sie das Vergnügen bewirke. Nachdem diese aus der Mode gekommen sind, steht Epikur[232] hoch im Kurs, Förderer und Vertreter so ziemlich derselben Meinung. Gegen diese gilt es, wie man sagt, »mit Roß und Reiter sich zu schlagen«[233],

viris equisque, ut dicitur, si honestatem tueri ac retinere sententia est, decertandum est.

(117) Nam si non modo utilitas, sed vita omnis beata corporis firma constitutione eiusque constitutionis spe explorata, ut a Metrodoro scriptum est, continetur, certe haec utilitas et quidem summa – sic enim censent – cum honestate pugnabit. Nam ubi primum prudentiae locus dabitur? an ut conquirat undique suavitates? Quam miser virtutis famulatus servientis voluptati. Quod autem munus prudentiae? an legere intellegenter voluptates? Fac nihil isto esse iucundius, quid cogitari potest turpius? Iam, qui dolorem summum malum dicat, apud eum quem habet locum fortitudo, quae est dolorum laborumque contemptio? Quamvis enim multis locis dicat Epicurus, sicuti dicit, satis fortiter de dolore, tamen non id spectandum est, quid dicat, sed quid consentaneum sit ei dicere, qui bona voluptate terminaverit, mala dolore. Et si illum audiam de continentia et temperantia: dicit ille quidem multa multis locis, sed aqua haeret, ut aiunt. Nam qui potest temperantiam laudare is, qui ponat summum bonum in voluptate? Est enim temperantia libidinum inimica, libidines autem consectatrices voluptatis.

(118) Atque in his tamen tribus generibus quoquo modo possunt, non incallide tergiversantur. Prudentiam introducunt scientiam suppeditantem voluptates, depellentem dolores. Fortitudinem quoque aliquo modo expediunt, cum tradunt rationem neglegendae mortis, perpetiendi doloris. Etiam temperantiam inducunt non facillime illi quidem, sed tamen quoquo modo possunt. Dicunt enim voluptatis ma-

wenn Grundsatz ist, Ehrenhaftigkeit zu retten und zu erhalten.

(117) Denn wenn nicht nur der Nutzen, sondern das ganze glückliche Leben in kräftiger körperlicher Verfassung und in der gesicherten Hoffnung auf diese Verfassung beruht, wie Metrodor[234] schreibt, wird gewiß dieser Nutzen, und zwar der höchste – so nämlich meinen sie – mit der Ehrenhaftigkeit streiten. Denn wo wird zunächst der Klugheit ihr Posten zugewiesen? Soll sie etwa überall Annehmlichkeit suchen? Welch jämmerliche Knechtschaft einer dem Vergnügen hörigen Tugend. Weiter: was ist der Klugheit Geschäft? Etwa mit Spürsinn die Vergnügungen aufzusuchen? Gesetzt, nichts sei erfreulicher als dies – was läßt sich Schändlicheres ausdenken? Ferner: wer den Schmerz als größtes Übel bezeichnet, welche Stelle nimmt bei dem die Tapferkeit ein, die die Verachtung von Schmerzen und Mühsalen ist? Mag nämlich Epikur auch an vielen Stellen, wie er es ja tut, recht tapfer über den Schmerz reden, so darf man doch nicht darauf sehen, was er redet, sondern was er konsequenterweise reden sollte, da er doch die Lebensgüter nach dem Vergnügen abgesteckt hat, die Übel nach dem Schmerz. Und wenn ich jenen über die Selbstbeherrschung und Ausgeglichenheit höre, dann spricht er zwar viel an vielen Stellen, aber da steht ihm, wie man sagt, das Wasser bis zum Halse. Denn wie kann Ausgeglichenheit einer loben, der das höchste Gut in das Vergnügen verlegt? Es ist ja Ausgeglichenheit die Feindin der Begierden, Begierden aber sind Buhlinnen des Vergnügens.

(118) Und doch, bei diesen übrigen drei Gebieten,[235] da drehen und wenden sie sich, so gut sie nur können – nicht ohne Gerissenheit. Die Klugheit führen sie ein als Wissen, das Vergnügen vor die Füße legt, Schmerzen verjagt. Auch die Tapferkeit setzen sie irgendwie in Bereitschaft, wenn sie sie wiedergeben als rechte Haltung zur Geringachtung des Todes, zum Erdulden des Schmerzes. Auch die Ausgeglichenheit führen jene zwar ohne besondere Schwierigkeit vor, aber eben doch nur, so gut sie können. Sie reden näm-

gnitudinem doloris detractione finiri. Iustitia vacillat vel iacet potius omnesque eae virtutes, quae in communitate cernuntur et in societate generis humani. Neque enim bonitas nec liberalitas nec comitas esse potest, non plus quam amicitia, si haec non per se expetantur, sed ad voluptatem utilitatemve referantur. Conferamus igitur in pauca.

(119) Nam ut utilitatem nullam esse docuimus, quae honestati esset contraria, sic omnem voluptatem dicimus honestati esse contrariam. Quo magis reprehendendos Calliphontem et Dinomachum iudico, qui se dirempturos controversiam putaverunt, si cum honestate voluptatem tamquam cum homine pecudem copulavissent. Non recipit istam coniunctionem honestas, aspernatur, repellit. Nec vero finis bonorum et malorum, qui simplex esse debet, ex dissimillimis rebus misceri et temperari potest. Sed de hoc – magna enim res est – alio loco pluribus; nunc ad propositum. (120) Quemadmodum igitur, si quando ea, quae videtur utilitas, honestati repugnat, diiudicanda res sit, satis est supra disputatum. Sin autem speciem utilitatis etiam voluptas habere dicetur, nulla potest esse ei cum honestate coniunctio. Nam, ut tribuamus aliquid voluptati, condimenti fortasse non nihil, utilitatis certe nihil habebit.

(121) Habes a patre munus, Marce fili, mea quidem sententia magnum, sed perinde erit, ut acceperis. Quamquam hi tibi tres libri inter Cratippi commentarios tamquam hospites erunt recipiendi, sed, ut, si ipse venissem Athenas, quod

lich davon, daß die Größe des Vergnügens bestimmt werde durch die Fernhaltung des Schmerzes. Die Gerechtigkeit[236] hat keinen Halt oder vielmehr – sie findet keinen Boden und all die Tugenden, die in der Gesellschaft und Gemeinschaft der Menschheit sichtbar sind. Denn es können nicht Gutherzigkeit, Freigebigkeit und Herzlichkeit bestehen, ebensowenig wie Freundschaft, wenn diese Werte nicht um ihrer selbst willen erstrebt, sondern auf Vergnügen oder Nützlichkeit bezogen werden.

Wir wollen also in wenigen Punkten zusammenfassen.

(119) Denn wie wir bewiesen, es gebe keinen Nutzen, der der Ehrenhaftigkeit entgegengesetzt sei, so behaupten wir, es sei alles Vergnügen der Ehrenhaftigkeit entgegengesetzt.[237] Um so mehr sind nach meinem Urteil Kalliphon und Deinomachos[238] zurückzuweisen, die glaubten, den Streit aus der Welt zu schaffen, wenn sie mit der Ehrenhaftigkeit das Vergnügen wie mit einem Menschen ein Tier paarten. Diese Verbindung nimmt die Ehrenhaftigkeit nicht hin, sie verschmäht und verabscheut sie. Das höchste Gut und Übel, das einfach sein muß, kann nicht durch Mischung und Ausgleich der verschiedensten Gegenstände erzielt werden. Doch darüber – denn es handelt sich um eine schwierige Frage – an anderer Stelle ausführlicher.[239] Kehren wir nun zum Thema zurück! (120) Auf welche Weise also, wenn einmal der scheinbare Nutzen zur Ehrenhaftigkeit in Widerspruch steht, der Streit zu entscheiden ist, das ist oben eingehend genug erörtert worden. Wenn aber behauptet wird, das Vergnügen habe auch den Anschein des Nutzens, dann kann er keinerlei Verbindung mit der Ehrenhaftigkeit haben. Denn angenommen, daß wir einiges dem Vergnügen zuerkennen, so wird es vielleicht einige Würze, Nutzen sicherlich nicht haben.

(121) Da hast du, mein Sohn Marcus,[240] von deinem Vater ein nach meiner Meinung großes Geschenk, aber es wird gerade so sein, wie du es aufnimmst. Indessen wirst du diese drei Bücher gleichsam als Gäste unter den Kollegheften des Kratippos aufnehmen müssen. Aber wie du, wenn ich selbst

quidem esset factum, nisi me e medio cursu clara voce patria revocasset, aliquando me quoque audires, sic, quoniam his voluminibus ad te profecta vox est mea, tribues iis temporis, quantum poteris, poteris autem quantum voles. Cum vero intellexero te hoc scientiae genere gaudere, tum et praesens tecum propediem, ut spero, et dum aberis, absens loquar. Vale igitur, mi Cicero, tibique persuade esse te quidem mihi carissimum, sed multo fore cariorem, si talibus monumentis praeceptisque laetabere.

nach Athen gekommen wäre – was ja geschehen wäre, wenn mich nicht mitten auf der Fahrt mit unüberhörbarer Stimme die Vaterstadt zurückgerufen hätte –, endlich einmal auch mich gehört hättest, so wirst du, da durch diese Schriften mein Wort dich erreicht hat, ihnen soviel Zeit zuwenden, wie du kannst; du kannst aber, soviel du willst. Wenn ich gar bemerkte, daß du Freude über derartigen Wissensstoff empfindest, dann werde ich in Bälde, wie ich hoffe, mit dir in deiner Anwesenheit, und wenn du fern bist, in deiner Abwesenheit sprechen. So leb denn wohl, mein Cicero, und sei überzeugt, daß du mir sehr lieb bist, daß du mir aber viel lieber sein wirst, wenn du über solche Ermahnungen und Unterweisungen Freude zeigst.

# Zum Text

Der Übersetzung wurde der Text von C. Atzert, Teubner-Verlag, Leipzig 1958, zugrunde gelegt. Herangezogen wurden auch die Ausgaben desselben Herausgebers von 1932 und 1971. Einige ausgezeichnete Textverbesserungen von K. Büchner in seiner zweisprachigen Ausgabe von 1964 bei Artemis, Zürich und Stuttgart, wurden mit Gewinn berücksichtigt. Die Arbeiten von Brüser, Der Textzustand von Ciceros De officiis, Diss. Köln 1949, und P. Fedeli, Sul De officiis, Questioni di critica testuale, Ciceroniana III–VI (1961–64), 33–154, wurden ebenfalls berücksichtigt.

# Anmerkungen

*Erstes Buch*

1 *Marce fili* ist gegenüber der Anrede mein Cicero *(mi Cicero)* eine mehr distanzierte Prosphonesis (vgl. 3,131); vgl. dazu Att.16,11,4: Ich widme (προσφονῶ) die Schrift meinem Sohn Cicero (gemeint ist »De officiis«). Vgl. Att.15,13,6; Pohlenz zu Tusc., Text u. Komm., Stuttgart 1957, 23.

2 Cicero schickte seinen Sohn im April 45 (dazu Att.15,15) nach Athen.

3 Kratippos aus Pergamon, ein Peripatetiker, der etwa seit 46 die Schule leitete, war Cicero seit jungen Jahren bekannt (dazu Cic.Tim.1). Cicero schätzte den Philosophen außerordentlich. So schreibt er fam.16,21: Wisse, daß ich mich mit Kratippos wie ein Sohn, nicht wie ein Schüler verbunden fühle; ... ich lade ihn ein ..., recht häufig mein Gast zu sein. In div.1,5; 2,70 f. zitiert er ihn; vgl. Plut.Cic.24; Brut.24; Cic.fam.12,16; 16,14.

4 Die Philosophie ist für Cicero ein persönliches Anliegen; vgl. dazu die ganze Einleitung von Pohlenz zu Cic. Tusc. I u. II; Graff, Ciceros Selbstauffassung, 46–54. Schon in jungen Jahren hat er sich für Philosophie begeistert (fam.15, 4,16): Sie (die Philosophie) ..., die mich mit Dir (Cato) verbindet, die Gemeinsamkeit unserer philosophischen Interessen, denen, von früher Jugend an ergeben und verbunden, wir beide nahezu als einzige alte, echte Philosophie ... auf das Forum, in die Politik und beinahe in die Kriegsführung verpflanzt haben, tritt bei Dir für meinen Ruhm ein (Übersetzung Kasten). Allgemein zu diesem Thema ertragreich Büchner, Cicero, 17–46; RE, Tullius, 1104 ff. und bes. 1177.
Auf sein Philosophieren kommt er besonders in den Prooemien der philosophischen Werke zu sprechen, und zwar rechtfertigend (vgl. zu diesem Thema Ruch, Le Préambule dans les oeuvres philosophiques de Cicéron, Paris 1958, bes. 430; Kretschmar, Otium, studia litterarum, Philosophie und Βίος θεωρητικός im Leben Ciceros, Diss. Leipzig 1938; RE 1183,43 bis 1184,31; auch 1179 f.; Fuchs, MH 15). Wenn Cicero hier seinen Sohn eindringlich ermahnt, sich geistigen Studien zuzuwenden, so tut er, was der Vater an ihm tat – freilich mit größerem Erfolg. Über die Philosophie als ein

bestimmendes Element seiner Bildung äußert sich Cicero in orat.12. Sie gibt ihm aber auch Trost. Sie ist ihm Rettung *(salus)*, Zuflucht *(perfugium)*, Hafen *(portus)* und Arznei *(medicina)* – Bilder, die der griechischen Literatur entnommen sind und später besonders von Augustin übernommen werden – in persönlicher Not (Tod seiner Tochter) und politischer Bedrängnis. So scheut er sich nicht, sich als Philosophen bezeichnen zu lassen (Plut.Cic.32,6), ja er legt mehr Wert darauf, ein Philosoph als ein Redner zu sein. Dabei betont er mehrmals, daß seine Rhetorik tief beeinflußt ist von der Philosophie (nat.deor.1,6; off.1,155; Att.15,13,6; de orat.1,85, wenn es überhaupt der Anführung von Einzelstellen bedarf zur Erfahrung dessen, was überall in seinem Werk sichtbar ist). Ja, selbst in der Philosophie und Rhetorik hofft er, die Griechen zu übertreffen (vgl. Prooemium zu Tusc. I).

5 Cicero hat den Einfluß griechischer Bildung und Philosophie besonders bei seinem Athen-Aufenthalt gespürt (fin.5,6). Wer von griechischer Bildung nicht berührt ist, ist ihm ein Barbar (ad Q.fr.1,1,27); vgl. dazu Knoche, Hermes 87, 57–74.

6 Die junge Generation sollte sich ernstlich an der griechischen Kultur bilden, die *mores maiorum* durch das Absolute festigen (vgl. dazu Knoche, Hermes 87).

7 Cicero übte sich in der Rhetorik auch durch Übersetzung griechischer Texte; vgl. dazu bes. opt.gen.13 f.

8 Es ist nicht sicher entscheidbar, ob Philosophie und Rhetorik oder das Lateinische und Griechische gemeint sind. Aus orat.113 sollte man auf ersteres schließen. Zur Verbindung von Philosophie und Rhetorik vgl. Graff, Ciceros Selbstauffassung, 70 f.; Cic.div.2,4; Aristot.rhet.1354a 1 ff.; Tusc.1,7; de orat.1,219.

9 Cicero glaubt nach seinem Scheitern in der Politik durch Vermittlung griechischer Philosophie seinen Dienst an der Gemeinschaft fortzusetzen (div.2,4; nat.deor.1,6; off.1,155).

10 Eine urbane Geste gegen Kratippos.

11 Zu Ciceros philosophischem Standpunkt vgl. RE 1180, 32 ff.; Graff, Ciceros Selbstauffassung, 54–58. Von allen Philosopen verehrte er am meisten Platon (leg.1,15; fam.15,18,1; Att.4,16,3); ja in Rom gilt er als Platoniker: »Ich möchte lieber mit Platon irren . . ., als mit jenen die Wahrheit glauben« (Tusc.1,39) – wie Gigon feststellt, eine Replik an Ari-

stot.NE 1096a 12 ff. Und dies, obwohl Platon ein Feind der Redner war (orat.42). So sucht er im »Orator« die ›Idee‹ des Redners. Sonst aber ist er Eklektiker (Tusc.5,32; 4,7; 5,85; nat.deor.1,10), wenngleich er der Skepsis – was für seine Rhetorik große Bedeutung hat –, wie sie die Neue Akademie vertritt, den Vorzug gibt (inv.2,10; div.2,1; Att. 1,19,8 f.). Damit aber ist er auch Sokratiker (Tusc.5,11; div.2,150). Peripatos und Akademie bilden die beste Voraussetzung für Ausbildung in Dialektik (Tusc.2,9; dazu Gigon, Reclams Universal-Bibliothek 5027 [5]).

12 Man merkt dem Satz deutlich Ciceros Verbitterung gegen die Vertreter des Attizismus an, die seine bisher unangefochtene Stellung als Meister der römischen Rhetorik bekämpften und gegen die er in Brut.68.284; orat.25 ff.76 und in opt.gen. Stellung bezog. Vgl. Quint.inst.12,10,15 ff.; Wilamowitz-Moellendorff, Hermes 35,1 ff.; Norden, Antike Kunstprosa I, 258 ff.; Schanz-Hosius auch Tac.dial.18.

13 Vgl. zur Anrede Anm. I,1.

14 Beide, seine Reden und philosophischen Werke, können nur miteinander zum Verständnis seines Werkes führen. Aus seinen Reden läßt sich seine philosophische Entwicklung weitgehend ablesen. Rhetorik erwirkt für Cicero nur in Verbindung mit Philosophie Gutes (inv.1,1 ff.; de orat.3,61): Dieser (= Sokrates) hat ... (den Sophisten) ... diesen gemeinsamen Namen (der Philosophie) entrissen und die in der Wirklichkeit zusammenhängenden Wissenschaften (der Rhetorik und Philosophie), weise zu lenken und schön zu reden, in seinen Untersuchungen getrennt: der Mann, dessen Geist und mannigfaltige Gespräche Platon in seinen Schriften verewigt hat, da Sokrates selbst nichts Schriftliches hinterlassen hatte. Hieraus entsprang, um mich so auszudrücken, die Trennung der Zunge und des Herzens (*discidium linguae et cordis*, dabei ist *cor* als Verstand wie im alten Latein aufzufassen), die wahrlich ungereimt, schädlich und tadelnswert ist und bewirkt hat, daß andere uns die Weisheit, andere die Reden lehrten (de orat.3,60 f.). Vgl. part.79. Das rechte Wort muß »aus der Mitte des sittlich gefestigten Wollens kommen« (Knoche, Hermes 87, Anm. 5).
In Verbindung mit der *sapientia* ist die Beredsamkeit die menschenwürdigste Tätigkeit. Dazu bedarf der Redner umfassender Bildung (Thema von de orat.1,158 ff.). Vgl. Graff,

Ciceros Selbstauffassung, 71 ff., und Fuchs, MH 16,1 ff. Der Vermittler dieser Gedanken ist für Cicero Philon von Larissa, den er gehört hat (Brut.306). Vgl. dazu Büchner, Cicero, 39; von Arnim, Leben und Werke des Dion von Prusa, Berlin 1898, 108 ff.; Kroll, RhM 58, 552 ff.; Kroll, Einleitung zum Orator, Berlin 1964, 9; Kroll, NJbb 1903, 681.

15 An Zahl oder Bedeutung; die Übersetzer schwanken, die Kommentare schweigen, eine sichere Entscheidung ist nicht möglich.

16 Der Meister der Beredsamkeit hat alle Stilebenen zu beherrschen (orat.76–99.69; Brut.85.89; opt.gen.3; de orat.2,219; orat.20 ff.; Quint.inst.12,10,58 f.; Graff, Ciceros Selbstauffassung, 73–76).

17 Demetrios von Phaleron, geb. 345, Peripatetiker, Schüler des Theophrast, Staatsmann in Athen, war auch als Redner bedeutend (Brut.37; leg.3,14; de orat.2,95; orat.94); er erfüllte die fin.5,54 gestellte Forderung an den Staatsmann: er besaß umfassende Bildung. Vgl. dazu Actes du Congrès d'Aix-en-Provence, Paris 1960, 229. Über seine Schriften Diog.Laert.5,80 f.

18 Platon (427–347), dessen »Politeia« und »Nomoi« das äußerliche Vorbild zu »De re publica« und »De legibus« abgaben, galt als Meister aller Stilebenen.

19 Demosthenes (384–322), den bis zu den Attizisten unbestrittenen Meister der griechischen Redner, stellt Cicero als Ideal eines Redners dar, bes. Brut.289 ff.; orat.23.57.90.234 u. a.; Att.15,1a 2. Die Legende von Demosthenes als Platons Schüler auch orat.15; schol. Plat.Phaidr.261a; vgl. Quint.12, 2,22; 10,24. Der Bericht geht (Plut.Dem.5) auf Hermippos zurück. Ähnlich erklärte man Perikles' Beredsamkeit damit, daß er Schüler des Anaxagoras war. – Im übrigen ist der Vergleich des Demosthenes mit Cicero schon im »Brutus« angelegt, findet sich bei Caecilius von Kalakte, einem attizistischen Literaturkritiker der augusteischen Zeit; vgl. auch Plutarchs Gegenüberstellung der beiden.

20 Über das Verhältnis von Aristoteles und Isokrates zueinander vgl. de orat.3,141: So geschah es, daß Aristoteles selbst, der in seinen Vorträgen die gerichtlichen und bürgerlichen Verhandlungen unberücksichtigt gelassen und nur die gehaltlose Zierlichkeit des Ausdrucks behandelt hatte, da er den Isokrates wegen seiner berühmten Schüler das Ansehen ge-

nießen sah, plötzlich fast seine ganze Lehrweise änderte, indem er einen Vers des Philoktetes mit einer kleinen Änderung anführte. Dieser sagt nämlich, es sei schimpflich für ihn zu schweigen, wenn er Barbaren, er aber, wenn er Isokrates reden lasse. Siehe auch Tusc.1,7; orat. 62.

21 Gemeint sind die Epikureer und Kyrenaiker, nach denen – so Cicero – ein sittlich gutes Leben nicht möglich ist (off.3, 62; Tusc.5,93 ff.; fin.1,26; 2,26; 5,15–21 und auch off.3,116). Daß von der richtigen Bestimmung des *summum bonum* die richtige Lebensweise abhängt, beleuchtet Cicero besonders in fin.5,15.

22 Vgl. 3,106; gemeint ist wie dort der Gegensatz zwischen Akademikern und Peripatetikern; für jene galt τὴν ἀρετὴν δι' αὑτὴν εἶναι αἱρετήν; die ἡδονή war für sie nur ein ἐπιγέννημα; vgl. dazu Pohlenz IV, 174. Für Akademie und Peripatos war *honestas* der erste Wert; sie erkannten aber andere Werte an als συμπληρωτικὰ τῆς κατὰ φύσιν τελειότητος; vgl. off.3,20; ac.2,134; fin.2,19.

23 Zu Ariston von Chios, Pyrrhon und Erillus aus Karthago vgl. Nachwort S. 428. Ihnen war gemeinsam, daß sie die äußeren Werte als *indifferentia* (ἀδιάφορα) ansahen.

24 Metapher des Theaters; vgl. fin.2,43.

25 Warum in 1,5 unter den genannten Kardinaltugenden die *prudentia* übergangen ist, leuchtet aus dem Vergleich dieser Stelle mit fin.3,31 ein. Wenn es keine Wahl – *selectio* – über die naturgemäßen und naturwidrigen Gegenstände gibt, dann entfällt auch die Tugend der *prudentia*. Zur »Wahl« (*dilectus* hier, *selectio* in fin.3,31, *eligere* Fronto, ep.ad Ant. de eloqu., p.143, hrsg. von Naber); vgl. SVF III, 190–196.

26 Obwohl Cicero sich vor allem als Akademiker fühlt, konnte er in der Ethik deren Skepsis (vgl. rep. III) nicht anerkennen; freilich mied er den rigorosen Standpunkt der alten Stoa.

27 Vgl. 2,60; fin.1,60; ac.1,8. Zu Ciceros Tätigkeit als *interpres Graecorum* vgl. Knoche, Gymn.65, 321 f. und bes. zu off.: Actes du Congrès d'Aix-en-Provence, 255. Cicero fühlt sich als Mittler griechischer Geisteskultur (div.2,7; fin.1,7).

28 Schon Platon fordert (Phaidr.237d), den zu untersuchenden Gegenstand zuerst zu definieren. Vgl. dafür Cic.fin.2,3 f.; orat.116; Aug.ord.2,7,21.

29 Pohlenz (I,64) nimmt an, Panaitios habe absichtlich keine Definition gegeben, weil er zuerst seine Psychologie (1,101 f.)

habe bringen wollen; ähnlich Gigon, Palingenesia 6,267–278. Testard (Ausgabe, 36f.) schließt sich Ciceros Tadel an und verweist auf Diog.Laert.7,107. Pohlenz meint, Cicero entbehre in 1,7–10 einer sicheren Führung. Vgl. Gärtner, 11–15.

30 Es geht Cicero (Panaitios) nicht um die δόγματα der Stoiker, sondern um den *vir bonus*, also um konkrete Fortschritte.

31 Diese Einteilung scheint mit der vorhergehenden sich weitgehend zu decken. Deshalb wurde sie von einigen für unecht erklärt, da sie eine Kontamination aus off.3,14 und fin.3,58 bringe.

32 Die καθήκοντα μέσα und καθήκοντα τέλεια (= κατορθώματα); d. h. die *communia* und die *recte facta, recta* oder *perfecta*. Die ›mittleren Pflichten‹ sind nach streng stoischer Ansicht moralisch neutral (τὰ μεταξὺ ἀρετῆς καὶ κακίας, Stob.eth.142; Diog.Laert.6,105; 7,165; Sext.Emp. adv.math.11,64; Diog.Laert.7,127). Der Wertneutralität der *media officia* nach altstoischer Ansicht entspricht die Auffassung der Tugend (ἀρετή) als unveränderlichem Zustand der Seele (διάθεσις ψυχῆς), nicht als erweisbarer Beschaffenheit der Seele (ἕξις). So ist Tugend *recta ratio*, bei der es als einem absoluten Wert kein mehr und minder gibt. Selbst wer sich der Tugend annähert, steht in der Untugend (*vitium* = κακία) wie der Lasterhafte. Daraus ergaben sich die bekannten Paradoxa, die Cicero überliefert hat (allein der Weise ist frei – jeder Nichtweise ist verrückt usw.), für Cicero ein ›jeu d'esprit‹. So ist der Weise von allen Gefühlen unangefochten, die Tugend sich selbst genügend, jedes Vergehen gleich groß. Diesen Standpunkt gibt Panaitios auf, in Anknüpfung an den Peripatos und römischer Lebensauffassung entgegenkommend (Diog.Laert.7,128). Damit aber sind die äußeren Güter nicht mehr wertlos; s. Nachwort S. 428.
Panaitios ging es um praktische Ethik, und so entfernte er sich auch von den rein theoretischen Erörterungen der alten Stoa, ihrem ethischen Rigorismus, und bediente sich einer volksnahen Sprache (2,35; anders die alte Stoa, parad.1,2). Er zog viele nichtstoische Philosophen heran (fin.4,79).

33 Cicero fügt im folgenden (1,10) zwei weitere Formen der Überlegung hinzu.

34 Diese Aporie ist von Panaitios nicht behandelt, wohl aber von Poseidonios (3,8).

35 Vgl. 1,152 ff.; 2,86; Testard, Ausgabe, 27. Poseidonios behandelte diesen Fall in Περὶ τοῦ καθήκοντος.

36 Nach Lehre der Stoa übt der Logos vom 7. Lebensjahr an eine eigene Funktion aus. Er ermöglicht bewußte Begriffsbildung (vgl. Pohlenz III, S. 57 f.). So geht der Mensch in einen neuen Bereich über. Er gewinnt Vorstellungen des Unkörperlichen: des Raumes und der Zeit (auf letzteres hat Cicero hier angespielt). Sehr früh entsteht eine Vorstellung des eigenen Ich, verbunden mit Wohlgefallen. Diese ›Zueignung‹ – die οἰκείωσις – zeigt sich in dem Trieb, das für einen selbst Förderliche zu gewinnen, das Schädliche zu meiden. Diese instinktive Wertung der Dinge, und daher einen Selbsterhaltungstrieb, hat schon das Tier, der Mensch gelangt dank seiner Vernunftbegabtheit weiter: er sieht leicht den Verlauf des ganzen Lebens ab und plant. Cicero hat hier die Erkenntnislehre der Stoa wohl deshalb undeutlich angesprochen, weil es ihm darauf ankam, den Gegensatz von Mensch und Tier in der οἰκείωσις herauszuheben. – Übrigens ist ein Vergleich von off.1,11–14 mit fin.3,16–21; 62–68 lohnend. Auf off. 1,11 nimmt Marsilius von Padua (»Defensor pacis«) 1,4,2 Bezug.

37 Ein ähnlicher Anschluß findet sich auch in fin.2,45.

38 Mit den »verborgenen ... Gegenständen« sind die naturwissenschaftlichen Erkenntnisse gemeint; vgl. dazu off.1,154; ac.1,15; besonders schön ac.2,127; fin.2,37.

39 Vgl. fin.2,46. Der weiterführende Gedanke, daß aus der Erkenntnis der Naturgesetze der Mensch zu sittlicher Läuterung durch Nachahmung gelange – er findet sich bei Cic. Cato 77; nat.deor.2,37 –, ist stoisch (Epikt. 1,6,19; Sen.dial. 8,5,1.4; 8,7,4; 12,8,4, und der stoisierende Anon.de sublim. 35,2) und geht auf Platon (Tim.47b–c; 92c–d; rep.500c) zurück, findet sich aber auffallenderweise in »De officiis« nicht ausgesprochen.

40 Vgl. fin.2,46.

41 Zur Verdeutlichung: Der Sinn für ästhetische Schönheit geht aus von sinnlicher Wahrnehmung (αἴσθησις) und erhebt sich zu geistiger Schau; von da Aufstieg des Menschen zur Sittlichkeit und damit Vervollkommnung.

42 Natur (φύσις) und Vernunft (λόγος) werden so sehr als miteinander identisch aufgefaßt – ganz stoisch –, daß Par-

tizip *(transferens)* und Verben *(putat cavetque)* im Singular stehen.

Mit ›Natur und Vernunft‹ wird das dem Menschen eigene Wesen erfaßt als durch den Logos und durch die in ihm von der Natur angelegten ἀφορμαί bestimmt. Diese müssen sich in den Tugenden entfalten. Zum gesamten Gedankengang vgl. fin.2,46. Man beachte, daß *natura, ratio, honestum, ordo* und *constantia* auf einer Linie liegen gegen die Adverbia *indecore effeminateque* und *libidinose* (*libido* als das Heraustreten aus der Ordnung), ferner, daß Cicero in jedem der vier Punkte – bei dem letzteren sogar zweimal *(natura ratioque ab oculis ... transferens* und *honestum ... natura esse laudabile)* den Begriff *natura* verwendet.

Die Moral jedenfalls muß sich beziehen auf die *natura non vitiosa* (1,110.120; Tusc.3,2; part.31; ähnlich leg.2,13; fin. 5,44). Der Gedanke wird wieder von Rousseau aufgenommen (die Umwelt verderbe den an sich guten Menschen). Übrigens kennt Cicero für die schlechten Einflüsse auf den Menschen eine bestimmte Reihenfolge. Der Gedanke ist bei Augustin vertieft, vgl. ord.1,8,23, scheint sich aber aus »De officiis herzuleiten. Vgl. Sen.ep.120,4.

43 Über das *honestum* (καλόν) als einen absoluten ethischen Wertmaßstab vgl. Nachwort S. 427 f. Cicero unterstreicht die Bedeutung der Stelle – nach Bezeichnung des *honestum* als *natura laudabile* in 14 – durch Anrede an den Sohn (vgl. 2,44) und durch ein Platonzitat (sehr ähnlich 1,62). Die Vokabel *honestum* wird in »De officiis« keineswegs immer im Sinne einer absoluten Norm gebraucht; dazu Büchner, Utile und honestum, Dialog 7, 5–21; s. Nachwort S. 448.

44 Gemeint sind die vier Kardinaltugenden, die im folgenden umschrieben werden: Weisheit, Gerechtigkeit, Tapferkeit (bei Panaitios jeweils der Seelengröße untergeordnet, d. h. der aristotelischen μεγαλοψυχία) und Mäßigung (σωφροσύνη). Diese Umschreibung der bekannten Kardinaltugenden muß zwar schon panaitianisch sein, aber bei der *iustitia* ist das römische Kolorit doch deutlich (*fides* hat einen größeren Bedeutungsumfang als πίστις). Mit *perspicientia* und *sollertia* wird die σοφία in eine theoretische und praktische Seite aufgefächert (dem entspricht im folgenden die Auffächerung in *sapientia* und *prudentia*), die *fortitudo* erscheint als solche nur mehr verschlüsselt (ἀήττητος καὶ ἀνίκητος),

während die σωφροσύνη eine Paraphrase erfährt, die deutlich macht, daß ihr besonders das *decorum* zugehört. Mit *modestia* und *temperantia* wird εὐταξία wiedergegeben.

45 In fin.5,67 heißt es: Aber bei dieser Vereinigung und diesem Ineinanderfließen der sittlichen Werte werden doch von den Philosophen in gewisser Hinsicht Unterschiede gemacht. Denn wiewohl alle sittlichen Werte miteinander verbunden und verknüpft sind, daß jeder einzelne an allen anderen Anteil hat und keiner von dem anderen getrennt werden kann, so hat doch ein jeder sittliche Wert seine eigene Aufgabe (Übers. O. Büchler). Vgl. Diog.Laert.7,125 f.; Plut.Stoic. repugn.1046e. Zu dieser Frage bei Panaitios Philippson, Philol.86, 358 ff.

46 Cicero unterläuft ein Anakoluth.

47 Die Warnung vor vorschneller συγκατάθεσις (= *assensio*), besonders von der Neuen Akademie vorgetragen, findet sich schon bei Zenon (dazu ac.1,40); der Erkenntnisvorgang verläuft nach Ansicht der Stoa folgendermaßen:
a) sinnliche Wahrnehmung = αἴσθησις,
b) dadurch erweckt: die Vorstellung = φαντασία,
c) Zustimmung mit Hilfe der Vernunft = συγκατάθεσις,
d) Begreifen als Folge der Zustimmung = κατάληψις;
a) und b) unterliegen nicht dem Willen (ἀβούλητον); wohl aber der Übergang von b) zu c).
Vor προπέτεια (leichtfertiger Zustimmung) wird ähnlich gewarnt in ac.2,53.58.63.94.104.148; bes. 2,60.

48 Dagegen hat vor allem Sokrates Stellung genommen. Vgl. dazu Gigon zu Tusc.5,10.

49 C. Sulpicius sagte eine Mondfinsternis voraus vor dem Sieg über König Perseus 168 (über ihn Cic.rep.1,21; Cato 49; Lael.101; Liv.45,37).

50 Sex. Pompeius war ein Onkel des Pompeius Magnus, bekannt als Jurist, Mathematiker und Stoiker.

51 Gemeint ist Logik.

52 Politische Tätigkeit und jeder Dienst für die Gemeinschaft stehen höher als Forschertätigkeit, ein besonders seit Platons »Politeia« vielerörtertes Thema; vgl. dazu rep.1,3; off.1,155; 1,157 f.

53 Zu Ciceros sonstiger Behandlung der Gerechtigkeit vgl. besonders rep.3,10.25; in diesem Zusammenhang sei an Aristot. NE 1129b 28 ff. erinnert. Gerechtigkeit in diesem Sinn ist

allerdings eine Art Vollkommenheit, nicht ohne jede Einschränkung, sondern ›in ihrer Bezogenheit auf den Mitbürger‹. Damit übergreift die Gerechtigkeit alle anderen Tugenden. Deshalb gilt die Gerechtigkeit oft als oberster unter den Vorzügen des Charakters, und »weder Abendstern noch Morgenstern sind so wunderbar« – aus einer Tragödie des Euripides (Schmidt). Im Sprichwort heißt es: »In der Gerechtigkeit ist jeglicher Vorzug beschlossen« (Theogn.147).

54 Vgl. zu dieser Gleichstellung leg.1,41; fin.2,71; rep.3,18; off.2,62 (*boni* = σπουδαῖοι).

55 Cicero kommt auf diese Frage im 2. Buch wieder zu sprechen (73–78). Manche Stoiker befürworteten radikale Reformen auf sozialem Gebiet: Sphairos von Borysthenes beriet Kleomenes (dazu Anm. II, 138); Blossios von Kyme, Schüler des Diogenes, und Antipater (beide Stoiker) beeinflußten Ti. Gracchus, später Aristonikos von Pergamon beim Aufbau seiner »Heliopolis«. Man wird annehmen müssen, daß die griechisch-römische Stoa in Rom dann ihr revolutionäres Anliegen aufgegeben hat und zur sittlichen Begründung des Privateigentums gelangt ist (dazu Süß, 358 in der genannten Arbeit; vgl. auch fin.3,67). Der Zwiespalt der Stoa in dieser Frage klingt hier durch. Bei den Reformen der Gracchen beriefen sich beide Seiten auf die Stoa (vgl. Pohlenz III, 205 f.; Lael.37; Plut.Ti.Gracch.8.17.20. Stellungnahme gegen die Gracchen off.2,72 f.78–85; rep.3,41; Pohlenz I, 115 ff.144).

56 Vgl. Plat. epist.9,358a; Cic.fin.2,45.

57 Vgl. 3,52; 1,85; Plat.rep.519e; Cic.rep.1,39 (*utilitatis communio* als Ursache der Staatsgründung).

58 Zur *fides* in Verbindung mit der Gerechtigkeit vgl. Anm. 44 und Dieter, Eirene 7, 42; off.3,78; für die Verpflichtung zur *fides* Heinze, Vom Geist des Römertums, Leipzig 1938, 56 f.; Cic. leg. agr.1,23; Catil.2,18; Hor.carm.1,24,5–8.

59 Vgl. nat.deor.3,62; ac.1,32; top.31; fin.5,27; Gell.NA 13, 10,1; rep.4,7.

60 Vgl. Plat.leg.730d; zu den Motiven des ungerechten Handelns vgl. leg.870.

61 M. Crassus (115–53) mit dem Beinamen ›Dives‹, einer der Triumvirn, dessen Habsucht Cicero oft rügt (off.3,73.75; fin.3,75; Plut.Crass.2).

62 Ennius aus Rudiae (239–169 v. Chr.). Das Zitat stammt

wohl aus »Thyestes«; vgl. Aristot.NE 1161a 31.

63 Vgl. Nachwort S. 439.

64 Übersetzung von πάθος (Tusc.4,10 u. a.); vgl. Aristot.NE 1134a 20 ff.

65 Vgl. Plat.rep.520d.

66 Vgl. Plat.rep.347c.

67 Vgl. Aristot.NE 1105a 28–33.

68 Übersetzung von φιλαυτία; vgl. Att.13,13; off.3,31.

69 Ter.Heaut.77; Cic.fin.3,63. Möglicherweise ersetzt hier Cicero einen Menandervers der Quelle; dazu Pohlenz I, ad loc., Reitzenstein, Werden und Wesen der antiken Humanität, 13. Vgl. leg.1,33; Sen.epist.95,53; 88,30.

70 Nachdem der vorhergehende Teile mit einer allgemeinen Regel zur Vermeidung der Ungerechtigkeit abgeschlossen hat, geht Cicero auf die Pflichten der Gerechtigkeit unter besonderen Umständen ein. Man hat daher 31 f. für eine Einschaltung im Anschluß an 3,92 ff. gehalten (Gomoll), was aber Pohlenz (II,27) ablehnt. Zorzi, Aevum 33, beobachtet, daß das Theseus-Beispiel in 1,32 und 3,94 beide Male im Zusammenhang *non omnia promissa servanda* in der Erzählung variiert, also nicht mechanisch abgeschrieben sei. Aus den Übereinstimmungen schließt er, daß ein Topos der Literatur *De promissis servandis* vorliege. Nach Zorzi hat Cicero das Beispiel nicht für Buch III vorgesehen, da es nahtlos in den vorliegenden Zusammenhang passe.

71 Ein juristischer Terminus technicus für das Erscheinen vor Gericht; ursprünglich an einem Grundstück, das umstritten war. Vgl. de orat.1,250; Caecin.20; Sen.ben.4,35,2.

72 Dazu Stroux, ASSPh 12, 678; Tomulescu, Dt. Akademie der Wiss. Berlin, 1968, 268; Otto, Sprichwörter, Leipzig 1890, 179. – Stroux, Römische Rechtswissenschaft und Rhetorik, Potsdam 1949, sieht in dem Sprichwort den »Sinnspruch der Billigkeit«. Dagegen hat Büchner, Summum ius summa iniuria, in: Humanitas Romana, Studien über Werke der Römer, Heidelberg 1957, 80–105 und Anm. S. 335–340, Stellung genommen und betont, daß es sich um eine Aussage über unmoralische und überscharfe Durchsetzung des eigenen Rechtsanspruches handelt. Erasmus hat das Sprichwort schon richtig verstanden (vgl. dazu Kisch, Summum ius summa iniuria, Baseler Humanisten und Juristen über *aequitas* und ἐπιείκεια, Festschrift Simonius, Basel 1955).

73 Gemeint ist Kleomenes, König von Sparta (525–488); Plut. apophth. 223a.

74 Q. Fabius Labeo, Enkel des Q. Fabius Cunctator, des Gegners Hannibals im 2. Punischen Krieg, war 183 Konsul, von Cicero (Brut.81) als Redner anerkannt.

75 Plat.Gorg.525b.

76 Vgl. Plat.leg.628c–d; Thuk.4,17–18; besonders in augusteischer Zeit wurde dieser von der stoischen Staatsethik betonte Grundsatz (dazu E. Meyer, Vom griechischen zum römischen Staatsdenken, 1937, auch in WdF 528, S. 65–103, und W. Capelle, Griechische Staatsethik und römischer Imperialismus, 1932, auch in: WdF 528, S. 238–270), hervorgehoben (Verg.Aen.6,851–853; Hor.carm.saec.51 f., Prop.2,16,41 f.; 3,22,21). Augustus nahm diese Haltung für sich in Anspruch (Mon.Ancyr.c.1). Dagegen Cicero, rep.3,21 ff. (= Karneades). J. Bleicken, Geschichte der römischen Republik, München 1988, S. 39, und A. Heuss, Römische Geschichte, Braunschweig 1960, S. 59 ff., zu dem in Rom nie so formulierten Grundsatz des »divide et impera«.

77 Die Tusculaner waren das älteste *municipium* Italiens (Bürgerrecht 381); vgl. Liv.6,26; 8,14.
Die Aequer wurden 304 unterworfen (Liv.9,45), während die Volsker die *civitas sine suffragio* 303 (Liv.10,1) und das volle Bürgerrecht 188 erhielten.
Die Sabiner wurden 290 von M'. Curius besiegt und erhielten 268 das Bürgerrecht.
Die Herniker, besiegt 306, durften auf eigenen Wunsch nach ihren eigenen Gesetzen leben (Liv.9,43). Über die Methoden der römischen Herrschaftsausbreitung in der Frühzeit Roms berichtet Livius im 1. Buch mehrmals.
Karthago wurde ganz im Zeichen einer imperialistischen Politik 146 von Publius Cornelius Scipio Aemilianus, der den Beinamen ›Africanus minor‹ erhielt, besonders auf Betreiben des Cato Censor erobert und dem Erdboden gleichgemacht. Numantia, eine Festung der Keltiberer, fiel als letztes Widerstandsnest nach langem und für die Römer meist unrühmlichen Kriege 133; vgl. off.2,76.
Korinth, das Haupt des romfeindlichen achaiischen Bundes, wurde 146 von C. Mummius dem Erdboden gleichgemacht, seine Kunstschätze wurden nach Rom und Italien gebracht; es war ebenfalls ein Opfer des römischen Imperialismus.

78 Die besonders aus Verg.Aen.6,859 bekannte römische Auffassung *(parcere subiectis et debellare superbis)* deckt sich mit dem diesbezüglichen Denken der Stoa durchaus (vgl. Norden, Komm. ad loc., 336); vgl. dazu Anm. 77, Liv.30, 42,17; Mon.Anc.1; Hor.carm.saec.51; Prop.2,16,41 f.; 3,22, 21 f.; Ov.fast.2,143; am. 1,2,52; Aug.civ. praef.I. Zur Rechtfertigung des römischen Imperialismus mit dem aristotelischen Gedanken, daß es für manche besser sei, beherrscht zu werden (Aristot.pol.1333b 40 ff.; 1256b 26; Cic.rep.3,36 f.), vgl. Capelle, Klio 25, 86 ff.

79 Dies entspricht römischem Kriegsrecht; vgl. dazu Caes.bell. Gall.2,32.

80 Es gab tiefe Bindungen zwischen dem siegreichen Feldherrn und den Unterworfenen, zwischen Provinzverwaltern und Provinzialen, so der Allobroger zu den Fabiern (Sall.Catil. 41), Catos zu den Zyprioten (Cic.fam.15,4,41).

81 Ein Priesterkollegium aus 20 Mitgliedern bestimmte die bei einer Kriegserklärung zu befolgenden Riten: eine Abordnung stellte die Bedingung der Genugtuung *(res repetere)*, die innerhalb von 33 Tagen zu leisten war. Im Ablehnungsfall erfolgte die Kriegserklärung; vgl. dazu Latte, Röm. Religionsgeschichte, 121–124. Übrigens entfernt sich Cicero hier von seiner Quelle.

82 Marcus Popilius Laenas führte 172 gegen die Ligurer Krieg; vgl. Liv.40,7. Fedeli hält den Abschnitt für eine Interpolation, weil allein Plut.Quaest.Rom.273e–f über dieses Ereignis berichte. Nach Pohlenz I, ad loc., hat Cicero aus dem Gedächtnis zitiert, dann aber neu nach Catos Brief formuliert.

83 Daß der Sieg in der Schlacht von Pydna, 168, die Wende der römischen Geschichte zur Beherrschung des Mittelmeerraumes und zu einem ungehemmten und unverschleierten Imperialismus brachte, hat schon Polybios erkannt; vgl. dazu Kornemann, Röm.Gesch.I, 305 ff.

84 Zur Bedeutungsentwicklung von *hostis* Varro ling.5,3.

85 Dieser Gedanke ist nach Tomulescu, a. a. O., 236, nur bei Cicero überliefert; vgl. Cic.har.resp.15.

86 Gegen die Keltiberer wurde 153 bis 133 ein für Rom wenig rühmlicher Krieg geführt, bei dem allerdings nicht die Existenz Roms, sondern sein Ansehen auf dem Spiele stand.
Der Krieg gegen die Kimbern (113–101) brachte den Römern

durch schwere Niederlagen bei Noreia (113) und Arausio (Orange, 105) dauerhafte Angst vor der Galliergefahr bei – erst Caesar unterschied Gallier und Germanen.

87 Die Auseinandersetzung mit den Latinern zog sich lange hin. Zuerst stieß Rom mit dem Teilstamm der Albaner zusammen (Liv.1,23); vgl. Liv.1,32; 2,19; 6,2. Ganz Latium wurde 340 bis 338 niedergeworfen (Liv.8,6–14).

Auch der Kampf gegen die Sabiner war langwierig und konnte erst 290 durch Manius Curius Dentatus abgeschlossen werden. Sie erhielten zunächst das römische Halbbürgerrecht, 268 das Vollbürgerrecht.

Die Kriege gegen die Samniten dauerten mit Unterbrechungen von 343 bis 272. Während des Bürgerkrieges zwischen Marius und Sulla schlugen sie sich auf die Seite des ersteren und wurden von Sulla mit äußerster Brutalität niedergeworfen (82).

Die Punier sind . . .: hier handelt es sich sicherlich um eine Randnotiz. Die Falschheit der Punier und Hannibals war sprichwörtlich; vgl. dazu Otto, Sprichwörter, Leipzig 1890, 291; Cic.leg.agr.2,95; Liv.22,48,1; 21,4,9; 25,39,1; 30,22,6; Cic.Lael.28; Cato 75.

88 Die Herrscher der Epeiros leiteten ihre Herkunft über Neoptolemos, Achill und Peleus auf Aiakos, den frömmsten aller Menschen, zurück, der König der Myrmidonen auf der Insel Aigina war. Als sein Volk an der Pest dahinstarb, flehte er, so berichtet die Sage, seinen Vater Zeus um Mitleid an, worauf dieser Ameisen (μύρμηκες) in Menschen verwandelte. So sei das verödete Land wieder besiedelt worden. Aiakos wurde wegen seiner Gerechtigkeit einer der drei Unterweltsrichter.

89 Cicero berichtet dieselbe Episode aus dem Jahre 256 (vgl. dazu Kornemann, Röm.Gesch.I,175 f.) leicht verändert nochmals in off.3,113 (dazu Brüser, Der Textzustand von Ciceros De officiis, 14; Zorzi, Aevum 33, 412; Fedeli, ad loc.) wie hier in Verbindung mit den zehn Gefangenen; vgl. Anm. III,225. Zur Verworrenheit der Argumentation in diesem Abschnitt vgl. Zorzi, Aevum 33, 408.

90 Die Unterscheidung des Unrechtübens nach *vi et fraude* ist an dieser Stelle, in der Form der Einfügung zumal, befremdlich und sieht wie ein Nachtrag aus. – Die folgende Einordnung der Wohltätigkeit (Hilfstätigkeit) und Großzügigkeit (Frei-

gebigkeit = ἐλευθεριότης) unter die 2. Kardinaltugend ist bei Aristoteles schon vorbereitet (NE 1120a 9 f.).

91 Über beide vgl. off.2,27.

92 Panaitios lehnt wieder nachdrücklich das altstoische Bild des Weisen ab (vgl. 3,13.69; fin.5,43; dazu Schäfer, Gymn.62, 344, und Gigon, Palingenesia 6, der die hiesige Definition des Weisen als eine Entsprechung des καθῆκον ablehnt).

93 Panaitios verbindet, wo er von der Tapferkeit spricht, diese mit der μεγαλοψυχία. Vgl. dazu Anm. I,44 und off. 1,13.15.17.61.65.66; Tusc.2,57; rep.5,9; ferner Schäfer, Gymn. 67,513. Tapferkeit ist für die Stoa (SVF III, 263) wie für Sokrates ein Wissen; vgl. auch Aristot.NE 1116b 4.

94 Zorn macht nicht die Tapferkeit aus; vgl. Aristot.NE 1171a 12 ff. und Cic.Tusc.1,50.

95 Anspielung auf Hesiod, »Opera et dies«, 349–351; vgl. Cic. Brut.15.

96 Vgl. Cic.off.1,45; Aristot.NE 1163a 2 ff.

97 Die Stoa sieht mit Aristoteles den Menschen von Natur aus zur Gemeinschaftsbildung veranlagt. Unserer Stelle ist nahe verwandt Cic.fin.3,63 ff.; bes. 3,65; vgl. auch Cic.leg.1, 28.43; rep.1,39; ferner Pohlenz IV, 103. – Im übrigen sei hingewiesen auf off.1,157 f. und 2,73 und die Anmerkungen dazu.

98 Übersetzung von οἰκειοῦται.

99 Umschreibung des Logos, den allein der Mensch besitzt (vgl. dazu bes. fin.2,45). So ist der Mensch den Göttern verwandt (nat.deor.2,79.133; leg.1,23; fin.3,64). Dadurch setzt sich der Mensch vom Tier ab, das nur instinktiv der φύσις folgt, als bewußter Gestalter seines Lebens. Die Stelle ist mit Hilfe von off.1,11.12 zu verstehen. Durch den Logos besitzt der Mensch Tugend, die Tiere nur Tugendähnliches (fin.5,38). Durch ihn ermittelt er das *decorum* (off.1,94).

100 Vgl. off.1,56; leg.1,34; Nep.Epam.3,4; Otto, Sprichwörter, 20 (κοινὰ τὰ τῶν φίλων); Aristot.NE VIII 9,1; pol.2,3; Courcelles, Les Confessions de St. Augustin dans la tradition littéraire, Paris 1963, 23, Anm. 1.

101 Ennius Scaenica, 181–183, in: Ernout, Recueil, 192; es handelt sich um die Übertragung eines Diphilos-Stückes (Paras. ap.Athenae VI, 238; Mein.Com.IV,205).

102 Den Hilfsmaßnahmen sind Grenzen gezogen. Es sind die Stufen der menschlichen Gemeinschaft zu berücksichtigen. Diese,

andeutungsweise schon in 11 f. im Zusammenhang der Oikeiosis aufgedeckt, werden hier in umgekehrter Reihenfolge aufgezeigt: a) die Kosmopolis; b) die Polis; c) die Verwandtschaften; d) die Hausgemeinschaft. Die Abstufung verwendet Aristoteles: a) der Arterhaltungstrieb (pol.1252a 28 f.); b) über Familie und Ehe zur Hausgemeinschaft (1252b 14); c) damit das *principium urbis* (ἀρχή) und das *seminarium rei publicae* (φυτουργεῖον). Jedoch hat Panaitios den natürlichen Geselligkeitstrieb des Menschen auch hier durch die Oikeiosis-Lehre umgedeutet (Diog.Laert.7,85).

103 Wahre Freundschaft ist für den Stoiker nur unter Weisen möglich. Sie ist die κοινωνία βίου (SVF III,112; vgl. 631. 661).

104 Zur Abstufung sozialer Pflichten mehr in off.2,11–20.

105 Eine Anspielung auf die εὐλογιστία (SVF III,264); vgl. rep.3,4.

106 Zur Verbindung von *magnanimitas* mit *fortitudo* vgl. Anm. 44. Hier erscheint die Tapferkeit nur andeutungsweise. Schon bei Platon bezieht sich die Tapferkeit nicht nur auf die Kriegstaten (Lach. 191d, wo sie auf Krankheiten, Mühen und Gefahren bezogen wird). Vgl. ferner SVF III,264.265.

107 Herkunft des Verses unbekannt.

108 Salmakis war eine Quelle Kariens mit verweichlichendem Wasser, daher bedeutet *Salmacides* (Abkömmling der Salmakiden) Feigling. Es handelt sich um einen Enniusvers.

109 Die Schlachten von 490, 480, 479 und 372.

110 Horatius Cocles: Liv.2,10.
Decier: Liv.8,9,1 ff.; ihr Tod ist ein stellvertretendes Opfer wie bei Iphigeneia von Aulis, Kodros, Alkestis; vgl. Caes. bell.Gall.6,16,3; Verg.Aen.2,116 ff.
Die Scipionen werden oft von Cicero angeführt: off.3,16; Lael.21; Cato 75.
M. Claudius Marcellus eroberte 212 Syrakus, vgl. Tusc.4,49.

111 Tusc.4,53 bietet eine Sammlung von stoischen Definitionen an. Zu der Frage der Tapferkeit ohne Gerechtigkeit vgl. Plat.Menex.246e.

112 Weder Menex.246e noch Lach.197b entspricht ganz.

113 Die Hauptgefahr der μεγαλοθυμία.

114 Cicero bezieht sich hier auf Plat.Lach.182e.

115 Gerade dies nimmt Cicero für sich in Anspruch in fam. 15, 4,13.

116 Vgl. Sall.Catil.54,5; Aischyl.sept.592.

117 Zu dieser Paraphrase vgl. Tusc.4,51.

118 Diese Worte berühren sich eng mit Tusc.4,51, insofern die Tapferkeit durch *iudicium et sententia* und Freiheit von Leidenschaften, nämlich vom Zorn, bestimmt ist.

119 Vgl. fin.1,59.

120 Über die vier πάθη *(perturbationes)* der Stoa vgl. Tusc. 4, 24 f., wo durch Kürzung die Vorlage unklar geworden ist, und 3,24 f.; vgl. auch fin.3,35.
Sie entstehen *ex opinione boni*:
a) *praesentis – laetitia* (χαρά, εὔλογος ἔπαρσις)
b) *impendentis – cupiditas* (ἐπιθυμία)
*ex opinione mali:*
a) *praesentis – aegritudo* (λύπη, συστολὴ ἄλογος)
b) *impendentis – metus* (φόβος)
Die πάθη sind ἄλογα und παρὰ φύσιν κινήσεις.

121 Die εὐθυμία Demokrits (vgl. Sen.tranq.2,3); Tusc.5,42.

122 ὁμολογία (vgl. SVF III,39). Der Philosoph darf sich dem Dienst am Gemeinwesen nicht entziehen (vgl. rep.prooe.I). So hat Cicero – wie er in dom.96 hervorhebt – es selber gehalten. Damit tritt Panaitios/Cicero in die platonisch-aristotelische Tradition (vgl. Plat.rep.473c; nom.712a; epist.7, 326a–b; Cic.ad Q.fr.1,10,29). Dagegen sagt Aristoteles »De regno«, Rose fr.2 ($R^2$ 79, $R^3$ 647): »Philosophie zu treiben ist für einen König nicht nur nicht notwendig, sondern sogar hinderlich, dagegen soll er auf wirkliche Philosophen hören.« Auch für den Stoiker ist der Dienst für den Staat verpflichtend (Cic.fin.3,68; Diog.Laert.7,121). Ciceros Ideal ist eine *vita contemplativa*, die sich der *vita activa* unterordnet (vgl. dazu Testard, Ausgabe, 64; off.3,1–5; rep.1, 1–13.27–37; Att.2,16,3). Allerdings nimmt Cicero hier gegenüber 1,19 eine gemäßigte Stellung ein: unter bestimmten Umständen ist Verzicht auf Politik möglich (vgl. dazu Actes du Congrès d'Aix-en-Provence, 224). Cicero selbst beansprucht politische Praxis und staatstheoretische Bildung (red. in sen.33). So glaubt er Platons Ideal zu erfüllen; er weiß sich in einer Reihe mit den sieben Weisen, Scipio und seinem Kreis, Männern, die die *mores maiorum* und die *doctrina a Socrate adventicia* (rep.3,5) verbunden haben. Ihre Bildung und Anteilnahme am politischen und geistigen Leben hob sie über die Zeitgenossen hinaus, und dieser Elite

gehört er selber an (red.in sen.6–34; red.ad Quir.13). Er selbst hat sich politisches Handeln als Philosoph geleistet (fam.1, 9,12; leg.3,25 f.), was vor ihm nur Demetrios von Phaleron gelungen war (leg.3,14; off.1,12). Im Gegensatz zu Seneca nahm Cicero die ebenfalls in der Stoa vorhandene Ablehnung des Dienstes am Staat nicht zur Kenntnis (SVF III, 697; Sen.de otio 8,1; tranq.1,10; epist.68,2).

123 Die Stoa unterschied den βίος πολιτικός, βίος βασιλικός und βίος ἐπιστημονικός. Cicero sucht den zweiten. Vgl. Sall.Iug.31,26; Plat.Gorg.469c. Wahre Könige sind für die Stoa nur die Weisen (Sen.apocol.1,1; 4,1,51; Otto, Sprichwörter, 299; SVF III,617 – unserer Stelle sehr nahe!). Zu diesem Gegensatz von Philosophen, die den Dienst am Staat meiden, und machthungrigen Herrschern, die nach eigenem Willen leben und sich nicht unterordnen wollen, vgl. Cic. parad.34; Hort.fr.(Mü)39; Epikt.4,1; Aristot.pol.1370a 40; Plat.Gorg.469c. Zu Übereinstimmungen zwischen off.1,69 f. und Stellen aus rep. vgl. Schäfer, Gymn.67, 505 f.

124 Vgl. Tusc.5,103.

125 Vgl. rep.1,12, wo Cicero ebenfalls Panaitios folgt; dazu Pohlenz I, 478, Festschrift für Reitzenstein, 1931, 36.

125 Vgl. rep.1,1–12 (dazu Schäfer, Gymn. 67, 502 f.), ferner rep.1, 11; off.2,11–18; Isokr.ad Nicocl.12.

126 Vgl. rep.1,2 f.; off.1,92.

127 Vgl. dazu Pohlenz II, 36; er sieht eine Antwort darauf in Sen.tranq.3,2.

128 Eine Frage, die Sokrates oft erörtert hat (Xen.mem.3,6).

129 Pohlenz (I,48) hält 74 bis 78 für eine später eingeschobene Erweiterung zu 79. Der Abschnitt mit dem schon bekannten Thema ›Tapferkeit im Frieden ist bedeutender als im Krieg‹ ist in sich sehr geschlossen. Am Schluß steht eine emphatische *laudatio* auf die eigenen Leistungen in der Politik mit Anrede an den Sohn. Die Thesis wird erwiesen an griechischen (Solon gegen Themistokles, Lykurg gegen Pausanias/Lysandros) und römischen (M. Scaurus gegen Marius, Catulus gegen Pompeius, P. Nasica gegen Scipio Africanus) Beispielen.

130 Themistokles, geb. 524, bereitete Athen und Griechenland militärisch und diplomatisch auf den Zweiten Perserkrieg vor und wurde schon in der Antike als der Retter Griechenlands angesehen (Aischyl.Pers.355 f.; Herod.8,123 f.; dazu vgl. Miltner, Klio 31,219–243; Lemardon, Historia 5, 401

bis 409; Labarbe, La loi navale de Th., 1957; Lauffer, Historia 8, 382–384); vgl. auch Cic.rep.1,5; Sest.141.

131 Solon, geb. 640, hat durch seine umfassenden Reformen die Aristokratie durch die Timokratie abgelöst. Ciceros Urteil ist nicht ungerechtfertigt (vgl. Berve, Griech.Gesch., 115). Panaitios/Cicero oder dessen Quelle beabsichtigt offenbar, den Areopag zu rühmen (antidemokratische Einstellung?). Übrigens hat Solon nicht den Areopag gegründet (Aristot. pol.1273b 35 ff.).

132 Vgl. Plut.Them.10.

133 Pausanias, »der Hegemon der Hellenen« (Thuk.1,132), schlug 479 die Perser durch persönliches Verdienst (Herod.9,49–74), versagte dann aber als Führer der Griechen (Thuk.1,94).
Lysandros, der Organisator der spartanischen Flotte, wohl seit 407, zwang Athen 404 in die Knie.
Lykurg, ein legendärer Gesetzgeber Spartas (vgl. Ehrenberg, Neugründer des Staates, 1925, 5–54).

134 M. Scaurus, Konsul 115, vgl. Sall.Iug.15,3, galt als Muster der *virtus*; dazu Iuv.sat.9,91; Hor.carm.1,37; Cic.Mur.36; Font.24; Sert.39; Brut.111.
C. Marius führte den Jugurthinischen und Kimbernkrieg erfolgreich zu Ende; über ihn vgl. off.3,79 f.
Q. Catulus, Konsul 78, tat sich als Wahrer der Gesetze Sullas hervor und trat dem Aufstieg des Pompeius erfolglos entgegen (Cic.leg.Manil.51).
Cn. Pompeius Magnus, anfangs Sullaner, erlebte einen raschen und glücklichen Aufstieg. Der Gegensatz zum Senat führte ihn zum Ersten Triumvirat (60); vom Senat wiedergewonnen (49), wandte er sich gegen seinen Schwiegervater Caesar und unterlag. Über ihn Gelzer, Pompeius, München 1973.

135 P. Scipio Africanus minor Numantinus nahm 133 Numantia ein.
P. C. Scipio Nasica Serapio kam als Konsul in Konflikt mit den Volkstribunen; unter seiner Führung wählte man den verderblichen Weg der Gewalt gegen Ti. Gracchus (Plut.Ti. Gracch.13).
Ti. Gracchus, Volkstribun 133, scheiterte mit seinen Reformversuchen wie sein Bruder 121. Damit erwies sich das soziale Problem als unlösbar. Cicero wertet sein Handeln je nach seinen Anliegen (vgl. leg.agr.2,10; har.resp.43). Er habe die Einheit der Stände aufgehoben (Cic.rep.1,31; App.1,38 ff.;

Cic.Sest.103; Lael.37.40; off.1,109; 2,43,80. Zur Wertung Dieter, Eirene 6, 37). – Die Beispiele aus der römischen Geschichte werden von Cicero selbst stammen.

136 Der Vers stammt aus dem 3. Buch von Ciceros »De suis temporibus« vom Jahr 63; er ist auch an anderen Stellen zitiert (in Pis.74; Phil.2,20). Quintilian kommt auf den Vers zu sprechen (inst.11,1,24) ebenso wie Sen.brev.5,1.

137 Der Hang zum Eigenlob wurde schon in der Antike an Cicero getadelt (Quint.inst.XI,1,24; Sen.brev.5,1).

138 Vgl. Att.1,19,7; Phil.2,12.

139 M. Cato Censorius (234–149), erwähnt off.1,104; 2,89.3,1, drängte unermüdlich auf die Vernichtung Karthagos *(Carthago delenda est)*. Cicero setzte ihm in »De senectute« und rep.1,1 ein Denkmal. Vgl. Livius' Charakteristik 39,40,4 ff.; Klingner, Röm. Geisteswelt, 36 f. Cicero verehrte ihn als *homo novus* und Schöpfer der römischen Prosa. Cicero hat seine Reden gesammelt (Brut.65). Von 80 Reden sind Fragmente erhalten; vgl. Liv.39,40,8; Plin.7,27,100; Plut.Cato mai.15; Val.Max.3,7,7.

140 Terminus technicus der Fechtersprache.

141 προκαταλαμβάνειν τῷ λογισμῷ; Pohlenz (I, ad loc.) bezeichnet 1,81 als aus dem Zusammenhang gerissen. Hier ist Vergleich mit Gell.NA 13,28 möglich. Zur Sache vgl. Grotius, De iure belli et pacis, III 5.

142 Feigheit und Draufgängertum werden von der Tapferkeit getrennt. Zum Beispiel des Steuermannes und des Arztes vgl. Plut. Περὶ εὐθυμίας 17; Plat.rep.332e.341c.342e.360e; Aristot.pol.1324b 29–31; magn.mor.1183a 12–15; Max.Tyr.13,4 (Hobein); Cic.rep.1,62; 5,5.8; div.1,113; 2,13.16; nat.deor. 2,15; 3,15.76.

143 Kallikratidas (vgl. 109) – ein Gegner Lysanders – schloß im Jahre 406 den Athener Konon in Mytilene ein, unterlag aber der athenischen Hilfsflotte (Xen.Hell.1,6,1–33); seine Worte ebendort.

144 Kleombrotos, spartanischer König (380–371), unterlag Epameinondas 371 bei Leuktra (Ende der spartanischen Hegemonie – Xen.Hell.6,4,4; Diod.15,62–67).
Bei diesen hat Mut zur Entscheidung geführt (vgl. Plat.rep. 342e ff.420c.421b; leg.715b.823c), ganz anders als bei Q. Maximus Cunctator, der zwar einer Schlacht gegen Hannibal auswich, aber gerade dadurch seinen Gegner zermürbte.

145 Dieser Vers wurde von Verg.Aen.6,849 nachgeahmt; vgl. Cic.Cato 10.

146 Vgl. Plat.rep.342c bzw. 420b.

147 Zur *procuratio* für den Staat vgl. Cic.rep.2,51.

148 Cicero kommt es auf die *concordia ordinum* an (dazu Strasburger, Concordia ordinum; Büchner, Cicero, 220); damit folgt er griechischem Vorbild (ὁμόνοια als politisches Programm, [Plato] Alkib. I 126c; Skard, Zwei religiös-politische Begriffe, Symb.Osl.1932, 70 ff.). Zum Staatslenker als Diener am Volksganzen vgl. Cic.rep.5,8; Schäfer, Gymn. 67, 152.

149 Plat.rep.448b bzw. 567c; vgl. leg.856b. Cicero wendet den Gedanken ins Gegenteil.
P. Africanus Scipio minor und Q. Metellus, als Beispiele römischer Lebenswirklichkeit, waren innenpolitische Gegner (Lael.77; rep.1,31).

150 Zur Frage des Zorns vgl. Plat.rep.440a (vgl. Aristot.NE 1126a 10 f.). Die Stoa berücksichtigt nur das Moment des Begehrens (Stob.ecl.II 91,10 = Tusc.4,21; vgl. Hermes 41, 340). Vom Staatsmann aber ist die seelische Haltung der ὁμολογία gefordert, die dem λόγος folgt (Sen.ira 2,7; Epikt.1,25,31); dem steht die ὕβρις entgegen (off.1,90; Tusc.3,21 = Theophrast Περὶ πένθους; dazu Schwartz, Antike 4, 23; Stroux, Philol. 1933, 222; Polyb.8,11–13; besonders 12,10).

151 Caesars Versöhnlichkeit wurde gerühmt (ἐπιείκεια = *clementia*, sie wurde verehrt). – Umgänglichkeit (πρᾳότης) – Überlegenheit der Gesinnung (βαθύτης, vgl. Att.5,11,3; 4,6,5; part.orat.77; Mette, Philol. 1932, 273) – Strenge (vgl. Cato 4,11; Mur.6; Sull.8) – Freisein von Ehrenkränkung (vgl. off.1,137; Lael.89).

152 μεσότης (vgl. Hor.carm.2,10,5; Cic.orat.73; Tusc.4,43; Aristot.NE 1126a 34; 1109b 14–26).

153 Der Staatsmann soll ἔμψυχος νόμος sein (Aristot.pol. 1287a 32 ff.); Sen.ira 1,16,6.

154 Vgl. Nachwort S. 429 f.

155 Dieser Bericht geht auf Xanthippe zurück nach Tusc.3,31.

156 Laelius wird hier als der Weise neben Sokrates gestellt (als *sapiens* in off.2,40; 3,16; Tusc.4,5; Brut.84.213), Freund des Scipio minor (Lael.4; rep.1,18; off.1,108; de orat.2,22), vertraut mit den Stoikern Diogenes Babylonius und Panaitios

sowie mit Polybios.

157 εὐκολία καὶ φιλανθρωπία, ein Verhalten, das zwischen *levitas* und *pertinacia* steht (Sen.tranq.14,1), wofür Philipp von Makedonien (358–336) als Beispiel galt.

158 Vgl. off.2,70; Lael.71 f.; Aristot.NE 1159b 20–24; 1163a 8–16; Schäfer, Gymn.62, 346.

159 Philippson schließt aus dieser Stelle und 2,76 (RhM 78, 338 f.), daß Panaitios das Jahr 100 erlebt hat; denn Poseidonios bezeugt, Panaitios habe noch 30 Jahre nach Herausgabe der Bücher Περὶ εὐθυμίας gelebt (erschienen 129). Andere Berechnungen bei Cichorius, RhM 63, 219, gegen Zeller, Philosophie der Griechen [4]IIIa, 579,1.

160 Häufiger Vergleich (Verg.georg.3,115.191; Tib.4,1,94; Ov.ars 3,384; Cic.de orat.3,70; Plin.epist.9,26,7).

161 Vgl. Plat.leg.731e.

162 Abermals Gegenüberstellung der Staatsmänner und Theoretiker, hier in bezug auf die Seelengröße, und Hinzufügung einer dritten Gruppe, die zwischen beiden steht. Gemeint sind Leute wie Lysis und Platon (Bezug auf die eigene Person?). Vgl. 1,155.

163 Wie schon in 1,15 umschreibt Cicero die σωφροσύνη durch eine Anzahl von Synonyma.

Vgl. Plat.rep.430e: »Die Besonnenheit ist ... eine gewisse Ordnung (κόσμος) und eine Beherrschung (ἐγκράτεια) der Lüste und Triebe.«

SVF III,262 (vgl.266): »Die Besonnenheit sei ein Wissen über das zu Wählende (αἱρετῶν) und zu Meidende (φευκτῶν)«.

Wesentlich enger faßt Aristoteles die Besonnenheit (NE 1117b 5 ff.), ebenfalls im Anschluß an die Tapferkeit: »Sodann wollen wir von der Besonnenheit sprechen, denn sie und die Tapferkeit sind, wie man annimmt (die Akademie), die Vorzüge der irrationalen (vgl. Stoa!) Seelenteile. Die Besonnenheit ist die Mitte in Hinsicht auf Lustempfindungen ...«

Cicero fällt die Übersetzung der σωφροσύνη schwer. Vgl. Tusc.3,16 (wo er neben *moderatio, modestia* und *temperantia frugalitas* verwendet); leg.1,50; fin.2,60 *(continentia, verecundia, pudor)* sowie orat.70.

Nach Pohlenz (I,67) ist 1,93–106 der schwierigste Abschnitt, weil er unmittelbar aus Panaitios' Geist stamme und ethi-

sches sowie ästhetisches Empfinden verbinde. Chrysipps Intellektualismus und die Unterdrückung der Triebe seien abgelehnt; σωφροσύνη sei demnach die sittliche Vollendung des im Menschen liegenden Urtriebes nach Harmonie und Bedingung für die Entfaltung der Seele zum καλὸν κἀγαθόν. Nach den Actes du Congrès d'Aix-en-Provence, 226, legt Panaitios bei Behandlung der σωφροσύνη die größte Eigenständigkeit an den Tag. Sie werde bei ihm eine Tugend der Ordnung, die die Unterordnung der Triebe unter die Vernunft garantiere. Sie umfasse die anderen drei Tugenden und weise ein Gefühl für moralische Schönheit auf. Horaz ist in der »Ars poetica« (Regeln der Gesprächsführung und des Benehmens) davon beeinflußt (vgl. auch Cic.orat.70).

164 *Verecundia* = αἰδώς, *ornatus vitae* = κοσμιότης; vgl. SVF III,272; ἐπιστήμη περὶ τὸ πρέπον ἐν κινήσει καὶ σχέσει Plat.rep.430e.

165 Die Übersetzung des πρέπον mit *decorum* ist eine Neuschöpfung Ciceros (vgl. ThLL V, 216,82). Die Lehre vom πρέπον hat ihre Vorstufen in der Musiktheorie (RhM 62, 99) und ist von Aristoteles weiter ausgebildet worden.

166 Das *decorum* ist damit die äußerliche Seite des *honestum*.

167 Gemeint ist die καλοκἀγαθία. Darüber ausführlicher Tusc. 4,30 f.

168 Vgl. 2,10; fin.5,67.

169 Vgl. off.1,98; Philodem unterschied zwischen τὸ πρέπον κατὰ σοφίαν und τὸ πρέπον καθ' ἕκαστον πρόσωπον καὶ πρᾶγμα.

170 τὸ ἀκόλουθον τῇ τοῦ ἀνθρώπου προστασίᾳ καθ' ἣν διαφέρει τῶν ἄλλων. Der Mensch allein erkennt die innere Struktur der Dinge, die Harmonie des Ganzen und erfaßt das Schöne durch den λόγος – ein schon platonischer Gedanke (symp.210e ff.; Phaidr.250d; bei Platon erkennt der νοῦς das wahrhaft Schöne – symp.212a –, bei Panaitios erkennt die αἴσθησις die Schönheit im Sinnlichen und Geistigen; zu diesem Wandel vgl. Pohlenz, NGG 1933, 53 ff., bes. 76 ff.).

171 Vgl. orat.70; Aristot.rhet.1408a 25; über Theophrasts Behandlung des *decorum* Radermacher, RhM 54,376; vgl. auch Cic.de orat.3,210 (bei Besprechung der λέξις); für Philodem vgl. Gomperz, Sitzungsber. der Wien. Akad. 123, 12. Vergil galt unter den Dichtern als Meister in der Beachtung des

*decorum* (dazu Norden, Komm. zu Aen.6,261).

172 Aiakos und Minos erwiesen sich im Leben als so gerecht, daß sie (Söhne des Zeus) in der Unterwelt zu Totenrichtern wurden; vgl. Isokr.Euag.412; Plat.Gorg.523a.

173 Wohl aus dem »Atreus« des Accius – ein oft zitierter Vers (Sen.ira 1,20,4; Clem.1,12,4; 2,2; Cic.Sest.102; Phil.1,34; Suet.Cal.30).

174 Atreus gibt seinem Bruder die Körper seiner Söhne zu essen, ohne daß dieser davon weiß; vgl. Ov.met.6,665.

175 Im Deutschen ist *persona* kaum wiederzugeben. Es bedeutet 1. Maske (des Schauspielers); 2. die Rolle des Schauspielers; 3. die Person, die eine solche Rolle spielt. Cicero spielt ferner mit der Etymologie von *dignum* und *decorum*.

176 Derselbe Gedanke in Cic.orat.74; vgl. de orat.2,304.

177 Umschreibung für προστασία, vgl. Anm. 170 und nat.deor. 2,133.140.144.147.

178 Zur *verecundia* vgl. 99,127–129.143; rep.4,3.

179 Panaitios entfernt sich damit von der Auffassung der alten Stoa, daß δόξα und ἀδοξία *indifferentia* seien.

180 Dieser Vergleich ähnlich bei Aug.ord.1,1,2.

181 Zorzi (Aevum 33, 409) untersucht 1,99 stilistisch, Pohlenz (I, 65 f.) legt dar, daß Cicero erst eine Definition des *officium* zu gewinnen versucht, nachdem er seine Psychologie entwickelt hat. Vgl. auch Gigon, Palingenesia 6.

182 Vgl. dazu SVF III,280 (69,11–14).

183 Die Parallelstellung wie in 1,95 und 1,98. Der Vergleich war in der Stoa ein Topos (SVF III,278; Cic.Tusc.4,30).

184 Hier liegt wie in Tusc.2,47 – dazu Pohlenz I, ad loc. – die Seelenlehre des Panaitios vor. Philippson, RhM 78, 353 f., betont, daß Panaitios sich mit der Annahme eines ἄλογον in der Seele von der alten Stoa entferne; Zeller, Philosophie der Griechen, [4]IIIa,584,1, setzt diese Annahme eines ἄλογον auf Ciceros Rechnung. Tertullian (anim.14) hebt hervor, Panaitios habe sechs Seelenteile angenommen (ἡγεμονικόν und die fünf Teile der Seele). Damit ist – so Philippson – unsere Stelle nicht in Widerspruch, denn es ist von zwei δυνάμεις die Rede. Wenn dann von zwei Teilen gesprochen wird *(una pars ...)*, so liegt eine Ungenauigkeit Ciceros vor. Die Forderung der Unterordnung der πάθη unter den λόγος ist altstoisch (1,101.141; 2,18). Für Chrysipp sind die πάθη falsche Entscheidungen der Seele (SVF III,461), für

Zenon die Veränderungen der Seele infolge der falschen κρίσεις. Darin folgt Panaitios Zenon. Dem Rationalismus Zenons entgeht er aber durch die Anerkennung eines ἄλογον in der Seele. Cicero spricht von einem vernunftbegabten und vernunftlosen Teil der Seele auch in Tusc.2,47; 4,10 – nach Philippson, RhM 78, 353 f. und Pohlenz IV, 100 zu Unrecht, nach Gigon schließt er sich eng an Aristoteles (NE I,13 und pol.I,5) an. Vgl. auch Pohlenz III, 198 f. Nun spricht Aristoteles in NE 1,13 sowohl von Teilen (1102a 29) als auch von δυνάμεις (1102b 13) der Seele. Eine Entscheidung der Frage ist hier nicht möglich. Zum weiteren vgl. zu 1,7.

185 Eine ebenso platonische (rep.430e) wie aristotelische (NE I,13) Forderung.

186 Hier klingt Platons (Phaidr.246b) Gleichnis der Seelenteile mit dem Seelenwagen an; gemeint sind die πλεονάζουσαι ὁρμαί (Pohlenz III, 89–92; IV, 174 f.).

187 Vgl. Lael.48; off.2,18. Das Bild ist stoisch (SVF III,386. 391 f.; Tusc.4,14): συστέλλειν und ὑποστολίζειν = das Großsegel einziehen, mit verminderter Kraft fahren; vgl. Plut. Περὶ εὐθυμίας, 169b.475 f.; auf Panaitios zurückgehend.

188 Panaitios betont das Recht auf Entspannung, falls die προστασία des Menschen gewahrt bleibt (vgl. de orat.2,22). Über Scherz und Witz in der Rede vgl. Cic.de orat.2,54. 216 ff.

189 Plautus (250 ? – 184 v. Chr.), Verfasser von 130 Komödien; zur alten Komödie zählen: Eupolis, Kratinos, Aristophanes (448–385 v. Chr.).

190 Vgl. dazu Brut.392.

191 ›Bon-mots‹; vgl. de orat.2,222.

192 Vgl. nat.deor.2,148.150; Tusc.1,62; Hort.fr.(Mü)42; rep.5,5; 1,30. Die *voluptas* der Tiere ist zweckgerichtet, die geistige Freude des Menschen zweckfrei. Unserer Stelle nahe ist Nemes.nat.hom.(Patr.Gr.40,529c) mit πρὸς ἀπολαυσιν (= χρῆσιν) und πρὸς τέρψιν καὶ ἄνεσιν als Opposita (dahinter steht wohl Poseidonios).

193 L. Licinius Crassus (140–96), der große Redner und Vorbild Ciceros, Hauptsprecher in »de oratore«; zu ihm Wilkinson, De orat.Commentary, Hildesheim 1965, 8 ff.; Cic.Brut.138. 145; breite Charakteristik in Brut.143–151; vgl. off.2,57. Lucius Marcus Philippus, Volkstribun 103 (off.2,73), Konsul

91, Charakteristik in Brut.173.

C. Iulius Caesar Sesquiculus, gerühmt wegen seiner *urbanitas* (Brut.177), erwähnt off.2,50, Mitunterredner in »de oratore« (dazu Wilkinson, Kommentar, 25 f.).

Scaurus, vgl. Brut.110 ff., de orat.1,214; Sall.Iug.15,3.

M. Livius Drusus wurde ermordet, als er 91 als Volkstribun das Bürgerrecht für die Bundesgenossen durchzusetzen suchte; dazu Kornemann, Röm.Gesch. I, 442.

Scipio (zu ihm vgl. off.1,87), mit dem C. Laelius eng befreundet war (etwa 190–129, Praetor 145, Konsul 140). Laelius, der den Beinamen *Sapiens* hatte (Cic.fin.2,24; Hor. sat.2,1,72), war als Redner berühmt (Lael.6; Brut.82 ff.), beliebt wegen seines heiteren Wesens (de orat.3,28), erfolgreich auch als Feldherr in Spanien (off.2,40), scheiterte mit dem Versuch einer Agrarreform (140). Im Kreis der Scipionen (dazu vgl. Büchner, Röm. Literaturgeschichte, 142 ff.) spielte er eine bedeutende Rolle. Cicero hat der Freundschaft der beiden Männer ein schönes Denkmal gesetzt (Lael. 15; Brut.84; vgl. de orat.3,28; Vell.2,9). Daß über ihren Kreis die griechische Philosophie Eingang in Rom fand, erzählt Cicero in Tusc.4,5.

194 Sokrates' Ironie hebt Cicero auch sonst hervor, Brut.292. – Zu dieser Eigenschaft des Perikles vgl. Plut.5; Cic.de orat. 3,138.

195 Vgl. off.1,84.

196 Themistokles, vgl. Anm.130; und off.2,16.71.

Iason von Pherai wollte sich zum Tagos von Gesamtthessalien aufschwingen und Persien angreifen. Dazu rief ihn Isokrates auf (5,119). 360 wurde er ermordet; vgl. Xen.Hell. 6,20.

Solon, vgl. Anm.131.

197 Sulla, vgl. 1,43; 2,27.51; 3,87. Plut.Sull.c.5.6.28 über diese Eigenschaft und Sall.Iug.95,3.

Zu M. Crassus vgl. off.1,25; 3,73; Plut.c.3 und 6.

198 Kallikratidas vgl. 1,84.

Lysander (Lysandros), geb. etwa 455; für 407 erstmals als Nauarchos der Spartaner genannt, wurde zum Organisator des Kampfes Spartas gegen Athen im letzten Abschnitt des Peloponnesischen Krieges, den er mit Hilfe der Perser 404 durch Einschließung Athens erfolgreich beendete. Er fiel 395 bei Haliartos.

199 Catulus, Vater und Sohn, sind off.1,176 genannt.
Mania ist unbekannt.
P. Scipio Nascia, Sohn des in off.1,76 genannten; vgl. Brut. 128. Xenokrates aus Chalkedon, Schüler Platons, der nach Speusippos die Akademie leitete. Vgl. Cic.rep. 1,2, wo ihm eine für Aristoteles bezeugte Äußerung (Diog.Laert.5,20) in den Mund gelegt wird.

200 Vgl. off.107; Cicero gibt keine Definition der *natura universa*, obwohl es sich um einen der entscheidenden Begriffe der Ethik des Panaitios handelt. Von der Auffassung des Begriffs (allgemeine Natur des Menschen im Gegensatz zur individuellen oder das allgemeine Naturgesetz) hängt die Frage ab, ob Panaitios' Ethik mit der alten Stoa bricht oder nicht (vgl. Nachwort S. 429; Testard, Ausgabe, 62 f.). Der Vergleich mit 1,120 und 1,157 f. führt auf die erstgenannte Möglichkeit, der mit 3,27 f. auf die letztgenannte. Die Frage diskutiert Boyancé in den Actes du Congrès d'Aix-en-Provence, 226 f. Im Gegensatz zu Pohlenz in seiner Besprechung der Panaitios-Ausgabe van Straatens (Gnomon 21, 221, Nt.5), der sich ähnlich wie Miller in seiner Übersetzung (Loeb-Library, »the universal laws of human nature«) mit Grilli (Studi paneziani, Stud.ital.di filol.class.1957, 115) für die erstgenannte Auffassung entscheidet, neigen van Straaten (140 f.), I. G. Kidd (The relation of Stoic intermediates to the summum bonum, with references to the change of the Stoa, CIQ 49, 189), Gauthier (Magnanimité. L'idéal de la grandeur dans la philosophie paienne et la théologie chrétienne, Paris 1951, 135, Nt.3) zu der letztgenannten. Mir scheint, daß Cicero sich mit seiner Formulierung bewußt nach beiden Seiten offengehalten hat: die allgemeine Natur des Menschen, die bestimmt ist von der allgemeinen Gesetzlichkeit der Naturordnung. Dieser Auffassung scheint auch Testard (Ausgabe, 63, Nt.4) anzuhängen, wenn er die Reihung »la dignité de la personne humaine, l'unité du genre humain, la loi naturelle inscrite au cœur de l'homme, son universalité, les droits et devoirs qui en decoulent« für Panaitios aufstellt. Dann aber kann von einem Bruch des Panaitios mit der alten Stoa nicht gesprochen werden.

201 Für den Stoiker gehören Leben und Tod zu den *indifferentia* (vgl. Plat.apol.29a). Daher wird er den wohlerwogenen Freitod wählen (SVF III,757: εὔλογος ἐξαγωγή), wenn

Betätigung der Vernunft nicht mehr möglich ist; vgl. dazu Pohlenz III,157; Hirzel, Der Selbstmord, ARW 11, 75–206; Hoffmann, Leben u. Tod in der stoischen Philosophie, Heidelberg 1946; s. a. fin.3,60.

Platon gestattete den Freitod nur unter Zwang (Phaid. 61d ff.); seine Gründe führt er auf den Pythagoreer Philolaos zurück (vgl. leg.873d; Cic.rep.6,15; Cato 73; Scaur.5).

Catos Freitod erregte große Bewunderung (Tusc.1,74). Er folgte Sokrates' Vorbild (Plut.Cato min.68 f.), las er doch vor dem Tode den »Phaidon«. Bald wurde er neben Sokrates gestellt. Cicero verfaßte einen »Cato«, den Caesar mit seinem »Anti-Cato« beantwortete; vgl. Hor.carm.2,1,25. Ein treffendes Beispiel für den Freitod eines Stoikers hat Plin. epist.1,12,3.

Für Cato als Beispiel hier Romaglia, Riv. di St. Class., 1955. Nach Seneca d. Ä. (suas.6,2) bot Cato das Exempel eines guten Lebens und noch besseren Todes; vgl. Perelli, Umanesimo di Cicerone, Turin 1954, 151, s.a. Sen.ep.70,11

202 Panaitios hat offensichtlich Aias – im Gegensatz zu Odysseus – als Beispiel für den Selbstmord angeführt. – Übrigens ist 1,113 wie 1,108 f. vom Gegensatz her aufgebaut. Maßstab bleibt das πρέπον (dazu Zorzi, Aevum 33).

203 »Epigonoi«, eine Tragödie des Accius, wohl Übersetzung eines Aischylos-Stückes; »Medus«, eine Tragödie des Pacuvius; »Melanippos«, eine Tragödie des Ennius; »Klytaimnestra«, eine Tragödie des Accius; Rupilius, ein Schauspieler, den der junge Cicero noch erlebte; »Antiopa«, eine Tragödie des Pacuvius; Aesopus, einer der berühmtesten Schauspieler der Zeit, vgl. Tusc.2,39.

204 Cicero spielt wohl auf den Aristophanes-Vers (vesp. 1431) an (ἔρδοι τις ἣν ἕκαστος εἰδείη τέχνην), den er Tusc. 1,41 übersetzt hat.

205 1,107.

206 Das sind Tätigkeiten, die dem *vir liberalis* zukommen; besonders die Beredsamkeit sieht Cicero als *virtus* an (de orat. 1,83; 2,241; 3,55; 3,65). Über die verschiedenen Disziplinen, in denen einzelne sich auszeichnen, vgl. de orat.1,1–16. Sie stehen hier den Adiaphora, die das Schicksal zuspielt (off. 1,115), gegenüber, übrigens ein Thema der Rhetorik (de orat.2,342 ff.).

207 Mucius Publii filius Scaevola (Pontifex) fiel den Proskrip-

tionen des Marius zum Opfer (nat.deor.3,80). Cicero hatte sich ihm als junger Mann angeschlossen (Lael.1) und bewunderte ihn (Brut.194).
P. Cornelius Scipio Africanus, adoptiert von Scipio Africanus maior (Brut.77).

208 Timotheos, Sohn des Konon, Enkel des Miltiades, Feldherr des Zweiten Attischen Seebundes, dessen imperialistische Politik zur Auflösung des Bundes führte (355). Über ihn Isokr.15,101 f.; Cic.de orat.3,139; Tusc.5,100.

209 Über die Schwierigkeit, sich bei Unkenntnis über den rechten Lebensweg zu entscheiden, vgl. Tusc.3,1–3; Aug.ord. 2,9,26.

210 Xen.mem.2,1,21; vgl. off.3,25.

211 Zu dem Gegensatz Veranlagung – Beeinflußbarkeit des Menschen vgl. SVF III,228; Tusc.3,2 f.; leg.1,47.

212 Zur Formulierung vgl. off.1,11.

213 Vgl. off.1,110.

214 Vgl. Lael.76.

215 1,116.

216 Über seine schwache Gesundheit Brut.77. Ähnliches berichtet sein Grabstein.

217 Bei dieser Aufzählung gehören die ersten 3 und die letzten 2 Glieder zusammen, Weisheit und Tapferkeit sind nicht angesprochen.

218 Ein deutliches Wort an den Sohn wie im Prooemium I; vgl. dazu Sall.Iug.85.29–31.38; auch 16 f.21; Plat.Menex.247b.

219 Vgl. Plat.leg.729b.

220 Vgl. fam.15,17,2, wo Cicero von πρόσωπον πόλεως spricht.

221 Warnung vor πολυπραγμοσύνη.

222 Das πρέπον und die ὁμολογία werden einander zugeordnet. In *constantia* schwingen für den Römer andere Vorstellungen mit als für den Griechen in ὁμολογία.

223 Eine Disposition für den im folgenden zu behandelnden Lebensstil der zu behandelnden Persönlichkeit liegt hier nicht vor am Anfang (vgl. Pohlenz I, 74; anders Schmekel, Die Philosophie der mittleren Stoa, 41). Augustinus hat aus den folgenden Paragraphen in ord.2,4,12 geschöpft. *Formositas, ordo, ornatus* geben εὐσχημοσύνη, κόσμος, τάξις wieder.

224 Vgl. dazu Cic.nat.deor.2.141; Sen.nat.1,16,7; Apul.Plat.1, 13 (= Plat.Tim.45a); Xen.mem.1,4,6; Anon.sublim.43,5; Pohlenz I, 75 f.; Reinhardt, Poseidonios, München 1921, 254;

im Anschluß an diese Stelle und an Cic.nat.deor.2,134–146 haben christliche Autoren dieses Thema oft behandelt (vgl. Aug.ord.2,4,12; civ.22,24).

225 Das in *fabrica* liegende Bild geht letztlich wohl auf den τεκταινόμενος und δημιουργός Platons zurück.

226 Zu diesem seit Platon geläufigen Gedanken vgl. Plat.Tim. 47c, 90c–d; Schol.Plat.Soph.p.40 (Greene); rep.500c.

227 Die Kyniker leiteten sich über Diogenes von Sinope und Antisthenes von Sokrates ab. Ihren Namen haben sie von Diogenes' Beinamen Kyon (= Hund). Ihre Hauptforderung war Bedürfnislosigkeit und Nichtachtung der Konvention (ἀναίδεια). Ihre Lehre stellt Diogenes Laertius 6,19–81 dar.

228 Zenon von Kition war anfangs von dem Kyniker Krates beeinflußt. Sein Schüler Ariston von Chios vertrat wieder einen kynischen Stoizismus (Diog.Laert.7,121; Cic.fin.3,68).

229 Testard (Anm. ad loc.) macht darauf aufmerksam, daß der Pelagianer Julian von Aeclanum diese Stelle zitiert hat gegen Augustinus' Lehre von der *concupiscentia* und der Legitimität der Ehe; vgl. Testard, Revue des Études Latines 36,48 f.

230 Vgl. off.1,114; orat.109.

231 *venustas* = χάρις; *dignitas* = σεμνότης.

232 Vgl. Quint.inst.1,11,16.

233 Vgl. Sen.brev.7,3.

234 *Fercula* sind Gestelle, auf denen bei Triumphzügen die Beutestücke *(spolia)* vorgeführt wurden, beschrieben bei Liv.1, 10,6; Plut.Rom.16.

235 Der Übergang zu den beiden Arten der Rede ist hart. Eine Analyse des Abschnitts bringt Zorzi, Aevum 33,410. Die Scheidung der Rede in *contentio* und *sermo* ist so (vgl. off.2,48) wohl zum ersten Male von Panaitios formuliert (vgl. Pohlenz I, 77) und entstammt der Lebenspraxis. Beide Termini werden sonst von der Intensität der Stimme verwendet (Cic.de orat.3,203; orat.109), *contentio* in Att. 1,16,8; de orat.2,72; orat.37 von der forensischen Rede. Panaitios kam es auf das Wesen der Gattung an. Die Scheidung entspricht dem λόγος πολιτικός und λόγος φιλοσοφικός (vgl. orat.64; off.1,3; 2,48; Brut.26ff.). Panaitios behandelt vor allem den *sermo*, weil es für diesen keine Vorschriften gab.

236 Das *genus iudiciale*, *demonstrativum* und *deliberativum*.

237 σαφὲς καὶ ἡδύ, vgl. orat.58. Die Deutlichkeit (σαφήνεια) ist eine der vier ἀρεταὶ λέξεως, das *suave* gehört sonst zum Schmuck der Rede (κατασκευή), vgl. de orat.1,144; orat.58.

238 Zu Natur (φύσις) und Pflege der Sprache vgl. orat.58 f.; Quint.inst.11,3,14 ff. Etwas unklar sind hier die Voraussetzungen der Rede, genauer bei Quint.3,5,1: Die Redegewandtheit wird zur Vollendung gebracht durch die Naturanlage, Fachkenntnis (*ars* = τέχνη) und Übung (μελέτη), dazu führen manche als vierten Teil den der Nachahmung (!) an, den wir Fachkenntnis (ἐπιστήμη) nennen.

239 Vgl. off.1,76.109; Brut.133.

240 Crassus vgl. off.108; zu C. Iulius Caesar Strabo, vgl. de orat.2,44.

241 Vgl. zu den Aussagen dieses Satzes Quint.inst.11,3,16.33; 1,11,4; 11,3,57.

242 Besonders Platons und Xenophons Dialoge.

243 Vgl. SVF I,205.

244 Für den Stoiker ist der Zorn verwerflich (Tusc.3,19), dem Redner und Schauspieler wird er bis zu einem gewissen Grade zugebilligt (vgl. Sen.ira 1,15; 2,14). Bei Aristoteles hat der Zorn seine Funktion, NE 1125b 30.

245 Vgl. 82,129; zur *iracundia* (ὀργιλότης) vgl. Tusc.4,27; Sen.ira 1,4.

246 *Deforme* ist ein dem ästhetischen Bereich entstammendes Wort, das hier in den moralischen übertragen ist; vgl. *foedus* bei Augustinus (ord.1,1,2; 2,19,51); *deformis* (ord.1,8,26) als Synonym zu *decorum*.

247 Titelgestalt einer Komödie des Plautus. Selbstlob als ἀπρεπέστατον ist Thema der Rhetoren (Quint.inst.11,1,16–25; Cic.Tusc.4,55).

248 Cn. Octavius besiegte Perseus 168 als *praefectus classi*. A. Aemilius Scaurus wurde von Cicero verteidigt, als er wegen Erpressung angeklagt war. Zwei Jahre danach wurde er verbannt. Unheil = *calamitas* = συμφορά; gemeint ist der Entzug der bürgerlichen Ehrenrechte.

249 Der Autor des Verses ist unbekannt.

250 Zu den militärischen Leistungen des L. Licinius Lucullus Ponticus im Krieg gegen Mithridates vgl. Kornemann, Röm. Gesch.I, 497 ff.; Cic.Mur.33. Seine Villen, auf die er sich, vom politischen Leben enttäuscht, zurückzog, waren wegen

ihrer Pracht berühmt. Sie lagen in Misenum (Varro rust. 3,17,9) und Tusculum (fin.3,7).

251 Vgl. off.1,132.

252 εὐταξία ist ursprünglich militärische Zucht *(disciplina)*; Thuk.6,72,4; SVF III,264.

253 Übersetzung von τιθέναι (θέσις).

254 Vgl. fin.3,45; Plat.def.412.413c.

255 Übersetzung von φρόνησις; vgl. Anm. I, 267 f.

256 Bei ihrem gemeinsamen Unternehmen gegen Samos 440 (Thuk.1,115).

257 Der Vergleich der Harmonie in der Musik mit der Übereinstimmung der Handlungen im Menschenleben ist von Augustinus (ord.2,19,50) nachgeahmt. Er geht wohl zurück auf Plat.rep.443c (Gerechtigkeit im Staat – Harmonie der Seele), übernommen von Cicero in rep.2,69 (überliefert bei Aug.civ.2,21); vgl. parad.3,26.

258 Cicero hat wahrscheinlich die bekannte Erzählung über Apelles aus Kolophon, den Hofmaler des Philipp von Makedonien, vor Augen. Das Werk ist ihm durch Bericht – erst um 30 hat es Augustus nach Rom gebracht und im Tempel des Caesar aufstellen lassen (dazu Strabo 14,p.657; Plin.nat. hist. unten zitiert) – des P. Rutilius Rufus (off.3,10) bekannt – in den Verrinen erwähnt er es 4,135, auf seiner Reise von Rhodos nach Ephesos hat er es wahrscheinlich bei einem Besuch von Kos gesehen. In orat.5 erwähnt er es zusammen mit plastischer Kunst (wie hier) im Zusammenhang der Rhetorik (dieser Vergleich seit Aristoteles üblich). Über das Werk – schon in der Antike Inbegriff der Vollendung (vgl. »Orator«-Stelle) – berichtet Plin.nat.hist.35,36: »Er stellte seine vollendeten Werke in einem Laden für die Vorübergehenden aus und hörte, selbst hinter dem Bild versteckt, auf die Leute, die er für sorgfältigere Begutachter als sich selber hielt.« Ferner: »Die Venus, wie sie dem Meere entsteigt, hat Augustus im Heiligtum seines Vaters geweiht.« Vgl. Cic.nat.deor.1,75; div.1,23; fam.1,9,15; Att.2,21,4. Das Werk wird in der augusteischen Dichtung gerühmt (Prop. 3,9,11; Ov.ars 3,401 f., Pont.4,1, 29 f., am.1,14,33 f.). Maler und Dichter erscheinen bei Platon (rep.605a) in ihrer Abhängigkeit vom Urteil der Menge und werden deshalb abgelehnt.

259 1,148 wiederholt weitgehend die Gedanken von 1,128; vgl.

Diog.Laert.2,75.85.87; Hor.epist.1,1,18; 1,17,13.

260 Anhang über die Erwerbszweige, die dem freien Manne angemessen sind, beurteilt vom Maßstab des griechischen Bürgers aus und weit entfernt von der Schätzung der Arbeit bei Hesiod, Xenophon (mem.1,2,57) und Thuk.2,40,1 (»nicht die mühevolle Arbeit ist unwürdig, unwürdiger ist es, sich aus ihr nicht herauszuarbeiten«). – Besonders aufgrund dieser Stelle nahm Pohlenz I, 5.51.143.144, und RE 18,2,487 an, Panaitios habe sein Werk in Rom für die römische Aristokratie geschrieben; dagegen hat von Wilamowitz-Moellendorff, Glaube der Hellenen, Darmstadt 1955, 390, Stellung genommen; vgl. dazu Gelzer, Cicero, 358, besonders Anm. 85 und 86.

261 Nur Kriegshandwerk und die Arbeit des Bauern galten in Rom als ehrenvoll. Die vorher genannten Berufe waren einem Senator verboten, wenngleich es sich nicht um handwerkliche Berufe handelt.

262 Ter.Eun.257.

263 Dazu vgl. Anm. 261 und Verg.georg.2,458–540; Lucr.2,24 ff.; Hor.epod.2; Plin.nat.hist.18,3.5; Cato mai.51.

264 Panaitios wird kritisiert, weil er den Konflikt zweier sittlicher Pflichten nicht behandelt hat. Gigon, Palingenesia 4, nimmt an, daß Cicero nicht von sich aus auf diese Lücke hingewiesen hat, sondern ein orthodoxer Stoiker, wohl Poseidonios, auf den 1,152–161 zurückgehe, ebenso 2,88 f. *(duobus propositis utilibus, utrum utilius).* Panaitios wird in 1,7 kritisiert, weil er keine Definition des *honestum* gab, in 3,7 f., weil er die in Aussicht gestellte Behandlung des Konflikts zwischen scheinbarem Nutzen und scheinbarer Ehrenhaftigkeit nicht durchführte. Aus 3,8 kann man vermuten, daß diese Kritik auf Poseidonios zurückzuführen ist. Ähnlich urteilen Hirzel, Untersuchungen zu Ciceros philosophischen Schriften 2,722 ff.; Théaucourt, Essai sur les traités philosophiques de Cicéron, 308 f.; Pohlenz I, 85–90; Schanz-Hosius, Röm. Literaturgeschichte 1, 519 ff.; Klohe, De Ciceronis librorum de officiis fontibus, 38 f.; Jungbluth, Die Arbeitsweise Ciceros im 1. Buch über die Pflichten, 74–80. Büchner, RE (1939), 1172, 54 ff., nimmt Athenodor als Quelle an (vgl. dazu RE, Suppl. 5, 53). Valente, L'éthique stoicienne chez Cicéron, 26, denkt an Einfluß des Poseidonios, gestützt auf Cic.Att.17,11,4.

265 Die soziale Tugend wird wiederum den anderen Tugenden übergeordnet. Cicero hat sein Ideal schon dargelegt (off. 1,69–73; rep.1,1–13; 27–37; wiederum in off.3,1–5) – ein umstrittenes Thema zwischen Dikaiarchos und Theophrast. Zum Thema vgl. Testard, Ausgabe, 64; Grilli, Il problema della vita contemplativa nel mondo greco-romano, Mailand u. Rom 1953, 192–200.

266 Der Gedanke steht in Widerspruch zur stoischen αὐτάρκεια; vgl. fin.3,65; 5,57; Lael.87. Zu 1,153 vgl. Reitzenstein, NGG 1917, 409; GGA 1930, 150.

267 Vgl. off.1,19; 2,5; zur Definition SVF I,1017.

268 Vgl. SVF III,262.

269 ... Gemeinschaft der Götter und Menschen: Vgl. fin.3,64; leg.1,23; nat.deor.2,78.133; Lact.inst.2,5,37. Zur Nachwirkung des Gedankens Kaerst, Die antike Idee der Oekumene, 1903, 14.31, Nt.19.

270 Theoretiker (Lysis, Platon, Cicero) förderten die Gemeinschaft durch Belehrung; vgl. de orat.3,139 (ebenfalls Lysis und Platon als Beispiele); Ael.var.hist.VII 14. Testard, Ausgabe, 39, betont den persönlichen Charakter des Abschnitts und scheidet deshalb Poseidonios als Quelle aus.

271 Der Vergleich geht auf Aristoteles (pol. 1253a 7 f.; hist.an.I 488a 7 ff.) zurück. Die Stoa hat ihn übernommen; vgl. dazu Verg.georg. 4,153 ff.; Cic.fin.3,63 (hier neben anderen Lebewesen); Plut. An seni resp. ger. 783 f. (Ameise und Biene).

272 Die Stelle berührt sich – vgl. 1,156 – mit off.1,50 (vgl. Anm.97) und 2,73. Ob der Mensch Gemeinschaft bildet aus *imbecillitas* (ἀσθένεια) oder *naturā* (φύσει), das ist eine spätestens seit der Sophistik diskutierte Frage. Während unsere Stelle eindeutig die Natur betont (vgl. Cic.fin.3,62 f.; Lael. 86 f.), legt off.2,73 – durch den Zusammenhang der Argumentation bedingt – den Nachdruck auf den Nutzen (Schutz des Privateigentums; vgl. das Verhältnis von rep.1,39 zu 1,49). Die Lehre der Stoa muß hier in Zusmmenhang mit der οἰκείωσις-Lehre gesehen werden (vgl. dazu off.1,11 ff. und fin. 3,62 ff.). Der Nutzen hat jedenfalls für die Stoa (STV III, 314) erst sekundäre Bedeutung; darin folgt sie Aristoteles (pol.1278b 19), der den Vorrang der Natur vor dem Nutzen noch deutlicher in pol.1253a (vgl. NE 1097b 11. 1169b 18 f.) hervorhebt, und zwar in Polemik gegen die sophistische und sokratische Tradition (vgl. Plat.rep.359b f.); diese

sah die Gemeinschaft begründet aus Vereinbarung (νόμος) und Nutzen (συμφέρον); vgl. dazu Xen.mem.2,1,8–13. Ihr folgte Epikur. Die Polemik gegen ihn ist gut sichtbar in Lact.inst.6,10,18 (Referat über die Lücke nach rep.1,39; vgl. Lucr.5,5,1108–12 und Hor.sat.1,3,105). – In dem hier folgenden Paragraphen richtet sich Ciceros Argumentation sicherlich gegen Epikur, während er sich in der Lücke nach rep.1,39 zugleich von Polyb.6,5,4–8 distanzieren konnte (vgl. übrigens auch Marsilius von Padua, Defensor pacis 1,4,3, Reclams UB 7964 [3], 17). Die Zurückweisung eines isolierten Lebens wird ebenfalls über Panaitios – Poseidonios als Gewährsmann von Testard, Ausgabe, 39 (vgl. Anm. 270) zurückgewiesen – auf Aristoteles (NE 1177b 26–34) zurückgehen (gerichtet wohl gegen Stellen wie Plat. Theait.172c–176b o. ä.). Den Vergleich mit der Herde *(congregabilis)* hat die Stoa (SVF I, 262 = Zenon; vgl. Cic.rep. 1,39; fin.3,65), er hat sein Vorbild in Platons »Politikos« 268c.275a (vgl. leg.680e; Polyb.6,5,7; Nemes. nat.hom.19). Zu dem Gedanken, der Mensch sei nicht allein von der Natur, sondern auch durch seine Vernunftbegabtheit angelegt auf Gemeinschaftsbildung (*natura congregati adhibent agendi cogitandique sollertiam*; vgl. off.1,50 u. 156) vgl. Aristot.pol.1253a 14 f.; Isokr.Nic.5–9; Antid.253–257; Xen. mem.4,3,12; Steinmetz, Palingenesia 4, 186 und dort Anm. 19. – Zum ganzen Passus vgl. Pohlenz IV, 102; Pohlenz, GGA 1938, 134; Reitzenstein, Die Idee des Prinzipats bei Cicero und Augustus, NGG 1917, 399 ff.; Steinmetz, Palingenesia 4, bes. 182 f.

273 Spielt auf Merkurs *caduceus* an (Hymn. in Merc. 529 ὄλβου καὶ πλούτου ῥάβδος) Lukian.dial.7,4.

274 Erst jetzt kommt der in 1, 153 angekündigte Konflikt der Pflichten zum Austrag, und zwar hier zwischen den Anforderungen der μεγαλοψυχία und des Gemeinschaftstriebes.

275 Die Gedankenführung läuft in die Erörterung der *officia* κατὰ περίστασιν aus.

276 Zur Korrektur der sozialen Pflichten vgl. off.1,58 und 2,11–20.

*Zweites Buch*

1 Selbstsicherer Ton über den Erfolg seiner Bücher wie »Brutus«, »Hortensius« usw. (zum Gedanken vgl. nat.deor.1,8; off.1,1; ac.1,12).

2 Cicero hat sich über die römische Auffassung der Philosophie hinweggesetzt und lehnt es ab, sich ein Maß setzen zu lassen (Tusc.2,1, wo er an die traditionellen Argumente gegen die Feinde der Philosophie anknüpft – Plat.Gorg.484c – und seinen Standpunkt aus de orat.2,156 und rep.1,30 aufkündigt). Jetzt kommt es ihm auf umfassende philosophische Bildung an (nat.deor.1,9; fin.1,2 f.; Häfner, Die literarischen Pläne Ciceros, Diss. München 1928).

3 Vgl. de orat.prooe.I; fam.9,20.

4 Ein Seitenhieb auf Caesar; vgl. off.1,26; nat.deor.1,7; div. 2,6; Tusc.5,5; fam.4,3,4; 9,2; 7,28,3. – Daß die *respublica libera* seit dem Scheitern aller Reformen am Ende aller Möglichkeiten war, hat Cicero nie eingesehen. Vgl. den haßerfüllten Angriff in 2,84 und die Anm. dazu.

5 Cicero zählt diese Phil.2,12 auf; vgl. Marcell.2.

6 Vgl. nat.deor.1,9; ac.1,11; div.2,6; Kretschmar, Otium, 208.

7 Vgl. de orat.prooe.I.

8 Antonius und seine Genossen.

9 Vgl. Brut.22; dagegen Marcell.1 f.

10 Vgl. off.1,155; nat.deor.1,6; Tusc.5,5; de orat.1,2; Brut.315; Fuchs, MH 16,1–28, bes. 6 ff.; div.1,22; fam.4,4,4; 13,1,2; Tusc.5,22; Plut.Cic.4,1 f.4; RE, Tullius, 1174–77.

11 Ein immer wieder vorgetragener Gedanke (de orat.1,1; ac. 1,11; div.2,7). Die Rückkehr zur Philosophie wird als Hinwendung zu geliebter Tätigkeit empfunden: Tusc.5,5; nat. deor.1,6. Zu seinem Verhältnis zur Philosophie vgl. leg. 1,58 ff.; Tusc.5,68.

12 Vgl. nat.deor.1,7. Cicero glaubt, philosophische Schriftstellerei als Dienst an der Allgemeinheit rechtfertigen zu müssen (off.1,1.22.52; leg.1,5; ac.2,6; fin.1,10; nat.deor.1,7; div.2,1; 4.7.148; de orat.1,2; RE, Tullius, 1183; Knoche, Hermes 87, 57; Kretschmar, Otium, 130, und Anm. I, 4).

13 Zur *laus philosophiae* vgl. Tusc.5,5.

14 Vgl. Tusc. 4,57 und SVF II,35 f.

15 Vgl. fam.4,4,4; 9,2,56; 12,5; ad Q.fr.3,9,2; ac.1,7.

16 Hinweis auf den Hortensius, der – nur sehr bruchstückhaft

erhalten – ein προτρεπτικός *ad philosophiam* war (vgl. div.2,1).

17 Vgl. ac.2,23.66 (*percipere* = καταλαμβάνειν).

18 Vgl. Cic.fin.5,15; Cicero geht hier darauf ein, daß er – was seiner Rhetorik sehr zustatten kam – zumeist den Standpunkt der Skepsis einnimmt. Dahingehend hatte ihn Philon von Larissa, Akademiker, Schüler des Kleitomachos und dessen Nachfolger in der Schulleitung, beeinflußt, der im Verlaufe des Ersten Mithridatischen Krieges um 88 nach Rom gekommen war, wo er großes Aufsehen erregte (Plut.Cic. 3,1). Ciceros Denken hat er entscheidend beeinflußt (Brut. 306; ac. 1,13). Selbst in Nachfolge der akademischen Skepsis hat allerdings er deren Überwindung eingeleitet (Gründung der vierten Akademie; Sext.Emp.Pyrrh.hyp.1,200). In der Erkenntnistheorie näherte er sich der Stoa an (die Distanz zu ihr betont Sext.Emp.Pyrrh.hyp.1,235), auch in der Ethik. Cicero interessierte sich vor allem deswegen dafür, weil er die Rhetorik in die Philosophie einbezog. Vgl. Tusc. 2,9 und Weische, Cicero und die neue Akademie, 1961.

19 Über das hier angesprochene Problem des πιθανόν vgl. ac. 2.32, wo Cicero die Lehre von Philon und Carneades vermengt, und Aug.c.acad.2,16. Das *probabile* ersetzt Cicero die absolute Wahrheit (off.3.20; orat.234; Tusc.5,33). Zur Stelle vgl. Zielinski, Cicero im Wandel der Jahrhunderte, 65.

20 Die *arrogantia* und *temeritas* (προπέτεια) wird von der neuen Akademie den dogmatischen Gegnern vorgeworfen (div.2,1.30; ac.2,66.68), weil sie mit ihrem Urteil nicht zurückhalten (ἐποχή).

21 Akademie und Peripatos.

22 Vgl. nat.deor.3,25.

23 Zur Verwandtschaft der Götter und Menschen durch den gemeinsamen Besitz der Vernunft vgl. rep.1,19; leg.1,23; fin.3,64; Philo, De opificio mundi, 143.

24 Daß sich der Passus eng mit nat.deor.2,150 f. berührt, hat Pohlenz (I, 96) beobachtet; vgl. auch Reinhardt, Kosmos und Sympathie, 1926, 147. – Hinter der Verbindung verbirgt sich das Begriffspaar *utilitas* – *oblectatio* (χρεία – τέρψις).

25 Dazu vgl. Cic.nat.deor.2,12; 2,150 f.; 3,15; div.1,24; Plat. rep.341c f.342e.346a.360e.389c; polit.297e ff.; Aristot.pol.1324b 24 ff. u. a., Stellen, die zeigen, daß die Zusammenstellung

beider Berufe seit Platon der literarischen Tradition angehört. Ackerbau als Beispiel in diesem Zusammenhang auch in Plat.rep.332e.

26 Das Transportwesen in diesem Zusammenhang in nat.deor. 2,151; Xen.mem.4,3,10. – Zum Bergbau vgl. nat.deor.2,151b. Bei dem Zitat handelt es sich um Versstücke eines unbekannten Dichters; vgl. Aischyl.Prom.500–503; Cic.div.1,116; Aetna 258; Plat.Tim.76e; Lact.opif.3,20; 5,11; 10,22.

27 Vgl. nat.deor.2,151e, eine Stelle, die Pohlenz, GGA 1922, 268 und GGA 1926, 284–286 mit dem Kontext Panaitios zuschreibt gegen Reinhardt (Poseidonios, München 1921, 258 ff.; Kosmos und Sympathie, München 1926, 142 ff.).

28 Vgl. nat.deor.2,152e. – Die πρῶτοι εὑρεταί; zu dem Abschnitt und seinem Bezug auf 2,72 ff. vgl. Cataudella, Sulle fonti, 483.

29 Cicero kommt nun auf die Kulturleistungen des Menschen zu sprechen: Städtegründung, Gesittung, Zivilisation. Während die bisherigen Leistungen der *utilitas* zugehörten, so diese der *oblectatio*, was in dieser Form verwunderlich ist. Vgl. nat.deor.1,150 ff.; Tusc.1,62; Hort.fr.(Mü)42; rep.1,30; 5,5. – Vgl. Anm. II,23

30 Sonst wird gesagt, daß die Philosophie die Menschen zu Stadtgründung und Kultur geführt habe: Tusc.1,64; rep.1,2; off.1,156. – Hier kommt es darauf an zu betonen, daß die Menschen sich zu ihrem Vorteil zusammenschließen; vgl. dazu Cic.rep.1,39; bes. Polyb.6,5,4–7; Lact.inst.6,10. Vgl. Anm. I, 272. Ziel der staatlichen Ordnung sind Sicherheit und Wohlstand der Bürger; vgl. dazu rep.5,8; Schäfer, Gymn.67,511; Kaerst, NJbb 1929, 668 ff.; Stark, Ciceros Staatsdefinition, 64 f.; Aristot.NE 1094a 9 f.; Iambl.protr.7,42,9; 7,55,27; Plat.leg.961e.

31 Cicero hat also seine Quelle sehr gekürzt. Auch aus dem Folgenden ist ersichtlich, daß er hier über die Weitläufigkeit des Panaitios ungehalten ist.

32 Panaitios hat hier aus Dikaiarchos geschöpft; Schäfer, Gymn. 67, 516; Hommel, Gymn.62, 326 f. 333 f.

33 Die Klärung dieses Abschnitts (17 und 18) bedarf eines weiteren Ausholens. Zunächst erfolgt hier eine Zusammenfassung des Vorhergehenden (*cum igitur:* die Menschen schaden und nützen einander am meisten; vgl. 11). Aber um die Zuneigung der Menschen zu gewinnen und sie ihrem Nutzen

in der Gemeinschaft zuzuführen, genügen nicht mehr die *artes*; man bedarf der *virtus*. Also: über vernunftlose Gegenstände verfügen die *artes*, über den Menschen allein die *virtus*.

Die für den Menschen nützlichen Gegenstände sind in Abschn. 11 in leblose und belebte, diese in vernunftlose und vernunftbegabte eingeteilt; die letzteren in Götter und Menschen. Jene sind nur durch Tugenden zu gewinnen, durch *pietas* und *sanctitas*. Jedoch scheiden sie aus der Betrachtung aus, weil sie dem Menschen nicht schaden (2,12: *quia deos nocere non putant*). Die leblosen Gegenstände und die belebten, aber unvernünftigen Wesen werden dem Menschen nützlich durch Arbeit der Hände und Kunstfertigkeiten, die erst in der Gemeinschaft geleistet werden können (12–14: Seefahrt, Transportwesen, Wasserleitungen, Beherrschung der Tiere – die Sklaven fehlen! –, und damit ist man zum Ausgangspunkt von 12, dem Ackerbau, zurückgekehrt).

Von der Gewinnung des Notwendigen kommt man zur Verschönerung und Sicherung des Lebens (Medizin noch einmal genannt und *oblectatio valentium*). So zu höherer Kultur gelangt, unterscheidet sich der seines Logos mächtig gewordene Mensch vom Tier (vgl. off.1,11 f.). Er kommt zu bewußter Vollendung des von der Natur angelegten Geselligkeitstriebes durch die Gründung eines Verfassungsstaates nach demokratischen Grundsätzen *(iuris aequa discriptio certaque vivendi disciplina)*, zu menschlicher Kultur und Gesittung *(mansuetudo animorum* ... und *verecundia)*, damit auch zur Zivilisation *(vita munitior* ... *atque* ... *nulla re egeremus)*. Vgl. dazu bes. nat.deor.2,148, und die umliegenden Abschnitte; Tusc.1,62; rep.3,3.

Die Menschen zur bewußten Vollendung des *naturaliter* in ihnen angelegten Geselligkeitstriebes zu führen – d. h. durch den Logos –, vermag nur, wer seine eigene Natur zu Herrschaft des Logos, zu geistiger und moralischer Vollkommenheit angeleitet hat (17: *quae in rebus inanimis quaeque in usu et tractatione beluarum fiunt utiliter ad hominum vitam, artibus tribuuntur operosis, hominum autem studia* ... *praestantium virorum sapientia et virtute excitantur*. Dahinter steht die Auffassung der gemischten Verfassung: *hominum studia* ... *praestantium virorum sapientia* – demokratisches und aristokratisches oder monarchisches Element!).

*Virtus omnis* (18) nimmt *sapientia et virtus* wieder auf: das gesamte vom Logos her bestimmte Verhalten ist wirksam in der *prudentia* oder *sapientia domestica* – die *sapientia civilis* ist als in 16 angesprochen übergangen –, in der Logik als dem Erforschen der Wahrheit und Kausalzusammenhänge (vgl. 1,11), und in der Ethik: in σωφροσύνη (18: *alterum*) und in δικαιοσύνη *(tertium)*.
Damit klingt zumindest die aristotelische Scheidung in ἀρετὴ διανοητική und ἀρετὴ ἠθική an. Da sie aber bei Aristoteles so nicht erscheint, wohl aber in fin.4,4 (aristotelische Kritik an der Stoa), so wird hier ein von Panaitios aufgearbeiteter Dikaiarchos vorliegen. Dafür spricht nicht nur 16 (Mitte), sondern auch das rasche Beiseiteschieben der Götter (12a) und die Art dieses Verfassers *(deos nocere non putant)*, über die Götter zu urteilen.

34 Anspielung auf die Niederlage des Pompeius, seines Sohnes und Scipios bei Pharsalos (9. August 48), Munda (6. April 46) und Thapsos (17. März 45); vgl. dazu Suet.Iul.35 f.

35 Gemeint ist Pompeius, der nach der Niederlage bei Pharsalos nach Ägypten floh und dort ermordet wurde; vgl. dazu Vell.Pat.2,58.

36 Vgl. Sen.clem.1,19,6; Plin.epist.8,24,6

37 Das Zitat stammt wohl aus dem Thyestes des Ennius.

38 Deutlicher Bezug auf Caesar. – Zuneigung *(caritas)* als bewahrendes Prinzip des Staates; vgl. Cic.rep.1,55; 2,14.

39 Zu den Tyrannenbeispielen vgl. Xen.Hell.4,35; Cic.div.1,35 (nach der »Eudem. Ethica« des Aristoteles). Die Anekdote über Dionysios findet sich auch in Cic.Tusc.5,57 f. (vgl. rep. 1,28); Alexander von Pherai, verheiratet mit Jasons Tochter Thebe (1,108); über ihn berichtet Xen.Hell.6,4,35.

40 Phalaris von Akragas (Girgenti) war im 6. Jahrhundert 16 Jahre lang Tyrann und begründete durch seine Expansionspolitik die Macht seiner Vaterstadt. Seine Grausamkeit ist berüchtigt und legendär: Seine Feinde soll er in einem eisernen Stier verbrannt haben. D'Eliade, Echi del De officiis nel »ars amatoria« Ovidiana, in: Atti del Congresso internazionale di Studi Ciceroniani, Rom 1953, 137 f., sieht in »ars amatoria« 1,653 einen Nachklang an unsere Stelle.

41 Demetrios Poliorketes, Sohn des Antigonos Monophthalmos, mit dem er seit 314 gegen Ptolemaios kämpfte, nahm 306 den Königstitel an und errichtete seit 307 eine kurzlebige

Herrschaft in Mittelgriechenland – im Kampf gegen Kassandros – und auf der Peloponnes unter der Parole ›Befreiung der Hellenen‹. Seit 302 war er Hegemon des Korinthischen Bundes. Nach der Schlacht von Ipsos (301) büßte er fast alle Macht wieder ein. Die zusammenbrechende Herrschaft in Griechenland übergab er seinem Sohn Antigonos II. Gonatas und wandte sich nach Kleinasien, wo er nach Anfangserfolgen von seinem Schwiegersohn Seleukos I. bezwungen wurde (285) und nach zwei Jahren ehrenvoller Haft in Syrien starb.
Zu ›Pyrrhos‹ vgl. Anm. I, 87.

42 Der Begriff der Tyrannei wird ausgedehnt auf die Hegemonie der Lakedaimonier (404–372); vgl. dazu Isokr.Eirene 100; Thuk.1,96; 2,63,2. Die Niederlage der Lakedaimonier gegen die Thebaner unter Epameinondas bei Leuktra (372) brachte das Ende ihrer auf persische Hilfe gestützten Hegemonie über Griechenland; vgl. dazu Xen.Hell.7,1,35.

43 Cicero liebt es wie andere – besonders Sallust (vgl. Catil. 9,11 f.) –, Beispiele aus der griechischen Geschichte neben solche aus der römischen zu stellen; vgl. dazu neben anderen Stellen Sest.141; rep.1,5 f.; Arch. 19.

44 Vgl. dazu Sall. Catil. 9,4.

45 Vgl. Sall. Iug. 14,4; Cic. Mil. 90; Balb. 13; div. in Caec. 64 ff.

46 Derselbe Gedanke vgl. Sall. Catil. 11,4.

47 Marseille, um 600 von den Phokaiern gegründet, entfaltete rasch besonders nach Gallien große wirtschaftliche Macht, entsandte weitere Kolonien und stellte viele berühmte Seefahrer und Kaufleute. Die größte Blüte erlebte die Stadt im 4. und 3. Jahrhundert. Sie stand bald in freundschaftlichem Verhältnis zu Rom, das für Marseille die Niederkämpfung der Ligurer (154 v. Chr.) und der Allobroger (125–121) auf sich nahm. Seit Einrichtung der Provinz *Gallia Narbonensis* freilich (118 v. Chr.) ging der Handel der Stadt allmählich in römische Hände über, offensichtlich, ohne daß das Verhältnis zu Rom getrübt wurde. Im Bürgerkrieg stellte sich die Stadt auf des Pompeius Seite und wurde von Caesar im Jahr 49 eingenommen (Bericht im bell.civ.1,34; vgl. Suet. Caes.35). Die Stadt erlangte danach ihre frühere Bedeutung nicht mehr. Zu dem freundschaftlichen Verhältnis zu Rom hat wohl auch das aristokratische Stadtregiment beigetragen. In Rom nahm man die Eroberung des alten Bundesgenossen

mit Erbitterung hin, verzieh es Caesar kaum, daß er einen Triumphzug über ihn feierte (vgl. Cic.Phil.8,18 f.) in seinem Zorn, den er später milderte. Zum Triumphzug Caesars über Marseille und andere Gegenden vgl. Vell.Pat.2,56. Bei dieser Gelegenheit wurden Bilder der eroberten Städte einhergeführt (vgl. dazu Tac.ann.2,41,2; Quint.inst.5,3,41; Pers. sat.6,47).

48 Cicero denkt an Leute wie Sulla, Clodius, Piso, Gabinius und andere; vgl. Suet.Caes.83.

49 Damit spielt Cicero besonders auf Antonius und seine Trabanten an, wie aus den »Philippica« ersichtlich ist.

50 Cornelius Sulla ist Neffe des Diktators. Er war führend beim Verkauf des beschlagnahmten Privatbesitzes beteiligt im Jahre 82, aber auch 46 unter Caesars Diktatur (vgl. dazu die boshafte Bemerkung des C. Cassius in Cic.fam.15,19,3). Gemeinsam mit Paetus wurde er für das Jahr 65 zum Konsul gewählt. Beide konnten wegen eines Bestechungsskandals ihr Amt nicht antreten. Später wurde er der Mitwisserschaft an der Catilinarischen Verschwörung angeklagt und von Hortensius und Cicero verteidigt. In dieser Rede beurteilt Cicero Sulla ganz anders als hier (vgl. bes. 72 dort). Im Bürgerkrieg focht er auf Caesars Seite in Griechenland (bell. civ.3,51,1; 3,89,3; 3,99,4), wo er als Kommandant zur vollen Zufriedenheit Caesars mit größter Vorsicht operierte.

51 Dieser Cornelius Sulla war ein Freigelassener des Diktators, sein Sekretär und Quaestor unter Caesars Diktatur (vgl. Sall.fr.1,49,7).
Caesar erhöhte die Zahl der Quaestoren auf 40 im Jahr 45 v. Chr. (vgl. dazu Tac.ann.11,22) und ließ eine Anzahl von – nach Ansicht der Senatorenkreise recht unwürdigen, in Wahrheit dem Ritterstand zugehörigen – Personen in den Senat aufnehmen, so daß er auf 900 Mitglieder anstieg (vgl. dazu Meyer, Röm. Staat und Staatsgedanke, 338).

52 Cicero denkt wie in Marcell.10 und Phil.2,69 an Stellen der griechischen Literatur (Thuk.7,77,7).

53 Vgl. dazu off.1,35; rep.5,2.
Den Abschnitt über den Ruhm (= εὐδοξία) entnimmt Cicero nicht seiner Quelle, sondern »De gloria«; vgl. dazu Boyancé, Études sur le Songe de Scipion. Paris 1936, 158 f.; vgl. auch Tusc.3,3; fin.5,69; Graff, Ciceros Selbstauffassung, 22 f.

54 Vgl. Anm. 53.

55 Vgl. dazu Isokr. ad Nicocl. 24; Xen.Kyr.1,6,21.
56 Eine Anspielung auf Hesiod, »Opera et dies«, 291 f.
57 Das Bild der *faces* (Fackeln) ist im Deutschen nicht nachahmbar; vgl. Tusc.2,61; fin.5,76.
58 Zur Gleichstellung von *vir bonus* und *vir iustus* vgl. off.1,20.
59 Plat.rep.503a; Ov.trist.1,5,25 f.
60 Vgl. Plat.rep.351c; 352e–d.
61 Bardulis und Viriathus werden von Cicero als Räuber bezeichnet, weil sie einen Guerilla-Kampf führten. Diodor 16,4 erwähnt Bardulis als König der Illyrer. Er führte gegen Perdikkas (365–359) und dessen Bruder Philipp II. Krieg. Von ihm wurde er besiegt. Viriathus, ein Lusitanier, stieg vom Guerilla-Führer zum Freiheitshelden im Krieg gegen Rom auf. Die Römer mußten von ihm mehrere Niederlagen hinnehmen. Der Krieg gegen ihn wurde erst durch die Eroberung Numantias (133) abgeschlossen, als Q. Servilius Caepio die Vertrauten des Lusitaniers bestach, ihn zu ermorden.
62 Theopompos von Chios, geb. 378, Schüler des Isokrates, Verfasser der »Φιλιππικαὶ ἱστορίαι« und der 58bändigen »Hellenika« als Fortsetzung des Thukydides.
63 Vgl. Anm. 61.
64 Vgl. off.1,90.
65 In hist.1,96 im Bericht über Dioikes.
66 Die hier und anderwärts (Cic.inv.1,2; Tusc.5,5; leg.3,4; vgl. rep.2,24; Tac.ann.3,26) vorgetragene Ansicht über die Einsetzung von Königen (*bene morati* = εὐήθεις) folgt Poseidonios, wie aus Sen.epist.90,5 ersichtlich ist; Schäfer, Gymn. 67, 509, vergleicht dazu rep.5,3. Die Abschnitte 41 und 42 entsprechen Pan.fr.120 bei van Straaten.
67 Xen.mem.2,6,39; Kyr.1,6; 2,32.
68 Ti. Gracchus, Konsul 177 und 163, Vater der Volkstribunen, bewährte sich als Offizier und Verwalter Spaniens sowie in der römischen Innenpolitik (Liv.45,15). Cicero rühmt ihn auch sonst im Gegensatz zu seinen Söhnen (de orat.1,211; Brut.78; fin.4,68).
69 Die Äußerung geht auf Scipio Africanus zurück (de orat. 2,106; Mil.8; Plut.Ti.Gracch.21).
70 off.1,20–47.
71 Ein nachdrückliches Lob für den Sohn; es war in der Zeit der ausgehenden Republik üblich, daß junge Leute des Senatorenstandes das Kommando einer Reiterabteilung übernah-

men. Diese Ehrung wurde dem erst 17jährigen Marcus zuteil.

72 Ein *locus communis*; vgl. Isokr.Panegyr.1 f.

73 Vgl. Lael.1; off.1,122.

74 P. Mucius Scaevola, Vater jenes Mucius Scaevola, der in off.1,116 genannt ist, Konsul 133, ist als Rechtskenner oft gerühmt (de orat.1,234; top.6). Zu T. Rutilius Rufus vgl. 3,10.

75 L. Licinius Crassus (vgl. off.1,108) erwarb sich großen Ruhm, als er im Alter von 20 Jahren C. Carbo anklagte (119 v. Chr.); vgl. dazu de orat.1,40; 3,74; Brut.159.

76 Demosthenes klagte seine Vormünder wegen Veruntreuung als Achtzehnjähriger an; vgl. dazu Lesky, Gesch. d. griech. Lit., Bern [3]1971, 669.

77 Vgl. off.1,132; D'Eliade, a. a. O., 137, sieht Anklang an diese Stelle in Ov.ars 1,467.

78 Antipatros wurde von Alexander dem Großen, als dieser den Krieg gegen die Perser begann, als Hegemon des panhellenischen Bundes und ›Stratege Europas‹ zurückgelassen (vgl. dazu Bengtson, Griech. Gesch., 314). Von ihm soll es zwei Bücher von Briefen gegeben haben (Suidas). Sein Sohn Kassandros (355–297) war Reitergeneral des Makedonenheeres, bemächtigte sich nach dem Tode Alexanders (323) Makedoniens, ließ Alexanders Mutter, ebenso dessen Frau und Sohn ermorden. Zwar fand er 311 Anerkennung als Statthalter Europas, konnte aber in der Zukunft Griechenland nicht behaupten.

79 Antigonos kämpfte nach Alexanders Tod für die Reichseinheit, unterlag aber mit dieser Idee in der Schlacht von Ipsos (301 v. Chr.); dazu Bengtson, Griech. Gesch., 356.

80 Vgl. off.1,132; de orat.1,31.

81 Schon wegen der größeren Schwierigkeit; vgl. Quint.inst. 5,13,2.

82 off.2,47.

83 M. Antonius, der große Redner und Konkurrent des Crassus (de orat.1,172; Brut.138.139 ff.215.301.304); er tritt als Gegenredner des Crassus in de orat. auf und vertritt eine weniger anspruchsvolle Rhetorik.

84 P. Sulpicius Rufus, geb. 124, als Redner hochangesehen (de orat.3,31; Brut.205; har.resp.41), schlug sich als anfänglicher Anhänger der Aristokratie auf die Seite des Marius. Er fiel

den Proskriptionen Sullas zum Opfer (de orat.3,11; leg.3, 20; Herenn.4,31). In »De oratore« ist er einer der Unterredner.

85 Lucius und Marcus Licinius klagten den Augur Servilius an, um ihren Vater L. Licinius Lucullus zu rächen; dazu vgl. Plut.Luc.1; Cic.ac.2,1.

86 Im Prozeß gegen Verres (70 v. Chr.), durch den Cicero zum ersten Redner in Rom wurde und damit Hortensius, der Verres verteidigte, ablöste (Brut.319).

87 C. Iulius Caesar Vopiscus, als Redner (off.1,108) und Dichter bekannt, ist im 2. Buch von Ciceros »De oratore« Mitunterredner. Er begann seine politische Laufbahn als Ankläger des T. Albucius, des ehemaligen Propraetors von Sizilien, wegen Erpressung. Albucius ging 103 v. Chr. nach Athen in die Verbannung, wo er sich ganz der Philosophie widmete (Cic.Tusc.5,108; Brut.131). Aus Cic.fin.1,9 ersehen wir, daß der Dichter Lucilius in einer seiner Satiren ihn verspottete wegen seiner Vorliebe für das Griechische und für griechische Zitate an unpassender Stelle (frg.84.88 M.).

88 Manius Aquilius, Mitkonsul des Marius, wurde von L. Fufius wegen Amtsmißbrauchs angeklagt, von M. Antonius verteidigt; vgl. dazu Brut.222; Flacc.39; Verr.5,1,3; de orat.2,47.

89 Vgl. dazu Cic.Brut.130; de orat.2,226.

90 Cicero begann als Sechsundzwanzigjähriger seine Karriere als Redner mit dieser kühnen Verteidigungsrede für Sextus Roscius aus Ameria gegen Sullas einflußreichen Freigelassenen L. Corn. Chrysogonos.

91 *praebitor* (= πάροχος) ist der Fachausdruck für den Lieferanten der die Provinzen bereisenden Beamten.

92 Vgl. dazu die Regel bei Aristot.NE 1120b 23.

93 Vgl. Aristot.NE 1121a.

94 Anspielung auf das Faß der Danaiden; vgl. Plat.Gorg.493.

95 Vgl. Anm. II, 113.

96 Diese Gedanken finden sich nicht in dem erhaltenen Werk; vielleicht standen sie in περὶ πλούτου. Sie wurden auch dem Peripatetiker Ariston von Keos zugeschrieben, aus dessen Ὑπομνήματα περὶ κενοδοξίας der Epikureer Philodemos in Περὶ κακιῶν (hrsg. von Sauppe) berichtet; vgl. Plut.Cato mai.18.

97 Vgl. Meyer, Röm. Staat und Staatsgedanke, Zürich 1948, 170 ff.

98 P. Crassus, Vater des Triumvirn (off.1,25.109), Konsul 98, beging als Sulla-Anhänger Selbstmord bei Marius' Rückkehr.
L. Crassus, der Redner (off.1,108.131; 2,47.63; 3,67).
Q. Mucius, vgl. off.1,116.
C. Claudius ließ als Aedil bei Spielen im Jahre 99 n. Chr. zum ersten Mal Elefanten auftreten, ebenso die Luculli.
Hortensius, Aedil 75 v. Chr.
D. Iunius Silanus, Aedil 70, Stiefvater des Caesarmörders Brutus.
P. Corn. Lentulus Sphinter, Aedil 63; seine Spiele waren besonders glanzvoll (Val.Max.2,4,6).
Scaurus (off.1,138), Aedil 58.

99 Pompeius Magnus entfaltete bei den Spielen zu seinem 2. Konsulat in dem von ihm eröffneten Steintheater vorher nie gekannte Pracht. Nach Plut.Pomp.52 wurden 500 Löwen, 410 Panther und 20 Elefanten vorgeführt.

100 Der maßlosen Aufwendung bei Spielen wird nun das gegenteilige Laster – die Knauserei – entgegengehalten. Panaitios suchte also das richtige Verhalten als zwischen zwei Fehlern liegend aufzuzeigen. Die zahllosen Beispiele aus dem römischen Leben stammen sicherlich von Cicero, der sie einer römischen Quelle entnommen haben wird. Damit ersetzte er eine große Zahl griechischer Beispiele. Vieles konnte er wohl »De gloria« entnehmen. Über die Weitläufigkeit seiner Quelle spricht er in 2,16.19. *Avaritia* gibt hier ἀνελευθερία recht unvollkommen wieder.

101 Mamercus Aemilius Lepidus Livianus, Konsul 77 v. Chr.

102 Cicero hat als Aedil drei Spiele aufführen lassen; vgl. dazu Cic.Mur.40; Verr.5,86; RE, Tullius, 852 f., Gelzer, Cicero, 51 ff.; Büchner, Cicero, 148 f.

103 Gemeint ist wohl Cn. Aufidius Orestes Aurelianus, Konsul 71 v. Chr. Die ›Zehntweihe‹ (vgl. dazu Latte, Röm. Religionsgesch., 215 ff.), ursprünglich besonders in Sizilien, Mittelitalien und Etrurien beheimatet, fand in Rom (Plut.quaest. Rom.267e; Dion.Hal.1,40,6; Diod.4,21,3) Eingang für jeweils persönlichen Erfolg in Kriegs- und Handelsunternehmungen (bezeugt für Aemilius Paullus vor der Schlacht von Pydna, Sulla, vgl. Plut.Sull.35,1 u. a.), dem Herakles dargebracht – daher *Herculea pars* genannt (vgl. neben zahlreichen Inschriften Plaut.Truc.562; Stich.232.386; Bacch.665; Rud.150). Herakles erscheint hier als Wahrer des materiellen und geisti-

gen Besitzes. Zehntweihen an andere Gottheiten sind uns überliefert aus Griechenland (für Serapis Aristeid. 45,28 Keil).

104 M. Seius, dem Ritterstand zugehörig, bekannt wegen seines Reichtums, befreundet mit Cicero und Atticus, Quaestor zusammen mit Ciceros Konkurrenten auf der Rednerbühne, Q. Hortensius (vgl. dazu Anm. III, 143), hatte 74 v. Chr., einem Jahr hoher Teuerungen, die Aedilität inne, bei der er durch Versorgung der Bevölkerung mit Getreide sein durch einen verlorenen Prozeß geschädigtes Ansehen (Cic.Planc.12) wiederherstellen konnte (Plin.nat.hist.15,1).

105 Clodius, der persönliche Feind Ciceros, Handlanger Caesars, setzte als Volkstribun die Verbannung Ciceros wegen angeblich ungesetzlicher Hinrichtung der Catilinarier durch. Er sammelte eine Bande von Gladiatoren, durch die er anarchische Zustände in Rom heraufbeschwor. Milo und Sestius traten ihm von seiten der Senatorenpartei mit entsprechenden Mitteln entgegen. Bei einem Zusammenstoß in der Nähe von Bovinae kam Clodius um. Ciceros Verteidigungsrede fiel durch, weil er nicht zu seinem Konzept fand (zweideutige Haltung des Pompeius). Die überlieferte Rede bietet eine von Cicero glanzvoll redigierte Fassung.

106 C. Aurelius Cotta, Konsul 75, Zensor 64, ist von Cicero als Unterredner in »De natura deorum« eingeführt worden. C. Sulpicius Curio, Konsul 76, bekannt als Redner, gehörte in den Freundeskreis des Livius Drusus. Er begleitete Sulla in den Osten. 75 bis 73 war er Statthalter in Makedonien. Er setzte sich dafür ein, daß dem Cn. Pompeius die Befehlsgewalt gegen Mithridates VI. übertragen würde. Gegen Caesar hat er sich später mit einer Schmähschrift gewandt, 56 griff er Pompeius' Politik an. 53 starb er. Sein gleichnamiger Sohn setzte sich gegen die Abberufung Caesars aus Gallien ein und beantragte, daß Pompeius gleichzeitig mit Caesar sein Heer entlassen müsse. Er überbrachte Caesars Ultimatum an den Senat.

107 Die Beispiele passen gut in griechische Verhältnisse (ναυαγία) und sind wohl wieder der Quelle entnommen. Tatsächlich flicht Cicero eine Bemerkung über die Benützung seiner Quelle ein, die befremdlich ist, da sie nur wiederholt (vgl. 1,6).

108 Vgl. off.2,20.57.60.

109 Vgl. Anm. I, 17.

110 Die genaue Herkunft des Verses ist unbekannt.

111 Dazu vgl. Brut.164; Cluent.140.

112 Ein schönes Beispiel, wie – aristotelisch – der richtige Weg als zwischen zwei Fehlern liegend bestimmt wird.

113 Wohl in Περὶ πλούτου. Vgl. Anm 96.

114 Kimon, der Sohn des Miltiades, Führer einer spartafreundlichen Politik nach den Perserkriegen, ließ von seinen Landgütern alle Zäune entfernen, damit sowohl Freunde als auch bedürftige Bürger Früchte holen könnten; vgl. dazu Plut. Kim.10. – Lakiaden sind die Bewohner des Demos (Gemeinde, Stadtbezirk) Lakia.

115 Vgl. de orat.1,44 f.; Mur.19–23.

116 Servius Sulpicius, ein Freund Ciceros und großer Rechtskenner (Brut.153).

117 Zu diesem Hymnus auf die Beredsamkeit vgl. inv.1,5; de orat.1,14–23; nat.deor.2,148; inv.1,2. Zu den sozialen Leistungen der Beredsamkeit vgl. de orat.1,109; Quint.2,16,12; 12,11,5; Aristot.pol.1253a 9 f.; probl.899a, 1 f.; Aug.civ.7,14.

118 Es galt als selbstverständlich, daß der *patronus* die Interessen seiner Klienten unentgeltlich vertrat (vgl. Cic.parad. 6,2,46). Erst später kommt der Brauch auf, sich ein *palmarium* zahlen zu lassen (Ulp.50,13,1,§12). Dagegen wurde gesetzlich vorgegangen (Tac.ann.11,42; 15,20; Liv.34,4).

119 Zu diesem Phänomen der römischen Gesellschaft hat Tacitus (dial.28–42) tiefsinnige Worte gefunden.

120 Daß Kenntnis des Rechts zu den Voraussetzungen des Redners gehört, hat Cicero betont: de orat.1,166–184; Quint.12,3,1 bis 12.

121 Grundlage sozialer Dienste ist die *aequitas.*

122 C. Gracchus, Volkstribun 122, Bruder des Tiberius Gracchus, im Gegensatz zu diesem von Anfang aus auf eine Revolutionierung des Gemeinwesens, indem er die Frage »nach der inneren Berechtigung der ausschließlichen Nobilitätsherrschaft stellte« (Kornemann, Röm. Gesch. I, 399). Vgl. Cic.Tusc.3.48; Sest.103.

123 Marcus Octavius setzte die Aufhebung der *lex frumentaria* der Gracchen und die Anhebung der Getreidepreise durch; vgl. dazu Kornemann, Röm. Gesch. I, 378.

124 Vgl. off.1,108; 2,59; 3,87; zu der hier angesprochenen Rede vgl. Dieter, Eirene 7, 37f.

125 Leider hatte er mit dieser Äußerung recht.

126 Vgl. Anm. I, 272 zu off.1,157; übrigens steht unsere Stelle John Lockes Begründung des Staates – vertraglicher Zusammenschluß zum Schutze des Privateigentums – sehr nahe.

Zur strikten Ablehnung eines ἀναδασμὸς γῆς und einer χρεῶν ἀποκοπή und der Forderung nach Wahrung des Privatbesitzes (73) tritt die nach Steuerfreiheit. Gemeint ist eine Vermögenssteuer, die die Vermögen aller nach einer Schätzung durch den Zensor mit einem bestimmten Prozentsatz belastete, erhoben vor allem zur Finanzierung von Kriegsschulden (Liv.4,60,4–7; 5,10,3–5; 6,32,1). Seit 167 (nach der Schlacht von Pydna) gab es solche Steuern nicht mehr (Meyer, Röm. Staat und Staatsgedanke, 278). Seit 62 v. Chr. wurden auch Export- und Importzölle aufgehoben. 43 v. Chr. wurde zum ersten Male wieder ein *tributum* erhoben (Suet.Caes.43).

127 Vgl. rep.1,70.71; 2,2.5.12.

128 Seit Sall.Catil.11,1 wird die *avaritia* als das destruktive Element der römischen Gesellschaft und besonders der Nobilität angeprangert; vgl. Büchner, Sallust, Heidelberg 1960, 58.153.199.249.302.319; vgl. Anm. 134.

129 C. Pontius Herennius, der 321 eine römische Armee schlug und unter das Joch schickte (Liv.11,2), wurde 292 von Q. Fabius Maximus gefangengenommen, im Triumphzug aufgeführt und ermordet.

130 Lucius Calpurnius Piso brachte 149 die *lex Cornelia* ein; danach wurde ein dauernder Gerichtshof eingesetzt *(quaestio perpetua)*, der die wegen Erpressung in den Provinzen angeklagten Personen verurteilen sollte. Dies und die Nachfolgegesetze sollen zeigen, daß auf Gesinnung, nicht auf Gesetzen ein Gemeinwesen beruht – ein alter Gedanke.

131 Gemeint ist der Bundesgenossenkrieg (91–88), der ausbrach, als der Antrag des Volkstribunen Livius Drusus auf Erteilung des Bürgerrechtes an alle Bundesgenossen in Italien durchgefallen war. Der Krieg brachte Rom an den Rand des Verderbens (Kornemann, Röm. Gesch. I, 442 ff.).

132 Vgl. Sall.Catil.11,5; 12,5.

Ein von Tacitus (Germ. und Agr.) präzisierter Gedanke (vgl. ann.2,26.62), der bis auf Thukydides (4,64,4) zurückgeht und von Ostrom praktiziert wurde.

Vgl. off.1,35, wo es vor allem um Korinth geht, hier dagegen um Karthago.

133 Vgl. Sall.Catil.12,4.

134 Der Spruch ist überliefert bei Plut.inst.Lacon.p.239 f.: ἁ φιλοχρηματία Σπάρταν ὀλεῖ, ἄλλο δὲ οὐδέν. Cicero sieht wie Sallust die *avaritia* (Catil.12,2,2; epist.ad Caes. 2,8,4) als das gefährliche Nationallaster der Römer an; vgl. Anm. 128.

135 *Concordia* und *aequitas* sind für Cicero die Grundlagen des Gemeinwesens (vgl. dazu Sall.epist.ad Caes.I *passim*). Für beides ist Arat (vgl. Anm. 140) anschauliches Beispiel aus der griechischen Geschichte, wie er überhaupt an die ὁμόνοια als politisches Schlagwort anknüpfen kann. Cicero spielt die *concordia ordinum (consensus bonorum)* gegen die revolutionären Bestrebungen eines Catilina, Clodius und Caesar aus (vgl. dazu Catil.4,15.19.22; fam.10,6,3; dom.50; Sest. 87.106.108; Phil.2,29 [im Zusammenhang mit der Ermordung Caesars!]; 4,15; 6,18; 8,8; fam.12,5,3; 10,10,2; 10,12,4; vgl. besonders Strasburger, Concordia ordinum, Diss. Frankfurt 1931). – Zu *aequitas* vgl. Anm. 145 WdF 34, 183.

136 Vgl. off.2,73.

137 Vgl. dazu die bemerkenswerten, aber sehr einseitigen Ausführungen von Dieter, Eirene 7, 37 f.

138 Über die sozialen Wirren im Sparta des 3. Jh.s v. Chr. vgl. Fischer Weltgeschichte, Bd.6, 169 ff. Hinter diesen Reformversuchen stand wahrscheinlich der Stoiker Sphairos (SVF I, 139–142), der seit 236 dort auf Einladung des Kleomenes III. weilte (vgl. die Rolle, die Blossios von Kyme bei den Reformen der Gracchen spielte). Agis VI., seit 244 König, wollte durch γῆς ἀναδασμός und χρεῶν ἀποκοπή zur Verfassung des Lykurg zurückkehren und Spartas alte Größe wiederherstellen. Vgl. Anm. I, 55.

139 Vgl. off.1,87; 2,43.72. Sie waren Enkel des Africanus, dessen Tochter Cornelia ihre Mutter war.

140 Arat aus Sikyon bemächtigte sich 251 seiner Heimatstadt gegen die promakedonische Tyrannis (Plut.Arat.9), gewann Korinth, Megalopolis und Argos und war sechsmal Stratege des Achaiischen Bundes. Über die Neuordnung der Besitzverhältnisse durch Arat berichtet Plut.Arat.13 f.; vgl. Pausanias 2,8. Ciceros Quelle ist einseitig. Ptolemaios Philadelphos (283–247) hatte guten Grund zur Hilfe gegen eine promakedonische Tyrannis. – Eine einseitige Deutung der Stelle bietet Dieter, Eirene 7, 37. Vgl. Romaglia, Riv.d.St. Class.1955, die das Beispiel des Arat vor dem Hintergrund

der Proskriptionen sehen möchte.

141 Völlige Schuldenstreichung (*tabulae novae* = χρεῶν ἀποκοπή) war propagandistisches Schlagwort der Catilinarier (vgl. dazu Sall.Catil.21,1; Cic.Catil.2,18 f.; Sull.56). Andere befürworteten eine weitgehende, nicht völlige Streichung der Schulden (*lex Valeria*; dazu Vell.Pat.2,23). Cicero berichtet über seine Maßnahmen in Cat.2,18. Zu diesem Problem vgl. Kornemann, Röm. Gesch. I, 512.528; allgemein Aristot. Ath. pol.6,1; 12,4.

142 Hier durchaus im Sinne von ›Kredit‹. An Cicero wurde diese Eigenschaft besonders gerühmt; vgl. dazu Asconius zu Cic.Mil.22.

143 Ein häßlicher und unberechtigter Ausfall gegen Caesar, dessen Maßnahmen in »De bello civili« 3, 1 berichtet sind. Caesar verlangte, daß die Gläubiger, wo nicht anders möglich, Rückzahlungen in Gestalt von Grundstücken und Sachwerten annahmen, berechnet nach dem Wert vor Ausbruch des Bürgerkrieges. Dies brachte ihm aus den eigenen Reihen Schwierigkeiten, während die Durchführung der Maßnahme auf keine Widerstände gestoßen zu sein scheint (vgl. dazu Gelzer, Caesar, Wiesbaden 1960, 208). Caesar war über manche seiner Anhänger aufs äußerste verbittert (bell.civ. 3,20,3). Vgl. Cic.Att.7,3,5; Suet.Iul.38,3; 42,3; Dio Cass. 41,37; 42,22.32–33; eine ausgewogene Beurteilung bei Kornemann, Röm. Gesch. II, 58; vgl. auch Cataudella, a. a. O., 483.

144 *Tueri* ist bei Cicero politischer *terminus technicus*; vgl. off. 1,85; rep.2,51; Sest.141; Phil.4,2; 7,24; Verr.5,36; dom.143; leg.agr.2,99; Quir.11; vgl. auch Anm. 127.

145 Die übliche Definition der Gerechtigkeit ist hier modifiziert nach dem Grundsatz der *aequitas* (vgl. dazu off.2,71.78). Die Definition *suum cuique tribuere* für die Gerechtigkeit (off.1,15; inv.2,160; leg.1,19; fin.5,65; nat.deor.3,38 u. a.) wird schon in rep.3,18 präzisiert. Die Begriffsbestimmung ist alt (Plat.rep.331e: Das Schuldige einem jeden zurückzuerstatten ist gerecht; das hat schon Simonides gesagt. – Der Satz wird im folgenden verworfen). Vgl. [Plat.] Definitiones 411d; Aristot.fr.(Rose)85; Erörterung der Frage bei Sen.epist.81,7 ff.; SVF III, 262 (Zl.17); Aug.civ.19,4 (erweitert die Definition vom christlichen Standpunkt aus); 19,21 (in Zusammenhang mit der Staatsdefinition Ciceros in rep.1,39).

146 Das Thema von off.2,31 ff., bes. 34, wird wieder aufgenommen; vgl. Cataudella, 483. Zum Ruhmesgedanken Ciceros vgl. Montaigne, Betrachtungen über Cicero, in: Essais.

147 Antipater von Tyros (gest. 44 v. Chr.) lebte im Hause des Cato min. (Plut.Cato min.4). Gigon, Palingenesia 6, vermutet, daß er ein Werk Περὶ τοῦ καθήκοντος geschrieben hat. Dort habe Cicero diese Kritik gefunden. Wer unter dem καλόν die vier Tugenden besprochen hat, der mußte unter dem συμφέρον die ganze ἐκτὸς χορηγία aus Aristot. NE 1099a 31 – b 7 darbieten. Panaitios geht aber nur auf die ἐκτὸς ἀγαθά ein, weil es ihm auf die Gemeinschaft und den Dienst an ihr ankommt.

148 Vgl. Xen.mem.4,7,9. Nach Testard, Ausgabe, 40, füllt Cicero hier zwei Lücken seiner Quelle mit Reminiszenzen aus Antipater (Nt.3) auf; er sieht darin eine Wendung des Stoizismus gegen Akademie und Peripatos (vgl. off.1,6; 3,33). Pohlenz (I,124) nimmt mehrere Quellen an. Vgl. auch Boyancé, Rapport sur le Stoicisme à Rome, in: Actes du Congrès d'Association Budé, Aix-en-Provence, Paris 1954, 235.240.

149 Vgl. dazu RE, Tullius, 1104, 12–45; Quint.inst.10,5,2.

150 *Janus* wird oft bestimmt als der Gott der Tore und des Anfangs. Dargestellt wurde er meistens doppelgesichtig. Der Janusbogen lag im Norden des Forums.

151 Den Abschnitt hat nach Unger Atzert aus 90 hierher versetzt. So auch Gigon in seiner Züricher Ausgabe, 96. Atzert hält ihn in seiner Ausgabe von 1932 für eine Randnotiz Ciceros, in der Ausgabe von 1958 nimmt er sie ohne Klammern in den Text auf, klammert nur *de utenda* ein und nimmt *vellem* aus p und c nicht in den Text auf, das Büchner, Ausgabe, 356, wohl zu Recht verteidigt. Er beläßt den Abschnitt in Klammern in 89. Es wird sich um eine Glosse eines Späteren handeln, die aber hierher gehört.

152 Vgl. ac.1,19 f.

153 Z. B. aus Fabriken. Diese waren größer, galten aber als weniger ehrenhaft; dazu anschaulich Plut.Crass.2.

154 Diesen Bericht gibt Columella praef. IV ebenfalls; vgl. Plin. hist.nat.18,5.

155 Zu der oft paradoxen Argumentationsweise der Stoiker vgl. Cic.Mur.61, wo er darüber seinen Spott ausgießt.

*Drittes Buch*

1 Scipio Africanus maior verkörpert für Cicero hier wie anderwärts Scipio minor (dazu vgl. Actes du Congrès . . ., 221) das Ideal von Platons Philosophenherrscher (dazu Plat.rep. 473c; leg.712a; Cic.ad Q.fr.1,10,29; rep. 2,51; 3,3–6; Pöschl, Röm. Staat und Staatsgedanke, Berlin 1936, 156; Kretschmar, 50; Ciceros Urteil über sich selbst in off.1,77 f. und besonders die Annäherung Caesars an das Vorbild Scipio in der Rede »Pro Marcello« vom September 46).

2 Cato begleitete den Proconsul Scipio als Quaestor 204 v. Chr. nach Sizilien. Der zitierte Ausspruch wird aus den »Apophthegmata« des Plutarch stammen; Cicero bringt ihn auch anderwärts unter den Beispielen aus Geschichte und Anekdote (vgl. dazu Testard, Ausgabe, 42, Anm. 6; Cic.off.3,16. 40 f. 47.58 f. 62–66.67.73 f. 77.79–81.82.86–88).

3 Das Thema wird auch in der Einleitung zu »De oratore« erörtert (vgl. Kretschmar, 79).

4 Über dem Prooemium liegt tiefe Resignation. Die großen Hoffnungen, die sich noch in der Rede »Pro Marcello« finden, sind dahin (vgl. dazu Brutus-Prooemium; fam.4,14,4; 7,3,7; auch 6,22,1 [Ciceros Ratlosigkeit]). Nach Caesars Ermordung zeigte Cicero zwar neue Erwartungen auf Freiheit der *res publica* (Phil.4,1; 5,30; fam.10,28,2), so daß er sich wieder als Retter des Vaterlandes fühlte (Phil.3,28; 6,2), aber rasch nehmen ihm die neuen Verhältnisse den Mut. Zum Stimmungsgehalt unseres Prooemiums vgl. Testard, Ausgabe, 42, ferner in »De officiis«: 2,67.68; 3,67.73.77.80.88.92.93. 119.

5 Gemeint ist Antonius (vgl. Phil.2,44), wenn das Prooemium nicht dem *volumen prooemiorum* entnommen ist (so Zorzi, Aevum 35; vgl. Ruch, Le préambule dans les œuvres de Cicéron, Paris 1958, 330 f.) oder das übernommene Prooemium wenigstens überarbeitet wurde.

6 Das Wortspiel mit *otium* und *negotium* ist im Deutschen kaum nachvollziehbar: *otium* bezeichnet das Freisein von politischer und gerichtlicher Tätigkeit (a) und inneren Frieden (b) im Gegensatz zum vertraglich gesicherten Frieden mit äußeren Feinden (vgl. dazu off.1,70 ff.); zu dem Gegensatz von *otium* – *negotium* vgl. vor allem das Prooemium zu »De re publica« I (dazu Büchner, Latomus 30, 133–153;

zur Weiterführung der Gedanken der Sestiana in rep.1,1 ff. vgl. Boyancé, Revue des Études anciennes 43, 172 ff.; Büchner und Hoffmann, Lateinische Literatur und Sprache in der Forschung seit 1937, Bern 1951, 69 f.). Vgl. ferner Anm. I, 4 und II, 12.

7 Cicero besaß deren sieben; durch häufigen Ortswechsel suchte er sich dem gefürchteten Zugriff des Antonius zu entziehen.

8 Fedeli streicht *interdum.*

9 Eine häufige Metapher, die in der stoischen Literatur zu einem Topos geworden war (Tusc.5,5; fam.9,6,4; fin.5,15) und von Augustinus übernommen wurde (z. B. c.acad.2,1,1; vgl. *perfugium* fam.5,15,3; Att.15,2,4). Vgl. off.2,26.

10 Während der Umtriebe des Antonius waren die Praetoren nicht in Rom.

11 Vgl. Anm. I, 4 und Testard, Einleitung zu seiner Ausgabe, 7–21.

12 Vgl. Aristot.NE 1109a 34; off.3,102; Otto, Sprichwörter, 1965, 207.

13 Vgl. de orat.1,1; Boyancé in der Anm. III, 6 genannten Arbeit; Fuhrmann, Gymn.67,481–500 (besonders instruktiv für das Spannungsfeld *otium – dignitas – res publica* und damit für dieses Prooemium); Cic.Sest.98 (dazu Büchner, Cicero, 492); Grilli, Acme 1951, 227–240; Michel, Rhétorique et philosophie chez Cicéron, Paris 1960, 556 ff.

14 Cicero stellt sich hier neben Scipio wie in Phil.13,30, wo er die bei Plut.apophth. für Scipio überlieferten Worte (οὐ … οἷόν τε τὴν Ῥώμην πεσεῖν Σκηπίωνος ἑστῶτος οὐδὲ ζῆν Σκηπίωνα τῆς Ῥώμης πεσούσης) auf sich bezieht.

15 Vgl. div.2, Prooemium.

16 Der Vergleich des Nutzens der Philosophie mit der Erträglichkeit des Ackerbaus ist eine geläufige Metapher – vgl. Tusc.2,13; Hort.fr.(Mü)23 f. – und ist schon in der griechischen Überlieferung vorgeformt (Ceres als Bringerin des Ackerbaus und der Kultur in Athen).

17 Vgl. Anm. I, 3.

18 Der Sohn pflegte den Umgang mit Wein, Weib und Gesang mehr, als dem Vater angemessen erschien.

19 Vgl. off.2,24.

20 Vgl. off.1,1.

21 Cicero meint die materielle Unterstützung für seinen Sohn; vgl. Att.15,15,4.

22 Vgl. off.1,6; 2,60; Att.16,11.
23 Der Vermerk geht nach Pohlenz (II,2) auf Poseidonios zurück.
24 Cicero hat Poseidonios schon in off.1,159 herangezogen.
25 Zu der harten Wiederholung vgl. Sabbadini, Ausgabe, Turin 1913.
26 Gigon stellt in Palingenesia 6 die Stelle zusammen mit off.3,34 und schließt auf weitgehende Unabhängigkeit Ciceros im III. Buch (Beispiele aus der römischen Geschichte, Verwendung bekannter Materialien – aus rep.3 –, Nähe des Buches zu Reden des Laelius, Furius und Philus in rep.). Für weitgehende Originalität auch Testard, Ausgabe, 42, Nt.3, der bes. 95 f. 99.119 f. Cicero zuschreibt aufgrund eingeschobener *opinor, credo, existimo, redeo.* Auch Zorzi, Aevum 35, 148, betont Ciceros geringe Abhängigkeit von Quellen. Gigon meint, Cicero habe die »commentarii« Athenodors für unbrauchbar gehalten. Cicero habe neben Historikern auch hier Panaitios benützt, Poseidonios' Περὶ τοῦ καθήκοντος habe er direkt oder indirekt herangezogen. Dort habe er Material aus Diogenes von Babylon, Antipater von Tarsos und Hekaton vorgefunden.
27 Cicero führte also Panaitios' Werk fort; vgl. dazu Testard, Ausgabe, 43; ferner off.3,11 f. 33 f.
28 P. Rutilius Rufus (2,47), geb. um 155, Hörer des Panaitios (Brut.114) und bedeutender Stoiker, führte die Provinz Asia mit solcher Unbestechlichkeit, daß der Ritterstand, um seine Einkünfte besorgt, ihn wegen Erpressung anklagte. Nach seiner Verurteilung begab er sich in die angeblich von ihm ausgebeutete Provinz. Cicero besuchte ihn 78 in Smyrna. Er soll ihm die in »De re publica« aufgezeichneten Gespräche erzählt haben (rep.1,13). Für Cicero ist er Mittler zum Kreis der Scipionen und das Ideal eines Optimaten (zu seiner Tätigkeit Brut.113–116).
29 Vgl. off.1,6; zum Bild der Waage vgl. Tusc.5,51; fin.5,91. Es geht auf den Peripatos zurück.
30 Vgl. leg.1,33; SVF I,558.
31 Für Panaitios und Poseidonios war die Tugend nicht autark wie für die alte Stoa (vgl. Diog.Laert.7,128). Nach ihnen ist die ἐκτὸς χορηγία des Aristoteles (Gesundheit, Geldmittel und Kraft) zur Lebensgestaltung und zum Glück notwendig. – Im übrigen liegt hier eine Anspielung auf Epikur vor

(Freiheit von Schmerz = *indolentia* = ἀπάθεια oder ἀναλγησία; vgl. dazu Tusc.3,12; fin.2,11). Nach Cic.Tusc.5,87; fin.2,19; 5,14.21; ac.2,131; Clem.Alex.strom.II, 415c verband der Aristoteliker Diodoros, Schüler und Nachfolger des Kritolaos in der Schulleitung (Cic.fin.5,14; de orat.1,45), mit der *honestas* die *indolentia*. Cicero konnte diesen Passus bei Poseidonios vorgefunden haben. Zum Verhältnis des hier vertretenen stoischen Standpunktes zu dem des Peripatos vgl. off.1,6; 3,11.33.

32 Vgl. Pohlenz (II, 3), der diese Formel dem Diogenes von Babylon zuweist (dazu vgl. SVF I,552, eine Stelle, die sie dem Zenon zuteilt); vgl. Cic.leg.1,25.

33 Vgl. fin.3,61; SVF III,196.194.119; die griechischen Termini lauten: ἐκλέγεσθαι und ἀπολέγεσθαι. Nach Pohlenz (II,7) hat Cicero den Abschnitt 13 bis 17 ohne alle Quellenbenützung eingeschaltet. Pohlenz nimmt an, Cicero habe aus dem allgemeinen Teil, den er in off. 1 weggelassen habe (I,14), einiges hier nachgetragen. Der Ton, in dem hier vom σοφός die Rede sei, entspreche nicht dem des Panaitios; dies gehe auf Ciceros Konto (I,8). Der Unterschied zwischen dem σοφός und dem σπουδαῖος entspricht dem zwischen κατόρθωμα und καθῆκον. Das Gute, wie es das Volk sich vorstellt, ist dem wahrhaft Guten ähnlich. Damit ist der ideale Maßstab auch für die καθήκοντα gültig. – Über den Rigorismus der stoischen Ethik spottet Cicero in der »Murena-Rede« (61); zur Unterscheidung der *officia media* und der *officia perfecta* vgl. off.1,8; fin.3,58–60; 4,15. Die Frage stellt sich, ob für die alte Stoa moralischer Fortschritt überhaupt möglich war; dies wird von Bréhier, Histoire de la philosophie I,2,330, aufgrund von fin.3,48; 4,75.21; Plut. Quomodo qui in virt. sent. prof. 75 f., ablehnend beantwortet, bejahend von Luschnat, Philol.102,178–214; vgl. dazu Boyancé, Rapport sur le stoicisme à Rome, Actes du Congrès ..., 247. Der Fortschritt vollzieht sich nur innerhalb des Bereiches der *insania*, dem alle Nichtweisen verfallen sind. Er führt nicht zur Weisheit (vgl. dazu Pohlenz III, 154 f.; Cicero hat darüber in dem verlorenen Paradoxon Ὅτι πᾶς ἄφρων μαίνεται gehandelt, die unübersteigbare Grenze ausgedrückt durch das Bild des Ertrinkenden, vgl. Cic.fin.3,48; Plut.de comm.not.1063a; vgl. Aug.c.acad.1,1,1; Cic.har.resp.48; Schäfer, Ein frühmittelstoisches System der

Ethik bei Cicero, 1934, 204). Zur Sache vgl. Sen.epist.72; 75,8–14. Von dem Problem – es ist uns nicht lösbar –, inwieweit Cicero hier Panaitios gegenüber eigenständig ist, hängt die Beantwortung der wichtigen Frage ab, wieviel Cicero von sich aus zur Humanisierung der stoischen Ethik beigetragen hat.

34 Vgl. off.1,46; 3,69.

35 εὐφυΐα τῆς ψυχῆς; Fortschritt im Lernen = προκοπή.

36 Vgl. fin.2,24; 4,56; nat.deor.2,37; div.1,23; Sen.epist.71,16; Gell.NA 13,11,1; die Wendung stammt aus dem Griechischen (SVF III,500: κατόρθωμα εἶναι ... πάντας ἐπέχον τοὺς ἀριθμούς; vgl. Isokr. Bus. 224d; Diog.Laert.7,100). Stellen wie Sen.ben.7,1,4; 12,2,12; Tac.dial.32; Iuv.6,249 legen die Annahme nahe, es handle sich um eine Metapher aus dem Ringkampf (Cic.div.1,23; dazu Pease, 122 des Komm.; Quint.10,1,70.91) gleichbedeutend mit *partes.* Eine andere Erklärung der Metapher sucht Testard (Anm. zur Stelle) zu geben mit Hilfe von SVF III,500.

37 Wie in der Ästhetik, so ist in der Ethik das Urteil der Menge unvollkommen (vgl. off.1,145; dazu Pohlenz II,7; ähnlich Aug.ord.2,9,36); vgl. Anm. 33.

38 Sie werden zusammen erwähnt in off.1,61; es sind wohl Cn. Scipio Calvus, Konsul 222, und sein Bruder P. Corn. Scipio, Konsul 212, gemeint; sie fielen 212 in Spanien (Liv.25,32 ff.).

39 Zu Fabricius vgl. 1, 40. – Aristides von Athen, ein Anhänger des Miltiades, des Siegers von Marathon, war in der Folgezeit Hauptgegner der Flottenpolitik des Themistokles und wurde auf dessen Betreiben 482 verbannt. Aufgrund der allgemeinen Amnestie vor dem Zweiten Perserkrieg zurückgekehrt, kämpfte er bei Salamis (480). Nach der Verbannung des Themistokles spielte er wieder eine führende Rolle und setzte die Außenpolitik des Themistokles fort. Beim Aufbau des delisch-attischen Seebundes spielte er eine bedeutende Rolle. Wegen seiner Gerechtigkeit wurde er gerühmt.

40 Daß es den stoischen Weisen noch nicht gegeben hat, betonten die Stoiker immer wieder (Tusc.2,51; ac.2,145; SVF III,668).

41 Cato Censor hatte den Beinamen *Sapiens* (Cic.Lael.6; Cato 5), ebenso Laelius (Lael.6; off.1,108; 2,40); vgl. Anm. I, 156.

42 Neben 33 und 34 ein Beweis dafür, daß Cicero in off.3

Panaitios mitverwendet hat (vgl. dazu Testard, Ausgabe, 43; Pohlenz II, 5.7).

43 Vgl. off.1,7.30; 3,27.

44 κατὰ περίστασιν.

45 Anspielung auf Caesar und Brutus; Beispiele gegen die Tyrannei in off.3,19.32.36.83–85; in Phil.2 (bes. 94.114) findet sich bereits mehr oder weniger offene Verteidigung für die Ermordung Caesars; der Gedanke der Freiheit zieht sich wie ein roter Faden durch die »Philippica« (vgl. bes. Phil.10, 19–21; vgl. die Befreiungstat des Arat in off.2,82 als Gegenbild gegen die Tyrannei in 2,23 ff., wo auf Caesar angespielt ist, mit dem Gegenbegriff der *libertas* in 2,24; allgemein Wirszubski, Libertas als politische Idee im Rom der späten Republik, Darmstadt 1967).

46 Insofern er ein ἐπιγέννημα *(= accessio)* der Ehrenhaftigkeit ist (SVF III, 76). Die Überlieferung *honestas ... utilitatem* kann nicht richtig sein. Die Verderbnis ist alt (Ambrosius hat sie schon 3,60); vgl. die Erörterung bei Büchner, Ausgabe, 357. Die Verbesserung stammt von Pohlenz (II,6); vgl. Hirzel, Untersuchungen zu Ciceros philosophischen Schriften 2, Leipzig 1883, 728.

47 Die Metapher ist dem Rechtswesen entnommen und gibt das griechische κανών wieder (SVF III, 472). Dieses ist in der Stoa Terminus technicus der Richtschnur für das Verhalten des Weisen.

48 Pohlenz II,8. – Der Abschnitt ist nach Pohlenz II,10 eine Ergänzung im Sinne des Panaitios (off.3,33). Nach Pohlenz folgt Cicero hier demselben Autor wie 50–57 und 89–92. Hirzel (Untersuchungen zu Ciceros philosophischen Schriften 2,727) nahm wie Gomoll (Der stoische Philosoph Hekaton, 58), der nur an mittelbare Benützung denkt, Hekaton als Quelle an (3,89 zitiert; 3,63 Verteidigung des Privatbesitzes aus öffentlichem Interesse; vgl. Argumentation in 3,30). Pohlenz glaubt, Cicero verwende hier einen Mittelsmann, der Hekatons Περὶ τοῦ καθήκοντος benützt. Dieser sei Athenodor durch sein ὑπόμνημα, das nur Rohmaterial bot (deshalb 3,34 *Marte nostro*), vermittelt.
3,11–13.18.19 stünden in innerer Einheit mit 50–57 und 87 bis 92.

49 Zur Akademie bekennt sich Cicero oft (Tusc.5,33; div.2, 150; off.2,7 ff.; ac.2,7,65 ff.; orat.237 u. a.).

50 Vgl. off.1,126.

51 Hier legt Cicero die platonisch-aristotelische Dreiteilung der Güter zugrunde, die (2,86) Antipater von Tyros übernommen hatte.

52 Der Vergleich Organismus – Staat dürfte hier auf Poseidonios zurückgehen, ist aber letztlich platonisch (Plat.rep.462c,464b; ferner Menenius Agrippa bei Liv.2,32; off.3,32; Theiler, Vorbereitung des Neuplatonismus, 120).

53 Das Völkerrecht wird vom Naturrecht hergeleitet (Cic.rep. 3,22; Aristot.rhet.1373b; Valente, L'éthique stoicienne chez Cicéron, 391–395; Cic.leg.1,16–34, bes.19; rep.3, wo der Kampf für und gegen das Naturrecht als Quelle des positiven Rechts ausgetragen wird, letztlich in der Tradition von Platons rep.I, d. h. der Auseinandersetzung in der Sophistik; für das Naturrecht rep.3,23.33; dagegen 3,21 f.13–17).

54 a) λόγος und φύσις sind in der Stoa synonyme Begriffe (*ratio* materiell aufgefaßt; vgl. Plut.Stoic.repugn.1050a–c; zur Bedeutung der *natura* in der Ethik Ciceros Testard, Ausgabe, 62 und dort Anm.1; off.1,14).
b) Gesetz der Götter und Menschen: Götter und Menschen haben gemeinsam teil an der *ratio,* der *recta ratio,* d. h. der *lex (naturae),* wozu Cic.leg.1,23; 2,8–10.11; rep.3,33 einzusehen ist (vgl. auch Plat.leg.835e; Pohlenz III, 206; IV,102; Stark, Ciceros Staatsdefinition, 67; weiter Aristot. NE 1129b 29 ff.; 1138a 9 ff.; den entgegengesetzten Standpunkt – die Gesetze der Menschen nicht φύσει, sondern τέχνῃ – diskutiert Platon in leg.889e–890a; vgl. Cic.nat.deor. 2,79; 1,36).

55 Vgl. dazu Zorzi, Aevum 35, 138, Anm. 1.

56 Vgl. off.1,118; Tusc.1,32; fin.2,118 f.; 3,66; ein beliebtes Beispiel der Stoiker nach Xen.mem.2,1,21; vgl. Anm. I,118.

57 Vgl. off.1,153–158.

58 Vgl. rep.1,3; off.1,154.158 und dazu Schäfer, Gymn.67, 505.

59 Vgl. fin.5,35.

60 Vgl. oben Anm. II, 51; off.1,13.66. Vgl. I, 22 f.

61 Vgl. Cic.rep.1,39 f.; off.2,83.

62 Vgl. off.1,53; 3,69.

63 Nach Pohlenz stammt die religiöse Färbung von Cicero, da die Quelle nur vom σύστημα ἐκ θεῶν καὶ ἀνθρώπων gesprochen habe. Sen.epist.10,5 könnte aber nahelegen, daß sie von Athenodor stammt. Nach Dieter, Eirene 7, 38, Nt. 47,

weicht Cicero hier von Panaitios ab. Lohnend ist der Vergleich dieser Stelle mit off.1,153–158.

64 Zur Schwierigkeit, die die Überlieferung des Textes bringt, vgl. Büchner, Ausgabe, 359. Zu *iustitia vacat* vgl. off.1,62.

65 Vgl. Cic.off.1,20.62; 2,38; rep.6,16; Aristot.pol.1283a 38; NE 1129b 25 (vgl. Dieter, Eirene 7, 35; Cic.nat.deor.1,4).

66 Nach Atzert eine Randbemerkung Ciceros, ebenso Gigon (Ausgabe); Büchner (Ausgabe, 360 f.) verteidigt den Text; Zorzi, Aevum 35,140, verwirft ihn.

67 διάθεσις τῆς ψυχῆς vgl. Tusc.4,34; fin.3,65; zum Gedanken Plat.leg.913b 3 ff.

68 Vgl. off.2,26; Tusc.2,17; rep.1,44.

69 Vgl. Zorzi, Aevum 35,140.

70 Vgl. Cic.nat.deor.1,4.

71 φιλαυτία; vgl. off.1,29.

72 Vgl. off.1,85; Liv.2,32,9 ff.

73 Vgl. rep.2,48; beide Stellen gehen zurück auf Plat.rep.571c bis 572b (von Cicero in 2,60 paraphrasiert); vgl. Cic.off. 1,57.62.157; 3,82; rep.1,68; off.3,29; leg.3,26; parad.27.

74 Rückgriff auf off.3,19.

75 Aus diesen Worten schließt Pohlenz (II,10), daß 19 bis 32 eine Ergänzung Ciceros ist.

76 Vgl. zu off.1,3.

77 Aufgrund seines neuakademischen Standpunktes ac.2,121.124; nat.deor.1,47; Lael.13; Att.13,25,3; Tusc.5,33,83; fin.2,43; div.1,62.120.145; Tim.13; parad.14. Im Vorhergehenden war die peripatetische und die stoische Auffassung mitgeteilt worden.

78 Vgl. off.3,11.

79 Vgl. Anm. III, 19; Testard (Ausgabe, 43) schließt aus dieser Stelle auf weitgehende Selbständigkeit Ciceros; Gigon, Palingenesia 6, 276; nach ihm haben die Ausführungen des Poseidonios Ciceros Erwartungen nicht entsprochen, deshalb habe Cicero umgearbeitet *(suo Marte)*.

80 Vgl. Sen.epist.113,18; SVF III, 169; Pohlenz II, 13.

81 Nach dem Eindruck des Objektes auf die Sinne erfolgt gemäß der Stoa unsere Zustimmung (συγκατάθεσις) oder Ablehnung.

82 Vgl. Cic.fin.2,27; Plut.Stoic.repugn. (= Chrysipp) 1039c.

83 Eine häufige Beispielreihe: nat.deor.3,74; har.resp.34; off. 3,73.

84 Vgl. off.3,28.
85 Vgl. off.1,30; 3,18.
86 Nach Testard, Ausgabe, 38, richtet sich der Abschnitt gegen Epikur.
87 Der Mythos findet sich bei Platon (rep.359) unabhängig von Herodot (1,8–13). Über die Probleme des Mythos Seel, in: Navic.Chilionnens., 1956, 36 ff., und rep.612b (vgl. Xen. Kyr.7,2,24); Gyges dient zur Veranschaulichung des Gegensatzes zwischen wahrem und scheinbarem Nutzen (vgl. Pohlenz II, 14). Romaglia (Riv. di Studi Class. 1955, 194) weist nach, daß Cicero seine Ausführungen mit Episoden (Gyges, Damon, off.3,45 und Tusc.5,63; Alexander von Pherai, off.2,65) belegt, die sich in die Welt der Legende verlieren. Diese sorgfältig ausgearbeiteten Abschnitte dienten der Verlebendigung. – Cicero hat die Platonstelle hier wohl nachgeschlagen.
88 Die Epikureer; zum Gedanken vgl. Lucr.5,1156 ff.; Diog. Laert.10,151; zum mangelhaften Scharfsinn der Epikureer vgl. fin.2,80; Tusc.2,44.
89 Von dieser Kritik der Epikureer an Platons Mythen berichtet auch Macrobius (somn.1,1,8–2,5).
90 Cicero wertet das Gegenargument der Epikureer als bloße Ausflucht (vgl. Cic.rep.6,6 f.).
91 L. Tarquinius Collatinus und L. Iunius Brutus vertrieben den letzten etruskischen König. Nach der Überlieferung führten sie zusammen das erste Konsulat. L. Tarquinius wurde später als Enkel des Arruns, des Bruders des Tarquinius Priscus, verbannt; dazu Liv.1,57; 2,2.
92 Der Stelle liegt ein negatives Romulusbild zugrunde (vgl. dazu Strasburger, Sitzungsber. d. Heidelb. Akad. d. Wiss. 1968, 36; Fuchs, Der geistige Widerstand gegen Rom, Berlin 1938, 45, 85 ff.), das sich nach Strasburger bereits im Geschichtswerk des Fabius Pictor gefunden haben muß (vgl. dazu Classen, Historia 12, 457), der es in Ennius' »Annalen« vorfand. Cicero bringt hier keine Ehrenrettung des Romulus, wie sie sich besonders in »De re publica« findet (1,62.64; 2,10 f. 17.23.43.47.51; 3,8; vgl. auch de orat.1,87; Att. 8,11,1; Lepore, Il principe Ciceroniano, Neapel 1954, 93 ff.). Nach seinem Tode wurde Romulus göttlich verehrt (vgl. dazu Ciceros Erklärung in rep.1,64 und die nachdrückliche Rechtfertigung in rep.2,17) und unter die Götter versetzt

(rep.1,18.20; Tusc.1,28; nat.deor.2,62; Liv.1,6,8 mit kritischem Unterton; Aug.civ.18,24; 22,6). Das an unserer Stelle entworfene Romulusbild – Romulus als Verletzer der *honestas, pietas* und *humanitas* ist natürlich besondere ciceronische Interpretation – hat weite Verbreitung gefunden: Romulus' Brudermord als Fluch über Rom (Verg.georg.1,498 ff. – dazu Fraenkel, Horace, Oxford 1957, 57.285; Lucan.1,95; Ov.fast.2,143; Tac.ann.13,17,1; dazu Fuchs, a. a. O., 45. 85 ff.; Waagenvoort, Studies in Roman Literature, 1956, 16 ff.; Krämer, Synusia, 362 ff.376 ff.; Classen, Philol. 106, 174–208. Bei Christen Min.Fel.25,2; Augustinus [civ. 3,6; 22,6], der der Apotheose des Romulus als des Gründers Roms bei Cic.rep.2,10 die Himmelfahrt Christi als des Gründers der Kirche gegenüberstellt). Wann die hier vorliegende Identifizierung des Romulus und des Quirinus – er war ursprünglich eine Ortsgottheit der Leute, die ihren Wohnsitz auf dem Quirinal hatten – vollzogen wurde, ist nicht bekannt. Sie war jedenfalls 293 v. Chr., als Papirius Cursor ein gemeinsames Heiligtum für beide errichtete, bereits vollzogen (vgl. dazu Latte, Röm. Religionsgesch., 113); Augustus hat das Heiligtum reich ausgestattet, konnte den Kult aber nicht mehr volkstümlich machen. Für die Einstufung des Romulus durch Cicero innerhalb der römischen Geschichte ist übrigens rep.2,23 instruktiv.

93 Chrysipp von Soloi, geb. 281, von 250 bis 208 Schulhaupt der Stoa und in hohem Ansehen wegen seiner Logik, durch die er freilich die Willensfreiheit bedrohte (darüber Cicero in »De fato«). Von seinen 705 Büchern sind nur Fragmente erhalten (SVF III, 1–193; Bréhier, Chrysippe, Paris 1951).

94 Hier folgt ein Resümee aus Lael.36–43.

95 Anspielung auf die *lex Pompeia de ambitu* (52 v. Chr.), die die Redezeit für die Anklage auf zwei Stunden, für die Verteidigung auf drei Stunden beschränkte.

96 Ähnlich über die Göttlichkeit des Menschengeistes in Cic. rep.6,26; vgl. Plat.leg.897b. Die Einzelseele ist in der Stoa als Teil der Weltseele gedacht (Epikt.diss.1,14,6). – Geist *(mens)* deutet hier in die Richtung unseres Gewissens. Über das Gewissen als die letzte Norm der *natura non vitiosa* vgl. Testard, Ausgabe, 65.

97 Vgl. nat.deor.1,37; leg.1,22.24.59; fin.5,38; Tusc.1,56.64 ff. 70; 5,38.

98 Beispiele aus dem römischen Recht sind in diesem Buch besonders häufig (60 f., 70 f., 92.108.111; vgl. dazu Testard, Ausgabe, 43, Anm. 1). – Anstelle der überaus strengen und formalistischen Rechtsbestimmungen des alten *ius civile* (z. B. die harte Form des Schuldvertrages, die den Schuldner bei nicht termingemäßer Rückerstattung in die Schuldknechtschaft überführte) entwickelten die Rechtskundigen, dem allgemeinen Wunsch nach einer Humanisierung des Rechts Rechnung tragend, das Verfahren nach ›Treu und Glauben‹ *(bona fide)* in rechtlichen Beziehungen. Damit wurde *fides* aus einem moralischen Begriff des Privatlebens zu einem juristischen. Die Richter hatten alle in Frage kommenden Faktoren zu berücksichtigen.

99 Das Beispiel des Damon und Phintias bringt Cicero auch in Tusc.5,63 und fin.2,79. Die beiden Pythagoreer werden gerne als Beispiel einer Freundschaft zwischen Weisen und Vollkommenen angeführt. Wenn der Tyrann die Freundschaft zweier *sapientes* erstrebt, so wird da ein Zug der Überlieferung deutlich, der von Gigon, Tusc., Reclams UB Nr. 5027 [5], 323 f. aufgezeigt worden ist.

100 Der Abschnitt bis 49 wird von Pohlenz (I,19) auf Athenodor zurückgeführt.

101 Die Zerstörung Korinths im Jahre 146 v. Chr. wird als typisches Beispiel für das brutale Vorgehen des römischen Imperialismus angeführt; vgl. off.1,35 und dagegen Ciceros ideale Vorstellungen in off.2,26 f. Es handelt sich hier um einen Durchbruch der römischen *superbia*, die gegen den Grundsatz der *aequitas*, mit der auch gegen Besiegte zu verfahren ist, verstößt, der römischen Herrschaft den moralischen Anspruch entzieht (dazu Cic.har.resp.19), der Grundanforderung des *bellum iustum* widerspricht (dazu vgl. Isid. orig.18,2,3). Die Behandlung der Stadt ist – und dies wurde in Rom sicherlich so eingestuft – vor dem Hintergrund der vielerörterten Frage nach der Herkunft der Macht zu sehen, wie sie im 3. Buch von »De re publica« von Cicero in der Tradition der Akademie erörtert wird – sie geht über den Carneadesvortrag in Rom bis auf Platon (bes. rep.I) zurück. – Vgl. Grotius, De iure belli et pacis 3,12,1.2.3.

102 Neben das römische Beispiel tritt ein ebenso schlimmes aus der griechischen Geschichte: Die Bewohner von Ägina wurden versklavt, und attische Kleruchen wurden dort ange-

siedelt. Lysander siedelte später dort Dorer an (Xen.Hell. 2,2,5–9).

103 Ein in Sparta übliches Verfahren (ξενηλασία), das – um Sparta fremden Einflüssen zu entziehen, eingerichtet – allgemein verachtet wurde (Thuk.1,144; 2,39), aber auch in Rom (Vertreibung der Philosophen) nicht ohne Parallele war.

104 M. Iunius Pennus, Volkstribun 126; vgl. Brut.106.

105 C. Papius, Volkstribun 65; über sein Gesetz Dio Cassius 37,9; vgl. Sest.30. Cicero hatte das Gesetz von der Archiasrede her noch in Erinnerung.

106 Zu L. Crassus vgl. off.1,108; 2,57; Q. Mucius Scaevola, zu ihm vgl. off.1,116; 2,47; gemeint ist die *lex Licinia Mucia de civibus redigundis* von 95 v. Chr.

107 Die Katastrophe des römischen Heeres 216 v. Chr.; vgl. dazu Liv.22,50.

108 Beim zweiten Angriff der Perser 480 v. Chr.; über Kyrsilos vgl. Herod.9,5 und Dem.Cor.204.

109 Den Gedanken der Rettung für den Verlust der Freiheit hat Cicero fast zur selben Zeit in den »Philippica« (z. B. 10,20 und 3,36) mehrmals verworfen.

110 Vgl. Plut.Them.20; Arist.22. Die griechischen Beispiele entstammen sicherlich der Vorlage.

111 Cicero spielt besonders auf Massalia an, das wegen seiner Treue zum Senat im Bürgerkrieg von Caesar bestraft wurde; vgl. dazu Anm. II, 47; auch Cic.Phil.2,93.

112 Hier beginnt ein Neueinsatz mit Rückgriff auf 3,40. Möglicherweise hat Cicero den Abschnitt über die Freundschaft entgegen seiner Quelle eingeschaltet. 3,50–57 behandelt genau das Problem, wie es in 40 und 50 formuliert ist. Die Beispiele zeigen den stoischen Schulbetrieb so, wie er uns aus Sext.Emp.adv.doct.9,92 ff., bekannt ist (stoische Schlußfolgerungen, Einwand der Skepsis, dessen Widerlegung). Cicero hält dieses Verfahren aber nur beim ersten Beispiel durch, kürzt beim zweiten und gibt dann das Verfahren ganz auf. Hekaton und Diogenes stehen gegeneinander. Cicero wird Athenodor benützen (dieser Hekaton, Περὶ τοῦ καθήκοντος IV, vgl. dazu Pohlenz II,16). Zu 50–60 vgl. Zorzi, Aevum 35, 144.

113 Vgl. Grotius, De iure belli et pacis 2,12,9, der wie Diogenes entscheidet.

114 Diogenes von Babylon, Schüler des Chrysipp (Cic.div.1,6),

Lehrer des Antipater von Tarsos, kam 156 v. Chr. mit Karneades und Kritolaos bei der Philosophengesandtschaft nach Rom. Diogenes entschied, wie der Text zeigt, in Übereinstimmung mit dem altrömischen Recht, das den *dolus bonus* gestattete. Antipater von Tarsos, Schüler des Diogenes (Cic. fin.1,6) und Lehrer des Panaitios (Cic.div.1,6), war entschiedener Gegner der neuen Akademie, deren Dialektik er fürchtet (Cic.ac.1,3; 2,6.17.28.109). Er vertritt gegen Diogenes den streng moralischen Standpunkt, in Übereinstimmung also mit der Rechtspraxis der ausgehenden römischen Republik.

115 τὰ πρῶτα τῆς φύσεως; vgl. dazu off.1,11 f.152; SVF III, 140; Cic.fin.3,22 f.

116 Das zweite Beispiel bringt eine Steigerung und geht auf Karneades zurück (Cic.rep.3,29). Im ersten Beispiel (50–52) hat Diogenes das letzte Wort, obwohl Antipater und seiner *humanitas* gegen die *utilitas* recht gegeben wird. Daraus hat Pohlenz (II,18) geschlossen, daß Hekaton Diogenes' Meinung gebilligt hat. Cicero scheine sich auf Athenodors Kritik zu stützen.

117 Das dritte Beispiel (58 f.) leitet zu positiver Täuschung über (*simulare*, nicht *celare*) und steigert – ein lebensvolles Bild aus der römischen Welt, also kaum aus der Vorlage stammend, geboten im Plauderton der Briefe. Canius war wegen seines schlagfertigen Witzes bekannt (de orat.2,280).

118 C. Aquilius Gallus, Schüler des Q. Mucius Scaevola und Kollege Ciceros als Praetor 66 (Att.1,1,1). Als Meister der Definition nennt Cicero ihn mehrmals (top.32; Caecin.77 bis 79; Val.Max.8,2,2); vgl. RE 2,327–330.
*Dolus malus* ist ein häufiger juristischer Terminus technicus (vgl. off.3,64.92; top.40; Flacc.74; Dig.2,14,79; 4,3,2; RE 5,1292 f.). Die Wiedergabe der Definition soll römisches Recht gegen fruchtlose Schuldebatten der Griechen ins Feld führen.

119 Die Verbindlichkeiten der Vormundschaft waren schon im Zwölftafelgesetz festgelegt; Cicero spricht oft darüber (Q. Rosc.16; Caecin.16; de orat.1,166; S.Rosc.Am.111; vgl. Gaius 4,182). Es handelt sich um Vormundschaft für Kinder unter 14 Jahren. Der Vormund war vom Vater bestimmt; in der Regel war es der nächste Verwandte *(tutor legitimus)*; beim Fehlen eines solchen tritt an dessen Stelle der *praetor tutelaris*. Es geht jeweils um die Wahrung des Vermögens.

120 Das Gesetz des Plaetorius (Laetorius?) scheint schon um 192

(Plaut.Pseud.303; Rud.1380 ff.) in Kraft gewesen zu sein. Es schützte Personen unter 25 Jahren gegen Übervorteilung bei Verträgen durch Stellung eines *curator* durch den Praetor; vgl. Plaut.Rud.1382.

121 D. h. unter Wahrung des *aequum* oder *ius honorarium* gegen das *ius civile* jeweils im Einzelfall.

122 Urteilsfällung nach *bona fides* bei einem Schiedsverfahren: Vermögensfragen der Ehefrau (Mitgift bei Scheidung und Tod des Mannes) gehörten zu den *actiones bonae fidei* und wurden durch Schiedsrichter *(arbitri)* entschieden nach dem Grundsatz *quantum melius aequius* (Cic.Q.Rosc.10).

123 Gemeint ist die Überlassung eines Eigentums auf Treu und Glauben durch Scheinverkauf als hinterlassene Sicherheit (Hypothek, Pfändung), unter Voraussetzung späteren Rückerwerbs (vgl. RE 6,2287–2316).

124 Q. Scaevola (off.1,116; 2,57) erscheint (vgl. Lael.1) als Vorbild des *vir bonus.* Man hat übrigens beobachtet, daß das Beispiel des Scaevola – knüpft an die Beispiele 1 und 2 an (*celare*, nicht *simulare*) – keinen gedanklichen Fortschritt bringt. Es stellt römisches Lebensideal gegen griechische Schläue, den *vir bonus* gegen den *vir sapiens* – nicht im stoischen Sinne, sondern als φρόνιμος nach dem Verständnis des Ennius und Hekaton.

125 Das Original des Zitats in fam.7,6; 13,15,2 (vgl. Eur.frg. 905 N[2]: Μισῶ σοφιστὴν ὅστις οὐχ αὑτῷ σοφός und Plat.Hipp.mai.283b).

126 Seneca hat Hekatons Werk »de officiis« in »de beneficiis« und in den »epistulae« benützt; vgl. RE 7,2797; Schmekel, Die Philosophie der mittleren Stoa, 290–296.

128 Nach der Formel der *stipulatio*; vgl. dazu Kaser, Das röm. Privatrecht 1, [2]1972, 168 ff., 538 ff.; 2, 1959, 273 ff.

129 Enkel des Cato Censorius.

130 Rückgriff auf die Erörterung in 50–57.

131 M. Marius Gratidianus (vgl. 3,80) – mit der Schwester seines Enkels war Ciceros Großvater verheiratet (Cic.leg.3,36). Denselben Rechtsfall berichtet Cicero in de orat.1,178. C. Sergius Orata war wegen seines luxuriösen Lebenswandels bekannt (vgl. dazu Cic.de orat.1,178; Hort.fr.[Mü]76; Aug. beat.vit.26).

132 Tomulescu (Dt. Akademie der Wiss. Berlin, 1968, 232) macht darauf aufmerksam, daß Ciceros These, der Verkäufer sei

für Servituten, die er trotz Kenntnis nicht angab, verantwortlich, von Rechtsgelehrten nicht anerkannt war. – Für Cicero ist jedenfalls auch hier das Gebot der *humanitas* bestimmend.

133 Vgl. 1,108 und 2,49.

134 Das positive Recht *(ius civile)* wird abgeleitet vom Völkerrecht (= Naturrecht); vgl. dazu off.3,67.71; Cic.leg.1,19 f.

135 Vgl. off.3,21.26.31; 1,50.53.149.

136 Die Übersetzung muß sich mit einem Kompromiß begnügen. Cicero verwendet – ein Beweis für seine Originalität – ein Wortspiel mit *malus. Malitia* ist ein den Buchstaben des Rechts wahrendes, dessen Sinn *(aequitas)* verfälschendes Vorgehen. Zur Unterscheidung von *vitium* und *malitia* vgl. Tusc.4,34; fin.3,40; off.2,10. Zu dem Wortspiel vgl. leg.1,49; nat.deor.3,75.

137 Vgl. Gell.NA 4,2; Varro rust.2,10,5; Ulp.50,16,174.

138 Zorzi (Aevum 35,145) stellt fest, daß die Behandlung der Erbschaftsfragen ein isolierter Abschnitt ohne gedankliche Entwicklung sei.

139 Über die Naturwidrigkeit dieses Verhaltens vgl. nat.deor. 3,75.

140 Vgl. 3,71.96.

141 L. Minucius Basilus ist uns nicht näher bekannt.

142 Crassus ist der bekannte Triumvir (vgl. zu off.1,25), mit dem Cicero nach gespanntem Verhältnis aus dem Jahre 63 sich vor dessen Abfahrt nach dem Osten wieder aussöhnte.

143 Q. Hortensius Hortalus ist der bekannte Redner, der bis 70 v. Chr. als der unbestrittene Meister der Beredsamkeit in Rom galt; im Prozeß gegen Verres errang Cicero vor ihm die erste Stellung unter den Rednern. Beide Männer waren einander in so herzlicher Freundschaft zugetan, daß Cicero nach ihm einen seiner schönsten Dialoge benannte und ihn als Gesprächspartner auftreten ließ. Über seine Stellung als Redner handelt er im »Brutus« (317–319.323–326).

144 M. Satrius war Parteigänger des M. Antonius und wurde von Cicero entsprechend beurteilt (Phil.2.107).

145 Umschreibung der Adoption.

146 off.1,28 f.

147 Vgl. leg.1,33.

148 Es handelt sich um einen sprichwörtlichen Ausdruck der Bedeutung ›einen Wunsch äußern‹; vgl. Cic.leg.agr.2,82; Tib.

1,2,34. – Eine gröbere Art, seinen Wunsch zu äußern, war das Räuspern: Tib.1,5,74; Ov.her.21,24; Ter.Heaut.373.

149 Cicero zeichnet das Bild des *vir bonus.* Die Einlage entspricht der des Gygesringes und steht 1,23 und 1,25 nahe.

150 Cicero meint die ἔμφυτοι προλήψεις der Stoiker. Da der stoische Terminus keineswegs eindeutig war (SVF II,83; Cic.nat.deor.1,44; 2,12; fin.5,59; Tusc.1,30.57; top.31; Sen. epist.117,6; Plut.Stoic.repugn.1041c; für unsere Stelle ist bes. Tusc.4,53 beizuziehen), vermengt ihn Cicero oft mit den Termini anderer Philosophenschulen (nat.deor.1,44 mit epikureischem; leg.1,23 mit platonischem Zusammenhang; vgl. dazu Plat.Prot.322a; Phaidr.237d; Xen.mem.1,4,16). Nach Plutarch hat Chrysipp »die unserer Seele mitgegebenen Begriffe« – wie die richtige Übersetzung lautet (Pohlenz) – verwendet, um den Unterschied der sittlichen Begriffe von solchen wie ›weiß‹ und ›warm‹ klarzustellen. Diese werden nur aus den von außen kommenden Eindrücken gewonnen, sittliche Begriffe dagegen und die von der Gottheit hätten ihren Grund in der inneren Erfahrung, durch die das Lebewesen sich seiner selbst bewußt werde; vgl. übrigens Sen.epist.120; Cic.fin. 3,33 (Erkenntnis des sittlich Guten mit Hilfe der Erfahrung an konkreten Fällen. Lisçu, Étude sur la langue de la philosophie morale chez Cicéron, Paris 1930, 114–116; off.3,81).

151 Vgl. off.1,20.

152 C. Fimbria, Konsul 104; über ihn Brut.129; de orat.2,51. Wieder führt Cicero ein anschauliches Bild vor Augen. Eine der Formen solcher Wetten wird bei Gaius 4, 93 aufgezeigt; gemeint ist die sogenannte *sponsio*, ein haftungsbegründendes Versprechen auf die Frage des Gläubigers hin, z. B.: *Spondesne mihi decem dare? – Spondeo.* Die älteste *sponsio* war wahrscheinlich ein eidliches Versprechen mit ausschließlich sakraler Sanktion (Isid.orig.5,24,31). Spätestens seit dem Zwölftafelgesetz konnte aufgrund einer *sponsio* geklagt werden (Gaius 4,17a). Der ursprüngliche Anwendungsfall der *sponsio* ist die Bürgschaft. Der Gebrauch der *sponsio* war privatrechtlichen Verbalkontraktionen von Bürgern vorbehalten (Gaius 3,93). Vgl. dazu RE III A, 1851; Kaser, Das altröm. Ius, Göttingen 1949, 256 ff.; Arangio-Ruiz, Bolletino dell'Istituto di diritto Romano 65, 193 ff. Aus einem Kaufvertrag sich ergebende Streitigkeiten konnten den Gerichten erst überantwortet werden, wenn das Schiedsverfahren *(ar-*

*bitrium)* eines *vir bonus* gescheitert war.

153 Vgl. Petron.Sat.44. Es handelt sich um ein noch heute in Italien als ›la morra‹ bekanntes Spiel. Auf ein Zeichen hin streckt einer der zwei Kombattanten eine Anzahl von Fingern auf, der andere sucht gleichzeitig dasselbe zu tun; vgl. off.3,38.

154 Vgl. off.3,75.

155 Zu Marius vgl. Sall.Iug.63 f.; zu Marius' Erhebung zum Konsul Iug.73,6 f. Die Anschwärzung gegen Metellus ebendort 64,4–65,5 und Plut.Mar.8; Cic.off.1,36.

156 Er war 86 Praetor und 82, fiel den Proskriptionen zum Opfer (Cic.pet.cons.10; Sen.ira 3,18).

157 Mit *forma* (Gedankenbild) und *notio* (Begriff) gibt Cicero πρόληψις wieder; vgl. Anm. III, 150.

158 Zur Formulierung vgl. off.3,32; Anm. III, 73; S. 439. Zu dem Gedanken, daß man mit der *humanitas* auch sein Dasein als Mensch ablegt, vgl. Cic.rep.4,1.

159 *Belua* und *immanitas* sind bei Cicero übliche Bezeichnungen für den Tyrannen; vgl. S. 439 mit Anm. 108.

160 Eine Anspielung auf Pompeius; vgl. Plut.Caes.14; Cato min. 31; Pomp.47; Suet.Caes.21.

161 Euripides, »Phoenissen«, 524 f.; εἴπερ γὰρ ἀδικεῖν χρὴ τυραννίδος πέρι / κάλλιστον ἀδικεῖν, τἄλλα δ'εὐσεβεῖν χρεών. Die Verse dürften der Quelle entnommen sein. Das Beispiel des Tyrannen schon in off.3,19.32; 1,26.

162 Gemeint ist Caesar; vgl. Plut.Caes.60; Suet.Iul.79 f.

163 Caesar erhielt 45 nach dem Sieg bei Munda den Titel *parens patriae* (Suet.Iul.85), was Cicero, der 63 *pater patriae* genannt worden war und der jetzt bereits von Caesar enttäuscht war, verbitterte (fam.12,3,1). Das Bild des Tyrannen wird nach griechischen Vorbildern in den düstersten Farben ausgemalt; vgl. Plat.rep.575d.

164 L. Accius, ein Tragödiendichter (geb. 172), war von Cicero besonders geschätzt (Brut.59; Sest.120; hier 1,114); die genaue Herkunft des Verses ist nicht bekannt.

165 Auf Caesar gemünzt.

166 Cicero wiederholt den Gedanken in Phil.1,35.

167 Vgl. off.1,40 und 3,16 und die Anmerkungen dazu.

168 L. Philippus, Konsul 91, Volkstribun 103, von Cicero hochgeachtet (vgl. Brut.173.186), wurde schon 1,108; 2,59 und 73 erwähnt.

169 Sie gehörten dem Ritterstande an. Der römische Staat hob Steuern aus den Provinzen mittelbar durch Verpachtung an Steuerpächter aus. Diese überließen das Eintreiben der Abgaben den Zehntpächtern *(decumani)*, Hafenzöllnern (off. 1,150; *portitores*) und den Pächtern von Weideplätzen *(pecuarii)*. Oft suchten Steuerpächter um Herabsetzung der Summe nach, um die sie eine Pacht erreicht hatten; diesem Anliegen widersetzte sich damals Cato, mit dem Erfolg, daß er diese Gruppe Caesar in die Hände trieb. Cicero dagegen trat für die Ansprüche der Ritter ein, und zwar mehr aus politischen als etwa moralischen Gründen; denn es galt, sie wie 63 v. Chr. an den Senat zu binden, um die *concordia ordinum* gegen revolutionäre Umtriebe zu sichern. Caesar verstand es, gestützt auf Pompeius und Crassus, diese auf die Dauer für sich zu gewinnen. Cicero beobachtete das politische Spiel mit Mißbehagen (Att.1,17,9; 18,7).

170 Anspielung auf Catos hartes Verfahren gegen Kypern (58 v. Chr.).

171 Ciceros politische Parole, besonders seit der Verschwörung des Catilina; vgl. dazu Anm. II, 135.

172 C. Scribonius Curio, Gefolgsmann Sullas, Konsul 76, war mit Caesar verfeindet, mit Cicero befreundet; er achtete ihn hoch (ad Q.fr.2,3,2; Vatin.24; Brut.213.216–17.220). Mit seinem Sohn, einem Caesarianer, korrespondierte Cicero (fam.2,1–7).

173 Unzufrieden mit dem latinischen Bürgerrecht, das sie nach dem Bundesgenossenkrieg erlangt hatten, strebten die Transpadaner danach, das volle römische Bürgerrecht zu gewinnen. Dabei fanden sie an Caesar einen tatkräftigen Förderer (Suet.Iul.8). 49 v. Chr. setzte er für sie die volle *civitas* durch.

174 Vgl. dazu Anm. III, 112; über die Benützung Hekatons in off.3,89 ff. vgl. Testard, Ausgabe, Bd. 1, 47; in 3,90 hält er Ciceros Selbständigkeit für möglich (ebd.).

Vgl. Cic.rep.3,30.

176 Nicht der Konflikt zwischen *honestum* und *utile*, sondern der zweier Pflichten wird hier behandelt (vgl. Pohlenz II,26).

177 Eine Nachlese zu 3,50–57; Diogenes und Antipater treten in 3,51 gegeneinander an.

178 *redhibeatur* ist ein juristischer Terminus technicus (vgl. da-

zu Ulp.21,1,11); zu dem Fall vgl. Cic.rep.3,29. – Tatsächlich war eine Rückgabe nur dann notwendig, wenn beim Verkauf eines diebischen Sklaven seine Ehrlichkeit ausdrücklich betont worden war.

179 Diese Frage war schon in off.1,31 f. abgehandelt worden; dort im Rahmen einer grundsätzlichen Erörterung. Hier haben wir eine kasuistische Besprechung.

180 Vgl. dazu Romaglia, Riv.di Stud.Class.1955; ferner Pohlenz II,26. Pohlenz nimmt dort an, Cicero stimme in der vorliegenden Frage mit Athenodor Antipater zu.

181 Vgl. dazu Ov.met.2,312 ff., Eur.Phaeth.(frg.); Phaethon stürzt nach der einen Überlieferung in den Eridanos (zumeist mit dem Po identifiziert: Eur.Hipp.737; Verg.ecl.6,62 u. a.; vgl. Ranke-Graves, Mythologie I, 139). Nach anderen wurde er unter die Sterne versetzt (Cic.Arat.145 ff.).

182 Vgl. Eur.Hipp.; Sen.Phaedr.; Ov.met.15,492 ff.; Serv. zu Verg.6,445; eine andere Version bei Eur.Hipp.1282 ff.; 1423 ff.; Paus.II,32, 1 f.

183 Cicero folgt hier der märchenhaften Version des bei Euripides (Iph.Taur.20 ff.) überlieferten Berichts. Nach den geläufigen Berichten hatte der Seher Kalchas geweissagt, daß die Windstille – eine Strafe der Artemis an Menelaos – nur durch die Aufopferung der Iphigeneia gesühnt werden könne.

184 Vgl. off.1,31 und dazu Pohlenz I,29.

185 Der Abschnitt bringt Rückblick und Zusammenfassung, wobei Poseidonios sichtbar wird (φύσει – κατὰ περίστασιν). Die folgenden Worte zeigen Mängel: Der Ausdruck *commutata utilitate* ist zumindest unglücklich; *stare conventis* (behandelt in 3,92 f.) müßte *facere promissa* (behandelt in 3,94) vorausgehen. Dann greift Cicero die Disposition von Buch I wieder auf. Von einer hier vorausgesetzten Abgrenzung zwischen Klugheit und Gerechtigkeit kann freilich nicht die Rede sein. Vielmehr wurde der Stoff bisher improvisiert dargeboten, und zwar nach Einzelfällen. Man darf annehmen, daß Cicero diese Gliederung vorgefunden, aber, mit der Quelle unzufrieden, in 3,35–95 verwischt hat. Für das Folgende kündigt er die Behandlung der μεγαλοψυχία und der σωφροσύνη an. Infolge der breiten Betrachtung, die Regulus zuteil wird, nimmt sich die Besprechung der *temperantia* recht kurz aus (3,116–120). Vgl. Gigon, Palingenesia 6,11 ff.

186 Vgl. off.1,13–15.
187 Vgl. off.3,50–95.
188 Odysseus soll, um sich nicht im Krieg gegen Troja beteiligen zu müssen, Wahnsinn vorgetäuscht haben, indem er einen Ochsen und ein Pferd vor den Pflug spannte; er wurde aber seinerseits von Palamedes entlarvt und gezwungen, am Kampf teilzunehmen; vgl. Ov.met.13,36 ff.; Hyg.fab.95; Apollod. epit.3,7; Plin.nat.hist.35,129; Sophokles' Tragödie 'Οδυσσεὺς μαινόμενος (nicht erhalten).
189 Das Zitat entstammt wahrscheinlich Accius; hinter ihm steht wohl ein griechisches Zitat der Quelle, das Cicero ersetzt hat (vgl. Ov.met.13,35 ff.).
190 Regulus, Konsul 261 und 256, geriet bei einer Expedition nach Nordafrika 255 in Gefangenschaft der Punier. Das Beispiel des Odysseus und des Regulus gehört nach Pohlenz (II,29) zusammen mit off.3,92–95; 96 störe den Zusammenhang. Regulus erscheint als Muster der *prisca virtus Romana* in fin.2,65. Die schulmäßige Anlage der Debatte läßt nach Pohlenz (II,31) auf Benützung einer Quelle schließen. Cic. Att.16,11,4 nennt Regulus' Beispiel für das von Panaitios übergangene Problem.
191 Vgl. Cic. Hort.fr.40(Mü); Lael.7; rep.1,28.
192 Vgl. off.1,39.
193 Vgl. Hor.carm.3,5,41 ff.
194 Vgl. Cic.fin.2,65.
195 Ein stoischer (vgl. Lact.ira 2,9; 3,1; 5,5,1) und epikureischer Gedanke (Cic.nat.deor.1,45; Lucr.2,650 f.). Nach der Stoa ist das Wirken der Götter nur segensreich (Sen.ira 2, 27,1).
196 Das ist die Auffassung der Epikureer (Cic.nat.deor.1,45.51. 56.85.102.121–123; 3,79; div.2,40; Diog.Laert.10,139).
197 Epikureische Umschreibung der stoischen *providentia*; vgl. nat.deor.2,75–77.
198 Vgl. Sen.ira 2,27,1.
199 Schon bei Aristot.NE 1109a 35.
200 Das Zitat stammt aus Accius »Atreus'«. Es handelt sich um Worte des Thyestes (vgl. Ribbeck I, Ausgabe 1962, 71, 380).
201 Dazu vgl. Gaius 3,96.
202 Vgl. unten Anm. 204.
203 Wohl aus Ennius' »Thyestes« (vgl. Ribbeck, 71, 380).
204 Die *Fides* erscheint hier als Gottheit wie *Mens, Virtus, Concordia* (vgl. Cic.nat.deor.2,61.79; 3,61; leg.2,19.28). Die

*Fides* gehört zu den ältesten dieser vergöttlichten Abstracta. Ihre Verehrung wird zurückgeführt auf König Numa (Dion. Hal.2,75,2; Plut.Num.16,1; Liv.1,21,4). Ihr Tempel auf dem Kapitol wurde von A. Atilius Colatinus 254 oder 250, also unter seinem Konsulat oder unter seiner Diktatur, errichtet. Nach Kroll, Die Kultur der ciceronischen Zeit, 1933, Bd. 2, 23, handelt es sich um einen staatlichen, nicht privaten Kult *(Fides publica)*. – A. Colatinus erfreute sich übrigens Ciceros besonderer Wertschätzung (Cic.nat.deor.2,165; fin.2,116; Tusc.1,31.110; Planc.60). Der von A. Colatinus erbaute Tempel wurde 115 von M. Aemilius Scaurus restauriert. Der Senat hat dort Sitzungen abgehalten und Akten der Außenpolitik aufbewahrt; vgl. Boyancé, Fides Romana et la vie internationale, Séance publique annuelle des cinque académies, 1962, 31–34.

205 Gemeint sind die Stoiker; die angedeutete Frage ist von Cicero in Tusc. 1 und 2 behandelt worden.

206 Vgl. off.3,3, dort Anm. 12 und Anm. 199.

207 Gemeint sind die Stoiker und die Peripatetiker; vgl. Tusc.3,22.

208 Vgl. zu off.3,102, Anm. III, 200.

209 Vgl. off.1,97.

210 Vgl. off.1,97 ff.

211 Vgl. off.1,34 f.

212 Ein Eid gilt nach stoischer Auffassung nicht, wenn er ἄνευ συγκαταθέσεως geleistet worden ist; vgl. off.1,40 und Anm. 81.

213 Vgl. off.1,40; ac.2,146.

214 Eur.Hipp.612.

215 off.1,36.

216 Bei Caudium unterlagen die Römer 321 den Samniten und wurden unters Joch geschickt, nachdem ihr Konsul kapituliert hatte; die Konsuln stimmten dann aber selbst gegen die Ratifizierung des Friedens (Liv.9,5,10). Übrigens waren Veturius und Postumius zweimal miteinander Konsuln, 334 und 321.

217 Vgl. dazu Liv.9,8 und Liv.9,10.

218 C. Hostilius Mancinus, Konsul 137, mußte mit 40 000 Mann im Kampf gegen Numantia in Spanien kapitulieren. Den Vertrag soll Ti. Gracchus ausgehandelt haben. Da die Übergabe ohne Bewilligung des Senates abgeschlossen worden war, wurde Hostilius nackt den Numantinern ausgeliefert – sie

nahmen ihn nicht an – und der Vertrag für nichtig erklärt (vgl. Cic.rep.3,28).

219 L. Furius Philus, Konsul 136, ist der bekannte Gesprächspartner in »De re publica«; Sext. Atilius war mit ihm Konsul.

220 Q. Pompeius, Konsul 140, hatte Frieden mit den spanischen Feinden geschlossen, erklärte ihn aber wieder für ungültig.

221 Ein stoischer Lehrsatz; Cic.parad.24; Hor.epist.1,16,73.

222 Vgl. off.2,76.

223 Zu den 12 Tafeln vgl. off.1,12; zu den *leges sacratae* vgl. Meyer, Röm. Staat und Staatsgedanke, Zürich u. Stuttgart 1948, 44 ff.

224 L. Manlius, Diktator 363, M. Pomponius, Volkstribun 362; vgl. Liv.7,3,8–5,9; Sen.ben.3,37,4. – Wegen der außerordentlichen Vollmacht der Diktatur erreichte der Volkstribun eine Bestrafung durch die Comitien trotz nur geringfügiger Überschreitung der festgelegten Amtszeit.

225 Dieser Bericht über die zehn Gefangenen ist *locus gemellus* zu off.1,40, eingehend behandelt von Zorzi, Aevum 33, 412, und Aevum 35, 147. An beiden Stellen erscheinen die Gefangenen als Gegenstück zu Regulus (vgl. Liv.22,61,8; Corn. Nepos bei Gell. NA 6,18,11). Pohlenz (II,32) weist wie Zorzi nach, daß Cicero in off.1,40 mehrere Versionen verschmolzen hat, während er hier Polyb.6,58,2 ff. nachgeschlagen habe. Der Abschnitt ab 114 dient nicht mehr dem Zusammenhang (Heiligkeit der Eide), da er die Weigerung des Gefangenenrückkaufes betrifft. Cicero war demnach wohl auf ein instruktives Beispiel bedacht, hat auch das Folgende übernommen und mit Bemerkungen versehen. Nach Atzert, Ausgabe 1958, XXVII, gehört der ganze Abschnitt Cicero, sei aber nicht genügend ausgearbeitet worden.

226 L. Aemilius Paulus, Konsul 219 und 216, diesmal mit Terentius Varro. Letzterer gehörte den Popularen, ersterer den Aristokraten an. Paulus wollte die Taktik des Q. Fabius Maximus Cunctator (vgl. off.1,84) verfolgen, während Varro auf eine Entscheidungsschlacht drängte und damit die Katastrophe von Cannae verschuldete. Paulus fand in der Schlacht den Tod.

227 Vgl. Liv.22,52,3.

228 C. Acilius Glabrio, Zeitgenosse des Cato maior, war vielleicht Grieche. Bei der Philosophengesandtschaft von 155 agierte er als Dolmetscher in den Gesprächen mit dem Se-

nat; vgl. Plut.Cato mai.22; Gell.NA 7,14,9; er schrieb eine Geschichte Roms auf Griechisch.

229 Zu diesem allgemeinen Abschluß vgl. zu 3,97–114 und Zorzi, Aevum 35, 147.

230 Vgl. Tusc.5,13; Plat.rep.490c.

231 Zu Aristippos vgl. off.1,148.
Annikerisch: Annikeris, ein Zeitgenosse Alexanders des Großen, nahm mit seiner Philosophie einen Standpunkt zwischen Aristippos und Epikur ein.

232 Epikur, geboren 342 auf Samos, gründete 306 seine Philosophieschule in Athen; Cicero spricht stets polemisch über ihn. In Tusc.3,36 ff. geht er auf dem Gebiet der Ethik ausführlich gegen ihn an; vgl. Cic.fin.1,12; 2,34 ff.

233 Vgl. Otto, Sprichwörter, 1965, 126.

234 Metrodoros von Lampsakos war der bedeutendste Schüler Epikurs. Cicero nennt ihn zusammen mit Epikur in nat. deor.1,86.93.113; fin.1,25; 2,92; Tusc.5,109 (vgl. Sen.epist. 14,17; Tac.dial.31,10) und verfolgt ihn mit gehässigen Worten (nat.deor.1,113). Vgl. Plut.non posse suav. 198c–d; De fortuna 97d.

235 Weisheit, Tapferkeit und Mäßigung.

236 Gerechtigkeit und die anderen sozialen Tugenden sind aus dem Nützlichkeitsprinzip abzuleiten. Die Freundschaft zählt zu den größten Gütern des Lebens (fin.1,65).

237 Nach der Lehre der strengen Stoiker.

238 Kalliphon und Deinomachos suchten die Lehre Epikurs zu verbinden mit der Stoa und in der Verknüpfung von ἀρετή und ἡδονή das *summum bonum* zu bestimmen (vgl. fin.2, 34; 5,21; Tusc.5,87; ac.2,139).

239 Vgl. fin.2,34; 4,56; 5,73; ac.2,131.139; Tusc.5,85.87

240 Cicero gestaltet die Schlußrede an seinen Sohn wie einen Brief (Pohlenz II,34; Zorzi, Aevum 35, 148). Cicero macht sich – das zeigt der Abschnitt deutlich – über die Aufnahme seiner Bücher keine Illusionen (vgl. dazu Testard, Ausgabe, 24, und ders., Le fils de Cicéron, destinataire du De officiis, in: Bulletin de l'Association Guillaume Budé, 1962, 2,211 bis 213). Testard nimmt, sicherlich zu Recht, an, daß Cicero hier in Reminiszenz an Terenz, »Heautontimorumenos«, 190 ff., besonders 195, schreibt (vgl. dazu Testard, Bulletin présenté par l'Institut d'Études latines de la Faculté des lettres et sciences humaines d'Orléans-Tour 4).

# Auswahl-Bibliographie

## *Texte und Kommentare*

Arfelli, D.: M. T. Cicerone. I doveri (Lat./Ital.). Bologna 1958.
– M. T. Cicerone. I doveri. Introd., trad. e note. Milano [2]1994.
Atzert, C.: M. T. Ciceronis De officiis libri III. Leipzig [2]1932.
– M. T. Ciceronis De officiis libri III. Leipzig [5]1971.
– Cicero. Von den Plichten. München 1959.
Barrile, A. R.: Cicerone. I doveri. Biblioteca universale. Rizzoli/Mailand 1958.
Bione, C.: M. T. Cicerone. Kobro I De officiis. Testo, introduzione e commento. Mailand 1960.
Büchner, K.: M. T. Cicero. Vom rechten Handeln. Zürich/Stuttgart 31987. [Zweispr. Ausg.]
Dyck, A.: A Commentary on Cicero *De officiis*. Ann Arbor (Mich.) [2]1998.
Gigon, O.: M. T. Ciceronis De officiis libri III. Zürich [o.J.].
Higgin-Crotham, J.: Cicero on the Moral Obligation. A New Translation of Cicero's *De officiis*. Berkeley1967.
Holden, H. A.: M. T. Ciceronis De officiis libri III. Text, Introduction and Commentary. Amsterdam [2]1962.
Miller, W.: Cicero. De officiis. Text and English Translation. London/Cambridge 1961. [Repr. 1st ed. of 1913.]
Mueller, C. F. W.: M. T. Ciceronis De officiis libri III. Text, Einleitung und Kommentar. Berlin 1882.
– Editio stereotypa. Leipzig 1909.
Nickel, R.: Cicero. De officiis. Berlin 2013. [Zweispr. Ausg.]
Ottolino A.: M. T. Cicerone. De officiis libri III. Testo, introduzione e commento. Mailand 1967.
– Cicerone. De officiis libro II. Testo, introduzione e commento. Mailand 1968.
Testard, M.: Cicéron. Les devoirs. Livre I. Introduction, texte établi et traduit. Paris 1965. (Collection Budé des belles lettres.) [Dazu: Gnomon 40 (1968) S. 356–361.]
– Cicéron. Les devoirs. Livres II et III. Texte établi et traduit. (Collection Budé des belles lettres.)
Walsh, P. G.: M. T. Cicero. On Obligations. Transl with an Introd. and Explanatory Notes. Oxford 2000.
Winterbottom, M.: M. T. Cicero. De officiis. Oxford / New York 1994.

## Sekundärliteratur

Albrecht, S.: Bellum iustum: die Theorie des »gerechten Krieges« und ihre praktische Bedeutung für die auswärtigen Auseinandersetzungen Roms in republikanischer Zeit. Kallmütz 1980. S. 17f.

Arnim, H. von: Stoicorum Veterum Fragmenta (SVF). 4 Bde. Stuttgart [2]1964.

Atzert, C.: Handschriftliches zu *De officiis*. In: Rheinisches Museum 68 (1913) S. 419.

Barnes, J.: Cicéron et la guerre juste. In: Bulletin de la Société française de Philosophie 80 (1968) S. 37–80.

Bernert, E.: De vi atque usu vocabuli officii. Diss. Breslau 1930.

Bernert, W.: Cicero als Platoniker und Skeptiker. In: Gymnasium 72 (1965) S. 175–200.

Blänsdorf, J.: Das Naturrecht in der Verfassung. Von Ciceros Staatstheorie zum modernen Naturrechtsbegriff. In: Lateinische Literatur, heute wirkend. Hrsg. von H. Glücklich und H. Kleinen. Bd. 2. Göttingen 1987. S. 30–59.

Bleicken, J.: Die Verfassung der römischen Republik. Grundlagen und Entwicklung. Paderborn [3]1982.

– Geschichte der römischen Republik. München [3]1988.

Bömer, F.: Caesar und sein Glück (1965). In: Caesar. Hrsg. von D. Rasmussen. Darmstadt 1967. (Wege der Forschung. 43.) S. 89–115.

Botermann, H.: Ciceros Gedanken zum »gerechten Krieg« in *De off.* 1,34–40. In: Archiv für Kulturgeschichte 69 (1987) S. 1–29.

Boyance, P.: Cicéron et César. In: Extrait du Bulletin de l'Association Guillaume Budé. Lettres d'humanité 13 (1959) S. 453–500.

– Das Ciceroproblem (1958). In: Ciceros literarische Leistung. Hrsg. von B. Kytzler. Darmstadt 1973. (Wege der Forschung. 240.) S. 11–32.

– / Büchner, K. [u.a.]: Actes du Congrès d'Aix-en-Provence. Paris 1963.

Bringmann, K.: Cicero. Darmstadt 2010.

Bringmann, K.: Untersuchungen zum späten Cicero. Göttingen 1971.

Brüser, W. J.: Der Textzustand von Ciceros *De officiis*. Diss. Köln 1949 [masch.].

Bruwaene, M. van den: Les valeurs de justice dans le parler cicéronien. In: Acta classica Universitatis Scientarium Debreceniensis 19 (1983) S. 41–48.

Buchheit, V.: Ciceros Triumph des Geistes (1969). In: Ciceros literarische Leistung. Hrsg. von B. Kytzler. Darmstadt 1973. (Wege der Forschung. 240.) S. 11–32.

Büchner, K.: Summum ius summa iniuria. In: K. B.: Humanitas Romana. Heidelberg 1957. S. 80–105.

– Römische Literaturgeschichte. Stuttgart 1957. S. 181–204.

– Humanum und humanitas in der römischen Welt. In: Studium generale 14 (1961) S. 636–646. – Auch in: Studien zur römischen Literatur. Bd. 5. Wiesbaden 1965. S. 47–65.

– Panétius et Cicéron. In: Actes du Congrès d'Aix-en-Provence. Paris 1963. S. 255 f.

– Cicero, Bestand und Wandel seiner geistigen Welt. Heidelberg 1964. [Zu *De officiis*: S. 431–443.]

– Der Denker Cicero (1970). In: Das neue Cicerobild. Hrsg. von K. Büchner. Darmstadt 1971. (Wege der Forschung. 27.) S. 348–371.

– Utile und honestum. München 1974. S. 5–21.

– Cicero, Philosophische Schriften. In: Sonderdruck aus der Classischen Altertumswissenschaft. Stuttgart [o.J.]. S. 1104–91. [Zu *De officiis*: S. 1169–73.]

Burck, E.: Drei Grundwerte der römischen Lebensordnung (*labor*, *modestia*, *pietas*). In: Gymnasium 58 (1951) S. 161–183.

– Vom Sinn des otium im alten Rom (1963). – Daraus S. 549–557 auch in: Römische Wertbegriffe. Hrsg. von H. Oppermann. Darmstadt [3]1983. (Wege der Forschung. 34.) S. 503–515.

Cataudella, Q.: Sulle fonti del »De officiis di Cicerone«. In: Atti I. Congresso dei Studi Ciceroniani 2. Rom 1961. S. 479–491.

Ciaceri, E.: Cicerone e i suoi tempi. Bd. 1. Neapel 1926. Bd. 2. Ebd. 1930. [Zu *De officiis*: S. 367–374. Zu Ciceros Philosophieren: S. 386–393.]

Clark, G. / Rajak, T.: Philosophy and Power in the Graeco-Roman World. Essays in Honour of Miriam Griffin. Oxford 2002.

Classen, C. J.: Cicerostudien in der Romania im 15. und 16. Jahrhundert. In: G. Radke (Hrsg.): Cicero, ein Mensch seiner Zeit. Berlin 1968. S. 198–245.

– Virtutes Romanorum. In: Gymnasium 95,4 (1988) S. 289–302.

Collins, H. J.: Caesar und die Verführung zur Macht (1955). In: Caesar. Hrsg. von D. Rasmussen. Darmstadt 1967. (Wege der Forschung. 43.) S. 379–412.

Conde, J. L.: Límites de la teoría del ›decorum‹ en Cicerón. In: A. M. Aldama Roy [u. a.] (Hrsg.): La filología lattina hoy. Actuali-

zación y perspectivas. Madrid 1999. S. 103–107. (Sociedad de Estudios Latinos 2/1, 1999.)
Dahlmann, H.: Clementia Caesaris (1934). In: Caesar. Hrsg. von D. Rasmussen. Darmstadt 1967. (Wege der Forschung. 43.) S. 32–47.
Dieter, H.: Der Iustitia-Begriff Ciceros. In: Eirene 7 (1968) S. 33–48.
– Der Moderatio-Begriff Ciceros. In: Eirene 8 (1970) S. 68–81.
Doignon, J.: Nuances esthétiques du stoïcisme chez Cicéron d'après un fragment de l'Hortensius et un trait du *De officiis*. In: Hermes 112 (1985) S. 459–469. [Zu *De officiis* 1,96 und Hort. frg. 64 Grilli.]
Drexler, H.: Politische Grundbegriffe der Römer. Darmstadt 1988. [*Res publica*, *maiestas*, *gloria*, *honos*, *nobilitas*, *princeps*, *potentia*, *gratia*, *iustum bellum*.]
– Res publica. In: Maia 9 (1957) S. 247–281; 10 (1958) S. 3–37. [Stark gekürzt in dem vorgenannten Buch.]
Dyck, A. R.: Notes on composition, text and sources of Cicero's *De officiis*. In: Hermes 112 (1984) S. 215–227.
Erkell, H.: Caesar und sein Glück (1944). In: Caesar. Hrsg. von D. Rasmussen. Darmstadt 1967. (Wege der Forschung. 43.) S. 48–60.
Erren, M.: Wovon spricht Cicero in *De officiis*? In: Würzburger Jahrbücher für Altertumswissenschaften 13 (1987) S. 181–194.
Everitt, A.: Cicero. A Turbulent Life. London 2001.
Fedeli, P.: Studi sulla tradizione manoscritta del *De officiis*. Florenz 1965.
Fiori, R.: Bonus vir. Politica, filosofia, retorica e diritto nel de officiis di Cicerone. Neapel 2011.
Forschner, M.: Die stoische Ethik. Darmstadt [2]1995.
– Über das Handeln in Einklang mit der Natur. Darmstadt 1998.
Fröhlich, G.: Nachdenken über das Gute. Ethische Positionen bei Aristoteles, Cicero, Kant, Mill und Scheler. Göttingen 2006.
Fuchs, H.: Ciceros Hingabe an die Philosophie (1959). In: Das neue Cicerobild. Hrsg. von K. Büchner. Darmstadt 1971. (Wege der Forschung. 27.) S. 304–347.
Fuhrmann, M.: Macht und Ohnmacht eines Intellektuellen in der Politik. In: Der altsprachliche Unterricht 29,2 (1986) S. 7–16.
– Cicero und die römische Republik. Eine Biographie. München/Zürich 1989.
Garbarino, G.: Roma e la filosofia greca dalle origini alla fine del II seculo a. C. Padua 1973.

– Il concetto etico-politico di gloria nel *De officiis* di Cicerone. In: Tra Grecia e roma, Temi antichi e metodologie moderne. Rom 1980. S. 197–204.

Gärtner, H. A.: Cicero und Panaitios. Beobachtungen zu Ciceros *De officiis*. Heidelberg 1974.

Ciceros *De officiis* und die römischen Institutionen. In: A. Haltenhoff / A. Heil / F.-H. Mutschler (Hrsg.): O tempora, o mores! Römische Werte und römische Literatur in den letzten Jahrzehnten der Republik. München/Leipzig 2003. S. 245–258.

Gelzer, M.: Pompeius. Frankfurt a. M. 1944. [Auch: München 1973. Mit einem Vorw. von H. Diwald.]

– Caesar, der Politiker und Staatsmann. Wiesbaden 1960.

– Cicero und Caesar. Wiesbaden 1968.

– Cicero. Ein biographischer Versuch. Wiesbaden 1969.

Giebel, M.: Marcus Tullius Cicero. Reinbek b. Hamburg [18]2013.

Gigon, O.: Bemerkungen zu Ciceros *De officiis*. In: Politeia und res publica. Beiträge zum Verständnis von Politik, Recht und Staat in der Antike. Wiesbaden 1969. S. 267–278.

– Die Erneuerung der Philosophie in der Zeit Ciceros (1955). In: Das neue Cicerobild. Hrsg. von K. Büchner. Darmstadt 1971. (Wege der Forschung. 27.) S. 229–258.

Gill, Chr.: Personhood and Personality: The Four-Personae Theory in Cicero, De officiis I. In: Oxford Studies in Ancient Philosophy 6 (1988) S. 169–199.

Girardet, H. M.: Politische Verantwortung im Ernstfall. Cicero, die Diktatur und der Diktator Cäsar. Festschrift für C. W. Müller zum 65. Geburtstag. Hrsg. von Ch. Müller-Goldingen und K. Stier. Stuttgart 1996.

– Naturrecht und Naturgesetz. Eine gerade Linie von Cicero zu Augustinus. In: Rheinisches Museum 138 (1995) H. 3–4. S. 266–298.

Glücklich, H.-J.: Ciceros *De officiis* im Untericht. In: Der altsprachliche Unterricht 21,2 (1978) S. 20–44.

Görler, W.: Das Problem der Ableitung ethischer Normen bei Cicero. In: Der altsprachliche Unterricht 21,2 (1978) S. 5–19.

Graeser, A.: Geschichte der Philosophie. Hrsg. von W. Röd. Bd. 2: Die Philosophie der Antike 2. München 1985.

Graff, J.: Ciceros Selbstauffassung. Heidelberg 1966.

Griffin, M.: Philosophy for Statesman: Cicero and Seneca In: Antikes Denken – Moderne Schule. Hrsg. von H. W. Schmidt und P. Wülfing. Heidelberg 1988. S. 133–150.

– / Barnes, J. (Hrsg.): Philosophia togata. Essays on Philosophy and Roman Society. Oxford 1989.

Grimal, P.: Sénèque juge de Cicéron. In: Mélanges d'Archéologie et d'Histoire de l'École Française de Rome (de Boccard) 46 (1984) S. 655–670.

Grimal, P.: Cicero, Philosoph, Politiker, Rhetor. Übers. von R. Stamm. München 1988.

– Le *De officiis* de Cicéron. In: Vita Latina (1989) Nr. 115. S. 2–9.

Gugusi, P.: Cicerone, De officiis II; note di lettura per Enrica Malcovati. Atti del convegno di studi nel centenario della nascita 1994. Como 1996.

Gundolf, F.: Caesar im 19. Jahrhundert [Auszug betr. Cicero] (1926). In: Ciceros literarische Leistung. Hrsg. von B. Kytzler. Darmstadt 1973. (Wege der Forschung. 240.) S. 6–10.

Hampl, F.: Römische Politik in republikanischer Zeit und das Problem des »Sittenverfalls« (1959). In: Historische Zeitschrift 188 (1959) S. 497–525. – Auch in: Das Staatsdenken der Römer. Hrsg. von R. Klein. Darmstadt [3]1980. (Wege der Forschung. 46.) S. 143–177.

– Stoische Staatsethik« und frühes Rom (1957). In: Das Staatsdenken der Römer. Hrsg. von R. Klein. Darmstadt [3]1980. (Wege der Forschung. 46.) S. 116–142.

Harder, R.: Einbürgerung der Philosophie in Rom (1929). In: Das neue Cicerobild. Hrsg. von K. Büchner. Darmstadt 1971. (Wege der Forschung. 27.) S. 371–387.

Hartung, H. J.: Ciceros Methode bei der Übersetzung philosophischer Termini. Diss. Hamburg 1970.

Haß, K. / Mohr, M. / Lobe, M.: Der Gemeinschaft verpflichtet. Cicero, De officiis. Bamberg 2018. [Ratio Express. Lektüreklassiker furs Abitur.]

Heilmann, W.: Ethische Reflexionen und ethische Lebenswirklichkeit in Ciceros Schrift *De officiis*. Darmstadt 1982. (Palingenesia. 17.)

Herrera Cajas, H.: Apelacion a la historia en el *De officiis* de Ciceron. In: Semanas de estudios romanos 2. (1977–1982). Valparaiso 1984. S. 103–123.

Hossenfelder, M.: Geschichte der Philosophie. Hrsg. von W. Röd. Bd. 3: Die Philosophie der Antike 3. München 1985.

Ibscher, G.: Der Begriff des Sittlichen in der Pflichtenlehre des Panaitios. Diss. München 1934.

Inwood, B. (Hrsg.): The Cambridge Companion to the Stoics. Cambridge 2003.

Johann, H. T.: Gerechtigkeit und Nutzen, Studien zur ciceronischen und hellenistischen Natur- und Staatslehre. Heidelberg 1961.

Keller, A.: Cicero und der gerechte Krieg. Eine ethisch-staatsphilosophische Untersuchung. Stuttgart 2012.

Kelsen, H.: Die philosophischen Grundlagen der Naturrechtslehren und des Rechtspositivismus. Berlin 1938.

Kilb, G.: Ethische Grundbegriffe der alten Stoa. Diss. Freiburg 1939.

Klass, J.: Cicero und Caesar. Berlin 1939.

Klingner, F.: Römische Geisteswelt. München 1956. [Cicero: S. 92–140. Cicero und Petrarca: S. 600–619. Zur *humanitas*: S. 620–662.] Nachdr. Stuttgart 1984. [Darin S. 110–159; 684–703; 704–746.]

Klinz, A.: Imperium Romanum; Erfahrungen und Gesichtspunkte für Behandlung eines Zeitbegriffes in einer Lateinarbeitsgemeinschaft der Oberstufe. In: Der altsprachliche Unterricht 4,3 (1959) S. 18–36.

Kloesel, H.: Libertas. Diss. Breslau 1935. – Daraus in: Römische Wertbegriffe. Hrsg. von H. Oppermann. Darmstadt [3]1938. (Wege der Forschung. 34.) S. 120–172.

Knoche, U.: Cicero als Mittler griechischer Geisteskultur. In: Hermes 87 (1959) S. 57ff.

– Der römische Ruhmesgedanke (1934/1962). In: Römische Wertbegriffe. Hrsg. von H. Oppermann. Darmstadt [3]1983. (Wege der Forschung. 34.) S. 420–445.

– Ciceros Verbindung der Lehre vom Naturrecht mit römischem Recht und Gesetz. In: G. Radke (Hrsg.): Cicero, ein Mensch seiner Zeit. Berlin 1968. S. 38–60.

Koch, C.: Gottheit und Mensch im Wandel der römischen Staatsform (1960). In: Das Staatsdenken der Römer. Hrsg. von R. Klein. Darmstadt [3]1980. (Wege der Forschung. 46.) S. 39–64.

Kretschmar, M.: Otium, Studia litterarum, Philosophie und Bίος θεωρητικός Im Leben Ciceros. Diss. Leipzig 1938.

Kries. D.: On the Intention of Cicero's *De Officiis*. In: The Review of Politics 65,4 (2003) S. 375–393.

Krimm, H.: Das Naturrecht und seine Bedeutung für die positive Rechtsordnung. In: Der altsprachliche Unterricht 8,1 (1965) S. 61–75.

Kumaniecki, K.: Cicero, Mensch, Politiker, Schriftsteller (1960). In: Das neue Cicerobild. Hrsg. von K. Büchner. Darmstadt 1971. (Wege der Forschung. 27.) S. 348–370.
Laird, A.: Ringing the Changes on Gyges. Philosophy and the Formation of Fiction in Plato's Republic. In: Journal of Hellenic Studies 121 (2001) S. 12–29.
Lana, I.: Cicerone e la pace. In: Seminari di storia e di diritto (a cura di Antonello Calore) 3 (2002) S. 3–20.
Latte, K.: Römische Religionsgeschichte. München 1960.
Leonhardt, J.: Ciceros Kritik der Philosophenschulen. München 1999.
Lefèvre, E.: Panaitios' und Ciceros Pflichtenlehre. Vom philosophischen Traktat zum politischen Lehrbuch. Stuttgart 2001.
Leonhardt, J.: Cicero: Philosophie zwischen Skepsis und Bekenntnis. In: Philosophen des Altertums. Eine Einführung. Bd. 2: Vom Hellenismus bis zur Spätantike. Hrsg. von M. Erler und A. Graeser. Darmstadt 2000. S. 55–69.
Lévy, C.: Le De officiis dans l'œuvre philosophique de Cicéron. In: Vita Latina (1989) Nr. 116. S. 11–16.
Long, A. A.: The Harmonics of Stoic Virtue. In: Oxford Studies in Ancient Philosophy. Suppl.-Bd. 1991. S. 102–120.
– Cicero's politics in *De officiis*. In: Justice and Generosity. Studies in Hellenistic Social and Political Philosophy. Proceedings of the Sixth Symposium Hellenisticum. Hrsg. von A. Laks and M. Schofield. Cambridge [u. a.] 1995.
Loreto, L.: Il Bellum Iustum e i suoi equivoci: Cicerone ed una componente della rappresentazione romana del Völkerrecht antico. Neapel 2001.
Lossmann, F.: Cicero und Caesar im Jahre 54. Studien zur Theorie und Praxis der römischen Freundschaft. Hermes Einzelschriften 17 (1962).
Luck, G.: Zur Geschichte des Begriffes der sapientia. In: Archiv für Begriffsgeschichte 9 (1964) S. 203–215.
Maurach, G.: Römische Philosophie. Darmstadt 1967.
– Geschichte der römischen Philosophie. Eine Einführung. Darmstadt 1989.
Mayer, J. A.: Libertas. In: Der altsprachliche Unterricht 17,2 (1964) S. 5–16.
Mitchell, Th. N.: Roman Republicanism: The Underrated Legacy. In: Proceedings of the American Philosophical Society 145/2 (2001) S. 127–137.

Morford, M.: The Roman Philosophers. From the Time of Cato to the Death of Marcus Aurelius. London / New York 2002.

Morkel, A.: Marcus Tullius Cicero. Was wir heute noch von ihm lernen können. Würzburg 2012.

Morlino, R.: Cicerone e l'edilizia pubblica. [Zu *De officiis* 2,60.] In: Athenaeum 62 (1984) S. 260–634.

Morral, J. B.: Cicero as a Political Thinker. In: History Today 32 (1982) S. 33–37.

Narducci, E.: Il comportamento in pubblico. [Zu *De officiis* 1,126–129.] In: Maia 36 (1984) S. 203–229.

– Cicerone e i suoi interpreti. Studi sull'opera e la fortuna. Pisa 2004.

Narducci, E.: Cicero. Eine Einführung. Stuttgart 2012. (Reclams Universal-Bibliothek. 18818.)

Nicgorski, W.: Cicero's Practical Philosophy. Notre Dame (Ind.) 2012.

Noe, D. C.: Oikeiosis, Ratio, and Natura: The Stoic Challence to Cicero's Academism in *De Finibus* and *Natura Deorum*. Diss. University of Iowa 2003.

Oisermann, T. J.: Sur la sous-estimation de la philosophie de Cicéron. In: Ciceroniana N. S. 6 (1988) S. 151–157.

Oppermann, H. (Hrsg.): Römische Wertbegriffe. Darmstadt $^{3}$1883. (Wege der Forschung. 34.)

Pasquale, T.: Motivi politici ed autobiografici nel *De officiis* di Cicerone. In: Annali del Liceo Classico »G. Garibaldi« di Palermo 5/6 (1968/69) S. 11–31.

Perlich, P.: Otium oder accedere ad rem publicam. In: Der altsprachliche Unterricht 13,1 (1970) S. 5–16.

Philipp, G. B.: Zur Problematik des römischen Ruhmesgedankens. In: Gymnasium 62 (1955) S. 51 ff.

Piepenbrink, K. (Hrsg.): Philosophie und Lebenswelt in der Antike. Darmstadt 2003.

Pohlenz, M.: Tò πρέπον. Ein Beitrag zur Geschichte des griechischen Geistes. In: Nachrichten der Gesellschaft der Wissenschaften in Göttingen 16 (1933).

– Antikes Führertum. Leipzig 1934. [Zu Buch I und II.] [Zit. als: Pohlenz I.]

– Cicero De officiis III. In: Nachrichten der Gesellschaft der Wissenschaften in Göttingen 17 (1934) S. 1–34. [Zit. als Pohlenz II.]

Pohlenz, M.: Die Stoa. Die Geschichte einer geistigen Bewegung. Bd. 1. Göttingen 1948. [Zit. als Pohlenz III.]

– Die Stoa. Die Geschichte einer geistigen Bewegung. Bd. 2. Göttingen 1955. [Zit. als Pohlenz IV.]

Powell, J. G. F. (Hrsg.): Cicero the Philosopher. Twelve Papers. Oxford 2002.
Radke, G.: Cicero, ein Mensch seiner Zeit. Berlin 1968. [Bes. S. 38–60.]
Reydams-Schils, G. J.: Human Bonding and Oikeiosis in Roman Stoicism. In: Oxford Studies in Ancient Philosophy 22 (2002) S. 221–251.
Ricken, F.: Philosophie der Antike. Stuttgart [u. a.] [4]2007.
Riemer, U.: Das Caesarbild Ciceros. Hamburg 2001.
Roloff, H.: Maiores bei Cicero. Diss. Leipzig/Göttingen 1938. – Daraus in: Römische Wertbegriffe. Hrsg. von H. Oppermann. Darmstadt [3]1983. (Wege der Forschung. 34.)
Rüegg, W.: Cicero und der Humanismus. Diss. Zürich 1946.
Rüpke, J.: Gerechte Kriege – Gerächte Kriege. Die Funktion der Götter in Caesars Darstellung des Helvetierfeldzuges. In: Der altsprachliche Unterricht 33,5 (1990) S. 5–13.
Santini, P.: Cicerone e la politica. In: Labeo 50 (2004) S. 387–389.
Schanz-Hosius, C.: Geschichte der römischen Literatur I. München 1959. [Zu Cicero: S. 400–544. Zu *De officiis*: S. 519–522.
Schefold, B. (Hrsg.): Vademecum zu einem Klassiker des römischen Denkens über Staat und Wirtschaft. Düsseldorf 2001.
Schoenrich, G.: Oikeiosis. Zur Aktualität eines stoischen Grundbegriffes. In: Philosophisches Jahrbuch 96 (1989) S. 34–51.
Schofield, M. / Striker, G. (Hrsg.): The Norms of Nature. Studies in Hellenistic Ethics. Cambridge/Paris 1986.
Schuller, W.: Cicero oder Der letzte Kampf um die Republik. München 2013.
– Cicero. 100 Seiten. Stuttgart 2018.
Schulz, F.: Prinzipien des römischen Rechts. Berlin [2]1954.
Sedley, D.: The Cambridge Companion to Greek and Roman Philosophy. Cambridge 2003.
Seel, O.: Cicero, Wort, Staat, Welt. Stuttgart 1953.
– Caesar-Studien. Stuttgart 1967. [Abschnitt »Zur Problematik der Größe«: S. 43–91.]
– Cicero und das Problem des Philosophierens. In: G. Radke: Cicero, ein Mensch seiner Zeit. Berlin 1968. S. 136–160.
Siebenborn, E.: Bellum iustum. Caesar in der abendländischen Theorie des Gerechten Krieges. In: Der altsprachliche Unterricht 33,5 (1990) S. 39–55.
Skard, E.: Zwei religiös-politische Begriffe, εὐεργέτης – concordia. Oslo 1931. – Auch in: Römische Wertbegriffe. Hrsg. von H. Op-

permann. Darmstadt [3]1983. (Wege der Forschung. 34.) S. 173–208.

Stark, R.: Ciceros Staatsdefinition. In: La Nouvelle Clio 6 (1954) S. 56ff. – Auch in: Das Staatsdenken der Römer. Hrsg. von R. Klein. Darmstadt [3]1980. (Wege der Forschung. 46.) S. 332–347.

Steel, C. E. W. (Hrsg.): The Cambridge Companion to Cicero. Cambridge 2013.

Steinmetz, F.: Staatsgründung – aus Schwäche oder aus natürlichem Geselligkeitsdrang? Zur Geschichte einer Theorie. In: F. St. (Hrsg.): Politeia und res publica. Wiesbaden 1968 (Palingenesia. 4.) S. 181–199.

Stockton. D.: Cicero. A Political Biography. Oxford 1971.

Straaten, M. van: Panétius. Amsterdam [2]1962.

– Notes on Panaitios' Theory of the Constitution of Man. In: Images of Man in Ancient and Medieval Thought. Louvain 1976. S. 104–109.

Strasburger, H.: Concordia ordinum. Diss. Frankfurt a.M. 1931.

– Zur Sage von der Gründung Roms. Heidelberg 1969.

– Ciceros philosophisches Spätwerk als Aufruf gegen die Herrschaft Caesars. In: Jahrbücher der Heidelberger Akademie der Wissenschaften. 1978. S. 38–40.

Striker, G.: The Role of the oikeiosis in the Stoic Ethics. In: Oxford Studies in Ancient Philosophy 1 (1983) S. 143–167.

– Following nature. A Study in the Stoic Ethics. In: Oxford Studies in Ancient Philosophy 9 (1991) S. 1–73.

Stroh, W.: Cicero. Redner, Staatsmann, Philosoph. München [2]2010.

Stroux, J.: Summum ius – summa iniuria. Potsdam 1949.

Suerbaum, W.: Vom antiken zum frühmittelalterlichen Staatsbegriff. Münster [3]1977.

Suerbaum, W.: Philosophische und naturwissenschaftliche Fachschriften. In: Handbuch der lateinischen Literatur der Antike. Bd. 1. Hrsg. von W. S. München 2002. (Handbuch der Altertumswissenschaft. VIII,1.) S. 526–534.

Suess, W.: Cicero. Eine Einführung in sein philosophisches Werk. Mainz 1965.

Testard, M.: Saint Augustin et Cicéron. 2 Bde. Paris 1958.

Thamin, M. R.: St. Ambroise et la vertu chrétienne. Paris 1895.

Thurmair, M.: Das decorum als zentraler Begriff in Ciceros Schrift *De officiis*. In: Studia Grassi (1973) S. 63–78.

Valente, M.: L'éthique stoïcienne chez Cicéron. Paris 1956.
Van Deusen, N. / Celenza, Ch. S. (Hrsg.): Cicero Refused to Die. Leiden 2013.
Verdroß-Drossenberg, A.: Grundlinien der antiken Rechts- und Staatsphilosophie. Wien 1948. [Zur Entwicklung der Rechts- und Reichslehre von *De re publica* zu *De officiis*: S. 158–165.]
Vogt, J.: Römische Geschichte. Basel/Freiburg/Wien [4]1959. [Zu *fides*: S. 31, 80, 89, 109, 209.]
Willrich, H.: Cicero und Caesar. Zwischen Senatsherrschaft und Gottkönigtum. Göttingen 1944.
Windisch, C.: Die Problematik der Rom-Kritik in der römischen Literatur. In: Anregung 28,4 (1982) S. 227 ff.
Wirzubski, J.: Libertas as a Political Idea at Rome during the Late Republic and Early Principate. Cambridge 1950. [Dt. Ausg. Darmstadt 1967.]
Zielinski, Th.: Cicero im Wandel der Jahrhunderte. Darmstadt [6]1973. [Zu *De officiis*: S. 65 ff.]
Zorzi, E.: Note sulla struttura del I libro *De officiis*. In: Aevum 33 (1959) S. 404–415.
– Note sulla struttura del III libro *De officiis*. In: Aevum 35 (1961) S. 136–149.

# Aufbau und Gliederung des Werkes

## Erstes Buch
## Die Pflichten der Ehrenhaftigkeit *(honestum)*

*I. Prooemium 1–3.*

1. Widmung an Sohn Marcus und Ermahnung zur Verbindung des Lateinischen und Griechischen nach dem Vorbild des Vaters – Hinweis auf eigene Verdienste als Redner (1–2).
2. Ermahnung zur Lektüre der rhetorischen und philosophischen Schriften (3).

*II. Vorbemerkungen zum Thema 4–10.*

1. Begründung für die Wahl des Themas – Überblick über den ethischen Ansatz der einzelnen Schulen – Stoiker als Vorbild der Schrift (4–6).
2. Das Problem des pflichtgemäßen Handelns *(officium)* – Definition des *officium* (von Panaitios versäumt) – Einteilung in ›mittlere‹ und ›vollkommene‹ Pflichten (7–8) – Kritik an Panaitios: Die Dreiteilung des Panaitios in *honestum, utile* und Konflikt zwischen beiden genügt nicht. – Eine Unterteilung in 5 Hauptpunkte ist nötig: in mehr oder weniger Ehrenhaftes, mehr oder weniger Nützliches und den Konflikt zwischen Ehrenhaftem und Nützlichem (9–10).

*III. Die Erörterung des Ehrenhaften (honestum) im allgemeinen (Oikeiosis-Lehre) 11–17 (1. Hauptpunkt der Untersuchung).*

1. Das Ehrenhafte als Vollendung der Vernunftnatur des Menschen (11–14):
   a. Selbsterhaltungs- und Fortpflanzungstrieb, durch Vernunft kontrolliert (11);
   b. Bildung der Gemeinschaft (12);
   c. Erkenntnisdrang und Machtstreben (13);
   d. Sinnliches und geistiges Erfassen der inneren Struktur der Dinge (14).
2. Die vier Teilbereiche des *honestum* (Kardinaltugenden), in denen die *officia* geübt werden (15–17):
   a. theoretische *(perspicientia)* und praktische *(sollertia)* Erkenntnis *(sapientia)*;
   b. Gemeinschaftssinn und Gerechtigkeit *(iustitia* mit *fides)*;

c. Seelengröße *(magnanimitas)*;
d. Sinn für Ordnung und Maß *(modestia* und *temperantia).*

*IV. Die Bereiche des Ehrenhaften (honestum) im einzelnen und ihre entsprechenden Handlungen 18–151.*

1. *Sapientia* (σοφία): Der Erkenntnisdrang, auf praktische und theoretische Dinge gerichtet (18–19).
2. *Iustitia* (δικαιοσύνη): Gerechtigkeit und soziales Handeln (20–60).
   A. Gerechtigkeit (20–41):
   a. Aufgaben der Gerechtigkeit (20–23):
   Wahrung des Privateigentums (21) – Förderung der Mitmenschen (22) – Einhaltung der *fides* (mit Etymologie) (23).
   b. Möglichkeiten der Ungerechtigkeit (23–30):
   α) Ursachen für das Unrechttun: Angst und Habsucht (24), Crassus (25), Machtstreben, Caesar (26) – Differenzierung der Motive (27).
   β) Gründe für das Unrechtdulden: Nachlässigkeit (28), Eigenliebe (29), Zusammenfassung (30).
   c. Situationsbedingte Forderungen der Gerechtigkeit (31–41): Nichteinhaltung von Versprechen, deren Erfüllung schadet (31) – die durch Einschüchterung erzwungen sind (32) – Abweisung von Rechtsverdrehungen, ›*summum ius – summa iniuria*‹ (33) – Bestrafung von Privatleuten und Staatsfeinden (34) – Kriegsrecht (35–36) – Völkerrecht ›*hostis*‹ (37 bis 38) – Individuelles Verhalten (Regulus) und andere Beispiele (39–40) – Verhalten gegenüber Sklaven, Vermeidung von Gewalt und Betrug (41).
   B. Soziales Handeln (42–60):
   a. Grundregeln der Wohltätigkeit und Großzügigkeit *(beneficentia* und *liberalitas)* (42–49):
   Gefahren des Mißbrauchs der Wohltätigkeit und Großzügigkeit, Sulla, Caesar (42–43) – Berücksichtigung des eigenen Vermögens (44) – Berücksichtigung des Charakters des Empfängers und seiner Verdienste (45–47) – Vergeltung von Wohltaten nach deren Wert (48–49).
   b. Die verschiedenen sozialen Bereiche (50–57):
   α) Allgemein: Gesamtheit der Menschen, Volksgemeinschaft, Verwandtschaft (50–53).
   β) Speziell: Familie (54) – Gemeinschaft der *boni* (55–56) – Gemeinwesen (57).

c. Differenzierungsvermögen und praktische Erfahrung bestimmen das soziale Handeln (58–60).

3. *magnanimitas* und *fortitudo* (μεγαλοψυχία und ἀνδρεία): Seelengröße und Tapferkeit (61–92).

a. Ansehen der Tapferkeit (61) – Definition der Tapferkeit als »für die Gerechtigkeit kämpfende Tugend« (62–63) – Gefahr des Machtstrebens, wenn Tapferkeit ohne Gerechtigkeit auftritt (64–65).

b. Eigenschaften der Tapferkeit und ihre Folgen für die Lebensführung (66) – Geringschätzung äußerer Werte, Überwindung der Leidenschaft und Ertragen des Schicksals (66–69) – Leben des Politikers und Rückzug aus der Öffentlichkeit (70–73) – Leistungen des Staatsmannes bedeutender als die des Feldherrn (74–76) – Ciceros eigene Leistung (77–78) – Tapferkeit und Vernunft im Krieg und Frieden (79–82) – Verhalten in Gefahren (83–84) – Aufgabe des Staatsmanns: Sorge für den einzelnen Bürger und das gesamte Gemeinwesen (85–87) – Versöhnlichkeit gegenüber den Gegnern und Milde, Staatsmann als ἔμψυχος νόμος (88–89) – Tapferkeit in wechselnden Umständen (90–91).

c. Zusammenfassung: Seelengröße und Tapferkeit bei Staatsmännern, Philosophen und Privatleuten (92).

4. Σωφροσύνη: Die innere Harmonie der Seele (93–151).

A. Die allgemeine Natur des Menschen (93–106).

a. Definition des πρέπον = *decorum* = des Schicklichen, sein Bedeutungsumfang (93–95) – Unterscheidung eines allgemeinen und besonderen *decorum* (96) – Wahrung des *decorum* in Dichtung und Leben (97–99).

b. Aufgaben des *decorum* für die sogenannte erste Rolle des Menschen:
Vernunft muß die Triebe leiten (100–102) – Über das Scherzen (103–104) – Überlegenheit des Menschen über das Tier, Geringschätzung körperlichen Vergnügens (105–106).

B. Der einzelne Mensch (107–151).

a. Die Verschiedenheit der Charaktere mit Beispielen aus der Geschichte (107–109).

b. Jeder einzelne muß seiner eigenen Natur gemäß handeln = die zweite Rolle des Menschen (110–114).

c. Das Verhalten des Menschen nach den gegebenen Umständen = dritte Rolle des Menschen (115–125):
Berufswahl (115–116) – Wahl des Lebensweges (117) – Beispiel

des Herakles (118) – Befolgung der naturgegebenen Anlagen (119–120) – Änderung des Lebensstils (121) – Verpflichtungen mit wechselndem Lebensalter (122–123) – Verhalten nach der sozialen Stellung (124–125).

d. Das Verhalten der harmonischen Persönlichkeit = vierte Rolle des Menschen (126–151):
Der Körper (126–129); Kritik an den Kynikern (128) – die äußere Erscheinung (130–131) – die öffentliche Rede (132 bis 133) und das private Gespräch (134–135) – Zurechtweisungen (136–137) – Hausbau (138–140) – Drei Grundsätze bei allen Unternehmungen (141) – Definitionen der Begriffe εὐταξία, εὐκαιρία, *temperantia, modestia, prudentia* (142–143) – Praktische Schlußfolgerungen daraus (144–146) – Urteil und Rat erfahrener Menschen (147–149) – Die angemessenen und schmutzigen Berufe (150–151).

*V. Konflikt der Pflichten, Nachtrag zu Panaitios 152–161 (2. Hauptpunkt der Untersuchung).*

1. Konflikt: Pflichten der Gemeinschaft wichtiger als die der theoretischen Erkenntnis, Ciceros eigene (auch schriftstellerische) Leistung (152–156).
2. Konflikt: Soziales Handeln und harmonische Persönlichkeit, Hinweis auf Poseidonios (159–160).
3. Konflikt: Differenzierung der Pflichten für das Gemeinwesen (161).

## Zweites Buch

*I. Prooemium 1–8.*

Nennung des Themas des Buches.

1. Die Frage des Nutzens (1).
2. Rechtfertigung seines philosophischen Werkes durch Verbannung aus der Politik (2–4),
3. durch den Nutzen der Philosophie (5–6).
4. Rechtfertigung seiner philosophischen Haltung im vorliegenden Werk (7–8).

*II. Vorbemerkungen zum Thema: Nutzen (utile) und Ehrenhaftigkeit (honestum) nur theoretisch, nicht praktisch trennbar (9–10).*

*III. Erörterung über den Nutzen (3. Hauptpunkt der Erörterung).*

1. Einleitung: Klassifizierung der Quellen des Nutzens (11).
2. Größter Nutzen und Schaden durch Mitmenschen (11–19)
   A. beim Erbringen des Lebensnotwendigen (11–14b)
   B. und von Leistungen, die das Leben verschönern (15).
   C. Überragende Leistungen nur mit Hilfe anderer Menschen möglich (16);
   D. daher Notwendigkeit der Gewinnung der Mitmenschen (17 bis 19a).
   E. Exkurs über Nutzen und Schaden durch Glück und Unglück (19b–20).
3. Möglichkeiten zur Gewinnung der Sympathien der Mitmenschen (20b–85).
   A. Allgemeine Bemerkungen dazu (20b–22).
   B. Furcht ist eine ungeeignete Hilfe dazu (23–29).
   a. Beispiele der Tyrannen (23–24);
   b. griechische Tyrannenherrschaft im engeren Sinne (25), im weiteren Sinne;
   c. das Gegenbeispiel Roms – Sulla, Caesar (29a).
   C. Zuneigung der Mitmenschen dazu hilfreich (29b–31a).
   D. Nützlichkeit des Ruhms (31b–52).
   a. Allgemeine Betrachtungen über den Ruhm.
   b. Gewinnung desselben durch
      α) Wohltaten (32);
      β) Verläßlichkeit (33–34).
      γ) Exkurs über Methode der Darlegung (35).
      δ) Bewunderung für überragende Tugend und Gleichgültigkeit gegen äußere Werte (36–37).
   c. Betrachtungen über die Gerechtigkeit:
      α) Gerechtigkeit als unabdingbare Voraussetzung des Ruhmes für alle Menschen (38–40).
      β) Allgemeine Betrachtungen über die Gerechtigkeit (40).
      γ) Gerechtigkeit als Voraussetzung der Verfassungen (41 bis 42a).
      δ) Weitere Grundregeln für die Gewinnung des Ruhmes (42b–51) – durch Wahrhaftigkeit (42b–43) – besonders für junge Menschen durch Abstammung (Wendung an den Sohn), Leistungen im Krieg (44–45) – durch geistige Vorzüge und gutes Verhalten: Bescheidenheit (46) – Hilfsbereitschaft (47) – Freundlichkeit im Gespräch und durch Beredsamkeit (48–51).

E. Nützlichkeit der Wohltätigkeit und Großzügigkeit (ἐλευθεριότης) (52–71).

a. Allgemeine Betrachtungen über Wohltätigkeit und Großzügigkeit (52–53)

b. und Abgrenzung gegen Verschwendungssucht (bis 55a).

c. Wohltätigkeit:

α) durch Aufwand bei Spielen (55b–57),

β) Vermeiden des Verdachts auf Knauserei (58–60)

γ) und zusammenfassende Regeln für Rücksichten bei Wohltätigkeit und Großzügigkeit (61–64);

d. Wohltätigkeit:

α) durch persönliche Dienste für den einzelnen (65–71) aufgrund von Rechtskenntnissen, von Beredsamkeit (66) und anderer Dienste (67) sowie dabei notwendige Rücksichten auf den Charakter des Bedachten (68–71);

β) durch persönliche Dienste für die Gemeinschaft (72–85): die Pflichten des Staatsmannes – Sorge für das Eigentum (73–74a) – keine übermäßige Besteuerung der Bürger und deren Versorgung mit dem Lebensnotwendigen – Meiden der Habsucht als Staatsmann (75) – Beispiele aus der römischen Geschichte für Selbstverleugnung (76–77) – das mustergültige Verhalten des Arat aus Sikyon (78 bis 83) – Enteignungen nicht eine Wohltat, sondern Auflösung der moralischen Grundlagen des Gemeinwesens (84–85).

*IV. Nachtrag: Sorge für Gesundheit und Vermögen (86–87).*

*V. Der Konflikt verschiedener Pflichten in bezug auf den Nutzen (4. Hauptpunkt der Untersuchung) (88–89).*

## Drittes Buch

*I. Prooemium 1–6.*

1. Das *otium* des Scipio maior und Cicero im Vergleich (1–4).
2. Ermahnung an den Sohn (5–6).

*II. Der Konflikt zwischen Ehrenhaftigkeit und Nutzen (5. Hauptpunkt der Untersuchung).*

1. Der poseidonische Abschnitt (7–32).

A. Ausführliche Vorbemerkungen zum Thema (7–19a).

a. Das Problem des Widerspruches zwischen Ehrenhaftigkeit und Nutzen von Panaitios gestellt, aber nicht behandelt (7–10).

b. Dieser besteht in Wahrheit nicht (11–13a).

α) Das im eigentlichen Sinne Ehrenvolle *(officia perfecta)* als Sache des Weisen (13b–14).

β) Das Ehrenvolle im gewöhnlichen Sinne als Sache des Nichtweisen *(officia media)* (15).

γ) Die Unerfüllbarkeit der Ansprüche der ersteren (16–17) – mit Beispielen dafür (16). Möglichkeit des Fortschrittes nur durch *officia media* (17).

δ) Zusammenfassung (18–19a):
Panaitios glaubte in Wahrheit nicht an diesen Konflikt – Nutzen als Begleiterscheinung der Ehrenhaftigkeit.

B. Erörterung des Konfliktes (19b–32).

1. Aufstellung eines Maßstabes *(formula)* zur Beurteilung (19b bis 32).

a. Exkurs über die Vereinbarkeit einer stoischen Ethik mit Ciceros akademischem Standpunkt (20).

b. Rückkehr zur *formula*: Vorteile auf Kosten der Mitmenschen im Widerspruch zur Natur (21).

2. Beweisführung für Richtigkeit des gewonnenen Maßstabes.

a. Erster Beweis aus der Betrachtung der Gemeinschaft; Vergleich Organismus–Staat; das Naturrecht, das Völkerrecht und das positive Recht (22–23).

b. Zweiter Beweis aus der Betrachtung des Einzelmenschen und seiner Beziehung zur Gemeinschaft (24–26).

c. Dritter Beweis aus dem Naturtrieb des Menschen und seiner Bindung an das Naturgesetz (27–28).

d. Vierter Beweis aus der Lösung nur scheinbarer Konfliktfälle nach dem Maßstab der Gerechtigkeit (29–32).

α) Gegensatz zwischen für die Gemeinschaft wertvollen und nutzlosen Menschen (30–31).

β) Gegensatz zwischen dem Tyrannen und dem gutgesinnten Mann (32) – Vergleich Organismus–Staat (vgl. erster Beweis).

*III. Abhandlung Marte nostro (33–95).*

1. Grundsätzliche Erörterung (33–72).
Vorbemerkung (33–34).

A. Zusammenfassung aus 11–19 (33).
B. Rechtfertigung des Panaitios, der nur den Konflikt zwischen Nutzen und scheinbarer Ehrenhaftigkeit annahm (34).

2. Unrecht bringt keinen Nutzen (35–72),
A. a. weder offensichtliches (35–37a)
b. noch unentdecktes – Beispiel des Gyges (37b–39).
c. Unentschiedene Fälle – Beispiel des Collatinus (des Romulus) (40–42).
d. Grenze des Einsatzes (43–49)
α) für Freunde (43–46),
β) für das Vaterland (47–49)
ist die Gerechtigkeit – Beispiel des Aristides.
B. Unrecht durch – formal-juristisch gedeckte – Verheimlichung der Wahrheit (50–72):
a. das Beispiel der Getreidespekulation (50–53),
b. des ungesunden Hauses (54–57) und des erstaunlichen Fischfanges (58–60).
c. Lösungsmöglichkeiten (61–72)
α) auf gesetzlichem Wege (*bona fides* und *dolus malus*),
β) auf philosophischem Wege (Naturrecht und positives Recht).

3. Erörterung anhand von Einzelbeispielen (zugleich Übergang von Verheimlichung zu positiver Täuschung) (73–96).
A. Das Testament des Basilus (römisches Beispiel für *avaritia*) (73–78).
B. Das Konsulat des Marius und das Gesetz des Gratidianus (Beispiel für *ambitio)* (79–82).
C. Tyrannei als schlimmstes Übel für den Tyrannen und den Bürger – Beispiel Caesars für die *cupiditas* (83–88).
D. Kasuistische Einzelbeispiele aus Hekaton (89–95).
a. Entscheidungen nach dem Maßstab der *humanitas* (89–92).
b. Verträge und Versprechungen, deren Erfüllung gefährlich ist (92–95) (vgl. 1,31–32).
c. Knappe Zusammenfassung (96).

*IV. Systematischer Teil – Die vier Tugenden (97–115).*

1. Klugheit und Gerechtigkeit (97–98).
2. Tapferkeit (99–115).
A. Ein griechisches Beispiel und ein römisches im Vergleich miteinander:
a. Odysseus (97–98);

b. Regulus (99–110).
  α) Darlegung des Falles (99–101).
  β) Vier Einwände gegen sein Verhalten (102–103).
  γ) Verteidigung seines Verhaltens (104–110).

B. Zwei römische Beispiele ohne eingehende Erörterung:

a. Torquatus als Beispiel für die Heiligkeit des Eides (111 bis 112);

b. die zehn Gefangenen als Gegenbeispiel (113–115).

3. Die Mäßigung (115).

*V. Anhang: Die Tugenden und das Vergnügen – Zurückweisung des Hedonismus (116–120).*

*VI. Schlußwort an den Sohn (121).*

# Nachwort

## 1. Philosophische Termini in *De officiis*

Cicero hat den philosophischen Terminus καθῆκον mit *officium* wiedergegeben. *Officium* gehört zu den Substantivformen, die ein Handeln umschreiben. Die erste Silbe des Wortes leitet sich her von OP, was ›Leistung, Hilfe‹ bedeutet, der zweite Teil des Wortes von FAK, das wir aus *facere* u. ä. kennen. So werden wir die Entwicklung von OPO-FAKIOM[1] über *opificium* (vgl. dazu *opificina* bei Plautus für *officina*) zu *officium* annehmen. Die ältesten Belegstellen des Wortes[2] legen die Bedeutung ›gemäße Handlungsweise‹ nahe, die übergeht in ›bindend auferlegtes Tun, sittliche Verbindlichkeit, Verpflichtung, Schuldigkeit, Dienst‹.
Cicero mußte diese Übersetzung des griechischen Wortes gegen Atticus' Einwände verteidigen (Att.16,14,3): »Übrigens, ... mir ist nicht zweifelhaft, daß wir das, was die Griechen καθῆκον nennen, mit *officium* bezeichnen. Warum sollte das nicht wunderbar auch für staatsrechtliche Begriffe passen? Sagen wir doch *consulum officium, senatus officium.* – Es paßt also großartig. Oder weißt Du etwas Besseres?« (Übers. Karsten.)
Daß das von Panaitios in den drei Büchern περὶ τοῦ καθήκοντος behandelte Thema in der Stoa eine reiche Tradition hatte, die von Zenon selbst ihren Ausgang nahm, ist bekannt. Cicero gibt uns zweimal, in ac.1,37 und fin.4,15, einen Bericht. An der erstgenannten Stelle lesen wir:

> Und wie er diese Gedanken nicht so sehr in der Sache als vielmehr in der Terminologie geändert hatte (gegenüber der Akademie und dem Peripatos; eigene Ergänzung), so setzte er zwischen die richtige Handlung (*recte factum* = κατόρθωμα und das Vergehen (*peccatum* = ἁμάρτημα) als Mittelwerte (*media quaedam* = τὰ μεταξὺ ἀρετῆς καὶ κακίας) das pflichtgemäße (*officium*) und das

pflichtwidrige Handeln (*contra officium* = παρὰ τὸ καθῆκον), wobei er lediglich die richtigen Handlungen unter die Güter, die fehlerhaften, d. h. die Vergehen, unter die Übel zählte; die Einhaltung oder Übergehung pflichtgemäßer Handlungen aber hielt er, wie ich sagte, für Mittelwerte. Und während seine Vorgänger sagten, daß nicht jede Tugend in der Vernunft beruhe, sondern einige Tugenden durch die Natur oder Gewohnheit zur Vollendung gebracht seien, verlegte dieser sie alle in die Vernunft.

Diogenes Laertios sagt eigens (7,107), daß Zenon das καθῆκον als philosophischen Terminus eingeführt (κατωνομάσθαι ... οὕτως ὑπὸ πρώτου Ζήνωνος τὸ καθῆκον ἀπὸ τοῦ κατά τινας ἥκειν τῆς προσονομασίας εἰλημμένης)[3] und diesen von der Natur abgeleitet habe:[4]

> Pflicht (καθῆκον) ... nennen sie dasjenige, was, wenn man es handelnd vollzogen hat, sich mit guten Gründen rechtfertigen läßt, wie das *Naturgemäße* im Leben, das sich auf Pflanzen und Tiere bezieht; denn auch bei ihnen lassen sich Pflichten erkennen. Der Name ist von Zenon aufgebracht worden, und zwar ist die Bezeichnung daher genommen, daß sie (die Pflicht) sich als Forderung an gewisse Menschen richtet. Sie sei aber eine Willensbetätigung, die mit den *naturgemäßen* Einrichtungen in innigem Einvernehmen steht ... (Übers. bei Meinert.)

Die pflichtgemäßen Handlungen haben, wie wir aus off.1,14 erfahren, als letzten Maßstab das *honestum*. Damit gibt Cicero καλόν wieder. Ciceros Übersetzung erfaßt recht gut den ethischen und ästhetischen Bereich des griechischen Wortes.[5] Dies trifft auch für das Oppositum *turpe* als Übertragung von αἰσχρόν zu, ebenso für *decorum*, das ja, gleichfalls ein Terminus der Ästhetik,[6] den Terminus πρέπον wiedergibt: das Geziemende, Schickliche,[7] das in einer besonderen Situation gewahrt werden soll und kann. Das

*honestum* dagegen ist ein ganz unerreichbares Ideal, dem man sich nur annähern kann durch Bewahrung des Schönen, der Harmonie und Ordnung in Reden und Taten, dem Meiden des Unschicklichen, Bestimmtsein durch die Vernunft statt durch Leidenschaften. Ausdrücklich führt Cicero (Panaitios) es auf Platon zurück (1,15).

Das καλόν bezeichnete in der altgriechischen Adelsethik menschliche Vollkommenheit, gemessen an den Vorstellungen der adeligen Gesellschaft. Nach Ansätzen bei Homer – Thersites wird wegen seiner Frechheit, nicht wegen seiner Häßlichkeit bestraft – beschäftigt das Verhältnis des körperlich und sittlich Schönen bzw. Häßlichen die Gemüter seit der Vorsokratik,[8] Platon (bes. Prot.323c ff.) und Aristoteles (NE 1114a 4 ff.), und zwar in Verbindung mit der Frage der Schuld für Häßlichkeit (der körperlich Häßliche hat meistens an seinem Nachteil keine Mitschuld, anders der sittlich Häßliche).

Der Begriff des καλόν hat von Platon zur mittleren Stoa eine Verengung seiner Bedeutung erfahren; man hat dies sogar für das *honestum* bei Cicero von *De finibus* zu *De officiis* erkennen wollen.[9] Cicero jedenfalls läßt durch Berufung auf Platon in beiden Werken über den allgemeingültigen, theoretischen, ideellen Charakter des *honestum* keinen Zweifel. Es stellt damit einen unerreichbaren Wert dar wie Weisheit für den Stoiker (fin.5,69). Allen Nichtweisen wird es nur als Spiegelbild und Abbild sichtbar.

Das Verhältnis des *officium* zum *honestum* wird in off.3,15 deutlich: *Haec ... officia ... quasi secunda (= secundaria) quaedam honesta esse dicunt.* Damit bleibt ein Mittelweg der Ethik offen *(non sapientium modo propria, sed cum omnium hominum genere communia)*, und dieser Weg führt zum *vir bonus,* ἀνὴρ σπουδαῖος – er ist oft dem *vir iustus* gleichgestellt.[10] Dieser tritt uns entgegen in Gestalten der römischen Geschichte, ein Gedanke, der (wenigstens für Scipio) auf Panaitios selber zurückgeht (off.2,75). Solchen Männern wird aufgrund dauernder Erfüllung der mittleren Verpflichtungen eine gewisse Ähnlichkeit und der Anschein

von Weisen zugeschrieben. Cicero betont, wir müßten an unserem abbildhaften Begriff des καλόν festhalten, um weiterschreiten zu können, wie die Weisen an ihrem eigentlichen und wahrhaftigen, und er tut dies kennzeichnenderweise mit einem Hinweis auf die Gefahren des Hedonismus. Diese Ausführungen wollen offensichtlich Panaitios interpretieren (1,18). Man erkennt gerade aus 3,18 recht gut, wie sehr diese Abmilderung altstoischer Ethik und die Zurückweisung akademischer Skepsis nicht nur der nüchternen Realitätsbezogenheit des Römers, sondern auch Ciceros Humanismus entgegenkamen. Er wollte von ihm aus – der *vir bonus* ist ja zugleich Terminus des politischen Lebens: der rechtdenkende Konservative, der verantwortungsvolle Politiker – das politische Leben mitgestalten.

Panaitios hat neben seiner eigenen Philosophieschule Platon, Aristoteles, Dikaiarchos u. a. herangezogen. Die Frage, ob und inwieweit er mit der alten Stoa übereinstimmt, ist oft diskutiert worden. Ließen Zenon von Kition und Chrysipp durch die Annahme der καθήκοντα gegenüber den κατορθώματα sowie durch die Zuerkennung wenigstens eines relativen Wertes bzw. Unwertes der äußeren Güter und Übel einen Weg für die praktische Ethik offen – damit auch für konkrete Unterweisungen –, so konnte das Pendel leicht nach der einen wie der anderen Seite ausschlagen. Ariston von Chios ließ als einzigen Wert das *honestum* gelten, ähnlich Pyrrhon und Erillus aus Karthago, dem das Wissen als einziges Gut galt; er hob damit die freie Wahl zwischen προηγμένα und ἀπροηγμένα auf und zog sich ganz auf ethische Grundsatzentscheidungen zurück (δόγματα = *decreta*), da, wer wisse, was Gerechtigkeit sei, von ihr alle gerechten Handlungen ableiten könne.[11] Daher seien Unterweisungen nicht Sache der Philosophen, sondern der Pädagogen.[12] Mit diesen Gedanken stieß Ariston auf erbitterten Widerstand innerhalb der Stoa. Wir bekommen dies in off.1,6[13] zu spüren und werden den Satz Ciceros, niemand wage sich als Philosophen zu bezeichnen, ohne ethische Unterweisungen an die Hand zu geben, vor diesem Hinter-

grund zu verstehen haben. Seneca (epist. 94,1–18) berichtet ausführlich über ihn, und da lernen wir auch die Argumente gegen ihn kennen. Nur wenige Fragmente sind uns von ihm erhalten.[14] Die von ihm gegründete Schule war denkbar kurzlebig.

Auf der anderen Seite vertrat Panaitios die Meinung, es komme gerade auf Einzelvorschriften, auf praktische Lebenshilfe also in bestimmten Lebenssituationen an. Dem etwaigen Vorwurf einer doppelten Zielsetzung seiner Ethik begegnet er mit dem Hinweis, daß feste, unumstößliche, d. h. der Natur gemäße Vorschriften nur geben könne, wer das καλόν allein, d. h. um seiner selbst willen oder hauptsächlich um seiner selbst willen erreichen wolle (1,6). Damit gründet er seine Situationsethik einerseits auf die Natur und das Naturgemäße (φύσις, τὸ κατὰ φύσιν), sich ganz an die Vorstellungen der Stoa haltend, andererseits rückt er, sich ganz von Epikur und Ariston distanzierend, sie in die Nähe der Akademie und des Peripatos. Man hat auch sonst die Nähe akademischer, peripatetischer und stoischer Ethik betont.[15] Der Stoa wurde ja gerade vorgeworfen, sie habe die Natur und das Naturgemäße als Grundlage der Ethik nur vom Peripatos übernommen und nichts wesentlich Neues hinzugefügt (Plut.comm.not.23 1069e–f, was auf Antiochos von Askalon zurückgeht), wobei man über der Polemik den Neuansatz der stoischen Ethik nicht gewürdigt hat. Denn wenngleich die *Natur* und *die naturgemäßen Dinge* schon Termini der akademischen und der peripatetischen Ethik waren und ihnen selbst Ansätze der Oikeiosis-Lehre nicht fremd waren,[16] Gedanken also, auf denen Zenon aufbaute, so legte doch Zenon neue Grundlagen mit seinen Fragen nach dem Urtrieb der Menschennatur, der Herkunft unserer Wertmaßstäbe und den sich daraus ergebenden Folgerungen für das höchste Gut.

In der Tat scheint Panaitios wieder stärker auf den Peripatos zurückgegriffen zu haben. Dies lag in der Konsequenz seiner auf praktische Unterweisung ausgerichteten Ethik, die, wenngleich sie sich am *summum bonum* orientierte,

doch von der Lehre der μέσα καθήκοντα, der προηγμένα und ἀπροηγμένα aus eine zu schmale Basis für ihre Lehre vorfand. War schon die altstoische Oikeiosis-Lehre nicht frei von psychologischen Beobachtungen, so scheint Panaitios der Psychologie noch mehr Raum in seinem Denken eingeräumt zu haben. War es nicht eine unbestreitbare Tatsache, daß, wer von einer verfehlten Auffassung des *summum bonum* ausging, sich doch oft in Einzelsituationen bewährte, eben weil er – sich der glücklichen Anlage seiner Natur beugend – nicht in Übereinstimmung mit seinen verfehlten Grundsätzen bleiben konnte (off.1,5).

Mit der *bonitas naturae* gibt Cicero εὐφυία wieder. Zwar handelt es sich da um einen stoischen Terminus,[17] aber hier scheint ihm doch die Auffassung der εὐφυία aus Aristoteles' *Nikomachischer Ethik* (1114b) vorzuschweben, wie übrigens auch in 1,118 und vielleicht auch in 1,120. Im übrigen läßt sich gerade in dem allgemeinen Abschnitt über die Bedeutung der Pflichten (1,4–6) Altstoisches bis in die Formulierungen hinein nachweisen. So dürfen wir Ciceros Worte *Sequimur ... hac in quaestione potissimum Stoicos* wohl mehr auf Panaitios beziehen – Cicero hat ja hier nicht außerstoische Quellen herangezogen –, und zwar in dem aufgezeigten Sinne.

Van Straaten[18] hat hervorgehoben, Panaitios habe seine Ethik nicht mehr wie die alte Stoa auf der Metaphysik und auf den kosmischen Perspektiven begründet. Diese Frage drängt sich nicht zuletzt in off.1,110 auf, wo der strittige Terminus *natura universa* begegnet. Aber gerade hier läßt uns Cicero im Stich. Er gibt keine Definition (vgl. Anmerkungen). Wenn man aber fin.3,73 zum Vergleich heranziehen darf, eine Stelle, der ein Text der alten Stoa zugrunde liegen dürfte,[19] dann wird man sich für die Auffassung als allgemeines Naturgesetz entscheiden und Panaitios der alten Stoa verpflichtet sehen.

In dieselbe Richtung weist auch die panaitianische Definition des Zieles des Menschen. Hatte Zenon es bestimmt als ζῆν ὁμολογουμένως (ein Leben der inneren Geschlossen-

heit unter Führung des λόγος),[20] so hatte Kleanthes es präzisiert in ὁμολογουμένως τῇ φύσει, und Chrysipp betonte den normativen Charakter der Natur durch seine Bestimmung ἀκολούθως τῇ φύσει (im Anschluß an die Natur). Panaitios legte den Nachdruck mehr auf die individuelle Natur des Menschen mit seiner Definition des Zieles als eines Lebens gemäß den uns von der Natur gegebenen Anlagen (τὸ ζῆν κατὰ τὰς δεδομένας ἡμῖν ἐκ φύσεως ἀφορμάς).[21] Er hat sich damit nicht in Widerspruch zur traditionellen Auffassung gesetzt.[22] Er hat die τέλος- und die φύσις-Auffassung der alten Stoa modifiziert, nicht aber mit ihr gebrochen.

## 2. Cicero und Caesar

Seit dem Heraufziehen des Bürgerkrieges sieht Cicero, wie wir in Briefen des Jahres 49 verfolgen können,[23] den Gegensatz zwischen Barbarei und Menschlichkeit, zwischen Depravierung und Verwirklichung des Menschen unter dem grundsätzlichen Aspekt des Konfliktes zwischen Vorteil und Ehrenhaftigkeit, Nutzen des egoistischen Machtmenschen und Sittlichkeit der sich der Gemeinschaft verpflichtet wissenden Persönlichkeit. Damit knüpft er an die Erörterung über die Dämonie der Macht – ein gewiß überzeitliches Thema über Heil und Unheil des Menschen in der geschichtlichen Welt – im dritten Buch von *De re publica* an, das ganz in der Tradition der akademischen Diskussion stand und bis auf die Sophistik zurückgeht. So verwundert es keineswegs, daß in *De officiis* manche aus *De re publica* bekannten Argumente wiederkehren.

Seine Haltung als Philosophierender, der stets das Für und Wider gegeneinander abwog, und Staatsmann, der immer auf den Frieden bedacht war,[24] teilt ihm – bei aller Entschlossenheit, die *res publica* zu retten – die Rolle des Vermittlers zu, d. h. aber auch die grundsätzliche Bereitschaft zum ehrenvollen Kompromiß.[25] Man hat in späteren Jahrhun-

derten gegen Ciceros – wie es schien – zwiespältige Haltung mit Vorwürfen nicht gespart. Theodor Mommsen, Carcopino und andere haben mit anerkennenswerter Meisterschaft dies geleistet in der Absicht, den Staatsmann, Redner und Schriftsteller in Grund und Boden zu verurteilen, und ihrem gewaltigen Wissen und immensen Fleiß entging keine Stelle aus der reichen literarischen Hinterlassenschaft des Vielgehaßten, die, aus dem Zusammenhang gerissen, losgelöst aus dem hohen Menschentum des Schreibenden, diesem hehren Ziel dienen und nützlich sein konnte.

Andere haben Ciceros Haltung mit größerem Recht verteidigt.[26] Hier soll nur versucht werden, die innere Konsequenz in Ciceros Haltung während des Bürgerkrieges, nach der Entscheidung und nach der Ermordung Caesars an Hand einiger Betrachtungen mit besonderer Rücksicht auf die Behandlung Caesars in *De officiis* aufzuzeigen.

Als Cicero – jedenfalls soweit für uns faßbar – zum ersten Male in seinen Briefen auf Caesar zu sprechen kommt[27] im Jahr 60 v. Chr., entwickelt er seinen Plan, Caesar von dem »verantwortungslosen Treiben der Popularen«[28] zu trennen und auf die Seite derer, die das Gemeinwesen erhalten wollten,[29] herüberzuziehen, nachdem Caesar seine Rolle als Retter des Vaterlandes anerkennend hervorgehoben hatte.

Es können hier nicht die verschlungenen Pfade diplomatischer Aktionen in den Wochen vor dem Ausbruch des *bellum civile* verfolgt werden, die manchmal wirklich erschreckende Unentschlossenheit Ciceros vor den brutalen Realitäten der bereits mehr militärischen als politischen Ereignisse, seine Erbitterung auch über das barbarische, den Sullanern ähnliche Treiben im Lager des Pompeius, über dessen allseitiges Versagen und egoistisches Machtstreben, die schmachvolle Behandlung, die Cicero wegen seiner abwägenden Haltung bei den Pompeianern erntete, die hohe Achtung andererseits, die Caesar in kluger Einschätzung und richtiger Beurteilung der geistigen Macht Ciceros entgegenbrachte.

So versteht es sich beinahe von selbst, daß Cicero, obwohl er sich endlich doch halben Herzens auf die Seite des Pompeius geschlagen hatte, wie zahllose andere, die wegen ihres Fanatismus gegen Caesar dies mit geringerem Recht erhoffen konnten, huldreich und ohne Erniedrigung begnadigt wurde. Caesar selbst eilte dem bewunderten Gegner ein Stück Wegs entgegen, um ihm jede Demütigung zu ersparen.[30] Freilich war Ciceros Gedächtnis in dieser Sache später nicht besser als das anderer, unbedeutenderer Geister. Als Caesar Mitte September 46 Marcellus, einen entschiedenen Gegner, begnadigt, glaubt Cicero die entscheidende politische Wende begrüßen zu können:[31] er beendet sein langes Schweigen im Senat[32] und meint in Caesar den Retter der *res publica libera* – wie schon im Jahre 60[33] – gewinnen zu können.[34] Hoffnungen darauf hatte Caesar, wie es scheint, schon vor dem Bürgerkrieg[35] geweckt, ohne freilich bei der Gegenpartei Glauben zu finden.[36] Es ist nun gewiß überaus erhellend zu verfolgen, wie er in der Rede *Pro Marcello* Caesar als den Staatsmann darzustellen versucht, den er als sein Ideal seit den Reden gegen Catilina entwickelt hatte,[37] den Mann, der sich nicht zum Genuß des Lebens, sondern für die Gemeinschaft geboren und tätig weiß.[38] Mit diesem Denken knüpft er, wie man weiß, an Platon an.

Zwar findet Cicero, wie einst für Pompeius,[39] hohe Worte für Caesars unvergleichliche Kriegsleistungen,[40] die ihm aber von Mitkämpfern streitig gemacht werden und Bewunderung, nicht dauerhaften Ruhm[41] bringen; anders die Taten dessen, der begnadigt[42] und die *libera res publica* ordnet:[43] der Politiker des Friedens handelt aus Weisheit,[44] überwindet die *Fortuna* des Feldherrn, die *domina rerum*,[45] weiß sich erhaben über den blinden Zufall.[46] Wir kennen die Begriffe aus anderem Zusammenhang, der Umschreibung der Ordnung der Welt:[47] Caesars politisches Handeln steht im Einklang mit der Ordnung der Welt, wie dies die Forderung platonischer und stoischer Philosophie ist.[48] Sie entzieht sich damit aller Herabsetzung von seiten der Men-

schen. Immer wieder wird Caesar seine Rolle in Politik und Welt vor Augen gerückt. Er, der größte aller Sieger, der »seinen Sieg durch die Begnadigung seiner Gegner besiegt«, d. h. vollendet hat,[49] der betont hat, durch das Walten eines unerklärlichen und verhängnisvollen Schicksals[50] seien Römer aus Irrtum[51] in den Krieg gegeneinander getrieben worden, wird an Ciceros immer gleichbleibende Politik für den Frieden erinnert.[52] Bekannt ist uns die Reihung der Begriffe *fatum – error – consilium (providentia)* aus anderem Kontext: der Umschreibung der Schicksalsbestimmtheit von Mensch und Welt.[53] Von Caesars *salus* hängt die Existenz der einzelnen Bürger und des Gemeinwesens ab.[54] Die Unsterblichkeit Roms – welch geschichtsträchtiger Gedanke, den Cicero in rep.3,34 (= Aug.civ.22,6) wohl in Rückgriff auf alte römische Vorstellungen und als Überhöhung der *civitas diuturna* des griechischen Staatsdenkens, als Entsprechung der *una lex sempiterna et immutabilis*[55] formuliert hat, bis hin zu Dante und in die Moderne! –, diese Unsterblichkeit Roms also hängt ab von der Sterblichkeit des einen Caesar.[56] So kann und muß Caesar unheilvolles römisches Schicksal bemeistern, der Vollender römischer Geschichte sein. Er, der den Brand des Bürgerkrieges durch die Rettung des Vaterlandes gelöscht hat, dessen Weisheit immer wieder betont wird,[57] überwindet durch seine Einsicht in das geschichtlich Notwendige das *fatum* des Bürgerkrieges – so bleibt jedenfalls zu hoffen – und wird vor den unbestechlichen Richtern der Geschichte bestehen können.[58] Versagt er seine Hilfe, so kann kein Gott mehr Hilfe bringen.[59]

Wir kehren später zu diesem Thema zurück, müssen uns zunächst der *sapientia* des Staatsmannes und der *fortuna* und *felicitas* des Feldherrn zuwenden.[60] Wir haben oben *fatum* und *fortuna* stillschweigend als geradezu identisch vorausgesetzt. Hier ist noch eine weitere Stelle von Belang. In Marcell.19 ist die *felicitas* der *virtus* gegenübergestellt. Jene faßt offensichtlich die Begriffe *fortuna*, *gloria*, *natura* (= εὐφυία) und *mores* zusammen, aus denen der Weise Nut-

zen zu ziehen weiß. Es ist also *felicitas* weit mehr als *fatum* und *fortuna*. Der Weise hat, wie sich versteht, *virtus*, und ohne diese ist eben *felicitas* nicht denkbar. Dagegen treffen wir *Fortuna*[61] an als die Herrin über die ἐκτὸς χορηγία, deren der stoische Weise, wie uns geläufig ist, nicht bedarf, wie ja auch der Weise, dem Zufall entzogen, zum Herrn über die *Fortuna* wird. Wir erinnern uns an eines der Paradoxa, der Weise sei allein König, auch ohne – natürlich politische – Macht. Tatsächlich ist *fortuna* als ›blinder Zufall‹ für Caesar und Sallust erwiesen, und bei der bekannten Überfahrt wies Caesar den Fährmann auf seine τύχη, nicht seine *fortuna* hin.[62] Nun spricht Caesar in bell.Gall.1,40,13 in Verbindung mit seiner – sicherlich nicht einmal über eigene Zweifel erhabene – *innocentia* (etwa: Unbestechlichkeit) von seiner *felicitas*. Aus dem Zusammenhang wird klar,[63] daß *felicitas* mehr als *fortuna*, eben dauerhaftes Glück, bezeichnet.[64]

Es ist bekannt, daß *Felicitas* in Rom als Gottheit verehrt worden ist. Nur Feldherrn sind als Stifter für sie belegt, so Pompeius, so Caesar, der ihr ein erst nach seinem Tode vollendetes Heiligtum errichten ließ.[65]

Warum hat Caesar den Hinweis auf seine *felicitas* – in einem auch zu Propagandazwecken verfaßten Werk wohlbemerkt – mit einer Eigenschaft verbunden, die er sich nicht allen Ernstes zusprechen konnte? Es kam ihm offenbar darauf an, die Überzeugung von seiner ›fortune‹ zu verbreiten.[66] So redete Cicero sicherlich im Sinne der Propaganda für Caesar in der Rede *De provinciis consularibus* (56 v. Chr.), als beide in bestem Einvernehmen miteinander standen.[67] Diese *felicitas* in Verbindung mit *virtus* finden wir bei Cicero mehrmals Pompeius nachgesagt.[68] Aus recht durchsichtigen Gründen soll Caesar über Pompeius' *felicitas* abfällige Bemerkungen gemacht haben.[69]

Caesar legt also Wert darauf, seine *felicitas* vor aller Welt höher einzustufen als die seines Gegners.[70] Dies hat in Ciceros Bemerkung,[71] die eine Seite habe zuviel an verbrecherischer Gesinnung, die andere – die des Pompeius – zu

wenig *felicitas* gehabt, einen bemerkenswerten Nachklang gefunden.

Der Zusammenhang in Marcell. 19 macht deutlich, daß Caesar *felicitas* eben deswegen besitzt, weil er *sapientia* hat, die ihm gleichsam auf Vorschuß zugebilligt wird. So ist es nur konsequent, daß er Caesar diese *felicitas* abspricht, nachdem sich erwiesen hatte, daß er Ciceros politische Vorstellungen keineswegs verwirklichte und damit bewies, daß er die Weisheit des idealen Staatsmannes nicht hatte.[72]

Da also Caesar Ciceros Erwartungen zwar in der Begnadigung seiner Gegner, nicht aber in der Wiederherstellung des freien Gemeinwesens[73] entsprach, da er nicht durch seine staatsmännische Weisheit Rom aus seinem verhängnisvollen Schicksal befreite, folglich nicht handelte nach dem Gesetz, das Menschen- und Weltgeschick lenkt, den römischen Staat besonders – darum also konnte er auch nicht vor den Anforderungen, die Cicero, wie wir gesehen haben, seit den *Reden gegen Catilina*, in der *Sestiana* und in *De re publica* ausgebildet und in den drei Reden vor Caesar, besonders in der Rede *Pro Marcello*, auf ihn gesetzt hatte, bestehen. In *De re publica* beschreibt er diesen als einen Weisen, ja einen ganz großen und beinahe göttlichen Mann.[74] Der Staatsmann ist mithin auch da – in pythagoreisch-platonischer Tradition – weise und gottnah wie in der Rede *Pro Marcello*.[75] Im zweiten Buch nach der Darlegung über die geschichtliche Leistung des Romulus, die dieser dank göttlicher Eingebung und Voraussicht[76] vollbringt, wird hervorgehoben, Scipio habe, was durch Romulus nur »zufällig« und »aus einer Notwendigkeit« geschaffen wurde – einen Prozeß geschichtlichen Werdens also –, auf eine höhere Ebene gehoben, die der *ratio*, der wissenschaftlichen Methode und geistigen Bewältigung, die Bemeisterung des Menschenschicksals im Einklang mit der *lex sempiterna* erbringen wird. Damit sind wir zu jener Reihung philosophischer Begriffe zurückgekehrt, die wir oben[77] für die *Marcellus-Rede* sicherstellten[78], und erkennen sie nunmehr im Zusammenhang seines Denkens über den Staat.

Wir treffen auf Romulus auch in der *Marcellus-Rede*, freilich, ohne daß er namentlich genannt wird. Da[79] erfahren wir, die unsterblichen Götter, endlich versöhnt, setzten alle Hoffnung auf die *clementia* und *sapientia* Caesars. Er soll das leidvolle Schicksal, das der Brudermord des Romulus über Rom gebracht hat, von der Stadt nehmen. Wie also Scipio geschichtliches Schicksal geistiger Bewältigung und Bemeisterung zuführt, so bringt Caesar Befreiung von schuldhafter Verstrickung nicht nur der lebenden Generation, sondern römischer Geschichte überhaupt.[80] Es muß übergangen werden, wie Caesar dem Ideal Scipio in der Rede angenähert wird. Entscheidend ist, daß der Stelle ein negatives Romulus-Bild zugrunde liegt,[81] ganz im Gegensatz zu *De re publica*.[82] Damit wird Cicero ein doppeltes Ziel verfolgen: Zum einen soll Caesar vom legendären Gründer Roms als Befreier von uralter Schuld, ja als Vollender römischer Geschichte erscheinen[83] – welcher Propagandist hätte Caesar einen größeren Gefallen erweisen können! –, zum anderen wurde nach dieser Überlieferung Romulus, weil er zum Tyrannen entartete, von den Senatoren in Stücke gerissen, dann aber, so berichtet die *fabula*, als Quirinus vergöttlicht. Dieses Schicksal droht Caesar, wenn er die Erwartungen Ciceros nicht erfüllt. Dem Unangreifbaren bleibt nur die Wahl, Retter oder Tyrann zu sein, für oder gegen die *lex sempiterna* zu handeln.[84]

Wer den Zusammenhang der Ereignisse kennt, so erfahren wir, dem kann nicht verborgen sein, daß Caesars Bestimmung die Rettung der Bürger und der Bürgerschaft ist.[85] Nur Wahnsinn und Verbohrtheit[86] können so verblendet sein. Ihm fehlt es an Klugheit und Voraussicht,[87] und in seinem Irrtum[88] handelt er gegen die Schicksalsbestimmung. Wir denken unwillkürlich an die *Aeneis*, besonders an deren Anfang. Dort vollendet sich die Bestimmung Roms und damit die *humanitas* als Aufgabe des römischen Menschen gegen dem *fatum* widerstrebende Verstocktheit und gegen Egoismus.

Im Mai 45 wird Caesar als dem »unbesiegten Gott«[89] im

Quirinustempel, ferner auf dem Capitol eine Statue geweiht,[90] wozu Cicero bissig bemerkt: »Es ist besser, er kommt als Kultgenosse zum Quirinus als zur *Salus*.«[91] Der Kult des Quirinus war damals von geringer Bedeutung[92] – man wollte Caesar dem Romulus annähern –, aber die Hinweise auf Romulus-Quirinus mußten ihn auch in gefährliche Nähe zu dem verhaßten Königtum bringen. Andererseits, darauf wurde schon hingewiesen, schwören die Senatoren bei der *Fortuna* und *Salus* Caesars.[93]

Da wir uns dem Punkte nähern, da sich die Katastrophe vollzog, sei die Frage gestellt: Konnte Caesar überhaupt die ihm von Cicero zugedachte Aufgabe erfüllen? Hatte er je die Absicht dazu? Caesar besucht am 19. 12. 45 Cicero auf dessen Landgut bei Cumae mit großem Gefolge, setzt durch seine ungeheuere Arbeitskraft[94] seine Umgebung in Erstaunen und gibt sich als urbaner Gast im Gespräch über literarische Themen, wohl über sein Werk *De analogia* und Ciceros *Orator*; aber von Politik fällt kein Wort.[95] Damit war gesagt, wie er Cicero beurteilte, als großen Literaten, der des Besuches eines Caesar würdig war, dessen politische Ziele aber nicht Beachtung verdienten.

Bei anderer Gelegenheit hatte er weniger Rücksicht zu nehmen. Das Gemeinwesen sei, so soll er gesagt haben, ein Name nur, ohne Körper und Gestalt. Sulla sei ohne allen Verstand gewesen, da er die Diktatur niederlegte. »Die Leute«, so habe er ärgerlich hinzugefügt, »müßten sich nun ihre Äußerungen sorgsamer überlegen und seine Worte als Gesetze ansehen.«[96]

Als ihm ein Opferpriester über unheilverkündende Opfer berichtet, soll er sich darüber beinahe lustig gemacht haben – oder wollte er sein Entrücktsein über alles Menschliche ausdrücken? –, indem er antwortete, sie seien glücklicher, sobald er nur wolle. Diese und andere Anekdoten mochten wahr sein oder nicht, entscheidend blieb für den Bestand seiner Macht, wie man über ihn dachte und reden konnte. Wenn Cicero[97] sagt, Romulus habe das Gemeinwesen auf zwei Grundlagen gestellt, religiöse Einrichtungen und den

Senat, so gab er eine verbreitete Meinung wieder. Mögen auch viele Römer so gedacht haben wie Caesar – seine Worte lagen nur in der Konsequenz des epikureischen Glaubens, daß es keine Weissagung gebe –,[98] Caesar selbst durfte – als Inhaber so vieler Ämter und Ehrungen wie nie ein Römer vor ihm – am allerwenigsten so reden oder zulassen, daß ihm solches nachgesagt wurde.

So aber hörte Caesar auf, ein Glied der römischen Gesellschaft zu sein, so versagte er sich Ciceros[99] Ansinnen, vom Schicksal bestimmter Retter der *res publica*, des ewigen Rom, zu sein. Denn er wies sich als einer von denen aus, »die meinen, ... die Götter hätten keine Fürsorge für die Menschen«. »Denn wenn«, fährt Cicero fort,[100] »deren Meinung richtig ist, wo kann es da Ehrfurcht, wo Redlichkeit, wo Götterglauben geben?« Damit aber war nach Ciceros Überzeugung die »Gemeinschaft des Menschengeschlechtes« und die »Gerechtigkeit« beseitigt.[101] Entsprechend verzweifelt äußert er sich in *De divinatione*[102] über die *civitas*.

Nach der Ermordung Caesars, die er – gemäß seinem Grundsatz, Gewaltherrscher seien zu beseitigen[103] – gewünscht hatte[104] und zu der er sich, wenngleich er in die Verschwörung nicht einmal eingeweiht war, beglückwünschen ließ,[105] bricht in *De officiis* seine ganze Verachtung durch. Er sieht ihn an als den Tyrannen, den er in *De re publica* gezeichnet hat: seine *temeritas*[106], der Mensch, mit dem es keine Gemeinschaft gibt,[107] der zum Ungeheuer entartete Mensch,[108] der Angst verbreitet und in ihr lebt,[109] der Verwegene,[110] der Vernichter der Grundlagen der Republik, der *aequitas* und *concordia*,[111] im Gegensatz zum »*vir bonus* und *sapiens*« wie Arat,[112] der Mann, der zu vernichten ist,[113] der ohne Notwendigkeit durch Aufteilung des Landes und durch Schuldenerlaß[114] sich einen Anhang zu schaffen versucht.

Es kann nicht ernsthaft bezweifelt werden, daß diese Abschnitte im einzelnen wie in dem zumeist haßerfüllten Ton Cicero zugehören. Entsprechendes aus der griechischen Geschichte wird bei Panaitios nicht gestanden haben. Hier

nehmen sich Ciceros ganz persönliche Anliegen Raum. Dem Griechen kam es – zumal im Kampf gegen Karneades' Kritik – sicherlich auf eine systematische Darbietung des Stoffes an; Cicero hat all diesem eine andere Richtung gegeben. Er legte vor allem Wert auf Entscheidungen und *praecepta*[115].

## 3. Das Fortleben des Werkes

Die Literatur über die καθήκοντα hatte in der griechischen Stoa eine weite Verbreitung gehabt. Auch Ciceros Werk *Über das pflichtgemäße Handeln* wurde viel gelesen, fand Bewunderer und Nachahmer. Die ersten Nachklänge erkennen wir in Ciceros eigenem Werk, in den gleichzeitig ausgearbeiteten Reden gegen Antonius, besonders in der nicht gehaltenen zweiten.

Brutus, der Caesarmörder, verfaßte nach Senecas Bericht (epist.95,45) ein gleichnamiges Werk, wahrscheinlich in griechischer Sprache. Ovid (43 v. Chr. – 18 n. Chr.) kannte das Werk, wie sich aus Nachklängen in seinen Gedichten erweist.[116] Valerius Maximus hat in seinem unter Kaiser Tiberius veröffentlichten Realienbuch mehrmals auf *De officiis* zurückgegriffen. Seneca d. J. (4 v. Chr.–65 n. Chr.) hat ein Werk desselben Titels verfaßt. Es ist verloren. In seinen erhaltenen Schriften finden sich zahlreiche Nachklänge an *De officiis*. Plinius d. Ä. (23–79 n. Chr.) war von den Büchern begeistert: »Diese Bücher über die Pflichten muß man, wie du weißt, auswendig lernen, nicht nur täglich lesen« (praef.nat.hist.22). Aulus Gellius widmet in seinem Sammelwerk *Noctes Atticae* – es ist um 175 veröffentlicht – der Abhandlung Ciceros große Aufmerksamkeit.[117] Unter den Christen scheint als erster Laktanz (um 250 bis um 317) diese Schrift genauer ausgewertet zu haben. Laubmann/Brandt geben in ihrer Ausgabe[118] 24 Zitate und Anspielungen auf *De officiis* an.

Eine umfassende Auseinandersetzung mit unseren Büchern

finden wir bei AMBROSIUS, der als Bischof von Mailand und anerkannter Meister der Beredsamkeit Augustinus zum Christentum bekehrt hat, in seinen nach 386 verfaßten *De officiis ministrorum.* Es ist an den Klerus der Mailänder Kirche gerichtet und bietet die erste zusammenfassende Darstellung der christlichen Ethik. Der Kirchenautor folgt seinem Vorbild bis in die Anordnung des Stoffes, ersetzt aber römische Beispiele durch christliche. So ist Ambrosius weit mehr als Laktanz Cicero verpflichtet. Man hat das Werk des Kirchenvaters eine Übertragung der ciceronianischen Pflichtenlehre in das Christliche genannt. Jedenfalls hat die stoische Ethik über die Bücher des Ambrosius die christliche Ethik nachhaltig beeinflußt, ist doch sein Werk das wesentliche Lehrbuch christlicher Moral über Jahrhunderte geblieben.

Besonders der junge AUGUSTINUS (354–430) hat *De officiis* sorgfältig gelesen und auf sich wirken lassen.[119] Die Lehre vom *decorum* finden wir wieder in ord.1,8,25 f., die Beurteilung der Berufe (off.1,150 f.) in ord.2,4,12. Mit Augustinus, den einst Ciceros *Hortensius* auf einen neuen Lebensweg gewiesen und der sich mit Ciceros ›Philosophica‹ intensiv beschäftigt hatte, endet für lange Zeit die Reihe derer, die in seinem Werk mehr als praktische Handreichungen suchen und finden wollten. Die Bücher *De inventione*, der *Auctor ad Herennium*, als den man Cicero versteht, aber auch *De officiis* werden weiter gelesen.

Zwar verbleiben also die Bücher *Über das pflichtgemäße Handeln* durchaus im Lektürekanon, aber die Auseinandersetzung damit geht doch konsequent den Weg weiter, den Ambrosius gewiesen hatte. ISIDOR VON SEVILLA (um 560 bis 636) hinterläßt uns in *De officiis ecclesiasticis* eine Untersuchung der Pflichten der christlichen Religion. Er eröffnet damit einen Typus von Literatur, der sich großer Beliebtheit erfreut hat. BEDA VENERABILIS (um 673 bis 735) schreibt einen *De officiis libellus*, ANALAIRE VON METZ *De ecclesiasticis officiis*, ALKUIN *De divinis officiis.* Sie finden Nachfolger in JEAN D'AVRANCHES *(De officiis ecclesiasticis)*,

RUPERT VON DEUTZ *(De divinis officiis)* u. a. Die Autoren beschränken ihren Blick auf die Obliegenheiten des Seelsorgers. Und doch darf man den gelehrten Lesern des Mittelalters zutrauen, daß sie die Herkunft dieser Literatur in Ciceros Werk erkennen konnten.

Daß sich die Scholastik mit dem vielgelesenen Werk auseinandersetzt, versteht sich. THOMAS VON AQUIN (um 1225 bis 1274) zitiert in der *Summa Theologica* (II q. 61a 4) off.1,68, wo er seine Auffassung der Tapferkeit bestätigt sieht, an anderer Stelle (*Summa Theologica* II q. 61a 5 und resp.3), wo er erweist, daß Tugend sich durch Taten zu zeigen habe, führt er off.1,71 und Aug.civ.19,19 als Autoritäten an. In der Spätscholastik greift MARSILIUS VON PADUA (um 1290 bis 1342) in seinem wahrhaft revolutionären Werk *Defensor pacis* mehrmals auf *De officiis* zurück.[120] Noch immer werden also Werk und Autor für wert befunden, beim gelehrten Wettstreit in die Waagschale geworfen zu werden.

Mit FRANCESCO PETRARCA (1304–74) beginnt ein völlig neues Ciceroverständnis. Deshalb darf etwas weiter ausgeholt werden. Petrarca entdeckt aus eigenem Erleben die Sprachkunst des römischen Klassikers neu, sein erhabenes Bild vom Menschen, und dies ist verbunden mit einem neuen Bemühen um das Werk Augustins. Sowie also das tiefere Verständnis für Cicero mit Augustin verlorengegangen war – und es kündigte sich damals das andere Bewußtsein einer neuen Zeit an –, so gewinnt Petrarca ganz neuen Zugang zu beiden Autoren zugleich, und er ist damit der Vorbote einer gänzlich veränderten Art, die Welt zu sehen. Seine Bewunderung für den Menschen Cicero geht lange so weit, daß man sich an die Worte Plinius' des Älteren erinnert fühlt, der gemeint hatte, Cicero sei die Vollendung des Menschen, wie der Mensch das vollendetste der Lebewesen.[121] Dabei kam Petrarcas Begeisterung für den Römer ganz von der Liebe zu seiner Sprache her. »Ein gewisser Zauber seiner Worte und ihr Wohlklang fesselten mich, so daß mir alles, was ich sonst las oder hörte, ungeschliffen

und voller Mißklang schien.«[122] Dabei war sein Ciceroverständnis durchaus christlich. »Ich bin Christ«, sagt er in der Schrift *De sui ipsius et multorum ignorantia*; »freilich könnte ich zu hören bekommen, was dem Hl. Hieronymus vorgeworfen wurde, wie er berichtet: ›Du lügst, ein Ciceronianer bist du, kein Christ.‹ – Ich bestreite es ... nicht, ich bin vielen verderblichen Sorgen ergeben. Doch dazu zähle ich nicht Cicero ...«[123] Und so beginnt denn auch mit Petrarca eine anwachsende Literatur moralphilosophischer Traktate im Sinne von Ciceros *De officiis* und Senecas *Episteln.*

Der Humanist und Cicerokenner – er hat die Handschrift der Briefe *ad familiares* gefunden –, Coluccio de Piero de' Salutati (1330–1406), Sekretär der Stadt Florenz, hat in seinen moralphilosophischen Traktaten auf das Werk Ciceros zurückgegriffen, und schon 1465 wird *De officiis* als eines der ersten Literaturwerke überhaupt gedruckt. Zum großen Herausgeber und Erklärer der Werke Ciceros wurde Pietro Vettori. Er hat die damals bekannten Werke des Römers zwischen 1534 und 1537 in Venedig veröffentlicht. Auf Abnehmer durfte man hoffen; denn schon im 15. Jahrhundert gilt Cicero in Italien als Muster lateinischer Prosa, und über die Art der Nachahmung entspann sich ein heftiger Streit. Selbst ein Architekt wie Leon Battista Alberti (1404–72) hatte in seiner Autobiographie, *De officiis* folgend, den Menschen ganz für die Tätigkeit bestimmt gesehen, dies als seinen Zweck betrachtet, den Mitmenschen zu nützen als seine Bestimmung. Auch Castiglione (1478 bis 1529) hat in seinem *Cortegiano De officiis* vielfach herangezogen, besonders 1,126–151; 3,75.99; so hat durch sein Werk Ciceros Ethik auf das französische Ideal des ›honnête homme‹, des ›Caballero‹ der Spanier und des ›gentleman‹ der Engländer gewirkt.

Auch in Deutschland erfreuten sich die Bücher einiger Beliebtheit. Der Humanist Agricola (1443–85) definiert die Philosophie nach off.1,153 (Sen.epist.89,5). Besonders geschätzt wurde das Werk von Erasmus von Rotterdam

(1465–1536), wie er offen bekennt (epist.28,18): »Wie es anderen ergeht, weiß ich nicht. Mich pflegt Marcus Tullius, zumal wenn er über das gute Leben *(De officiis)* erörtert, so zu stimmen, daß ich daran nicht zweifeln kann, es habe jenes Herz, dem diese Gedanken entströmen, irgendeine Gottheit erfüllt.« Dagegen lehnt MONTAIGNE (1533–92) im Essai II 10 die moralphilosophischen Schriften Ciceros ausdrücklich ab.

FRANCIS BACON (1561–1626), Philosoph und Minister Elisabeths I. von England, benützt in seinen Schriften vielfach die Stellen 1,6.7–9.11 f.20.107.110 f.122.124.153; 2.88 ff.[124]

HUGO GROTIUS (1583–1645) hat in *De iure pacis et belli* unser Werk eifrig herangezogen, so bei der Behandlung des Rechts zu privater Notwehr und in dessen Ableitung aus dem Zweck der Gemeinschaft, jedem das Seine zukommen zu lassen (I,2,5 = off.1,11); so auch in dem zweiten Grundsatz, daß Privateigentum aus ursprünglichem Gemeineigentum entstehe (II,2,2 = off.3,22).

SPINOZA (1632–77) hat in seiner *Ethica ordine geometrico demonstrata* auf die in *De officiis* und *De finibus* überlieferte Oikeiosis-Lehre zurückgegriffen. Die Lehre vom *decorum* hat besonders auf die englischen Moralisten weitergewirkt. SHAFTESBURYS (1671–1713) ästhetisch gefärbte Ethik, sein Ideal der harmonischen Persönlichkeit hat viel von *De officiis* aufgenommen.

VOLTAIRE (1694–1778)[125] und FRIEDRICH DER GROSSE hielten *De officiis* für das beste Buch über Moral überhaupt. Beide schätzten Cicero so sehr, daß der eine in seinem Theaterstück *Das gerettete Rom oder Catilina* den Römer zum Helden seines Stückes machte, der andere ihn im Winterlager seiner Feldzüge las und den Philosophieprofessor Grave veranlaßte, die Bücher über die Pflichten zu übersetzen (1763).

Dagegen hat JEAN JACQUES ROUSSEAU (1712–78) in seinem *Émile* vermerkt: »On n'a pas besoin de savoir les offices de Cicéron pour être homme de bien.«[126] Genauere Kenntnis der Werke Ciceros scheint er nicht gehabt zu haben.

Aber in *De la société générale du genre humain* zitiert er doch off.1,37, und in seinem *Discours sur l'origine et les fondements de l'inégalité parmi les hommes* greift er bei der Darlegung über den ›amour de soi‹ auf die Oikeiosis-Lehre aus *De officiis* und *De finibus* zurück,[127] womit er in einer langen Tradition steht (außer den erwähnten Grotius und Spinoza, Telesio, Pufendorf und Locke).

Selbst für Immanuel Kant (1724–1804) hat man nachgewiesen, daß seine Ethik von keinem griechischen Philosophen, nicht einmal von Platon, so tief beeinflußt ist wie von Ciceros Schriften, besonders von *De officiis*.[128] Auch nach Kant bleibt der Einfluß unserer Bücher ungebrochen. Die stark von der Ästhetik gefärbte Ethik des Johann Friedrich Herbart beweist dies.[129]

Otto von Bismarck holte auf dem Krankenlager als Staatsmann nach, was der Schüler versäumt hatte: Er las *De officiis*. Damals hatten sich durch die rauhe politische Wirklichkeit freilich in Deutschland die Gemüter von Cicero abgewandt. Hegel stand ihm kritisch gegenüber, Drumann und Mommsen, die Historiker, ohne Verständnis, ja mit ungerechter Feindseligkeit. Ciceros *humanitas* fand wenig Verständnis. Von *De officiis* wandte man sich überdies in Deutschland ab und zog *De re publica* vor, dessen Fragmente 1820 Angelo Mai in der Vatikanischen Bibliothek entdeckte. Den Geist der Zeit vermochte das Werk freilich nicht mehr zu bestimmen. Trotzdem hat die deutsche Gelehrsamkeit zu *De officiis* den besten Kommentar geliefert durch C. F. W. Mueller, Berlin, 1882.

## 4. Die Oikeiosis-Lehre in der Stoa sowie im 1. und 3. Buch von *De officiis*

Die Lehre von der Oikeiosis, der »Zueignung«, vom Schulstifter der Stoa, Zenon, begründet, geht in ihren Ansätzen weit zurück.[130] Sie ist die Grundlage der stoischen Ethik, war aber auch für andere Schulen bedeutend.[131] Besonders von

Cicero, Seneca, Diogenes Laertius und Hierokles von Alexandreia überliefert[132], ist sie in Zusammenhang mit der Physik, der Psychologie und der Erkenntnislehre der Stoa zu sehen. Nach dieser Lehre sind alle Organismen (Pflanzen, Tier, Mensch) von der Physis bestimmt, die als gestaltendes (ποιοῦν) Feuer das passive (πάσχον) materielle Substrat (ὕλη) durchdringt.[133] Allen Lebewesen ist Bewußtsein/Erleben des Selbst (συναίσθησις), ein »erstes Streben« (πρώτη ὁρμή) nach den »ersten naturgemäßen Dingen« (τὰ πρῶτα κατὰ φύσιν) und nach Bewahrung des Selbst (τηρεῖν ἑαυτό), d. h. ihrer körperlichen Unversehrtheit (σύστασις)[134] eigen, dem Menschen überdies Vernunft.[135] Bei allen Lebewesen folgt dem Streben nach individuellem Erhalt das nach Bewahrung der Art durch Zeugung und Sorge für die Gezeugten (= erster sozialer Bezug).

Zwischen Mensch und Tier ist in dem doxographischen Abschnitt von Cic.fin.3,16 ff. durch das allein dem Menschen eigene abstrakte Denkvermögen eine eindeutige Grenze gezogen, die in off.1,11 relativiert scheint. Denn nach dieser Stelle sichern die vernunftlosen Tiere durch geringere, die Menschen durch weitere Verfügung über Raum und Zeit das Leben ihrer Gemeinschaft. Offensichtlich spricht Panaitios/Cicero Tieren naturhaft (φυσικῶς) sich bildende »Vorwegnahmen« (= Vorbegriffe / προλήψεις) zu. Daß die Seele der Tiere der der Menschen ähnlich sei, beobachteten die Stoiker nach Aristoteles.[136] Tiere bilden nach ihnen Gemeinschaft aufgrund ihrer Physis, Menschen durch ihre Natur und ihre Vernunftbegabtheit (ad orationis et ad vitae societatem, §11)[137], indem sie die Gemeinschaft von Familie zur Polis als einer die materiellen Bedürfnisse übersteigenden Kulturgemeinschaft (ad cultum et ad victum) erweitern. Das große Handeln des polisgründenden Menschen setzt die Verfügung über »Allgemeinbegriffe« (ἔννοιαι/notiones) voraus, die Entfaltung und Bereicherung der »Vorbegriffe« sind (§11).[138] Die Sorge für das Lebensnotwendige überwindend, nähert sich der Mensch dem ihm als Vernunftwesen Eigenen (Oikeion) an (§13), indem er aus der sinnlichen Wahrnehmung der Schönheit der

Weltordnung die Begriffe der Ordnung und des Schönen durch sein Denken »erfaßt« (§13, καταλαμβάνειν)[139] und, danach sein Leben orientierend, eben diese Wohlgeordnetheit der Welt nachvollzieht.[140] So entsteht die Unabhängigkeit von den *necessaria* und von Klassenmoral sowie die Hinwendung zu wahrer Sittlichkeit (§14).[141] Diese beruht auf Wissen, jene aber auf Meinen (einer Gruppe). Die Stoiker kennen wie Platon diesen Gegensatz zwischen beiden. Nach ihnen ist Wissen »sicheres ... und nicht durch (pervertierte) Vernunft, d. h. durch falsche Zustimmung beeinträchtigtes ›Begreifen‹ (κατάληψις) einer Wirklichkeit, Meinen falsche Zustimmung.[142]

In diese Gedankenführung fügt sich gut die Wiedergabe von Platon, Phaedr.250d–e (§15). Dort betont Platon die Unmöglichkeit der Erkenntnis der Schönheit der Weisheit, der die Wahrheit ermittelnden Tugend (§§15.16.18), die zu vollkommenem sittlichen Handeln führt (1,8; 3,13). Cicero setzt für Platons φρόνησις *prudentia* (Wissen von guten und schlechten Handlungen) bzw. *prudentia et sapientia* ein (§§15 f.)[143]. Zwar bleibt für Panaitios vollkommene Sittlichkeit Orientierungspunkt und die Weisheit als theoretische Tugend von den praxisbezogenen anderen Kardinaltugenden untrennbar, aber an die Stelle des vollkommenen Weisen tritt der *bonus* (3,14.17), für den die Geschichte Roms viele Beispiele bot[144], an die Stelle des leidenschaftslosen (ἀπαθής) der unerschütterliche Mann (ἀτάρακτος). Dieser moralisch gute Mensch ist für Panaitios der relativ sittlich Einsichtige und Weise, der sich zwar der Wahrheit in Einzelfällen annähert, sie aber insgesamt nicht erkennt und für seine unvollkommene Erkenntnis eine »vernünftige Erklärung« geben kann (1,16; 3,14–16). Diese Definition entspricht derjenigen der »mittleren Handlungen« (1,8).

Panaitios konnte sich mit der Preisgabe der unüberwindlichen Trennung der Weisen vom Nichtweisen (*insipiens*) auch auf Chrysipp berufen. Dieser räumte ein, daß fortwährend erbrachte »mittlere Handlungen« zu einem »gelungenen Leben« (*vita beata*) führen (SVF III 510), ferner auf Aristoteles

(Diog.Laert.7,127 f.; fr. 57 Straaten). Besonders durch eine Anlage zum Guten (*ingenium bonitatis*, off.3,14) sah er sittlichen Fortschritt ermöglicht.[145] Cicero hat die Stufen dieses Fortschrittes und damit der Selbstfindung aus dumpfem Ahnen zu klarem Wissen aufgezeigt, und Seneca ist ihm darin gefolgt.[146] Zur vollkommenen und unaufhebbaren Übereinstimmung mit sich, mit der allgemeinen Natur des Menschen und mit der allumfassenden Naturordnung – so mit dem Naturgesetz und der Gottheit – gelangt auch für Panaitios allein der animus des vollkommenen Weisen.[147] Dieser aber ist für ihn kaum mehr Gegenstand der Untersuchung.

# Anmerkungen zum Nachwort

1 Vgl. dazu Leumann/Hofmann/Szantyr, Lat. Gramm. I, München 1963, 92.209.
2 Plaut.Cist.657; Cas.585.
3 Vgl. dazu Pohlenz, Τὸ πρέπον, 71, Nt.1; von Armin, Arius Didymus' Abriß der peripatetischen Ethik, Sitzungsberichte der Wiener Akademie 1929, 94.134 ff.
4 Vgl. Festa, I frammenti, 72.
5 Vgl. R. Philippson, Das Sittlichschöne bei Panaitios, Philol. 85,357.
6 Dazu ThLL 5,1,214,3 ff. εὐειδής, ὡραῖος; ThLL 5,1,215,69 ff. εὐπρεπής, κόσμιος entspricht.
7 ThLL 5,1,216,22 ff.; Cic.off.1,66.93.95.98.100 usw.
8 Vors.65B 105.
9 Testard, Ausgabe, 56, Nt.2.
10 Cic.off.1,20.28; 3,73–78; Tusc.5,28 u. a.
11 Sen.epist.94,11.
12 Sen.epist.89,13.
13 Vgl. Cic.fin.4,47; 5,23; 2,31.
14 SVF I,333–403.
15 Cic.leg.1,37.54 u. a.
16 Aristot.sens.1178a 5.
17 SVF III,127.136 f. 716.
18 Panétius, 118 f.
19 Vgl. RE, Tullius, 1138 f.
20 Dazu Pohlenz III, 116.
21 Zur Bedeutung von ἀφορμή vgl. U. von Wilamowitz-Moellendorff, Euripides' Herakles, Bd.3, Darmstadt 1969, 60 f.
22 Dazu Kidd, The relation of Stoic intermediates to the summum bonum with references to change on the Stoa, Classical Quarterly 1955, 181 f.
23 Att.7,11,1 im Januar 49; 7,21,13 im Februar 49; vgl. 7,26,2; 8,2,4; 9,12,3; 15,2; 9,5,3.
24 off.1,9; Phil.2,20; 7,7–9; bes. gegen den Bürgerkrieg Stellung beziehend in Att.8,11d,6; 9,11a,2; er denkt damals sogar an die Abfassung eines πολίτευμα *de pace*, für das er von Atticus das Buch Περὶ ὁμονοίας des Demetrios von Magnesia erbittet; Att.8,11,7.
25 Att.7,14,3; 7,15,3; fam.16,12,4.

26 Vgl. dazu S. 440 ff.

27 Att.2,1,6.

28 Die *popularis levitas*; vgl. dazu Phil.5,46.

29 *Conservare*, ein politisches Schlagwort Ciceros, das sich durch alle politischen Reden und Schriften hindurchzieht und geradezu Leitwort in »Pro Marcello« ist. – Die drei Reden vor Caesar sind zusammengehalten durch den Appell an Caesars *clementia*, worunter der Verzicht auf Bestrafung trotz dem formalen Recht verstanden wird (vgl. dazu Cic.ad Brut.1,15,10; inv.2,164; Dahlmann, Clementia Caesaris, Neue Jahrbücher für Wissenschaft und Jugendbildung, 10. Jahrgang 1934, 17–26, und jetzt in Wege der Forschung 43, 33–47, für unsere Stelle 33). *Clementia* wurde von Cicero als eine Charaktereigenschaft Caesars anerkannt (fam.6,6,8 f.; 6,13,2; 6,14,2). Caesar verbreitete gezielt die Meinung, er erstrebe einen Sieg durch Milde (Att.9,7c,1; 9,16,2; Caes.bell.Gall.2,14,5; 2,31,4; 8,21,2); zu seiner Milde nach der Schlacht bei Pharsalos vgl. bell.civ.3,98,2; bell.Afr. 88,6. Trotzdem war man von seiner Milde überrascht (Marcell.1; Lig.6; Deiot.34). Die *clementia* blieb in der Kaiserzeit ein Beurteilungsmaßstab für die Kaiser (vgl. dazu Dahlmann, a. a. O., 49). Ciceros diesbezügliche Gedanken waren Livius, Vergil und Horaz bekannt (vgl. Servius zu ecl.6,11), auch Augustus (Mon.Ancyr.1,5,32)! Vergil überträgt auf Octavian Erwartungen, die Cicero auf Caesar gesetzt hatte, wenn er ihn als Retter des *eversum saeculum* (georg.1,500 ff.) ansieht (vgl. dazu Knoche, Wege der Forschung 46, 405 ff.).

30 Zu Caesars *humanitas* gegen Cicero vgl. Cic.fam.4,13,2; 6,6,8.

31 Marcell.1; fam.4,4,4; Collins, Caesar and the Corruption of the Power, Historia 1955, H.4, 445–465, jetzt in: Wege der Forschung 43, Darmstadt 1967, 379–412, für unseren Zusammenhang 387.

32 Vgl. Marcell.1; fam.9,20,1.

33 Vgl. oben S. 432 und Att.2,1,6 f.

34 Marcell.10.13.17.25.32.

35 Caes.bell.civ.1,9 u. a.; Cic.fam.16,12,3.

36 Att.7,15,3.

37 Catil.3,15,29; 4,3 f.18; Sest.138 ff.; rep.1,22; 2,46.

38 Catil.4,18.23; Sest.45 ff.127; fin.2,45; off.1,22; vgl.Hor.carm.

1,2,47; der Gedanke ist platonisch: Plat.epist.358a; vgl. Isokr.Antid.71.

39 leg.Manil.34.

40 Marcell.5 f.8.11.

41 Marcell.26; ein Gedanke Scipios? – Vgl. dazu Lael.35.

42 Vgl. oben Anm. 7.

43 Marcell.23.

44 Zu beachten, daß *sapientia* und *consilium* synonym gebraucht werden.

45 Marcell.7.

46 *temeritas*, synonym ist *casus* gebraucht, Marcell.7.

47 nat.deor.2,43.56.82; div.2,85.

48 Cato mai.77; nat.deor.2,37; Aristot.NE 1215b 6–14; Plat.rep. 500c; Tim.47b–c.90c–d.

49 Marcell.12.

50 Marcell.13: ... *fato nescio quo rei publicae misero funestoque compulsi* ...; eine stoische Formulierung.

51 *culpa erroris humani*, Marcell.13.

52 *semperque mea consilia et togae socia*, Marcell.14.

53 nat.deor.2,56; div.2,85; Tusc.2,47; 3,2.

54 Marcell.22.25.29; zum Eid auf Caesars *salus* vgl. S. 438 und Anm. 93.

55 Vgl. schon Catil.4,18; Rab.Post.33; Att.9,1c,3; Mil.83, wo Cicero den Gedanken als allgemein bekannt voraussetzt; Phil.2,51; Sall.rep.1,5,2; Verg.Aen.1,245 ff.; Tib.2,5,23; Ov. fast.3,72; Tac.hist.1,84; ann.3,6,3; Plin.mai.hist.nat.35,106; Plin.min.paneg.67,3; Vell.Pat.2,103,4 f.; Suet.Nero 11,3; Sulp.Sat.33; Sil.7,476; Rut.Nam.47–140; übrigens ist *aeterna* seit Hadrian stehender Beiname Roms und erscheint auch auf Münzen.

56 Marcell.22; die Bindung der Unsterblichkeit der Stadt an die Sterblichkeit eines Menschen wurde später noch oft wiederholt.

57 Marcell.18 f.

58 Marcell.29; Att.12,28,2.

59 Marcell.22.

60 Vgl. dazu unter anderem Bömer, Gymn. 73, 63 ff., und der gekürzte Abdruck in: Wege der Forschung 43, 89–115; Erkell, Caesar und sein Glück, Wege der Forschung 43, 48–60, ursprünglich unter Ericsson veröffentlicht in: Eranos 1944, 57 bis 69.

61 Marcell.7.

62 Vgl. zur Sache Pfligersdorffer, Fatum und fortuna, Literaturwiss. Jahrbuch, N. F. 2, 1961, 1–30; Koestermann, Kommentar zu Tacitus' Annalen, Bd. 2, Einl. 20 f. – Zu dem Durchbruch durch die Schiffskette der Pompeianer vgl. Suet.Iul.58; Val.Max.9,8,2; von der Ermunterung an den Steuermann in bezug auf die τύχη nur bei App.2,56 f.; vgl. Plut. De fortuna Romanorum 6 und Caes.38; Zonar.10,8; Dio 41,46,3: »Sei guten Mutes; denn du hast Caesar an Bord«; Plut. apophth.C.Caes.9; Flor.epit.2,13,37; Lucan.5,580–584; Vell. Pat.2,55,1–3; von Caesars *felicitas* spricht Florus 2,13,39.

63 Vgl. dazu Bömer, Gymn. 73,41.

64 Vgl. dazu Erkell, Sulla Felix, Eranos 1943, 77–79; er weist nach, Sulla sei der von höheren Mächten Beschützte, der durch Gnade und Segen der Götter Erfolgreiche. Dieses Cognomen habe einen ausgesprochen sakralen Charakter. Vgl. dazu Cic.epist.fr.2,5 (Teubner): *Felicitas est fortuna adiutrix consiliorum bonorum, quibus qui non utitur, felix nullo pacto esse potest.*

65 Pompeius soll unter anderem wegen seiner *felicitas* das schwierige Imperium gegen die Seeräuber zugewiesen werden (Cic.leg.Manil.27.48; Flor.epit.3,5,22; Mur.38).

66 Vgl. Anm. 70. Umstritten ist die Frage, wie es um Caesars Glauben an seine *felicitas* stand. Ihre Klärung wäre wichtig für die Beantwortung der anderen Fragen, welche Resonanz Ciceros Lobpreisungen auf Caesars *felicitas* fanden. Wir werden jedenfalls gut daran tun, Caesars religiösen Skeptizismus auch hier in Rechnung zu stellen (vgl. unten Anm. 76). Der sakrale Klang, den das Wort *felicitas* an sich hatte (vgl. Anm. 65), wird Caesar aus politischen Gründen willkommen gewesen sein. Aus diesem Grunde hatte er ja des Pompeius *felicitas* heruntergesetzt.

67 Über Ciceros Tätigkeit als politischer Agent Caesars vgl. Adami, Hermes 1943, 284, Anm. 1.

68 Vgl. dazu Bömer, Gymn. 73, 101; Cic.Front.fr.9; leg.Manil. 28 f.

69 Suet.Iul.35,3.

70 So schon gegen Ariovist im bell.Gall.1,40,13.

71 off.2,45.

72 epist.2,5[Sjörg.]; Phil.2,59; dagegen erkannte ihm Antonius *virtus* und *felicitas* zu, Dio 44,40,2.

73 Marcell.23.
74 *Sapiens ... magnus quidam et paene divinus vir*, rep.1,45.
75 Marcell.9: ... *simillimum deo iudico*; vgl. 22.
76 *divinans, providens*, als *magnus* und *divinus vir*, rep.2,10–12.
77 Vgl. oben und Anm. 47 und 53.
78 Marcell.7.13.29 f.
79 Marcell.18.
80 Marcell.13 f.
81 Vgl. Anm. zu off.2,42.
82 2,5.10.12.17–20; dort steht er als *vir divinus* im äußersten Gegensatz zum Tyrannen Tarquinius Superbus, der seine Erfolge nur der Fortuna (rep.2,44) verdankt.
83 Welcher Propagandist hätte Caesar einen größeren Gefallen erweisen können! – Der Gedanke wurde von Hor.carm. 1,2,41–49 auf Augustus als *ultor Caesaris* übertragen.
84 Rom übt seine Herrschaft über andere Völker aufgrund der Übereinstimmung des römischen Rechtes mit dem Naturrecht aus, Cic.leg.2,62.
85 Marcell.22; Lig.38.
86 *Demens, furor, pertinacia.*
87 *Prudens, providentia.*
88 ... *aliqua culpa erroris tenemur*, Marcell.13.
89 Vgl. Marcell.12.
90 Zu diesen und anderen Ehrungen für Caesar vgl. Seel, Cicero, 409; eine Wertung und Einordnung der Caesar zuerkannten Ehrungen in die politische Vorstellungswelt der römischen Aristokratie versucht Koch, Gottheit und Mensch im Wandel der römischen Staatsform, 52 ff. (zuerst erschienen in: Das Neue Bild der Antike II, 1942). Aufgrund Cic.Phil.2,87 nimmt er als sicher an, Caesar habe nicht die Königswürde erstrebt.
91 Att.12,45,2; 12,28,3.
92 Vgl. Anm. zu off.3,42; Iust.38,4; 282,8 ff.
93 Dio 44,6,1; 44,50,1. Vgl. Anm. 54.
94 Man sprach von der *celeritas Caesariana.*
95 σπουδαῖον οὐδέν *in sermone*, φιλόλογα *multa*, Att.13,53,2.
96 Suet.Iul.77; Suetons Bericht geht auf Titus Ampius, einen Caesargegner, zurück und ist nicht über jeden Zweifel erhaben (vgl. dazu Gelzer, RE, 7A 1028; Syme, The Roman Revolution, Oxford 1939, 53, Anm. 3; Collins, Wege der Forschung 43, 393, macht aber mit Recht darauf aufmerk-

sam, daß Suetons Berichte nicht unterbewertet werden dürfen und daß die in fünf Kapiteln zusammengefaßte Liste von beleidigenden Äußerungen in das Bild paßt, das auch Plutarch, Dio Cassius und Appian entwerfen. In der wissenschaftlichen Beurteilung der Äußerungen Caesars gibt es erhebliche Gegensätze. Neben der schon genannten Literatur vgl. Oppermann, HZ 1941 (»... die Antwort eines Realisten auf die wirklichkeitsfremden Einflüsse eines Sallust und Cicero«), Holmes, The Roman Republic, Oxford 1923, III 333, Gelzer, Vom röm. Staat I, Leipzig 1943, 23 f. (vgl. Gelzer, Caesar, 298.336), Collins, a. a. O., 392 (er spricht von Caesars Hybris und »gewollter, habitueller Unverschämtheit«, vgl. dazu Holmes, RR III, 315–318; 328–338; Groebe, RE 10, 250 bis 251); Hohl, Das Angebot des Diadems an Caesar, Klio 1941, 92–117; eine vernichtende Beurteilung Caesars bringen Rambaud, L'art de la déformation historique dans les commentaires de César, Paris 1953, und Victor Thaddeus, J. Caesar and the grandeur that was Rome, New York 1925.

97 rep.2,17.

98 Cic.div.1,5; 1,87.109; 2,39 f.51; nat.deor.1,55 ff.; Usener Epicurea (1887), 261–262; Diog.Laert.10,135; Lucr.4,33.35; 5,49 ff.1159 ff.; 6,49 ff.379 ff.; zum Spott Epikurs über die Weissagung vgl. nat.deor.2,162; Lukian.Alex.25 – Caesar redete also ganz in ihrem Sinne; dagegen zur Sorge der Götter für Einzelmenschen und Gemeinschaft vgl. nat.deor.2,164 bis 166 f.; 3,93. – Zu dem Opfer vgl. Cic.div.1,119; Suet. Iul.59; Polyaen.8,23,33. – Zur Bedeutung römischer Auspizien allgemein vgl. Koch, Wege der Forschung 46, 47; Erkell, Wege der Forschung 43, 49, meint, Caesar habe – als ein Skeptiker – die Religion nur in den Dienst seiner politischen Ziele gestellt, gibt aber zu, daß Caesar die *religio maiorum* beachtete, solange sie nicht seinen Zielen widersprach. Welches Gewicht man der Opfer- und Vogelschau beimaß – als einer Institution, die dem Romulus zugeschrieben wurde –, erhellt aus dem *augurium augustum* (durch sieben Geier), das für Romulus überliefert und von Numerius Atticus bezeugt wird für Augustus (vgl. Dio 53,16,7). Damit vollendet sich in Octavian, was sich mit Caesar angebahnt hatte: Romulus, als Gründer der Stadt, hat sich als Vorbild und Symbol durchgesetzt (dazu Koch, a. a. O.).

99 Sallust dachte ganz ähnlich (epist.1,6,4). Die Enttäuschung

Ciceros wird schon Ende 46 sichtbar (fam.9,15,4 an Papirius Paetus). Die Gründe für Caesars Versagen in diesem Punkte sieht Collins, a. a. O., 411 f., im Wandel seines Charakters.

100 nat.deor.1,3.

101 Ebd.1,4.

102 div.2,6.

103 rep.2,46.

104 Att.12,45,2.

105 Phil.2,28.30.

106 off.1,26 ~ rep.1,52.60.

107 off.1,26 ~ rep.1,49; übrigens in griechischer Tradition stehend, Aristot.NE 1161a 31.

108 off.3,82 ~ rep.2,48; 4,1; vgl. Phil.3,28; 4,12; 6,7; 8,13; 10,22.26; 13,5.22; zur platonischen Tradition vgl. Plat.rep. 574e.

109 off.2,23–25; Marcell.20 ff.; rep.1,68; 2,4.

110 *audax*; off.3,82 ~ rep.1,68; vgl. Wirszubski, JRS 51, 12 ff.; Weische, Studien zur politischen Sprache d. römischen Republik, 1966, 28 ff., 66 ff.

111 off.2,82 ~ rep.1,49.

112 off.2,8 f.

113 off.3,19 ~ rep.2,46.

114 off.1,43; 2,84; Att.7,11,1; rep.2,51; vgl.Plat.rep.566e.

115 Vgl. dazu Büchner, Cicero, 521; ders. in: Actes du Congrès d'Association Budé, Aix-en-Provence, Paris 1963.

116 Vgl. dazu Atzert, Stuttgart 1958, XXXIV f.; S. D. Elia, in: Atti I, Congr.Stud.Cic., Rom 1961, 127–140.

117 Gell.1,13,1 ff. = off.1,8; fin.3,20; Att.16,11,4; 14,3.

118 Index auctorum, 248 f.

119 Dazu Testard, St. Augustin et Cicéron, Bd. 1, Paris 1958, bes. 219–229.

120 1,19,13 = off.1,23; 1,1,4 = 1,22; 1,4,2 = 1,11.

121 Plin.nat.hist.7,116 ff.; praef.7.

122 Vgl. dazu Rüegg, Cicero und der Humanismus; Zielinski, Cicero im Wandel der Jahrhunderte, 170 ff. und 338 ff.; Klingner, Cicero und Petrarca, in: F. K., Röm. Geisteswelt, 600 ff.

123 Zit. nach Klingner, Röm. Geisteswelt, 607.

124 Vgl. dazu Dilthey, Ges. Schr., 263, Nt. 1.

125 Vgl. dazu Gawlik, Cicero and the Enlightment, in: Studies

on Voltaire and the 18th Century, 1963.
126 Ed. Pleiade, 767.
127 Ed. Pleiade, Bd. 3, 126 und 1298 f.
128 Dazu Reich, Kant und die Ethik der Griechen, Tübingen 1935, 14 ff.; Reich, die Tugend in der Idee. Zur Geschichte von Kants Ideenlehre, in: Argumentation, Festschrift für J. König, Göttingen 1961, 208 ff.
129 Vgl. dazu seine Rede: Über die Philosophie des Cicero, Königsberg 1811; und dazu Harder, Kleine Schriften, München 1960, 349 f.
130 Zu Begriff und Bedeutung der Oikeiosis-Lehre vgl. Hossenfelder, S. 62; zu den vorstoischen Ansätzen Forschner, Stoische Ethik, S. 142–144; ders., Über das Glück, 48 und 50 f. Vgl. S. 429 f.
131 Dazu Cic. fin. 5,17.
132 Cic. fin. 2,31 ff.; 3,16–21; 4,14 ff.; 5,24 ff.; 41; Sen.epist.76.120. 121; Diog.Laert.7,85 ff.; Hierokles von Alexandreia, Ethische Elementarlehre.
133 Cic.nat.deor.2,29 f. spricht vom *hegemonikón/principatus* jeweils aller Organismen und des Weltalls.
134 Dazu Cic.fin.3,20; Diog.Laert.7,85.
135 Zur Entfaltung des schon im Kind als *semina* vorhandenen Logos bis zum 14. Lebensjahr vgl. Anm. 36 zu 1,11; zu deren Gefährdung aus der Umwelt Cic.Tusc.3,1 f.
136 Cic.nat.deor.2,29; fin.5,38; Tusc.1,56; Sen.epist.121,10–12; ira3,6; Arist.Hist.an. 588a18–21.
137 Vgl. Cic.rep.1,39 und Anm. 272 zu 1,158.
138 Zum Gedanken vgl. Cic.fin.2,45; zu den Allgemeinbegriffen und zu den Vorbegriffen Cic.fin.3,21; Hossenfelder, 71 f.; Forschner, Stoische Ethik, 150 f.
139 Vgl. Cic.fin.3,17: καταλήψεις ... habeant quiddam in se quasi ... continens veritatem (vgl. off.1,15 ff.); Hossenfelder, 71 f.
140 §14; fin.3,21; dies ist stoisches (Sen.epist.65,15 f.; 79,11 f.) Gedankengut nach Platon (Anm. 39 zu 1,13); vgl. Arist.Eud.Ethik 1215b6–14.
141 Zum Verhältnis der *necessaria* (= *res humanae*, *sumenda* / αἱρετά *indifferentia* / ἀδιάφορα) zu den *res per se expetendae* / *vere honesta* als zeitlich bzw. werthaft vorgeordnet vgl. fin.3,23; Wertung in off.3,11 ff.
142 SVF II 90; zur *assensio* / συγκατάθεσις vgl. Anm. 47 zu 1,18 und Hossenfelder, 72.

143 Vgl. Unterscheidung und Definition von *prudentia* und *sapientia* in 1,153.

144 Von Cicero oft aufgereihte Helden der Republik, variiert übernommen von Verg.Aen.6,819 ff. (stoisch beeinflußt).

145 S. Anm. 33 zu off.3,13; vgl. off.3,16 mit SVF III 510.

146 fin.3,20: *primum officium* (sc. *commune homini cum animalibus*) ..., *ut se conservet ...; qua inventa selectione ... sequitur cum officio selectio, deinde ea perpetua* (sc. *viri boni*), *tum ad extremum constans consentaneaque naturae* (sc. *sapientis vere bonum intellegentis*); Sen.epist.75,9–13 (drei Klassen der »Fortschreitenden«). Zum Aufstieg von dumpfen Ahnen zu Klarheit des Erkennens vgl. Sen.epist.121,12.

147 Dazu Pohlenz I, 116 f.; Forschner, Stoische Ethik, 48–50; ders., Das Handeln, 53.

# Zeittafel

| | |
|---|---|
| 3. 1. 106 | Cicero wird in Arpinum geboren |
| 91–88 | Bundesgenossenkrieg, an dem Cicero 89 teilnimmt |
| 88 | Konsulat Sullas |
| 83 | Marius' Tod |
| 83–82 | Krieg Sullas in Italien gegen die Marianer |
| 82 | Eroberung Roms durch Sulla, Vernichtung der Samniten, Proskriptionen und Ermordung von Gefangenen |
| 82–79 | Sullas Diktatur und die Restauration der Senatsherrschaft |
| 81 | Ciceros erstes Auftreten als Anwalt: *Pro Quinctio*; *De inventione* |
| 80 | Rede *Pro Sex. Roscio Amerino* |
| 78 | Sullas Tod |
| 73–71 | Sklavenkrieg des Spartakus in Italien, Niederwerfung der Sklaven durch Crassus, Reste durch Pompeius vernichtet |
| 70 | Konsulat Pompeius–Crassus, Sturz der Verfassung Sullas |
| 68 | Caesar Quaestor |
| 67 | Niederwerfung der Seeräuber durch Pompeius (außerordentliches Kommando) |
| 66 | Pompeius Oberbefehlshaber gegen Mithridates |
| 66–65 | Erster Putschversuch des Catilina |
| 66–64 | Beendigung des 3. Mithridatischen Krieges durch Pompeius, Neuordnung des Ostens |
| 63 | Die Verschwörung des Catilina, Ciceros Konsulat (»suo anno«); *Catilinarische Reden* |
| 62 | Vernichtung der Catilinarier bei Pistoria |
| 60 | Triumvirat zwischen Pompeius, Crassus, Caesar: Lahmlegung der republikanischen Verfassung |
| 59 | Caesars Konsulat (mit Bibulus) |
| 58–51 | Caesar erobert Gallien |
| 58 | Clodius Volkstribun; Cicero geht in die Verbannung |
| 57 | Rückkehr Ciceros |
| 56 | Vertrag von Luca zwischen den Triumvirn; Ciceros Aussöhnung mit Pompeius und Crassus |
| 55 | 2. Konsulat des Pompeius und Crassus; Cicero schreibt *De oratore* |

| | |
|---|---|
| 54 | Cicero arbeitet an *De re publica* und *De legibus* |
| 53 | Katastrophe des römischen Heeres unter Crassus gegen die Parther bei Carrhae, Crassus' Tod |
| 51 | Prokonsulat Ciceros in Kilikien |
| 49 | Ciceros Rückkehr nach Rom; Caesar gewinnt Italien mit Rom, Sieg in Spanien |
| 48 | Schlacht bei Pharsalos |
| 48–47 | Ägyptischer Feldzug Caesars |
| 47 | Caesar begnadigt Cicero |
| 46 | Niederwerfung der Gegner in Africa – Thapsos |
| 45 | Endgültige Gewinnung Spaniens, Sieg bei Munda; Tod von Ciceros Tochter Tullia; anschließend wieder philosophische Arbeiten: *Hortensius* (»adhortatio ad philosophiam«), *De finibus*, *De natura deorum*, *Academica*, *Tusculanae disputationes*, *Timaeus* |
| 15. 3. 44 | Caesars Ermordung; Konsulat des Antonius; *Philippische Reden* |
| 7. 12. 43 | Cicero wird ermordet und seine Leiche geschändet |

# Inhalt